Spanish
includes AS

José Antonio García Sánchez
Tony Weston
Mike Thacker

Approval message from AQA

This textbook has been approved by AQA for use with our qualification. This means that we have checked that it broadly covers the specification and we are satisfied with the overall quality. Full details of our approval process can be found on our website.

We approve textbooks because we know how important it is for teachers and students to have the right resources to support their teaching and learning. However, the publisher is ultimately responsible for the editorial control and quality of this book.

Please note that when teaching the **AQA A-level Spanish** course, you must refer to AQA's specification as your definitive source of information. While this book has been written to match the specification, it cannot provide complete coverage of every aspect of the course.

A wide range of other useful resources can be found on the relevant subject pages of our website: www.aqa.org.uk.

The publisher would like to thank Mike Thacker for his excellent work as development editor of this title and Emma Díaz Fernández for her hard work reviewing this book.

José Antonio García Sánchez would like to thank Antonio, María del Carmen and Rubén for their continuous support, advice and encouragement.

Tony Weston would like to thank Gillian, Haydn and family for their constant support, as well as his fellow authors and contributors for their guidance and expertise.

Hachette UK's policy is to use papers that are natural, renewable and recyclable products and made from wood grown in sustainable forests. The logging and manufacturing processes are expected to conform to the environmental regulations of the country of origin.

Orders: please contact Bookpoint Ltd, 130 Milton Park, Abingdon, Oxon OX14 4SB.
Telephone: (44) 01235 827720. Fax: (44) 01235 400454. Email education@bookpoint.co.uk

Lines are open from 9 a.m. to 5 p.m., Monday to Saturday, with a 24-hour message answering service. You can also order through our website: www.hoddereducation.co.uk

ISBN: 978 1 4718 5809 3

© José Antonio García Sánchez, Mike Thacker and Tony Weston 2016

First published in 2016 by

Hodder Education,
An Hachette UK Company
Carmelite House
50 Victoria Embankment
London EC4Y 0DZ

www.hoddereducation.co.uk

Impression number   10 9 8 7 6 5 4 3 2

Year   2020 2019 2018 2017 2016

All rights reserved. Apart from any use permitted under UK copyright law, no part of this publication may be reproduced or transmitted in any form or by any means, electronic or mechanical, including photocopying and recording, or held within any information storage and retrieval system, without permission in writing from the publisher or under licence from the Copyright Licensing Agency Limited. Further details of such licences (for reprographic reproduction) may be obtained from the Copyright Licensing Agency Limited, Saffron House, 6–10 Kirby Street, London EC1N 8TS.

Cover photo reproduced by permission of JackF/Fotolia

Typeset by DC Graphic Design Limited, Hextable, Kent.

Printed in Italy

A catalogue record for this title is available from the British Library.

CONTENTS

Maps	6
About the AS and A-level exams	8
How this book works	10

Theme 1 — Aspects of Hispanic society

Unit 1 Los valores tradicionales y modernos — 13
1.1	Las familias de antes y de ahora: los hijos hablan	14
1.2	La religión católica y las fiestas	18
1.3	Y vivieron felices… ¿para siempre?	22
1.4	Las múltiples formas familiares	26

Unit 2 El ciberespacio — 31
2.1	Las diferentes caras de Internet	32
2.2	¿Han cambiado las nuevas tecnologías nuestra vida a mejor o a peor?	36
2.3	Los teléfonos… ¿inteligentes?	40

Unit 3 La igualdad de los derechos — 45
3.1	La lucha por la igualdad de las mujeres	46
3.2	La mujer contemporánea: hablan ellas	50
3.3	Los derechos del colectivo LGBT	54
3.4	Mejorando la situación de la mujer: ¿un trabajo aún inacabado?	58

Theme 2 — Artistic culture in the Hispanic world

Unit 4 La influencia de los ídolos — 63
4.1	Los jóvenes bajo la influencia de los ídolos musicales	64
4.2	¿Héroes deportivos?	68
4.3	La nueva cultura de la fama	72

Unit 5 La identidad regional en España — 77
5.1	La Semana Santa en España	78
5.2	La tauromaquia, sus diversas formas y la polémica	82
5.3	Un viaje gastronómico por España	86
5.4	¡En España se habla más de una lengua!	90

Unit 6 El patrimonio cultural — 95
- 6.1 Perú: incas, conquistas y maravillas para la historia — 96
- 6.2 Unas pinceladas de arte mexicano — 100
- 6.3 La arquitectura árabe en Andalucía y sus vestigios — 104
- 6.4 El patrimonio musical y su diversidad en el mundo hispano — 108

Literature and film

1. *María llena eres de gracia* — 114
2. *El laberinto del fauno* — 116
3. *Volver* — 118
4. *Réquiem por un campesino español* — 120
5. *Las bicicletas son para el verano* — 122
6. *Como agua para chocolate* — 124
7. *La casa de Bernarda Alba* — 126
8. *Crónica de una muerte anunciada* — 128
9. *Abel* — 130
10. *Ocho apellidos vascos* — 132
11. *Las trece rosas* — 134
12. Las *Rimas* de Bécquer — 136
13. *El coronel no tiene quien le escriba* — 138
14. *El otro árbol de Guernica* — 140
15. *La casa de los espíritus* — 142
16. *La sombra del viento* — 144

Writing an AS essay — 146
Writing an A-level essay — 148

Theme 3 Multiculturalism in Hispanic society

Unit 7 La inmigración — 151
- 7.1 La inmigración en España: procedencia, distribución e integración — 152
- 7.2 La vida y penurias de un 'sin papeles' — 156
- 7.3 La inmigración mexicana en EE.UU. — 160

Unit 8 El racismo — 165
- 8.1 Actitudes racistas y xenófobas en la España de ayer y hoy — 166
- 8.2 Las medidas nacionales y locales en contra del racismo en Hispanoamérica — 170
- 8.3 Las legislaciones antirracistas en el mundo hispano — 174

Unit 9 La convivencia y la integración — 179
- 9.1 La convivencia entre culturas en la España medieval — 180
- 9.2 Convivencia e integración en los centros escolares — 184
- 9.3 La convivencia en la España moderna — 188

Research and presentation

1	¡Vamos a decidir!	194
2	Nos organizamos	196
3	Nos preparamos para la presentación	198

Theme 4: Aspects of political life in the Hispanic world

Unit 10 Jóvenes de hoy, ciudadanos de mañana — 201

10.1	Los jóvenes y la política: ¿activismo o apatía?	202
10.2	El paro entre los jóvenes	206
10.3	Su sociedad ideal: ¿una quimera?	210

Unit 11 Monarquías y dictaduras — 215

11.1	El franquismo en España	216
11.2	La evolución de la monarquía en España	220
11.3	Dictadores latinoamericanos	224

Unit 12 Movimientos sociales — 229

12.1	El poder de los sindicatos	230
12.2	Las protestas sociales en profundidad	234
12.3	La efectividad de las manifestaciones	238

Unit 13 Profundicemos en los temas 1 y 2

13.1	Las corrientes pictóricas del último siglo en España y su legado	244
13.2	La seguridad y los hackers	248
13.3	La influencia de la iglesia católica en Latinoamérica	252

Grammar — 257

Index of strategies — 307

Los países hispanohablantes en las Américas

España — la península y las islas

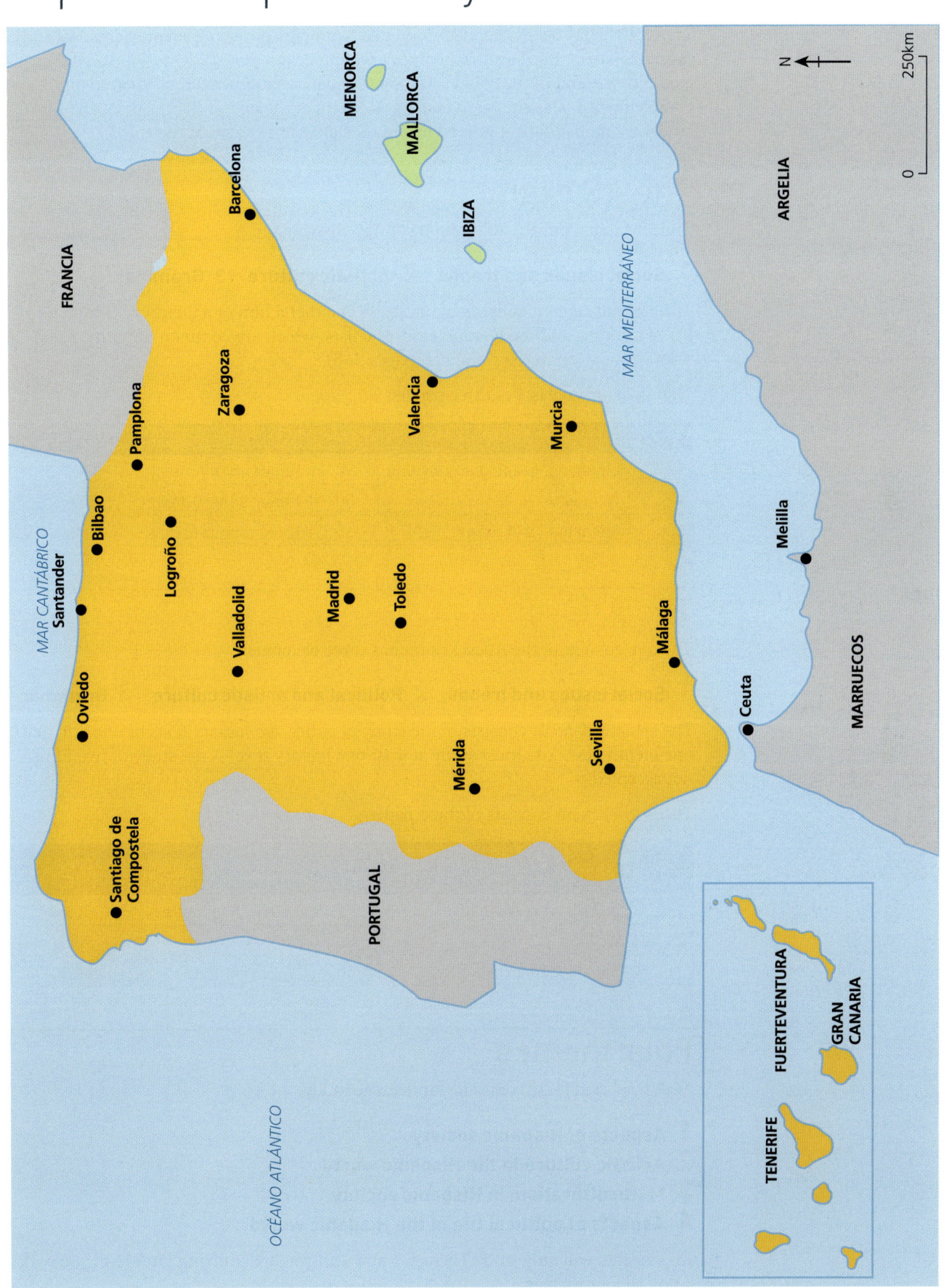

About the AS and A-level exams

This course has been compiled to prepare students for two different exams, AS and A-level Spanish. Both exams are linear, which means that students will sit all their exams at the end of the course. The most usual situation would be for students completing a 1-year course to take an AS exam at the end of their course, and for students completing a 2-year course to take an A-level exam at the end.

The AS exam

The *core* content of the AS exam has three elements:

1 Social issues and trends **2** Artistic culture **3** Grammar

The *optional* content consists of the study of either a film or a literary text from a list of six films and ten literary texts. The lists, which are common to both AS and A-level, are given in the Contents (pages 3–5).

The AS exam consists of three papers:

Paper	Skills	Marks	Timing	Proportion of AS
1	Listening, reading and writing	90	1 hour 45 minutes	45%
2	Writing	50	1 hour 30 minutes	25%
3	Speaking (oral exam)	60	12–14 minutes	30%

The A-level exam

The *core* content of the A-level exam has three elements:

1 Social issues and trends **2** Political and artistic culture **3** Grammar

The *optional* content consists of the study of either two literary texts or one film and one literary text. You must study at least one literary text — the study of two films is not accepted.

The A-level exam consists of three papers:

Paper	Skills	Marks	Timing	Proportion of A-level
1	Listening, reading and writing	100	2 hours 30 minutes	50%
2	Writing	80	2 hours	20%
3	Speaking (oral exam)	60	21–23 minutes	30%

Four themes

AQA has listed four themes for students to study:

1 Aspects of Hispanic society
2 Artistic culture in the Hispanic world
3 Multiculturalism in Hispanic society
4 Aspects of political life in the Hispanic world

AS students will only study Themes 1 and 2. If you are studying for A-level you will study all four themes.

In this course, each of these themes has been divided into a series of units which correspond to the AQA sub-themes. For more details see the Contents (pages 3–5).

Grammar

The grammar lists for AS and A-level Spanish are very similar, but there are a few more sophisticated grammar points that you only need to study at A-level. For details about which grammar points only need to be studied at AS, please refer to the AQA specification. The grammar points are introduced and practised throughout the course. For the complete list of grammar points covered in this book, refer to the grammar index on page 257.

Literary texts and films

Please see the Contents (pages 3–5) for a complete list of literary texts and films. There is also a section on pages 113–145 that offers a taster spread on each of the films and texts in the specification. Any of the titles can be studied for AS or A-level.

More information about the AS and A-level exam papers

Access to a dictionary is not allowed.

Paper 1

In this exam you will be expected to listen and respond to spoken passages from a range of content from the themes (two themes for AS and four for A-level) with all questions in Spanish. The reading and listening passages in this book offer you plenty of practice at this type of task. You will also be asked to carry out a translation from Spanish to English, about 70 words for AS and 100 for A-level. The A-level Paper 1 also has a translation from English to Spanish of about 100 words.

Paper 2

At the beginning of the AS exam only, there is a translation of a series of sentences from English to Spanish. This is followed by an essay of about 250 words based on a literary work or a film. For each work, there are two questions to choose from, each requiring a critical response about aspects such as the plot, the characters, or other stylistic features appropriate to the work studied. Bullet points are given for guidance with structuring the essay and deciding which features to discuss.

The A-level exam requires two essays, each about 300 words, based on the same list of films and literary works. These essays require a critical and analytical response, and students structure their own essays and decide how best to respond to the question.

Paper 3

In both AS and A-level, students are expected to carry out a discussion with the examiner based on stimulus cards from one of the AQA sub-themes. The cards are available during the preparation time. No access to a dictionary is allowed during this time. At AS, two cards will be discussed, but at A-level only one.

A-level students are also required to give a short presentation on a subject of their own choice that they will have researched during the course. This will be followed by a discussion based on the subject matter introduced in the presentation.

How this book works

How the units and sub-units work

Each of the four AQA themes (see p. 8) is divided into three units. The topics covered by Units 1–12 are determined by the exam board. If you are studying for AS, you need to refer only to the material up to the end of Unit 6. If you are studying for A-level, all 12 units are relevant. To see at a glance what is included in each one, refer to the contents pages (pp. 3–5). Each unit is further divided into three or four sub-units. A sub-unit contains two spreads, as shown in a typical example below.

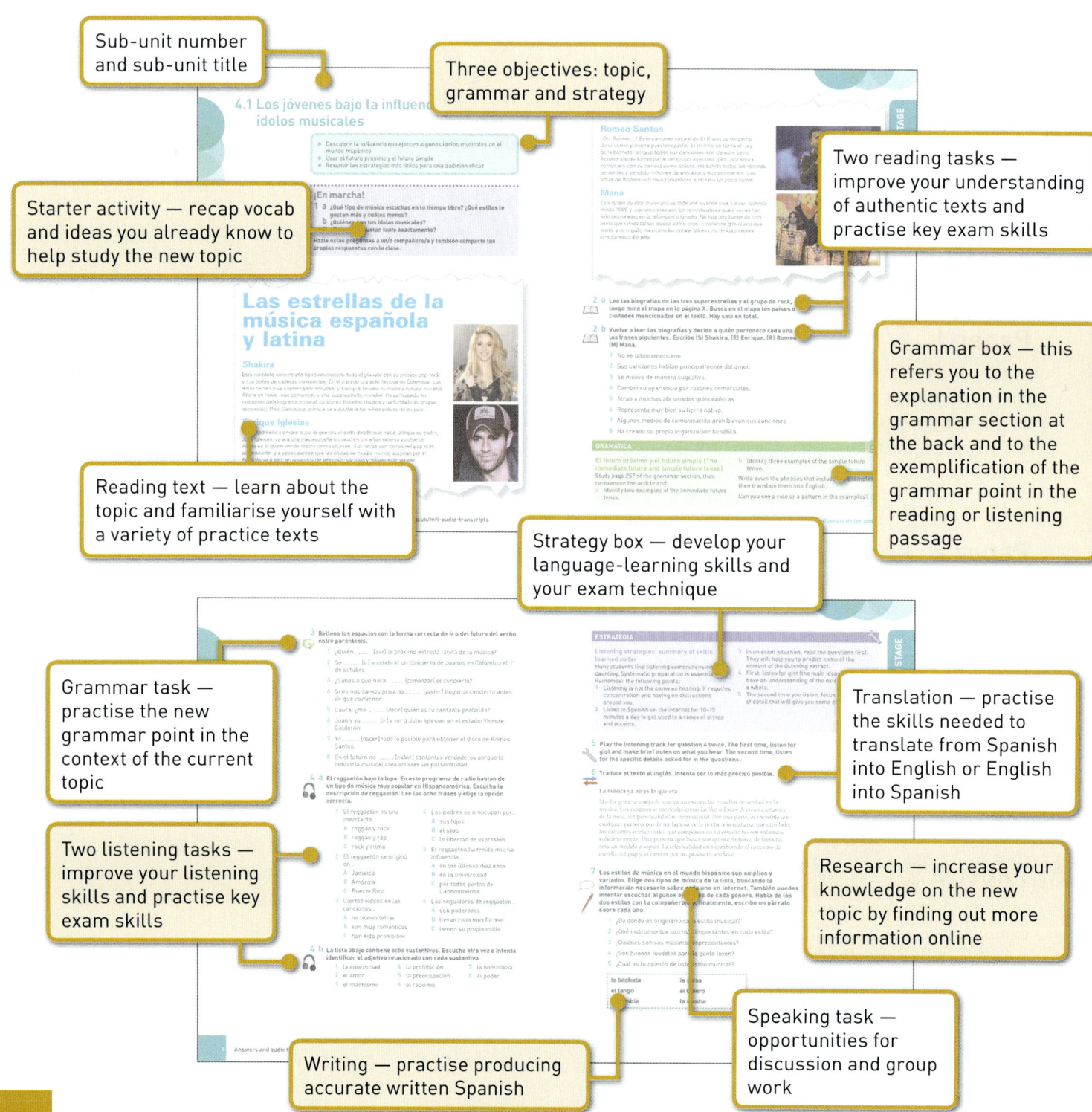

- Sub-unit number and sub-unit title
- Three objectives: topic, grammar and strategy
- Starter activity — recap vocab and ideas you already know to help study the new topic
- Two reading tasks — improve your understanding of authentic texts and practise key exam skills
- Reading text — learn about the topic and familiarise yourself with a variety of practice texts
- Grammar box — this refers you to the explanation in the grammar section at the back and to the exemplification of the grammar point in the reading or listening passage
- Strategy box — develop your language-learning skills and your exam technique
- Grammar task — practise the new grammar point in the context of the current topic
- Translation — practise the skills needed to translate from Spanish into English or English into Spanish
- Two listening tasks — improve your listening skills and practise key exam skills
- Research — increase your knowledge on the new topic by finding out more information online
- Writing — practise producing accurate written Spanish
- Speaking task — opportunities for discussion and group work

What is Unit 13 for?

This is a revisiting unit. If you are taking an A-level exam, you will need to revise Units 1–6, which you studied in your first year. Since then, your language level will have improved, so Unit 13 is based on the same themes as Units 1–6 but at a more sophisticated level.

Literature and film section

This section is devoted to the study of literature and film and is divided into 16 taster spreads — one for each literary work or film listed in the AQA specification. For the AS exam you need to study just one film *or* book, while for the A-level exam, you need to study one book *and* one film, or two books.

Although you need to study just one or two titles in detail (depending on whether you are taking the AS or the A-level exam), there are many advantages to familiarising yourself with the other titles on the AQA list.

One important way to improve your language is to increase your exposure to authentic Spanish, and what better way to do it than watching Hispanic films and reading Hispanic books. As you probably will not have time to study all the works on the list, why not work your way through the tasters and decide which ones you are interested in?

As you work your way through the tasters, you will gain useful practice in AS- and A-level-style comprehension questions on reviews, articles and interviews on the different works. You will also be introduced to different strategies that help you to develop techniques for criticising and analysing novels, plays and films.

Research and presentation section

This section is for A-level candidates only. The aim of the section is to help you with your individual research project, which you have to present and discuss as part of your oral exam. It gives you some ideas about:
- the sort of subjects you might like to research
- how to go about the research
- organising the information into a coherent presentation
- preparing yourself for this part of your oral exam

Should I work through the book in order?

It is not essential because the book is organised in stages of learning. Each sub-unit or spread is pitched at a certain stage of learning.

If you are in year 12, you are likely to concentrate on the first two stages of learning: Transition from GCSE and AS. If you are continuing to A-level, you will be working from the second half of the book, where most of the sub-units are pitched at the two higher stages of learning: A-level and Extension.

The books and films have been separated into AS and A-level stages of learning to offer a variety of levels of difficulty in the film and literature section, but all the works can be studied for either the AS or A-level exam.

TRANSITION STAGE

AS STAGE

A-LEVEL STAGE

EXTENSION STAGE

What do the different icons mean?

 This reading task is one of two based on the accompanying text. Usually one of these tasks is similar to the sort of reading questions you can expect to find in the exam. The other task helps you with your language learning, e.g. by helping you to familiarise yourself with new topic vocabulary.

 These tasks also come in pairs and they indicate that you need to access the audio recording to carry out the task (available as a digital file in Dynamic Learning or in your Student eTextbook). At least one of the tasks is of the sort you can expect to find in the exam. Transcripts are also provided in Dynamic Learning and are useful for follow-up tasks.

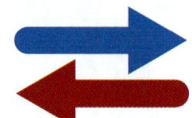 This involves a translation either from Spanish to English or from English to Spanish. The length and complexity of these passages is similar to those in the AS and A-level exams. There is at least one of each sort per unit.

 This indicates an opportunity for discussion, which might be with a partner, a group or with the whole class. You need to get used to explaining information, weighing up points of view, giving your own thoughts and justifying them in order to prepare yourself for your oral exam.

 As you work through the different themes, you are not asked to write essays. This is because the only essays you have to write in the exam are based on literary works and films. Most of the times you see this icon you are asked to produce a paragraph about the topic you have just studied. These paragraphs will provide useful revision material. Check each one carefully for accuracy each time.

 This indicates some grammar information or a grammar task. Each grammar box or activity focuses on one or two grammar points for you to learn or revise in order to be confident before you take the exam.

 Strategies are the essential tools you need to use to be an effective language learner. This icon indicates strategy boxes and tasks throughout to help you improve your skills such as memorising vocabulary, pronunciation, revision and many more.

 Every unit contains suggestions for online research. Don't forget to use Spanish search engines so that you find authentic information from Spanish websites. This enables you to supplement what you learn from this book with the most up-to-date information available.

UNIT 1

Los valores tradicionales y modernos

1.1 **Las familias de antes y de ahora: los hijos hablan**
1.2 **La religión católica y las fiestas**
1.3 **Y vivieron felices… ¿para siempre?**
1.4 **Las múltiples formas familiares**

Theme objectives

In this unit you study traditional and modern values. The following topics are covered:
- the differences in family life, past and present
- some famous religious traditions in the Hispanic world and the influence of Catholicism
- the institution of marriage in Spain and the divorce rate
- different types of family that exist, and their experiences and difficulties

Grammar objectives

You will study and practise the following grammar points:
- the present tense of regular and common irregular verbs, including radical-changing verbs
- the position and agreement of adjectives, including apocopation
- reflexive verbs, various tenses
- interrogatives

Strategy objectives

You will develop the following strategies:
- using bilingual dictionaries: paper and online
- organising notes for the AS/A-level course
- learning techniques to memorise vocabulary
- participating fluently in conversations (including repair strategies, circumlocution)

1.1 Las familias de antes y de ahora: los hijos hablan

- Aprender las diferencias entre la vida familiar de antaño y la de ahora.
- Usar el presente de verbos regulares e irregulares, incluyendo los cambios de raíz.
- Usar diccionarios bilingües en papel y en línea.

¡En marcha!

1 a Mira las siguientes palabras. Todas son miembros de la familia; lee las definiciones en español y emparéjalas. ¡Cuidado! Hay dos palabras sin definición. Cuando termines, escribe una definición en español para ellas. Consulta con un/a compañero/a tus respuestas.

1. Es el hijo de mi padre y mi madre.
2. Es la hermana de mi madre.
3. Es la madre de mi esposa.
4. Es el esposo de mi hija.
5. Es el padre de mi abuelo.
6. Es la hermana de mi esposa.
7. Es el hijo de mi hija.
8. Es el hijo de mi tío y mi tía.

nieto	yerno	cuñada
bisnieto	tatarabuelo	hermano
suegra	primo	
tía	bisabuelo	

1 b Intenta describir a tu familia en cinco o seis frases.

2 a Lee las experiencias de Marisa sobre la vida familiar. Lee las nueve frases y elige las cuatro que son correctas, según el sentido del texto.

Marisa...
1. ha cambiado su trabajo recientemente.
2. se siente triste a menudo al volver a casa muy tarde.
3. admite que a veces es una mala madre.
4. se queja mucho del coste de la guardería.
5. es una buena ama de casa.
6. debería tener un papel más tradicional según su madre.
7. tiene mucho respeto a sus padres.
8. da una buena educación a sus hijos.
9. quiere divorciarse en dos días.

Theme 1 Aspects of Hispanic society

¿Las costumbres cambian?

Me llamo Marisa. Estoy casada y tengo dos hijos gemelos de seis años. Mi marido es periodista y trabaja en el periódico local; en cambio, yo trabajo de enfermera en el hospital regional. Me encanta ser madre, pero con mi horario no estoy mucho tiempo en casa. Cuando vuelvo por la noche mis hijos ya están en la cama, y a veces me echo a llorar.

No obstante, no creo que sea una mala madre por trabajar fuera de casa. Los tiempos han cambiado. Mis padres son unos abuelos formidables y cuidan de mis hijos cuando pueden. Si ellos están ocupados los llevo a la guardería; es carísimo pero allí mis niños están bien atendidos, comen fenomenal, piden lo que necesitan y juegan con sus amigos. Siempre recuerdo a mi madre cuando yo era pequeña, en casa todo el día. Ella era un ama de casa buenísima, cocinera, limpiadora, cuidadora y siempre con una sonrisa.

Hoy en día mis padres opinan que no es buena idea que yo trabaje en el hospital y que debería estar en casa con mis hijos y cuidar a mi marido. Aunque respeto su opinión, no la comparto porque es muy anticuada. Ellos siempre dicen que es la obligación de la madre educar a los hijos y hacer las tareas domésticas. En esa época el divorcio no existía en España y las parejas solían discutir pero eran más tolerantes. 'Hija, ahora os divorciáis en dos días y os volvéis a casar al mes siguiente', dice mi madre.

2 b Vuelve a leer el texto. Busca las expresiones que tienen el mismo significado que las de la siguiente lista. Consulta la Estrategia abajo.

Párrafo uno
1. derramo lágrimas

Párrafo dos
2. tener un empleo en otro lugar
3. cuesta muchísimo

Párrafo tres
4. atender a mi esposo
5. el deber de la mamá
6. instruir a los niños
7. en aquel entonces
8. se peleaban con frecuencia

2 c Escribe un párrafo en español de aproximadamente 70 palabras resumiendo lo que has entendido según los siguientes puntos. Escribe en frases completas y verifica el trabajo con cuidado para asegurarte de que el lenguaje es correcto. Incluye:
- el trabajo que hace Marisa
- lo que hacen sus niños mientras ella trabaja (2)
- lo que piensa Marisa de la opinión de sus padres y por qué (2)

Estrategia

Using dictionaries: paper and online

Effective use of a dictionary is a vital skill for an AS/A-level language student. It has many more uses than just telling you what a particular word means. You can check the spelling, gender or the plural of a noun. You can also read examples of how it is used in a particular context and find expressions containing the word.

Try not to turn to the dictionary every time you meet a new word or you will forever be looking up words.

- First, try to work out the meaning in its context. If it is not clear, consult the dictionary.
- For some words, several meanings are given. Check the context in which the word appears to make sure you have the right one.
- Sometimes it is advantageous to use an online dictionary instead of a paper one as:
  - you can access the word more quickly
  - you can usually hear how the word is pronounced by clicking on an icon
  - many more instances of the word are given

Refer to this strategy as you complete exercise 2b.

Gramática

El presente: verbos regulares, irregulares y los cambios de raíz (The present tense: regular, irregular and radical-changing verbs)

Refer to sections G1 and G19 of the grammar section and pay extra attention to irregular and radical-changing verbs. Now look again at the three paragraphs in question 2 and find:

a five regular, present-tense verbs (they do not have to be in the infinitive form)

b five verbs which are irregular or radical-changing in the present tense (they do not have to be in the infinitive form)

Once found, copy out the phrases containing the examples and translate them into English.

3 a Elige la forma correcta del verbo de las tres opciones.

1. Mis abuelos [*tengo/tenemos/tienen*] unas ideas anticuadas sobre el tema del matrimonio.
2. En mi familia [*somos/sois/son*] cinco personas: mis padres, Carmen, Roque y yo.
3. Cada vez que mi hermano Roque y yo [*pido/pedimos/piden*] información sobre la vida bajo Franco, mis padres se callan.
4. Sofía [*recuerda/recuerdas/recordamos*] a su padre como un hombre muy generoso
5. Me [*siento/sientas/sentís*] triste cuando veo a mis padres discutiendo.
6. Pablo [*duermes/duerme/dormimos*] mal porque tiene problemas matrimoniales.
7. Mariluz y Sara, ¿por qué [*piensas/penséis/piensan*] que vuestra abuela no os va a ayudar?
8. Si no [*vuelves/volvís/vuelven*] a casa antes de medianoche no saldrás el fin de semana.

3 b Busca cinco infinitivos en el artículo de Marisa y escribe la conjugación completa para cada uno en el presente de indicativo.

4 a *Hablan los jóvenes sobre las relaciones con sus familias de ahora y antes.* Escucha los cuatro jóvenes hablando de las relaciones familiares. Lee las ocho frases y decide si cada una es positiva (P), negativa (N) o no mencionada (N) según la opinión de la persona.

Una familia española en los años 60

Esperanza
1. La relación que tiene con sus padres
2. La actitud de sus padres hacia la religión

Jacinto
3. Su opinión sobre la educación
4. Su experiencia cuando cena

Ingrid
5. La opinión que tiene de su madre como ama de casa
6. Su opinión sobre la libertad que le daba su madre

Marco
7. Su experiencia durante el almuerzo
8. Su opinión sobre sus hermanas

Theme 1 Aspects of Hispanic society

4 b Vuelve a escuchar a los jóvenes. Completa cada frase eligiendo la opción correcta.

1. Esperanza...
   A es católica.
   B es bilingüe.
   C es atea.
2. Según Esperanza, la religión...
   A no provoca conflicto en su casa.
   B es muy importante en la vida.
   C es una obligación en su familia.
3. Los padres de Jacinto...
   A pasan mucho tiempo en casa.
   B cenan con él.
   C trabajan largas horas.
4. El padre de Ingrid...
   A trabajaba al aire libre.
   B cocinaba muy bien.
   C es extraordinario.
5. Ingrid no podía...
   A limpiar su dormitorio.
   B ir a la universidad.
   C salir mucho.
6. El ambiente en la casa de Marco era...
   A muy estricto.
   B muy comprensivo.
   C muy agradable.

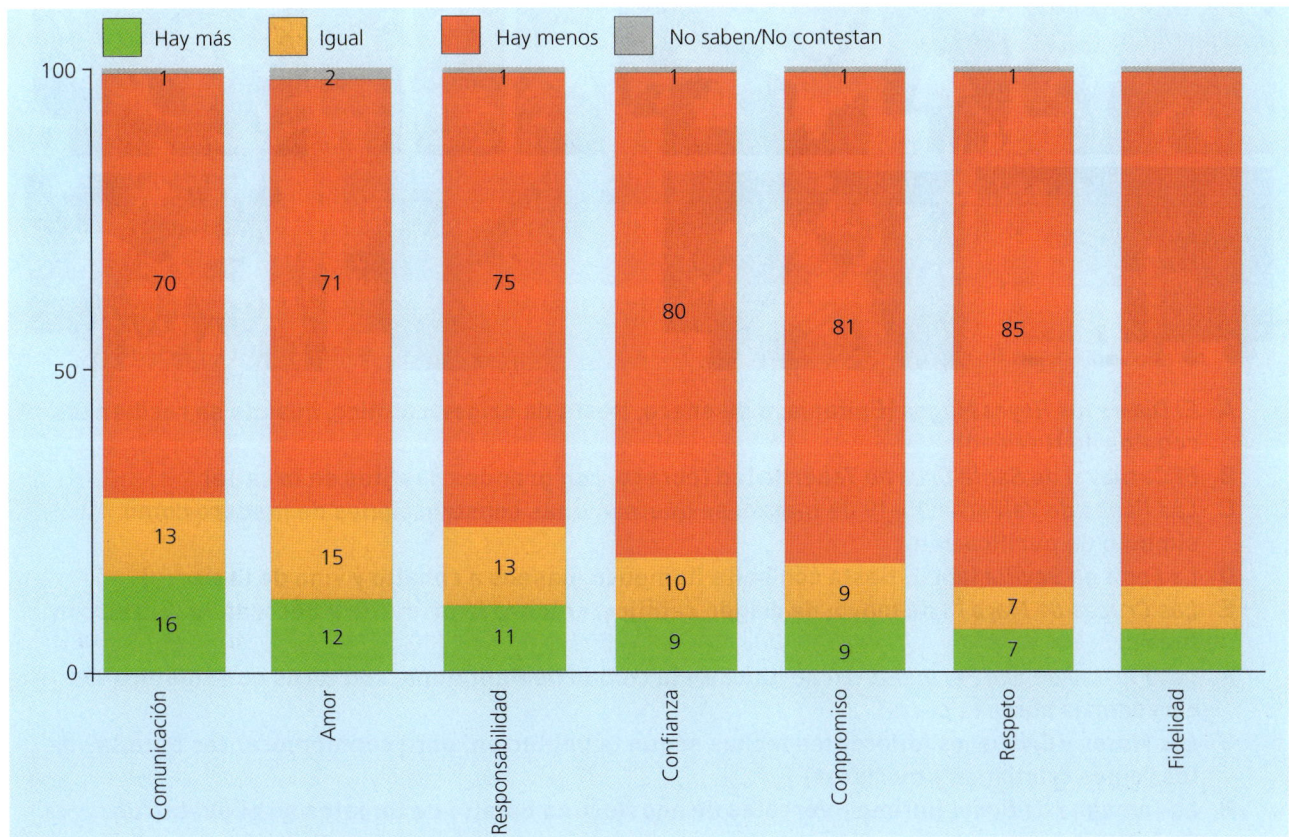

Opiniones de los mexicanos sobre las relaciones familiares

5 Observa el gráfico sobre las familias mexicanas, luego habla con tu compañero/a sobre los cambios en las relaciones familiares.

- ¿Qué conclusiones sacas de este gráfico sobre las familias mexicanas?
- ¿Cuál es el valor más importante en la familia para ti? ¿Y el menos importante?

Unit 1 Los valores tradicionales y modernos

1.2 La religión católica y las fiestas

- Aprender sobre algunas tradiciones religiosas célebres en el mundo hispánico y la influencia del catolicismo.
- Estudiar a fondo la formación de adjetivos y el apócope.
- Organizar tus apuntes y notas para el curso.

¡En marcha!

1 Mira esta lista de nueve festividades en España. Algunas tienen un significado católico, otras son paganas. Lee la lista de nombres y breves descripciones y emparéjalas con las fotos. Si nunca has oído hablar de estas celebraciones, ¿puedes adivinarlo por su nombre? ¿Tienes más información de alguna festividad en particular? Comparte lo que sabes o tus experiencias en clase.

A *El Día de los Reyes Magos* (Epifanía, 6 de enero, fiesta de origen católico, cuando se reciben los regalos de Navidad)
B *El Carnaval de Santa Cruz de Tenerife* (en febrero, con grandes desfiles en la calle)
C *Las Fallas de Valencia* (15-19 de marzo; se queman unas construcciones de madera como símbolo de purificación)
D *La Feria de Sevilla* (abril; fiesta con baile flamenco, paseos a caballo y vino de la tierra)
E *Las Cruces de Mayo* (3 de mayo; de origen católico, celebra la primavera decorando cruces con flores)
F *Las Fiestas de San Fermín* (6-14 de julio; en la ciudad de Pamplona, con toros que siguen a los corredores hasta la plaza)
G *Los Moros y Cristianos* (diferentes fechas según la población, para conmemorar las batallas de los reinos cristianos y moriscos)
H *La Tomatina de Buñol* (último miércoles de agosto; una batalla de tomates en el pueblo de Buñol)
I *El Día de la Hispanidad* (12 de octubre; se celebra la llegada de Colón a América y la unión entre países hispanohablantes)

El Día de los Muertos y Todos los Santos: dos caras de una moneda

Gerardo

Vivo en Valladolid, en México. El Día de los Muertos siempre ha sido una gran celebración, muy importante y familiar en mi país. Ya se celebraba en los pueblos antes del siglo XVI y se convirtió en el Día de los Muertos después de la llegada de los españoles con su religión católica. El dos de noviembre visitamos el cementerio para adornar las lápidas de los familiares muertos. A veces hacemos un altar con flores bonitas de muchos colores y con fotos. Hay personas que prefieren hacer el altar en su casa y recordar a la

Altar en el Día de los Muertos

persona muerta con chistes o anécdotas de su vida. La gente en mi país continúa siendo muy sentimental y familiar en su día a día. Hay varios símbolos importantes en el altar: las velas, las calaveras, que simbolizan la muerte, comida, normalmente la favorita del difunto, como tacos o enchiladas picantes y bebida, por lo general alcohólica, tequila o mezcal. Las familias celebran la muerte como algo normal que es parte de la vida también.

Sofía

Soy de Puertollano, en el centro de España. En mi país el Día de Todos los Santos es una festividad muy religiosa el primer día de noviembre. Aunque tiene un significado importante para recordar a los familiares que murieron, en la actualidad son solo las generaciones mayores las que todavía van al cementerio a limpiar las lápidas y poner algunas flores, pero sin nada muy llamativo. Es preferible ser austero en este día, porque se trata de una celebración seria y a veces un poco triste para algunas personas. A los jóvenes como yo no nos gusta visitar cementerios y cada vez menos gente joven continúa con esta tradición. Por otra parte, ¡es un buen día para dulces típicos! Mi favorito se llama 'huesos de santo' y es un rollo pequeño de mazapán.

2 a Lee con atención el artículo sobre las dos tradiciones y busca un sinónimo para las siguientes palabras.

- a tumbas
- b parientes
- c pasteles
- d cilindro

2 b Ahora busca un antónimo para estas otras palabras también.

- a vivos
- b olvidar
- c último
- d discreto

2 c Vuelve a leer el texto con atención y decide si las siguientes frases hacen referencia a la festividad en México (M) o en España (E).

1 La festividad es el segundo día del mes de noviembre.
2 La religión tiene más fuerza y representación en la festividad.
3 Adolescentes y jóvenes no prestan mucha atención a la festividad.
4 En este país las personas valoran mucho la familia y los recuerdos.
5 Hay diferentes signos y emblemas en la representación de la festividad.
6 No es un día alegre ni festivo en este país.
7 Los postres y pasteles son importantes este día.
8 En este país hay una actitud más optimista sobre morir.

Gramática

Los adjetivos, la posición, la concordancia y el apócope (Adjectives, position, agreement and apocopation)

Study Sections C2 and C4 of the grammar section.
Go back to the article and find the following:
a two examples of nouns with an apocopated adjective
b one noun with an adjective in the masculine singular form
c one noun with an adjective in the feminine singular form
d one noun with an adjective in the masculine plural form
e one with an adjective in the feminine plural form

Write down the phrases containing the adjectives and translate them into English.

3 Rellena los espacios con el adjetivo más apropiado del recuadro.

```
profundas   nuestra   granadina   algunos   pagana   españolas
Poca   rojos   mayores   Santa   primer   otra   muchas
populares   gran   Internacional
```

1 Las generaciones .... son las que van al cementerio y ponen flores en las lápidas.
2 Las procesiones en las que son llevadas imágenes de la Virgen son muy .... por todas partes.
3 El 12 de diciembre se celebra una .... fiesta en México, la de .... Señora de Guadalupe.
4 El .... día de mayo se conmemora el Día .... de los Trabajadores.
5 El año que viene vamos a pasar .... días en Sevilla durante Semana ....
6 .... gente sabe que .... fiestas españolas tienen su origen en una celebración ....
7 Una tradición .... es ofrecer flores a la Virgen en septiembre; en mayo, ... costumbre es bailar alrededor de una cruz decorada con claveles ....
8 Las fiestas tienen raíces muy .... en las comunidades ....

4 a  *Festividades a ambos lados del mundo.* Escucha las entrevistas con dos jóvenes sobre las festividades de su país y contesta las preguntas en español.

1 ¿En qué consiste la festividad de las Cruces de Mayo?
2 ¿Dónde se colocan las cruces?
3 ¿Qué representa esta festividad en la religión católica?

4 ¿Cuál es el papel especial de la madre de Rubén en la festividad?

5 Tradicionalmente, ¿qué tenían que decidir las chicas en su quince cumpleaños?

6 ¿Quiénes asisten a la iglesia?

7 ¿Por qué llevan blanco en la iglesia?

8 Aparte de la religión católica, ¿cuál es la otra influencia sobre esta tradición?

Elena con una amiga y sus padres el día de su 'quinceañera'

4 b  **Traduce las siguientes frases al español. Puede que te sea útil mirar la transcripción para obtener más vocabulario. Asegúrate de comprobar tu traducción con cuidado y evitar así errores ortográficos o de gramática.**

1 Catholicism has a great influence in Spanish society.
2 The cross is an important symbol for Catholics.
3 Last night, I spent three hours decorating the cross with flowers.
4 Many Latin American festivals are a mixture of Catholicism and indigenous religions.
5 My aunt became a nun. She is a very religious woman.
6 She will wear a very expensive white dress for the ceremony.

5 a **Mira la lista de festividades de la página 18. Elige una religiosa y una pagana y responde a las siguientes preguntas en español. Busca la información en Internet.**

1 ¿Dónde se celebra exactamente? ¿Es una celebración nacional o regional?
2 ¿Cuál es su significado religioso o pagano? Describe las influencias y orígenes de la festividad.
3 ¿Cuáles son los símbolos y tradiciones más populares de la festividad?
4 ¿Qué piensas de esta celebración? ¿Te gustaría hacerlo?
5 ¿Hay una fiesta similar en tu país? Explica.

5 b **Usa las preguntas en 5a a modo de cuestionario con tu compañero/a y escucha sus respuestas. Al terminar, tu compañero/a te hará las mismas preguntas y podrás dar tus respuestas también.**

Estrategia

Organising notes for the AS/A-level course
It is important to organise your notes for each unit, as well as record deadlines and important dates. Here are some tips that will help you:
- Print out the vocabulary list for each sub-unit and add any new words from vocabulary-based tasks in this sub-unit.
- File grammar information carefully: write the name of the grammar point in both languages and put the information you found from the grammar box and the grammar task together.
- Answers to exam-type tasks (e.g. true/false, multiple choice etc.) are less useful for revision and can be done on draft paper.
- Keep translations together — English to Spanish and vice versa. Always write the page number so that you can refer back to the original Spanish or English when revising.
- Keep any paragraphs you have written or bullet points of notes you have found out from your research. These are likely to be useful for your exam.

Unit 1 Los valores tradicionales y modernos

1.3 Y vivieron felices... ¿para siempre?

- Analizar la institución del matrimonio en España y el índice de divorcio.
- Repasar la formación y el uso de los verbos reflexivos.
- Establecer estrategias para aprender el vocabulario.

¡En marcha!

1 a Empareja las siguientes palabras clave con sus definiciones.

1. matrimonio
2. boda
3. divorcio
4. civil
5. separación
6. nulidad
7. rito

A. interrupción de la relación conyugal sin romper el vínculo matrimonial
B. tradición que siempre se repite de la misma manera
C. anulación de un matrimonio no consumado
D. disolución legal de un matrimonio
E. ceremonia de casamiento y fiesta subsecuente
F. unión de dos personas ante la ley
G. no religioso, secular

1 b Inventa una definición propia para estos términos:

| luna de miel | aniversario | bigamia |

2 a Lee la página web sobre el matrimonio en España. Para cada declaración, escribe la cifra correcta, según la información en el texto.

1. reducción (porcentaje) en el número de matrimonios en los últimos 35 años
2. número absoluto de matrimonios en 2011
3. edad media de casarse de los hombres en 1976
4. edad media de casarse de las mujeres en 2011
5. porcentaje de matrimonios no religiosos en 1996
6. reducción (porcentaje) en el número de matrimonios católicos entre 1996 y 2011
7. cifra total de nulidades en 2011
8. número de matrimonios homosexuales en 2011

El matrimonio en España

Según datos publicados por el Instituto de la Mujer, durante 25 años el número de españoles casados se ha reducido a la mitad. La tasa de nupcialidad pasó del 14,36 por cada mil habitantes en 1976 al 7,01 en 2011, año en el que se celebraron 163.336 bodas.

Entre los datos que se recogen hay otras cifras interesantes: por ejemplo, los españoles se casan mucho más tarde que antes. En 1976, la edad promedio para casarse era de 24 años en las mujeres y 27 años en los varones; por otro lado, en 2011, esas cifras ascendieron a los 33 y 36 años, respectivamente.

En lo que se refiere a la ceremonia de matrimonio, en 1996 un 23% de las bodas fueron civiles y un 77% religiosas. Según el informe, estos porcentajes se han invertido, y en 2011 fueron de un 60% y 40% respectivamente.

En cuanto a los divorcios, las separaciones y las nulidades, la cifra total fue de 110.651 en 2011. Los divorcios representaron un 93,63 % del total, las separaciones un 6,25% y las nulidades un 0,12 % (solo 132 matrimonios).

Se sabe que ha crecido el número de matrimonios entre parejas del mismo sexo: en 2011, hubo 3.540 matrimonios de esto tipo, un 2,17% del total.

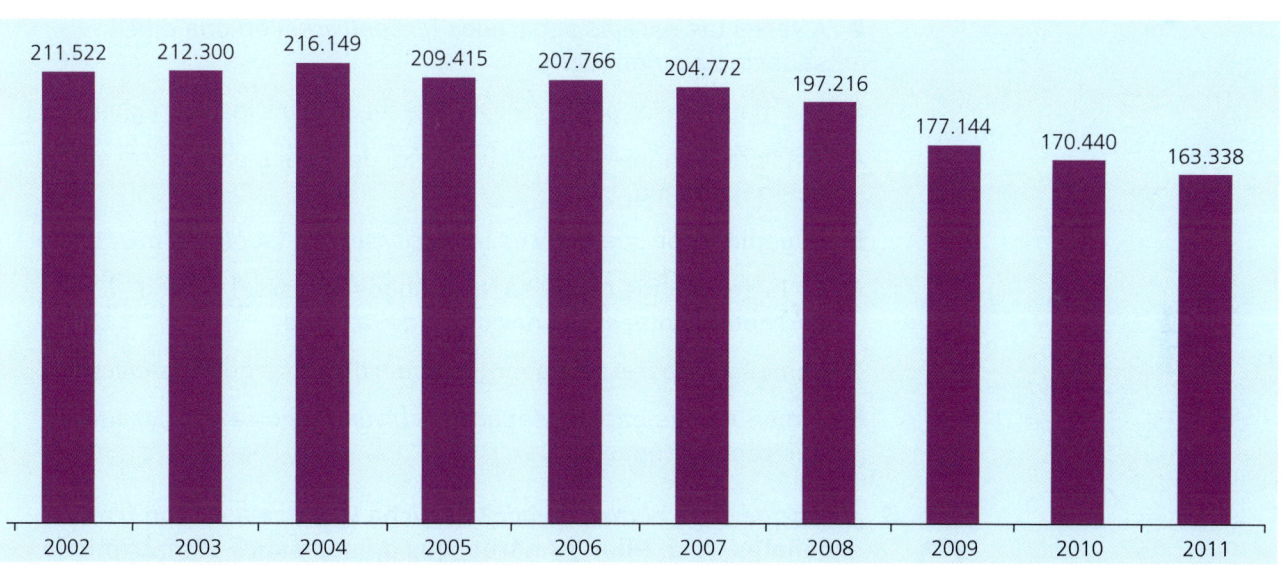

Número de matrimonios en España 2002–11

2 b Observa el gráfico con atención y decide si las siguientes frases son verdaderas (V), falsas (F) o no mencionadas (N).

1 Desde 2002, el número de matrimonios en España ha disminuido año tras año.
2 El mayor descenso ocurrió entre 2008 y 2009.
3 El número de divorcios aumentó en 2011.
4 Entre 2008 y 2009 el número de matrimonios cayó 200.000 por primera vez.
5 En 2004, hubo más matrimonios religiosos.
6 Un ligero aumento en el número de matrimonios ocurrió entre 2002 y 2004.

2 c Vuelve a leer el gráfico y luego habla con tu compañero/a. En tu opinión, ¿por qué ha estado disminuyendo el número de matrimonios en España entre 2002 y 2011?

 2 d Compara tus razones personales con las de los estudiantes en tu clase. ¿Cuántas posibles razones puedes identificar en total para el declive del matrimonio en España?

Gramática

Los verbos reflexivos (Reflexive verbs)

Study section G18 of the grammar section, then re-examine the article and identify:
a one example of a reflexive verb in the infinitive
b one example of a reflexive verb used passively in the present tense
c one example of a reflexive verb used impersonally in the present tense
d one example of a reflexive verb in the preterite tense
e two examples of a reflexive verb in the perfect tense

Write down the phrases containing the examples, and then translate them into English.

3 Pon el verbo entre paréntesis en la forma correcta.

1 El número de españoles que [*casarse*] disminuye cada vez más.
2 A veces las parejas separadas [*encontrarse*] en una difícil situación económica.
3 Los matrimonios por lo civil [*realizarse*] en la oficina del registro civil.
4 Tradicionalmente la novia [*vestirse*] de blanco para la ceremonia del matrimonio.
5 Eugenio, ¿por qué quieres [*divorciarse*]? Yo [*sentirse*] muy triste.
6 En la ceremonia religiosa los testigos [*situarse*] al lado correpondiente, el del novio o el de la novia.
7 Vamos a [*separarse*] de mutuo acuerdo antes de [*divorciarse*].
8 A menudo las parejas separadas [*reunirse*] otra vez porque no quieren vivir aparte.

 4 a *¿Para qué sirve el matrimonio?* Escucha la entrevista con tres españoles, Ana, Pilar y Andrés, que opinan sobre el matrimonio en España hoy en día. Contesta las preguntas en español con el nombre de la persona correcta.

¿Quién...
1 se preocupa por cuestiones financieras?
2 piensa que el matrimonio religioso es una reliquia del pasado?
3 está orgullosa de sus padres?
4 declara que las bodas españolas son muy bonitas?
5 dice que el matrimonio contribuye mucho a la creación de una familia feliz?
6 sugiere que generalmente con el tiempo muchas cosas no cambian?
7 siembra dudas sobre la importancia del catolicismo en España hoy en día?
8 menciona el viaje de novios?

Theme 1 Aspects of Hispanic society

4 b Vuelve a escuchar la entrevista y apunta un sinónimo para las palabras 1–8.

1 obsoleta
2 frecuentes
3 afirmación
4 alegría
5 ahora
6 fortuna
7 déficit enorme
8 raro

5 Translate the following passage into English.

Una boda tradicional española

¡El día de mi boda fue tan especial! Primero, me desperté temprano. Después, me maquillé, me peiné y me vestí. Mi vestido era blanco marfil, con una cola de dos metros. La ceremonia en la iglesia fue preciosa. ¡Mi novio se puso nervioso en el altar! Mi sobrina llevó las *arras y el cura nos casó rápidamente. Fuera de la iglesia la gente tiró arroz. El banquete fue maravilloso y todos nos divertimos hasta la madrugada. Recibimos muchos regalos y ¡nos acostamos a las ocho de la mañana! Nos fuimos de luna de miel a Cancún.

*arras: wedding coins

6 ¿Crees que es una buena idea casarse hoy en día? Lee las siguientes declaraciones y decide si estás a favor o en contra de cada una. Intenta justificar tu opinión, escribiendo dos o tres frases como mucho para cada declaración.

1 La tasa de divorcio es cada vez más alta, ¡casi un 60%! No vale la pena casarse.
2 El matrimonio todavía es muy popular y es un símbolo de amor profundo.
3 El costo de la vida es un gran problema hoy en día. ¡El matrimonio empeora este problema!

Estrategia

Establishing techniques to memorise vocabulary

You are not allowed to use a dictionary in your exam, so you need to learn vocabulary regularly and thoroughly. Now is the time to start!

- Look at the vocabulary list of sub-unit 1.3 (key words are at the end of Unit 1, the longer list is available online).
- Read the words aloud to yourself in Spanish and in English.
- Cover the English, read them aloud again in Spanish and see if you can say the meanings in English. Keep on doing this until you can say most of them without looking — three times is usually enough.
- Now cover the Spanish and repeat the process. This is harder!
- Are there any you just can't remember? Here are some ways to help you — find out which one works best for you:
  - Find English words that sound a little bit like the Spanish word you need to remember — create a picture in your head, or a silly rhyme, to help you.
  - Put them on post-it notes around your bedroom. Seeing them around you regularly will jog your memory.
  - Write out the ones you can't remember a few times. The act of writing them helps you to memorise them.

1.4 Las múltiples formas familiares

- Identificar las diferentes formas familiares que existen, analizando sus vivencias y dificultades.
- Usar construcciones interrogativas.
- Participar en conversaciones con fluidez.

¡En marcha!

1 a Une los tipos de familia 1–4 con las fotos.

1   una familia nuclear
2   una familia extensa
3   una familia monoparental
4   una familia homoparental

1 b Escribe tu propia definición de cada uno de los tipos de familia 1–4. Además, intenta hacer una definición de estos dos tipos de familia también:
1   una familia ensamblada
2   una familia política

2 a Lee las siguientes frases y decide quién habla en cada caso: Braulio (B), Carolina (C), Esteban (E) o Alicia (A).

1   Sus padres no viven juntos y quieren ahorrar dinero.
2   Después de la muerte de su padre, ya tiene el apoyo de otro familiar.
3   Es el hijo más maduro de la familia y tiene mucha responsabilidad.
4   Tiene un padre que trabaja mucho.
5   Ha sufrido una tragedia.
6   No siempre vive en el mismo lugar.
7   No tiene planes para crear su propia familia en el futuro.
8   Mantiene excelentes relaciones con su madre.

Las familias de hoy en día: hablan los jóvenes

Braulio

Vivo en Venezuela con mi familia numerosa; además de mis padres, están mis dos hermanos y mis tres hermanas. Yo soy el mayor y suelo ayudar más en casa que los demás; creo que mi padre piensa en mí como un cabeza de familia y un futuro padre, pero yo no sé si formaré una familia o no. ¿Cuál es el problema si no me caso?

Carolina

Soy mexicana e hija única. Casi no veo a mi padre porque es un hombre de negocios muy ocupado. Mi madre dice que parece que está soltera. Aunque echo de menos a mi papá, me llevo tan bien con mi madre que es como una amiga, y nosotras salimos juntas de compras o al cine a menudo. ¿Te parece normal?

Esteban

Soy de España. Mis padres están separados, pero no quieren divorciarse. ¿Por qué? Para no malgastar dinero, pero con una situación tan tensa, mi hermana y yo vivimos un mes con mi padre en su apartamento de alquiler, y otro mes con mi madre, aunque no me cae bien su novio porque quiere casarse pronto y él tiene dos hijas. La idea de tener dos hermanastras no me atrae mucho.

Alicia

Soy de Argentina. Mi madre está viuda porque mi padre falleció en un accidente de avión hace siete años. Mi mamá no pretende rehacer su vida con nadie, pero mi tío se ha instalado con nosotras y mi familia no parece monoparental, porque mi tío es como un padre para mí, tan atento y servicial en casa. ¿Es posible querer a un tío como a un padre?

AS STAGE

2 b Vuelve a leer los cuatro párrafos, luego intenta traducir las siguientes frases al español, adaptando la información en el texto. Asegúrate de comprobar tu traducción con cuidado y evitar así errores ortográficos o de gramática.

1. I am Chilean and my parents are divorced. The separation has been difficult.
2. I used to miss my Dad, but now I usually see him twice a month.
3. I live with my Mum and she has a boyfriend, but I don't like him.
4. It is possible that he will move in with us soon.
5. What should I do? Can you help me?
6. Separation or divorce — what is the best option?

Unit 1 Los valores tradicionales y modernos

Gramática

Construcciones interrogativas (Interrogatives)
Refer to sections E9 and F9 of the grammar section and look again at the four paragraphs in question 2.

a Find an interrogative pronoun and an interrogative adverb.
b Find all four questions, copy them out and translate them into English.

3 Empareja las preguntas con su respuesta.

1 ¿Cuál es el problema que tiene tu hijo?
2 ¿Cuántos divorcios hay en España cada año?
3 ¿Qué significa 'una familia nuclear'?
4 Luis, ¿cómo te llevas con tu hermanastro?
5 ¿Con quién se casó Jaime?
6 ¿Qué me recomiendas?
7 ¿Por qué no se separan tus padres?
8 En Sudamérica, ¿dónde tienen las leyes más liberales?
9 ¿Cuándo fue aprobada la ley de divorcio en España?
10 ¿Cuánto cuesta un divorcio exprés en España?

A Que vayas a ver a un consejero matrimonial.
B Entre 400 y 500 euros.
C Hace más de treinta años.
D La que está compuesta de la madre, el padre y los hijos.
E Para no perder dinero.
F No se entiende con su hermana mayor.
G Con Pepe, su compañero de 20 años.
H Pues, bastante bien.
I No sé, quizás en Argentina.
J Más de cien mil.

Una familia multicultural

4 a *Las familias a debate.* **Escucha la conversación entre Luis y Marta sobre la composición familiar, luego completa el siguiente párrafo, rellenando cada espacio con un adjetivo apropiado de la lista. ¡Cuidado! Sobran adjetivos.**

Luis tiene una opinión muy (**1** ....) sobre la composición ideal de la familia, y está en contra de la idea de una familia (**2** ....). Para Marta, la composición familiar no es tan importante. Según Luis, los divorcios y las separaciones tienen una influencia (**3** ....) sobre la familia, pero Marta afirma que, en comparación con parejas homosexuales, la tasa de divorcio entre parejas heterosexuales es más (**4** ....). Además, Marta piensa que la función de la familia es a la vez social y (**5** ....).

A homoparental	D negativa	G tradicional
B nuclear	E educadora	H tolerante
C alta	F baja	

Theme 1 Aspects of Hispanic society

4 b Vuelve a escuchar las opiniones y resume los siguientes puntos en un párrafo de 70 palabras utilizando tus propias palabras. Escribe en frases completas y verifica el trabajo para asegurarte que el lenguaje es correcto.

1. la opinión de Luis sobre la familia ideal (2)
2. las características más importantes para una familia según Marta
3. las consecuencias de los divorcios y las separaciones, según Luis
4. los aspectos positivos de las familias homoparentales (2)

5 Translate the following passage into English.

Habla un psicólogo

¿Cómo ha cambiado la unidad familiar en España en años recientes?

Los datos nos dicen que en el país hay más familias con padres solteros, más matrimonios de raza mixta y menos hijos. También hay más familias con hijos de otras relaciones.

¿Cómo se sienten los jóvenes sobre estos cambios?

En general, no se preocupan tanto sobre los prejuicios como lo hicieron sus padres en el pasado; la sociedad está más abierta a cambios ahora. A pesar de esto, continúan las tensiones emocionales típicas del conflicto generacional padre-hijo.

Estrategia

Participating fluently in a conversation (including repair strategies and circumlocution)

- Speaking fluently does not mean talking fast, but confidently, and keeping the conversation flowing.
- Have a bank of expressions which can be used to make your Spanish seem very natural while also giving you 'thinking time' to prepare the rest of your response.
- These range from an opinion expression such as '*a mi modo de ver*', '*la verdad es que*' or '*que yo sepa*', to a simple filler such as '*pues*', '*a ver*', '*es que*' or '*bueno*'.
- Try to avoid directly translating what you are thinking. Instead, be flexible, relaxed and find an alternative way of expressing yourself, using synonyms and alternative sentence structures.
- When stuck for a word, use circumlocution, i.e. describing the word you can't think of in roundabout language. For example, '*el hombre de una mujer*' for '*marido*'.
- Use facial expression, gestures and body language so that the conversation keeps flowing.

Use these strategies to help you with activity 6b.

6 a Busca información en Internet sobre un tipo de familia española moderna, haciendo notas. No te olvides de:
- describir cómo funciona el tipo de familia
- analizar sus vivencias y dificultades

6 b Trabaja en grupo. Presenta lo que has encontrado al resto del grupo. Escucha a los demás con atención y hazles preguntas.

6 c Escribe un párrafo sobre el tipo de familia española de la que has encontrado información. Incluye tus ideas sobre las ventajas y desventajas sobre este tipo de modelo familiar.

Unit 1 Los valores tradicionales y modernos

Vocabulario

1.1 Las familias de antes y de ahora: los hijos hablan

- el **ama de casa** (*f*) housewife
- **de antaño** in the past
- **atendido** looked after, cared for
- **comprensivo** understanding
- el **conflicto generacional** generational conflict
- **cuidar** to look after, to care for
- el **deber** duty
- **derramar lágrimas** to shed tears
- **discutir** to argue
- **echarse a llorar** to burst into tears
- **educar** to educate, to bring up
- **estar harto de** (*estoy*) to be fed up with
- **estar obsesionado con** (*estoy*) to be obsessed with
- **estar ocupado** (*estoy*) to be busy
- el/la **gemelo/a** twin
- la **guardería** nursery
- el **horario** timetable
- la **libertad** freedom
- **llevarse bien** to get on well
- **montar en cólera** to get angry
- **pelearse** to argue
- **respetar** to respect
- **severo** strict, harsh
- la **sonrisa** smile
- la **tarea** chore
- **volar del nido** (*vuelo*) to fly the nest

1.2 La religión católica y las fiestas

- **adornar** to decorate
- **austero** stripped-down, bare
- la **batalla** battle
- la **calavera** skull
- **celebrarse** to be celebrated
- el **chiste** joke
- el **cementerio** cemetery, graveyard
- el **clavel** carnation
- la **cruz** cross
- **decorar** to decorate
- el/la **difunto/a** deceased
- la **festividad** festival, celebration
- la **lápida** tombstone
- **llamativo** flashy, showy
- la **monja** nun
- el **origen** origin
- **recordar** (*recuerdo*) to remember, to recall
- la **Resurrección** Resurrection
- **recibir** to receive
- el **significado** meaning
- el **símbolo** symbol
- **valorar** to value
- la **vela** candle

1.3 Y vivieron felices... ¿para siempre?

- **anticuado** old-fashioned, outdated
- **blanco marfil** ivory white
- la **boda** wedding
- **casarse** to get married
- la **cifra** figure
- la **cola** train (of wedding dress)
- el **costo** cost
- el **cura** priest
- el **descenso** drop, fall
- la **deuda** debt
- el **dineral** fortune
- **disminuir** (*disminuyo*) to decrease
- el **divorcio** divorce
- **elevarse** to rise
- **empeorar** to make worse
- el **enlace** wedding
- la **felicidad** happiness
- **invertir** (*invierto*) to reverse
- la **luna de miel** honeymoon
- la **madrugada** the early hours
- el **matrimonio** marriage
- la **mitad** half
- la **pareja** couple, partner
- el **porcentaje** percentage
- la **ruptura** break-up
- la **tasa** rate
- el **traje de novia** wedding dress

1.4 Las múltiples formas familiares

- el **apoyo** support
- **caer bien** (*caigo*) to be liked, to please
- el **cariño** affection
- los/las **demás** the others
- **echar de menos** to miss
- **educador** educational
- **evolucionar** to evolve
- **fallecer** (*fallezco*) to die
- la **familia homoparental** same-sex family
- la **familia de raza mixta** mixed-race family
- la **familia ensamblada** stepfamily, blended family
- la **familia extensa** extended family
- la **familia monoparental** single-parent family
- la **familia nuclear** nuclear family
- la **familia política** in-laws
- el **hogar** household
- **instalarse** to settle in
- **maduro** mature
- **malgastar** to waste, squander
- la **maternidad** maternity
- la **paternidad** paternity
- **pretender** to expect, hope
- **salir juntos** (*salgo*) to go out together

UNIT 2

El ciberespacio

2.1 **Las diferentes caras de Internet**
2.2 **¿Han cambiado las nuevas tecnologías nuestra vida a mejor o a peor?**
2.3 **Los teléfonos... ¿inteligentes?**

Theme objectives

In this unit you study cyberspace. The following topics are covered:
- the uses of the internet and its positive and negative features
- how new technologies change our lives
- the different uses of smartphones and their influence today

Grammar objectives

You will study and practise the following grammar points:
- definite and indefinite articles
- comparative constructions
- direct and indirect object pronouns

Strategy objectives

You will develop the following:
- finding effective reading strategies
- translating from Spanish to English accurately
- translating from English to Spanish accurately

2.1 Las diferentes caras de Internet

- Analizar los usos de Internet y sus aspectos positivos y negativos.
- Usar artículos definidos e indefinidos.
- Buscar estrategias diferentes para leer efectivamente.

¡En marcha!

1 a Hay vocabulario específico en el mundo de Internet. Mira estos términos en español y emparéjalos con el equivalente en inglés. Si no los conoces, ¿cuántos puedes adivinar?

1 @ (at)
2 – (hyphen)
3 / (slash)
4 . (dot)
5 _ (underscore)
6 \ (backslash)
7 profile
8 social network
9 to download
10 to upload

A red social
B barra
C barra invertida
D guión
E guión bajo
F subir
G perfil
H arroba
I descargar
J punto

1 b Escribe unas frases para cada uno de los siguientes puntos.
- ¿Cuándo usas Internet? ¿Cuánto tiempo cada día, más o menos?
- Explica dos usos de Internet muy importantes para ti, y di por qué.
- Explica tres peligros de la red. Menciona una mala experiencia personal.

1 c Compara tus frases con las de un/a compañero/a. ¿Coincidís en mucho o estáis en desacuerdo?

2 a Lee la entrevista con atención. Usa las estrategias que se sugieren para que te ayuden a entenderlo con claridad. Marca la opción correcta en cada caso.

1 El 74,4% de los hogares españoles…
  A tiene un ordenador en casa.
  B puede acceder a Internet.
  C usa Internet frecuentemente.

2 El tipo de conexión…
  A más usado es la banda ancha.
  B más veloz es la banda ancha.
  C más útil es con un móvil inteligente.

Información reciente sobre los usos de Internet en España

Entrevista con Fernando Ramírez, experto en Internet de la Universidad Complutense de Madrid

Fernando, ¿cuántos hogares hay en España con acceso a Internet?

Según una encuesta reciente, el 74,4 por ciento de los hogares españoles tiene acceso a la red. En total son 11,9 millones de hogares con Internet en la casa, y la conexión más popular es la banda ancha. Es importante mencionar que el 67,2 por ciento de los españoles accede a Internet a través de un dispositivo de mano (un móvil inteligente o una tableta, por ejemplo).

¿Cuáles son los usos más frecuentes de Internet?

Es difícil dar información específica de los usos personales, pero está claro que la gente accede a Internet para buscar información, comunicarse con otros, usar unas redes sociales, comprar en línea o bajar música, películas o series de televisión.

Las compras en línea parecen ser cada vez más populares. ¿Tiene más información al respecto?

Por supuesto, el porcentaje de personas que ha comprado por Internet en los últimos tres meses representa una subida de 4,6 puntos, lo que es el 27,5 por ciento de la población del país. En total hay 14,9 millones de españoles que compran en Internet frecuentemente y piensan que es más eficiente y menos caro que en las tiendas.

¿Y la participación en redes sociales?

Sí, es tan popular hoy en día. El 92 por ciento de los estudiantes españoles tiene un perfil en una red social como Facebook, Twitter o Instagram. En general, las mujeres interactúan más que los hombres.

3 Sobre los usos de Internet…
   A la gente lo usa personalmente.
   B la información es decisiva.
   C no hay datos específicos.

4 Más de un cuarto de los españoles…
   A compra en Internet.
   B no va de compras en línea.
   C prefiere ir a las tiendas a comprar.

5 14,9 millones de españoles…
   A compran en Internet sin regularidad.
   B compran en línea con frecuencia.
   C piensan que las compras en Internet son eficaces y más económicas.

6 Con respecto a las redes sociales…
   A el 92% de las mujeres estudiantes tienen una cuenta en una red social.
   B casi todos los estudiantes españoles socializan en línea.
   C entre los estudiantes se usa más Facebook que Twitter.

2 b Ahora busca la palabra o expresión correcta en el texto para cada una de las siguientes definiciones.

1. Un sistema de acceso a Internet rápido y eficiente
2. Un instrumento (o aparato) portátil, por ejemplo un móvil o una tableta
3. Un tipo de sitio web o aplicación para interactuar con otras personas, por ejemplo Facebook, Instagram o Snapchat
4. La información personal que explica quién eres en una red social, con fotos, mensajes, edad, dónde vives, pasatiempos, etc.

Estrategia

Finding effective reading strategies
When you are reading for **gist** you should:
- look at the layout, headings, sub-headings and pictures: they often give more information about the meaning of the passage than you think.
- take note of key words that appear frequently.
- look out for quotes that may reveal opinions or facts that are essential to comprehension.

When you are reading for **specific detail**, you should:
- pay particular attention to dates, names and statistical information… numbers are often very important!
- aim to work out the meaning of an unfamiliar word in a sentence from context.

Use these strategies to help you with exercises 2a and 2b.

Gramática

Los artículos definidos e indefinidos (Definite and indefinite articles)
Read section B in the grammar section carefully. Then go back to the interview in exercise 2 and complete the following tasks:
a Find at least **five** definite articles in singular form and **five** definite articles in plural form.
b Find at least **three** indefinite articles in singular form.
c There is also **one** indefinite article in the plural form. Can you find it?

Write them all down along with the noun to which they belong, also giving their meaning in English.

3 Decide si los sustantivos en las frases siguientes necesitan un artículo definido o indefinido, o ningún artículo.

1. Javier es .... programador; trabaja en .... empresa estadounidense.
2. El mundo de .... informática ha cambiado mucho en .... últimos tiempos.
3. En enero voy a estudiar .... curso de .... informática.
4. .... cibercafé está abierto .... sábados, entre .... 9:00 y .... 1:00.
5. Pierdo mucho tiempo en .... redes sociales; prefiero hablar en .... persona y no tener .... problemas de .... ciberacoso.
6. .... electrónica es .... disciplina que estudia .... señales eléctricas.
7. Voy a pasar esta noche trabajando en .... ordenador. No quiero cenar; me conformo con .... vaso de agua y .... tapas.
8. .... 51,5% de .... usuarios del móvil lo usa diariamente y .... mayoría de .... poseedores de .... teléfonos inteligentes lo emplea al menos .... vez por semana.

4 a *Cómo usan Internet los jóvenes: lo bueno y lo malo.* **Escucha a los cuatro jóvenes hablando sobre lo bueno y lo malo de Internet, luego marca las cinco frases correctas.**

Según las opiniones…
1. Internet es bueno para hacer las tareas del instituto.
2. Hay demasiados datos en línea y no siempre son correctos.
3. Ver series y jugar a videojuegos en Internet es conveniente y ahorras dinero.
4. Internet te puede hacer malgastar tu tiempo.
5. El ciberacoso no es muy preocupante.
6. Es preferible comunicarse en persona.
7. Es posible comprar treinta segundos de una canción que no te gusta.
8. A causa de Internet, muchas personas no van a las tiendas a comprar música.
9. No es peligroso apostar en línea.

4 b Corrige y reescribe las cuatro frases que no son verdaderas de la actividad 5a.

5 Translate the following diary page into English.

Diario de una adicta a Internet

Martes, día 9 de octubre

Hoy desde la mañana usé Internet todo el tiempo, ¡no puedo vivir sin él!

Primero busqué información del tiempo en mi barrio para ver si hacía frío. Después, en Facebook, vi las fotos de la fiesta de cumpleaños de mi mejor amiga y escribí un mensaje privado a mi novio. También hice una foto de mi desayuno y la puse en Instagram. ¡Ya tiene noventa y cuatro 'me gusta'! En el instituto también suelo mandar mensajes a mis amigas y ver información de famosos en Twitter. ¡Creo que estoy obsesionada!

Lorena

6 a Haz notas para un debate de la clase sobre las ventajas y los inconvenientes de usar Internet. Busca evidencia en Internet de la experiencia de otras personas con usarlo (de blogs, artículos, etc.).

6 b Decide si vas a discutir sobre si Internet nos trae más ventajas o si nos reporta más desventajas. Contribuye con tus opiniones a un debate en clase, dando ejemplos que hayas encontrado en tu búsqueda para complementar lo que dices.

6 c Escribe un párrafo con lo que opinas personalmente sobre los usos de Internet.

Unit 2 El ciberespacio

2.2 ¿Han cambiado las nuevas tecnologías nuestra vida a mejor o a peor?

- Entender cómo las nuevas tecnologías cambian nuestras vidas.
- Aprender construcciones comparativas.
- Poder traducir del español al inglés con exactitud.

¡En marcha!

1 ¿Cómo han cambiado estos aparatos relacionados con la tecnología en los últimos veinticinco años? Elige tres, luego escribe dos frases para cada uno, diciendo cómo eran *antes* y cómo son *ahora*. Puedes mencionar su aspecto, tamaño, precio, uso, etc.

el ordenador	la radio
el teléfono móvil	la cámara de fotos
el reloj	el reproductor de vídeo y DVD
la televisión	el equipo de música

2 a Lee el texto sobre las nuevas tecnologías. Completa el artículo, eligiendo ocho palabras de la lista A–J. ¡Cuidado! Sobran letras.

A	cambiado	F	conectado
B	moderno	G	desarrollando
C	mismo	H	en línea
D	cosmopolita	I	información
E	país	J	estilo

2 b Lee el artículo sobre las nuevas tecnologías, luego responde a las siguientes declaraciones con la información correcta.

1. ¿Cuáles son las áreas de la vida más afectadas por las nuevas tecnologías?
2. ¿Desde cuándo existe Internet?
3. ¿Cuáles son los dos requisitos para trabajar con el ordenador hoy en día?
4. ¿Qué ofrece la fibra óptica?
5. ¿Cuál es uno de los mayores problemas en los países en desarrollo?
6. ¿Qué desventaja tiene Bolivia con el acceso a Internet?

Las nuevas tecnologías nos cambian

Los avances tecnológicos producidos en los últimos años han cambiado el (**1** ....) de vida de las personas. La tecnología ha cambiado aspectos tanto en el terreno laboral como en el económico, social y personal, dando lugar a la globalización y la sociedad de la (**2** ....) y comunicación.

No cabe duda de que la tecnología ha (**3** ....) nuestro estilo de vida, desde los más pequeños a los más mayores. Tan solo hace dos décadas no existía Internet, y hoy en día es impensable trabajar si nuestro ordenador no está (**4** ....) a la red o sin almacenar datos en la nube.

Internet en casa, por medio de los módems, la mayoría ya inalámbricos a través del wi-fi, hace que varios aparatos puedan estar conectados a la vez, facilitando la vida de las familias ya que todos los miembros pueden acceder a la red al (**5** ....) tiempo. Además, la fibra óptica es quizás el avance más importante, porque proporciona velocidad ultrasónica. Ya nadie tiene que esperar ni diez segundos para ver un vídeo, usar un diccionario (**6** ....) o intercambiar información.

No obstante, el acceso tecnológico es uno de los problemas más grandes en los países en vías de desarrollo. Las oportunidades tecnológicas en una zona rural de Bolivia no son tan grandes como en una ciudad (**7** ....) como Barcelona. De hecho, en Bolivia el acceso a Internet es más costoso que en cualquier otro (**8** ....) latinoamericano.

AS STAGE

2 c Escribe un párrafo en español de aproximadamente 70 palabras resumiendo con tus propias palabras lo que has entendido según los siguientes puntos. Escribe en frases completas y verifica el trabajo con cuidado para asegurarte de que el lenguaje es correcto.

Incluye:
- cómo la nueva tecnología ha cambiado nuestra vida (2)
- la importancia de la fibra óptica
- los problemas de acceso tecnológico en Bolivia (2)

Gramática

Las construcciones comparativas (Comparative constructions)

Read carefully section C9 of the grammar section, then refer back to the reading text in question 2 and find five comparative or superlative expressions.

Copy out the phrases containing these examples and translate them into English.

3 Completa las frases siguientes con una palabra adecuada del recuadro. Cada palabra se usa solo una vez.

```
mayores   que   tan   más   menos   cuanto   como   peores
```

1 El acceso a Internet en algunos países latinoamericanos es .... caro que en EE.UU.

2 Los nuevos portátiles pesan .... que los viejos.

3 En las regiones rurales las conexiones son .... que en las ciudades.

4 La calidad de las fotos sacadas con un móvil es .... buena como la de muchas cámaras costosas.

5 Los ingresos de la empresa Apple son .... que los de muchos países tercermundistas.

Unit 2 El ciberespacio

6 Aunque la tecnología nos ha dado una vida más cómoda .... antes, somos menos felices.

7 Los avances tecnológicos han sido enormes, tanto en la educación .... en la medicina.

8 Dicen que .... más avanzamos en el espacio, más descubrimos sobre los orígenes del universo.

4 a  Entrevista con dos jóvenes sobre cómo Internet cambia sus vidas. Escucha la entrevista sobre la influencia de Internet. Decide si las frases de abajo son verdaderas (V), falsas (F) o no mencionadas (N).

1 Hace 25 años, Internet no existía.
2 Paz no recibe mucho correo ordinario hoy en día.
3 Paz no hace ejercicio.
4 El blog de Paz tiene casi trescientos seguidores.
5 Ángel tiene cien contactos en las redes sociales.
6 En el instituto, Ángel saca buenas notas.
7 Ángel nunca ha usado un diccionario de papel en su vida.
8 Una ventaja de los buscadores es que no hay que pagar para usarlos.

4 b Vuelve a escuchar la entrevista, luego empareja cada frase con section su terminación correcta. ¡Cuidado! Sobran terminaciones.

1 Poca gente...
2 Paz...
3 A veces, Paz sufre de...
4 El blog de Paz...
5 En el colegio, Ángel...
6 El buscador...

A es su manera preferida de comunicarse con la gente.
B no puede comunicarse muy bien.
C una falta de concentración.
D ha oído hablar de Internet.
E está reemplazando el diccionario y la enciclopedia de papel.
F podría vivir sin Internet hoy en día.
G dolores de cabeza.
H escribe muchos correos electrónicos.

5 Translate the following article into English. Refer to the strategy section to help you.

Costa Rica es el tercer país más tecnológico de América Latina

Después de Chile y Uruguay, Costa Rica tiene el sistema tecnológico más competitivo y dinámico del subcontinente. Esto envía una señal importante a la comunidad tecnológica mundial sobre los esfuerzos que el país está realizando para mejorar. Costa Rica desea establecerse como un centro global para el sector digital y proyectar una imagen positiva sobre la competitividad del país. El impacto en la sociedad es muy significativo. Podrá reducir el analfabetismo gracias a más escuelas con aulas de informática, y más familias tendrán la posibilidad de usar Internet sin precios abusivos.

Mapa tecnológico de Costa Rica

> **Estrategia**
>
> **Translating from Spanish into English accurately**
> - Remember that words do not have to be in the same order in the English version.
> - Be careful to avoid using 'false friends', i.e. words that look the same as in English but are often translated by a different word. For instance, *carpeta* does not mean 'carpet' in English; it means 'folder'.
> - Make sure that your grammar, spelling and punctuation are accurate.
> - Make sure you have not missed anything out.
> - When you have finished, check that the translation reads well in English.
> - It is a good idea to carry out a peer review to see if your partner can spot anything you missed.

6 Refer back to the translation you carried out in exercise 5 and answer the questions.

1. How do you have to change the word order in the first sentence in order to make a sensible English sentence?
2. What does the false friend *está realizando* mean, a bit later on in the same passage?

7 a Mira el gráfico, luego contesta las preguntas en español tomando notas. Busca información en Internet.

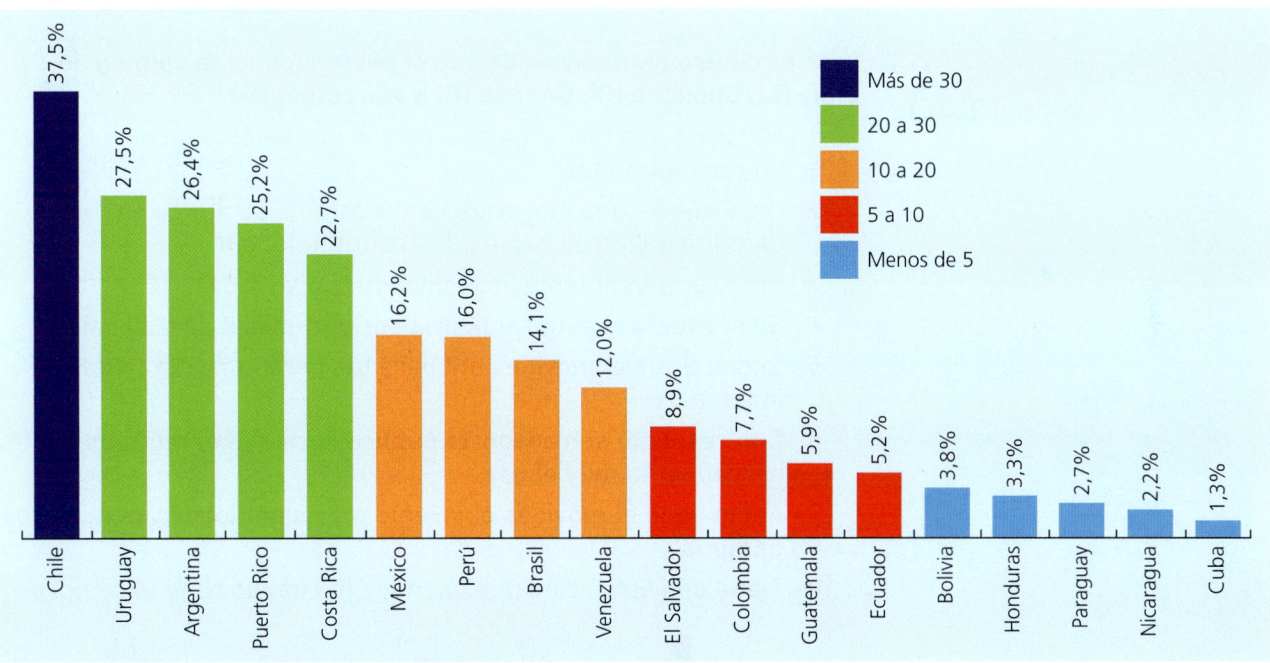

Usuarios de Internet/100 habitantes en Latinoamérica

1. ¿Cuáles son los países latinoamericanos con mejor y peor penetración de Internet?
2. ¿Por qué, en tu opinión, hay tanta diferencia entre ciertos países en el continente?
3. ¿Cómo sería la vida para un hondureño en comparación con un argentino?
4. Personalmente, ¿Internet te ha cambiado la vida a mejor o a peor? ¿Por qué?

7 b Comparte tus respuestas con un/a compañero/a de clase.

2.3 Los teléfonos... ¿inteligentes?

- Explorar los diferentes usos de los teléfonos inteligentes y su influencia hoy en día.
- Usar los pronombres de objeto directo e indirecto.
- Hacer traducciones exactas del inglés al español.

¡En marcha!

1 a Los teléfonos inteligentes nos permiten hacer multitud de tareas. Además de telefonear, ¿qué otras cosas se pueden hacer con un teléfono de nueva generación? Haz una lista con cinco actividades diferentes.

1 b Contesta las siguientes preguntas con un/a compañero/a de clase.
1. ¿Desde hace cuánto tiempo tienes un teléfono inteligente?
2. ¿Con qué frecuencia usas tu teléfono inteligente?
3. ¿Cuál es la aplicación más importante para ti?
4. ¿Podrías vivir sin teléfono inteligente?
5. ¿Cómo sería tu vida sin él?

2 a Lee las cuatro opiniones y decide si pertenecen a la opinión de Lidia (L), Chencho (C), Begoña (B) o Marcelino (M).

1. Necesita una forma de navegación por satélite en esta capital latinoamericana.
2. Cree que es una maravilla ver la cara de su amigo en la pantalla mientras habla con él por teléfono.
3. Está completamente obsesionada con su móvil.
4. Se pregunta si el móvil podría ser perjudicial para la salud.
5. Sugiere que el móvil es útil para las personas que cuidan su imagen.
6. Con respecto al transporte público, dice que el móvil es una herramienta muy eficaz.
7. Afirma que el móvil es el invento más significativo de nuestros tiempos.
8. Tiene una aplicación que es muy útil cuando hace la compra.

Theme 1 Aspects of Hispanic society

¿Te hace la vida más fácil el teléfono inteligente?

Lidia
Mi móvil es mi vida. ¡Si me lo quitan, me muero! Es la extensión de mi brazo y lo miro unas cien veces al día; desde para chatear con mis amigas, hasta para usar una aplicación sobre moda que me da consejos de cómo combinar la ropa. Mis padres dicen que me he vuelto loca, pero yo les digo que están fuera de onda. ¡Me acabo de comprar un palo para hacer autofotos y lo uso a todas horas!

Chencho
Desde un punto de vista tecnológico el celular es el avance más importante del siglo XXI. Aquí en Argentina todo el mundo postea sus fotos en las redes sociales instantáneamente desde su aparato. La aplicación de mapas realmente te salva la vida, porque incluye un navegador que te indica el recorrido. En una ciudad tan grande como Buenos Aires es imprescindible.

Begoña
Yo uso mi móvil como lector de libros. Es muy conveniente y más barato que comprar libros de papel, pero me preocupa la sobreexposición a la pantalla y a la luz artificial de mis ojos. ¿Podría dañarlos? Creo que aún no hay muchos estudios que confirmen si estos teléfonos podrían causar daños en la vista o incluso cáncer de cerebro debido a las ondas wi-fi. Por otra parte, tengo una aplicación para comprar mis billetes de tren y avión y esto me agiliza el proceso mucho.

Marcelino
Me parece un milagro poder llamar a mis amigos por vídeo llamada y verles mientras hablamos, pero sin duda, tener una tienda de aplicaciones a mi alcance con videojuegos, información e incluso la televisión en directo en mi pantalla es lo mejor. Mi favorita es una aplicación que lee los códigos de barras de los productos del supermercado. ¡Estamos todos enganchados y es imposible parar!

AS STAGE

2 b Lee las opiniones otra vez, luego busca las expresiones 1-6 en el texto.

1 they are out of touch
2 it really saves your life
3 overexposure to the screen
4 this speeds up the process a lot for me
5 within reach
6 we are all addicted

2 c Traduce al español las siguientes frases sobre el futuro del teléfono inteligente. Consulta la Estrategia.

1 Our obsession with smartphones is going to continue.
2 Their popularity has increased rapidly in recent years.
3 According to experts, the next generation will have flexible screens.
4 Smartphones will play a more important role in education and health.
5 Will they be able to avoid the many dangers that exist at the moment, such as overexposure to artificial light?

Unit 2 El ciberespacio

Estrategia

Translating from English into Spanish accurately
- Before starting to translate, read the whole of the text. This will help you to understand the content better.
- Next, look at the English sentences and find the relevant information and useful vocabulary in the text, and adapt them to produce the sentences.
- Remember that the order of words is likely to be different in the Spanish version.
- Be aware of constructions that are translation 'traps'. For example, prepositions are followed by the infinitive in Spanish, not the gerund (the form ending in –ing in English).
- Make sure you have translated everything from the English sentences into Spanish.
- Check your finished translation carefully to ensure that agreements, tenses and forms of the verbs are accurate.
- It is a good idea to carry out a peer review to see if you partner can spot any errors you missed.

Use these ideas to help you with exercise 2c.

Gramática

Los pronombres de objeto directo e indirecto (Direct and indirect object pronouns)

Revise carefully section F2 of the grammar section, then re-examine the four opinions on page 41.

Find ten examples of direct or indirect object pronouns. Write down the phrases they form part of and translate them into English.

3 Elige la forma correcta del pronombre de las tres opciones.

1. A mí no [me/te/le] gusta tu nuevo smartphone. ¡Es muy feo!
2. Mi móvil es mi vida. No hay que quitárme[lo/la/le] nunca.
3. Si queréis una foto de la Mezquita en Córdoba, [lo/la/le] puedo sacar con mi móvil.
4. Los móviles pueden causar problemas médicos graves y hay que buscar remedios nuevos para combatir[los/las/les].
5. Muchos ancianos quieren saber cómo utilizar los teléfonos inteligentes, pero no hay bastantes profesores para enseñar[les/las/los].
6. He encontrado el móvil de Paco en mi coche. [Te/Le/Se] lo puedo devolver mañana.
7. Ellos [me/nos/les] contaron que habían posteado sus fotos en la red social, pero cuando [lo/la/le] miramos no había nada.
8. Me encanta tener acceso a la tienda de aplicaciones, pero ¡siempre me dejo llevar por la tentación de comprar[los/las/les]!

4 Mira el gráfico y haz una conversación con tu compañero/a sobre la frecuencia de uso de la mensajería instantánea en España. Menciona:

- lo que hacen la mayoría de los españoles
- la diferencia entre las estadísticas de 2013 y 2014

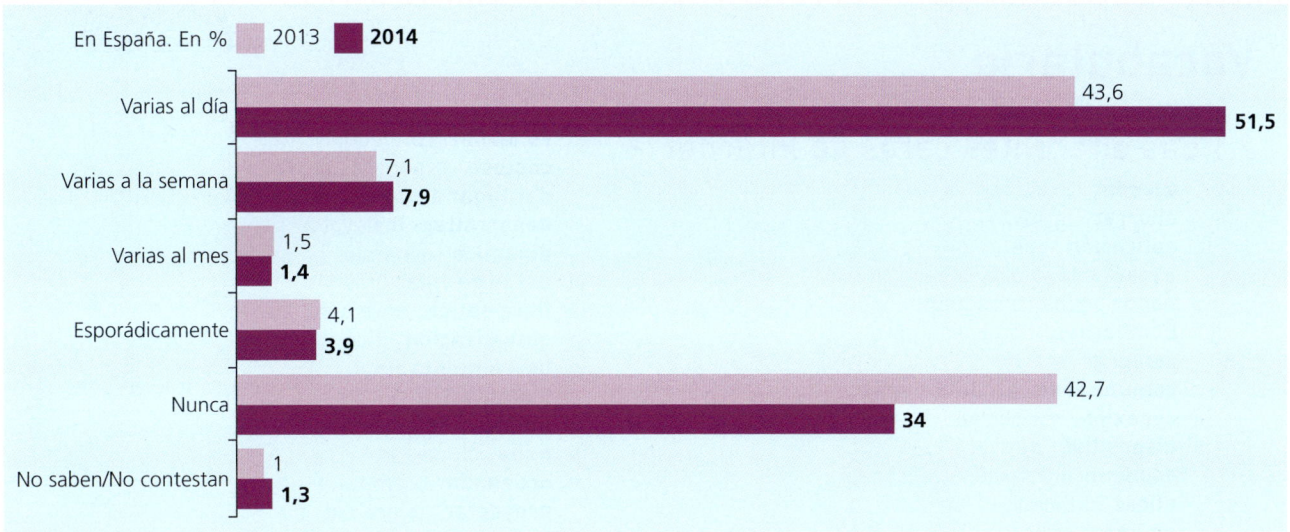

Frecuencia de uso de la mensajería instantánea por Internet con móvil en 2013 y 2014

5 a *España, campeona en Whatsapp.* Escucha el reportaje sobre el uso de la aplicación WhatsApp en España y el problema de la adicción a esta aplicación y escribe la información correcta para las frases 1–6.

1. el porcentaje de teléfonos inteligentes en España que tienen la aplicación WhatsApp
2. el porcentaje de usuarios que lo usan diariamente
3. el porcentaje de usuarios que lo usan una vez por semana
4. el año en que se lanzó la aplicación por primera vez en España
5. el coste en céntimos por mandar un mensaje en España hace unos años
6. el coste en céntimos por enviar un mensaje desde España al extranjero

5 b Escucha otra vez y resume la información que oyes sobre los siguientes puntos en un párrafo de unas 70 palabras. Utiliza tus propias palabras. Escribe en frases completas y verifica el trabajo con cuidado para asegurarte de que el lenguaje es correcto.

1. la conclusión del informe elaborado por la Comisión Nacional del Mercado
2. lo que pasó en 2010 y por qué
3. los peligros de WhatsApp (3)

6 a ¿Cuáles son las ventajas y desventajas de los teléfonos inteligentes? Investiga en Internet lo que dice la gente sobre este tema (en blogs, artículos, etc.). Escribe dos listas con al menos cinco puntos en cada una.

6 b Compara las ventajas y desventajas que has encontrado con las de un/a compañero/a. ¿Son iguales?

6 c Escribe un párrafo resumiendo las ventajas y desventajas de los teléfonos inteligentes.

¡Enganchados al móvil!

Vocabulario

2.1 Las diferentes caras de Internet

	acceder	to access
	ahorrar	to save
la	**aplicación**	app
	a través de	via, by means of
la	**banda ancha**	broadband
el	**bombardeo**	bombardment
	comprar	to buy
	comunicarse	to communicate
la	**conexión**	connection
el	**dispositivo**	device
	económico	inexpensive, cheap
	eficaz	efficient
	en línea	online
	específico	specific
el	**estado**	status
	estar en contacto con (*estoy*)	to be in contact with
	fomentar	to promote
el	**hogar**	household
	interactivo	interactive
	interactuar (*interactúo*)	to interact
	malgastar	to waste
	mandar	to send
el	**móvil inteligente**	smartphone
el	**ordenador**	computer
la	**página web**	web page
el	**perfil**	profile
	portátil	portable
la	**red**	network, the net
la	**red social**	social network
el	**sitio web**	website
la	**subida**	increase
	subir	to upload
la	**subscripción**	fee, subscription
la	**tarea**	task, homework
	usar	to use
	veloz	fast, rapid

2.2 ¿Han cambiado las nuevas tecnologías nuestra vida a mejor o a peor?

el	**acceso**	access
	almacenar	to store
el	**aparato**	device, gadget
el	**aula** (*f*)	classroom
el	**avance**	advance
la	**banda ancha**	broadband
	cambiar	to change
	competitivo	competitive
	conectar	to connect
la	**conexión**	connection
	costoso	expensive, costly
	dar lugar a (*doy*)	to give rise to
	desarrollar	to develop
	dinámico	dynamic
el	**estilo de vida**	lifestyle
la	**fibra óptica**	fibre optic
la	**globalización**	globalisation
la	**herramienta**	tool
	inalámbrico	wireless
	intercambiar	exchange
la	**nube**	cloud
el	**ordenador**	computer
	proyectar	to project
la	**red**	net, network
el	**sistema**	system
el	**teléfono inteligente**	smartphone
el/la	**usuario/a**	user

2.3 Los teléfonos… ¿inteligentes?

	agilizar	to speed up
	al alcance	within reach
el	**aparato**	device
el	**celular**	cell (mobile) phone
el	**cerebro**	brain
	chatear	to chat
el	**código de barra**	barcode
	compulsivo	compulsive
	dar consejos (*doy*)	to give advice
	elaborar	to produce
	en directo	live
	enviar (*envío*)	to send
	estar enganchado (*estoy*)	to be addicted
	estar fuera de onda (*estoy*)	to be out of touch
	expandirse	to expand, spread
el/la	**experto/a**	expert
	funcionar	to work, function
la	**habilidad**	skill
	instalar	to install
	locuaz	talkative
el	**mensaje de texto**	text message
el	**móvil**	mobile phone
la	**multitud**	multitude
la	**onda**	wave
el	**palo**	stick
la	**pantalla**	screen
	perjudicial	harmful
el/la	**poseedor/ora**	owner
	postear una foto	to post a photo
la	**sobreexposición**	overexposure
	telefonear	to telephone
la	**vídeo llamada**	video call
	volverse loco (*vuelvo*)	to go crazy

Theme 1 Aspects of Hispanic society

UNIT 3

La igualdad de los derechos

3.1 **La lucha por la igualdad de las mujeres**
3.2 **La mujer contemporánea: hablan ellas**
3.3 **Los derechos del colectivo LGBT**
3.4 **Mejorando la situación de la mujer: ¿un trabajo aún inacabado?**

Theme objectives

In this unit you study equal rights. The following topics are covered:
- a historical perspective on the changes and improvements in women's rights in Spain
- women's opinions about their status in society today
- the opinions and experiences of LGBT communities in different Latin American countries
- improvements in the situation of women in the Hispanic world

Grammar objectives

You will study and practise the following grammar points:
- the imperfect tense, contrasting it with the preterite tense
- verbs with *gustar*-type constructions
- the perfect tense
- expressions of time

Strategy objectives

You will develop the following strategies:
- summarising and extracting key points from text and audio passages
- finding and using suitable online material
- taking the initiative in conversation
- organising effective notes for A-level revision

3.1 La lucha por la igualdad de las mujeres

- Considerar una perspectiva histórica sobre los derechos de la mujer en España, sus cambios y mejoras.
- Usar el pretérito imperfecto en contraste con el pretérito indefinido.
- Mejorar cómo tomamos notas y resumimos la información más importante de textos y audiciones.

¡En marcha!

© Joaquín Salvador Lavado (QUINO) Toda Mafalda – Lumen (Penguin Random House Grupo Editorial), 1992

1 Lee la tira cómica *Mafalda* y responde a las preguntas expresando tu punto de vista y debatiéndolo en clase.
  1. ¿Por qué tiene miedo Mafalda?
  2. ¿Cómo es la vida de su madre?
  3. En tu opinión, ¿dónde está el padre de Mafalda?

2 a Lee el breve análisis histórico sobre la emancipación de la mujer y el feminismo en España, luego contesta las preguntas.
  1. ¿Por qué el feminismo español no tuvo un gran impacto social durante el siglo XIX y principios del XX?
  2. ¿Cómo se justificaba la subordinación de la mujer en aquel entonces?
  3. ¿Cuándo empezó a exigir cambios políticos el feminismo español?
  4. ¿De qué clase social fueron las mujeres de la ANME?
  5. ¿Qué dos avances trajo consigo la Segunda República en España? (2)
  6. ¿Qué dificultó los avances en los derechos de las mujeres españolas?
  7. ¿Qué ha sucedido en España en los cuarenta años más recientes?
  8. ¿Cómo se sabe que todavía no hay una emancipación total de la mujer en España?

Theme 1 Aspects of Hispanic society

Emancipación de la mujer y feminismo en España

Durante el siglo XIX y principios del XX, el feminismo español estuvo más centrado en demandas sociales, tales como el derecho a la educación o al trabajo, que en demandas de igualdad política. Nunca adoptó una acción directa violenta ni un alto grado de militancia. Como consecuencia, la resonancia social de las feministas españolas fue bastante reducida.

La subordinación de la mujer se justificaba basándose en una supuesta inferioridad genética: la función reproductora convertía a la mujer en un ser pasivo, inferior, incompleto y, en resumen, un simple complemento del hombre.

A partir de los años 20, el feminismo español comenzó a añadir demandas políticas. En Madrid en 1918 se creó la Asociación Nacional de Mujeres Españolas (ANME). Formada por mujeres de clase media, maestras, escritoras, universitarias y esposas de profesionales, sus dirigentes, con Clara Campoamor a la cabeza, planteaban ya claramente la demanda del sufragio femenino.

La Segunda República española (1931–36) introdujo reformas que no solo concedieron el sufragio a las mujeres sino que también cambiaron la legislación de todo lo relacionado con la familia desde una perspectiva de libertad e igualdad: matrimonio basado en la igualdad de los cónyuges, derecho al divorcio y obligaciones de los padres con los hijos. Obstaculizó gravemente estos avances la dictadura fascista de Francisco Franco (1939–75), pero en las últimas cuatro décadas España ha sido nuevamente testigo de muchos desarrollos igualitarios entre los sexos. No obstante, la lucha sigue.

Texto parcialmente adaptado de: 'Sufragismo y feminismo: la lucha por los derechos de la mujer 1789–1945, Historiasiglo20.org

Clara Campoamor 1888–1972. Gran defensora de los derechos de la mujer en España

2 b Busca en los últimos dos párrafos sinónimos para cada una de las siguientes palabras.

1 burguesía
2 líderes
3 voto
4 dieron
5 hembras
6 deberes
7 batalla
8 continúa

2 c During the postwar period, the *Sección Femenina* had the aim of training Spanish women to become housewives and mothers. Read the following guidance taken from the *Sección Femenina* and translate it into English.

La Sección Femenina

A   Durante toda su vida, la misión de la mujer es servir. Cuando Dios hizo al primer hombre, pensó: 'No es bueno que el hombre esté solo'.

B   Ten preparada una comida deliciosa para cuando él regrese del trabajo. Especialmente, su plato preferido. Ofrécete a quitarle los zapatos. Habla en tono bajo, relajado y placentero.

C   Escúchalo, recuerda que sus temas son más importantes que los tuyos… cualquier problema tuyo es un detalle insignificante comparado con lo que él tuvo que pasar.

Gramática

El pretérito imperfecto y el pretérito indefinido (The imperfect and preterite tenses)

Revise the grammar sections G3 and G2 on these two tenses, then refer back to the text *Emancipación de la mujer y feminismo en España*. Find:

a three examples of preterite tense use, and explain why the preterite tense has been used rather than the imperfect

b three examples of imperfect tense use, and explain why the imperfect tense has been used rather than the preterite

For each example, copy out the phrase and translate into English.

3 Elige la forma correcta del verbo en las frases siguientes.

1 Cuando [*comenzaba/comenzó*] el movimiento feminista en España la mujer [*era/fue*] un ser pasivo e inferior.

2 Hace aproximadamente 100 años [*se formaba/formó*] una asociación de mujeres que [*reclamaba/reclamó*] la igualdad con el hombre.

3 Clara Campoamor [*estudiaba/estudió*] la carrera de Derecho y [*se licenciaba/licenció*] en la Universidad de Madrid en 1924.

4 Clara [*luchaba/luchó*] por conseguir el sufragio universal. [*Creía/Creyó*] que cada ciudadano [*debía/debió*] tener derecho a votar.

5 La vida de muchas mujeres [*cambiaba/cambió*] al llegar Franco al poder.

6 En la época de Franco muchas mujeres [*trabajaban/trabajaron*] en empleos mal pagados.

7 Ayer yo [*leía/leí*] un libro que [*describía/describió*] cómo las mujeres españolas [*conseguían/consiguieron*] la igualdad durante la Segunda República.

8 Antes la mujer [*toleraba/toleró*] todo, [*tenía/tuvo*] más paciencia. Hoy en día ella es más exigente.

4 a *Entrevista con Santiaga, una gran mujer.* Escucha la entrevista con Santiaga, una mujer española que describe sus experiencias durante los años setenta. Elige las cuatro frases correctas de la lista, según lo que oyes.

1 Santiaga tuvo su primer hijo antes de casarse.
2 Santiaga trabajó en una fábrica de caramelos.
3 Su jefe era muy estricto.
4 La hora de comer duraba un minuto.
5 El marido de Santiaga quería que ella se convirtiera en madre a tiempo completo.
6 En su familia nuclear hay cinco personas.
7 Nadie ayudaba a Santiaga con las tareas domésticas.
8 Santiaga cree en la igualdad de sexos.
9 Ahora el hijo de Santiaga es futbolista.

Santiaga, madre a tiempo completo

Theme 1 Aspects of Hispanic society

4 b  Vuelve a escuchar la entrevista y haz un resumen en español de aproximadamente 70 palabras, usando tus propias palabras. Incluye la siguiente información. Escribe en frases completas y verifica el trabajo con cuidado para asegurarte de que el lenguaje es correcto. Consulta la Estrategia abajo.
- La situación de Santiaga a inicios de los años sesenta (3)
- Su experiencia en el trabajo (2)
- Los cambios en su vida al dejar la fábrica
- La diferencia entre la crianza de sus hijas y la de su hijo

Estrategia

Summarising and extracting key points from text and audio passages
- Scan the reading passage/listen carefully to the audio.
- Make sure that you understand the gist of the passage.
- Work through the bullet points of information you are asked to include.
- If you are asked for two or three pieces of information for one bullet point, make sure you state each one separately and clearly.
- When you have finished check that your work is in complete sentences.
- Check spellings carefully.
- Check grammar points such as verb endings and genders.
- Carry out a peer review to see if your partner can spot anything you missed.
- Make notes about things you missed and make sure you get them right next time.

Use this strategy to help you complete activity 4b.

5 a Debate con un/a compañero/a en clase sobre las mejoras de los derechos de las mujeres en España. Usa lo que has aprendido en estas páginas para elaborar tu argumento. Puedes mencionar los siguientes aspectos:
- Cómo era la vida de una mujer en casa y/o en el trabajo hace cincuenta años y cómo es ahora
- Los avances sociales en el último siglo y tus sugerencias sobre cambios futuros

5 b  Escribe un párrafo para resumir lo que has aprendido sobre los derechos de las mujeres en España y cómo van a evolucionar en el futuro, en tu opinión.

6 Mira la siguiente lista de algunos iconos feministas españoles. Escoge una de estas mujeres y escribe un breve perfil, buscando la información relevante en Internet. Da una opinión personal sobre la persona que has elegido.
- Clara Campoamor
- Ana de Miguel
- Concepción Arenal
- Cristina Sánchez (torera)
- Carlota Bustelo

3.2 La mujer contemporánea: hablan ellas

- Comparar diferentes opiniones de mujeres de hoy en día sobre su estatus en la sociedad actual.
- Usar construcciones del tipo *gustar*.
- Aprender cómo buscar y usar material de valor en línea.

¡En marcha!

1 Mira estas situaciones sociales, familiares o laborales y explica cómo crees que reaccionaría una mujer o un hombre ante ellas. ¿Lo harían de manera idéntica o diferente? Elige tres y debátelas en clase.
- cuando un bebé llora desconsolado a las tres de la mañana
- cuando tu hija adolescente tiene un novio por primera vez
- cuando estás conduciendo y tienes un accidente de tráfico
- cuando vas de compras con amigos/as
- cuando te enamoras de alguien a primera vista
- cuando estás pachucho/a pero tienes que ir a trabajar

Mujer fuerte ante el trabajo

2 a Lee las opiniones en la página 51 de las cuatro mujeres sobre su situación hoy en día y complétalas, escogiendo las palabras adecuadas de la lista. ¡Cuidado! Hay palabras extra.

A al	E hasta	I por
B para	F tiempo	J llevo
C de	G la	K día
D lo	H objeto	L mujer

2 b Vuelve a leer las opiniones y decide si las siguientes frases hacen referencia a Suhaila (S), Luna (L), Merche (M) o Virginia (V).

1. El hecho de que los hombres ganen más dinero en puestos idénticos le enfada muchísimo.
2. No le gusta la actitud de superioridad que tiene su colega.
3. Piensa que está infravalorada por su familia.
4. Su pareja está desempleada.
5. Tiene compañeras muy moralizantes.
6. Su trabajo puede ser peligroso.
7. Hace todos los quehaceres en casa.
8. Sufre acoso en el trabajo.

Hable con ellas

Suhaila

Soy una madre joven. Tengo la carrera recién terminada en física y química y soy investigadora de enfermedades raras en el departamento de ciencias de la Universidad de Sevilla. En mi casa podría decir que yo (**1** ....) los pantalones porque mi marido está en el paro y cuida de nuestro bebé en casa. Esta situación me encanta, pero tengo amigas un poco anticuadas que me critican (**2** ....) ser mala madre.

Luna

Tengo cuarenta y siete años y trabajo de limpiadora en un instituto a (**3** ....) parcial. No me quejo, pero (**4** ....) llegar a casa tengo todos los platos de la comida por lavar, y tengo que planchar la ropa, pasar la aspiradora y hacer la cena. Mucho progreso y mucha mujer presidente pero a mi marido y mis tres hijos no les importa; todavía me tratan como la sirvienta de la casa y no me siento valorada.

Merche

Soy jefa de personal en un banco. Me da mucha rabia cuando veo que mi compañero Luís Carlos gana un tercio más que yo haciendo exactamente el mismo trabajo.

Aún peor, siempre hay hombres que no me toman en serio, y mis opiniones bien fundadas no les interesan. Además, a veces me miran como un (**5** ....) en la oficina y me dicen comentarios inapropiados. (**6** ....) más insultante es que si estás embarazada, recortan tu salario por la baja maternal. ¡Qué repulsivo!

Virginia

Trabajo (**7** ....) policía nacional y aunque me chifla mi trabajo porque hay mucha adrenalina y soy buena en las situaciones de tensión o peligro, siempre hay un compañero que pide ayudarme o prefiere usar la pistola para que yo no lo haga. Este comportamiento condescendiente de los hombres parece que nunca terminará (**8** ....) que las mujeres nos unamos contra este machismo social silencioso.

Gramática

Verbos del tipo *gustar* (Verbs like *gustar*)
Refer to section G23 of the grammar section and then study the four opinions in exercise 2 once more. Within each opinion, there is an example of a verb which works in the same way as *gustar*.

a Find the verbs and conjugate them fully in the present tense.
b Write down the phrases they occur in and translate them into English.
c In what ways is this construction different from its equivalent in English?

Unit 3 La igualdad de los derechos

3 Completa las frases con la forma correcta del pronombre y del verbo.

1 A Carmen [*molestar*] no recibir el mismo sueldo que su marido.
2 [*yo, gustar*] la película que vimos anoche porque al director [*fascinar*] las mujeres.
3 ¿[*Tú, fastidiar*] el comportamiento machista de algunos hombres?
4 A muchas mujeres [*hacer falta*] tener más confianza en sí mismas.
5 [*Yo, encantar*] mi trabajo pero no sé si podré seguir con él porque mis padres están enfermos.
6 Tenemos que abandonar el trabajo porque no [*nosotros, convenir*] el horario.
7 [*Ella, costar*] trabajo creer que en algunos países las mujeres sufren discriminación en el trabajo.
8 A vosotras, ¿[*gustar*] más tener hijos y formar una familia, o seguir trabajando?

Ana Pastor con su premio de la Academia de la Televisión

4 a *Entrevista con la periodista española Ana Pastor.* **Escucha la entrevista y marca la opción correcta en cada caso.**

1 El programa que presenta Ana Pastor se llama…
  A *La Sexta*.
  B *Madrid*.
  C *El objetivo*.
2 La madre de Ana…
  A es presentadora también.
  B tiene título universitario.
  C tiene cuatro hijos.
3 Ana se declara…
  A feminista.
  B maltratada.
  C igual.
4 Su jefe…
  A tenía pocas horas de sueño.
  B comprende a las mujeres.
  C maltrató a Ana.
5 Al decirle Ana que estaba embarazada, su jefe …
  A la felicitó.
  B se enfadó.
  C se puso triste.
6 Ana quiere que la gente…
  A intente ser periodista.
  B tenga hijos.
  C se anime.

4 b Escucha otra vez y contesta las siguientes preguntas en español.

1 ¿Qué piensa Ana sobre la situación actual de las mujeres?
2 ¿De qué tema habla Ana en esta entrevista?
3 ¿Qué tipo de programa presentaba en televisión?
4 ¿Por qué era un trabajo muy difícil en aquel entonces?
5 ¿Por qué se consideraba afortunada en ese momento de su vida?
6 ¿Cómo reaccionó el jefe cuando supo que Ana iba a tener un hijo?
7 ¿Por qué el jefe de Ana pensó que tener un bebé era algo positivo para ella?
8 ¿Qué mensaje quiere dar Ana a las mujeres trabajadoras?

5 Translate into English Marta Xargay's opinions about the present-day situation of women.

La opinión de una deportista profesional

Según Marta Xargay, la Federación Española de Baloncesto intenta ser equitativa, pero con un éxito limitado. 'Ha habido muchos avances, pero todavía hay diferencias entre hombres y mujeres que hacen la misma tarea o que ocupan puestos de poder. En el deporte es cierto que el público acude más al baloncesto masculino, aunque cuando nos ve a nosotras les encanta.' Marta revela que 'este año tuvimos que decidir si dejábamos a dos chicos entrenar con nosotras. Y lo hicimos. Al final no somos tan distintos'.

Texto adaptado de: 'Las siete magníficas', elmundo.es, el 29 de noviembre de 2014

6 a Mira con atención la siguiente lista de trabajos que puede tener una mujer.

Con un/a compañero/a de clase, elige dos, consultando sitios web hispánicos, busca en Internet información sobre cada uno, con especial atención a la situación de la mujer. Mira la Estrategia abajo para ayudarte.

soldado	torera
costurera	bombera
ingeniera	política
vendedora de lotería	futbolista

6 b Habla y debate con un/a compañero/a sobre cómo se podría dar la discriminación en estos dos trabajos. ¿Qué problemas intuyes que habría? ¿Qué situaciones se darían? ¿Qué soluciones sugieres?

6 c Escribe un párrafo sobre la discriminación que una mujer podría encontrar en el trabajo. Incluye las opiniones y comentarios que has hecho en tu debate de 6b.

Estrategia

Finding and using suitable material online

It is tricky to find good quality sources that are useful for your AS/A-level studies. Sources ending in *es* such as *elmundo.es* are more useful and reliable for your studies than those which may be provided by a general search. You can restrict your search by using commands such as *site:es* or *site:mx*.

Try the following:
- Visit a well-respected Spanish news website, such as *El País* or *El Mundo*.
- Click on the *buscador* icon (often a magnifying glass), in the top right-hand corner of the screen.
- Think carefully about which word is best to describe what you are looking for.
- Research feminism in Spain by typing *feminismo* in the box and press return.
- If you obtain too much information, narrow your research by refining the term to something more focused, e.g. *feminismo y el mundo laboral*.
- Search the news articles which appear for anything you find interesting, relevant and current relating to the topic.
- Many of the statistics and pieces of information you find can be used in your research. You can even order by date or relevance.

Use this advice to help you carry out activity 6a.

3.3 Los derechos del colectivo LGBT

- Contrastar opiniones y realidades del colectivo LGBT en diferentes países latinoamericanos.
- Usar el pretérito perfecto.
- Aprender diferentes estrategias para tomar la iniciativa en conversaciones.

¡En marcha!

1 a ¿Qué significa el acrónimo LGBT? Habla con tu compañero/a.

1 b Empareja las siguientes palabras con sus definiciones.

1	aliado/a	A	Declarar por primera vez la propia homosexualidad o bisexualidad
2	acoso homófobo	B	Rechazo de aceptación de las otras personas en su diferencia respecto a uno mismo
3	arcoíris	C	Miedo irracional, odio, prejuicio o discriminación contra las personas LGBT
4	bisexualidad	D	Emblema colorido del orgullo LGBT, frecuentemente puesto en una bandera.
5	homofobia		
6	intolerancia	E	Persona que apoya la igualdad de las personas LGBT sin identificarse como LGBT
7	salir del armario	F	Término legal que designa a una persona que está llevando a cabo o que ha llevado a cabo una cirugía de reasignación de sexo
8	transexual		
		G	Comportamiento agresivo y repetido con la intención de herir a alguien homosexual, de manera física o psicológica
		H	Orientación sexual en la que una persona se siente atraída por ambos sexos

2 a Lee las opiniones de algunas personas latinoamericanas sobre los derechos LGBT. Escribe el nombre de la persona que corresponde a cada una de las siguientes frases: Conchita (C), David (D), Ginés (G) o Lina (L).

1. Acabo de salir del armario.
2. Quiero que el grupo LGBT tenga más igualdad financiera.
3. Me preocupa la representación del colectivo LGBT durante las celebraciones que pasan por las ciudades.
4. Es muy deprimente que todavía haya países latinoamericanos que maltratan a sus ciudadanos homosexuales.
5. No puedo aceptar que se casen dos personas del mismo sexo.
6. Ver el ascenso a la prominencia de esta mujer impresionante me ha inspirado mucho.
7. Pienso que el matrimonio no tiene nada que ver con la homosexualidad.
8. El matrimonio homosexual no debería ser ilegal en ningún país.

Preguntamos a la gente latinoamericana sobre los derechos de lesbianas, gays, bisexuales y transexuales

Banderas del orgullo gay

Conchita

Creo firmemente que todas las personas somos iguales ante la ley sin importar la raza, género o condición sexual, así que el matrimonio homosexual es un derecho para todos y debería ser legal en todos los países. Siempre he pensado que es necesario dar a las parejas del mismo sexo una igualdad con las heterosexuales en temas como las pensiones o las herencias. ¡Viva la igualdad!

David

A pesar de que el argentino Papa Francisco en la iglesia católica tiene una mente más abierta y tolerante con los homosexuales, la religión ha continuado condenando esta práctica porque para Dios solo hay un matrimonio: el de un hombre y una mujer, con el fin de procrear y formar una familia. Es aberrante que dos chicos o dos chicas se casen y quieran tener hijos, porque es genéticamente imposible y es antinatural.

Ginés

Recientemente me declaré gay, pero nunca me han gustado los desfiles y fiestas del Día del Orgullo Gay. Creo que dan una imagen distorsionada del colectivo, solo hay chicos semidesnudos por la calle y hombres vestidos de mujer. Por ejemplo, en Carúpano, en Perú, he visto una gala de carnaval gay anual que se llama La Noche de las Luciérnagas y es muy frívola en mi opinión. Creo que este día debería ser tomado mucho más en serio para pedir derechos mundiales para el grupo LGBT.

Lina

La visibilidad para el colectivo siempre es buena. Hay muchos políticos como Blanca Durán, la alcaldesa de Chapinero, en Colombia, que es lesbiana y ha luchado públicamente para que los derechos de este grupo sean los mismos que los de cualquier otra persona. Por otro lado, me ha entristecido ver cómo en Paraguay aún no hay ninguna ley de igualdad y todavía existe la homofobia en muchos sectores de la sociedad.

2 b Vuelve a leer las opiniones y traduce las siguientes frases, adaptando la información en el texto.

1. I have always firmly believed that equality is the most important thing.
2. There is no doubt that the tolerance of Pope Francisco is something positive.
3. I loved the gay pride parade in Buenos Aires; we must increase visibility.
4. A range of Latin American countries still do not have any equality laws.
5. Recently, many politicians have decided to support gay rights.
6. The Catholic Church has continued to condemn homosexual marriage.

Unit 3 La igualdad de los derechos

Gramática

El pretérito perfecto (The perfect tense)

Study section G6 of the grammar section, then reread the opinions in question 2.

a Identify four examples of the perfect tense. Copy out the phrases containing the examples and translate them into English.

b Can you identify which of these examples has an irregular past participle?

c Can you say why the perfect tense, and not the preterite, has been used in these examples?

3 Elige la opción más adecuada entre los dos verbos.

1 Anoche [*leí/he leído*] en el periódico que van a proponer una ley de igualdad en Paraguay.
2 Nunca [*he creído/creí*] que las parejas del mismo sexo tengan derecho a casarse.
3 Entre 2000 y 2010 muchos países latinoamericanos [*han aprobado/aprobaron*] leyes contra la discriminación.
4 ¿[*Has estado/Estuviste*] en Carúpano ayer para ver La Noche de las Luciérnagas?
5 A pesar de las opiniones de muchos católicos, la iglesia católica [*ha seguido/siguió pensando*] que la homosexualidad es un pecado hoy en día.
6 Algunos grupos siempre [*han luchado/lucharon*] para que los derechos de las lesbianas sean los mismos que los de cualquier otra persona.
7 No [*han venido/vinieron*] todavía mis amigos gays de Madrid porque están celebrando unas fiestas en el distrito de Chueca.
8 –¿Conoces a Pedro?
 –Sí, [*he oído/oí*] hablar de él.
 –[*Se ha declarado/Se declaró*] gay la semana pasada.

4 a *El alto precio de salir del armario en Latinoamérica.* **Escucha el reportaje sobre los peligros para la comunidad LGBT en Latinoamérica, luego contesta las siguientes preguntas.**

1 ¿Qué hicieron Nicaragua y Panamá en 2008?
2 ¿Qué tienen en común Argentina, Brasil, Uruguay y Ciudad de México?
3 ¿Qué hicieron Argentina y Uruguay con respecto a las adopciones?
4 ¿Cómo sabemos que México es un país peligroso para los homosexuales?
5 ¿Qué ocurrió en Honduras entre 2009 y 2012 debido a la homofobia?
6 ¿Por qué solo son estimaciones, estas cifras?

4 b  Vuelve a escuchar el reportaje. Escribe el equivalente en español para cada una de las siguientes expresiones, según lo que oyes.

1. is no longer a crime
2. the last to take this step
3. in spite of all of these laws
4. still seem to be at risk
5. it is difficult to precisely determine
6. advisor in LGBT rights
7. have passed the laws
8. are still not succeeding in implementing them

Un desfile del Orgullo Gay en México DF

5 a Busca más información en Internet sobre el tema de la igualdad con el colectivo LGBT y menciona datos y cifras recientes que encuentres sobre protestas, movilizaciones o leyes nuevas en un país latinoamericano de tu elección.

5 b  Prepara un debate con un/a compañero/a de clase. Uno/a de vosotros/as será un/a portavoz de un grupo LGBT local y abogará por la igualdad de derechos entre parejas y familias del mismo sexo. Asimismo, el/la otro/a defenderá unos valores más tradicionales y en contra del matrimonio homosexual.

Usa el vocabulario que has aprendido sobre este tema hasta ahora. Inspírate en ejemplos que conozcas para formar tus opiniones. Consulta la Estrategia.

5 c  Prepara un informe sobre los avances del colectivo LGBT con la información que encontraste en la actividad 5a. En tu opinión, ¿qué otros avances les quedan por hacer? ¿Cómo podrían conseguirlos?

Estrategia

Taking the initiative in conversation
The ability to take charge of a conversation has major benefits. In so doing, you can direct the conversation to topic areas you feel more confident with. To take the initiative more often, try the following:

- End some answers with an opinion or observation that guides the interlocutor to an area or question you would like to talk about.
- Ask rhetorical questions to invite agreement, to emphasise a point and to make the other person think about the topic.
- Build a range of expressions which allow you to dictate conversation, e.g. *consideremos*, *hay que tener en cuenta*.

Use this advice when carrying out activity 5b.

3.4 Mejorando la situación de la mujer: ¿un trabajo aún inacabado?

- Debatir las mejoras en la situación de la mujer en el mundo hispánico.
- Usar expresiones temporales.
- Organizar los apuntes para que sean realmente útiles para la revisión del curso A-level.

¡En marcha!

1 ¿Cómo ha cambiado la situación de la mujer en tu país con respecto a estos diferentes temas? Elige dos temas y para cada uno escribe dos listas, describiendo cómo era antes para la mujer y cómo es ahora.

> las condiciones laborales y salarios
> la vida familiar y las tareas domésticas
> la moda y la estética   las relaciones sexuales y de pareja
> la representación política

Igualdad de sexos

2 a Lee el artículo, luego haz un resumen de los siguientes puntos en un párrafo de unas 70 palabras, usando tus propias palabras. Escribe en frases completas y verifica el trabajo con cuidado para asegurarte de que el lenguaje es correcto.
- la historia y la importancia del Día Internacional de la Mujer (2)
- las conclusiones de Eurostat con respecto al trabajo a tiempo parcial
- los éxitos de países como Letonia, Hungría y Francia

2 b Lee el gráfico con atención y decide si las siguientes frases son verdaderas (V), falsas (F) o no mencionadas (N).

1. Las mujeres tienen una mayor tasa de ocupación que los hombres.
2. Hay más mujeres desempleadas que hombres.
3. Los hombres tienen más tendencia a trabajar a tiempo completo que las mujeres.
4. La mayoría de las mujeres que tienen hijos trabajan a tiempo parcial.
5. En el 2011 tuvo lugar un ligero aumento en el número de contratos temporales.
6. Hay poca diferencia entre la tasa de hombres y mujeres que piden excedencia.

Theme 1 Aspects of Hispanic society

Avances y ámbitos por conquistar en el mundo femenino

El Día Internacional de la Mujer, celebrado el 8 de marzo desde hace más de cien años, conmemora la lucha femenina en pro de la igualdad, la justicia, la paz y el desarrollo. Aunque la situación de la mujer ha mejorado a lo largo de los años, todavía queda un largo camino por recorrer día a día.

Conciliar trabajo y familia

La oficina de estadísticas comunitaria, Eurostat, lleva destacando las diferencias entre las mujeres y los hombres durante quince años.

En el caso de España, los datos que se recopilaron hace cuatro años nos dicen que un 25% de mujeres con un hijo de 6 años o menos tenían un trabajo a tiempo parcial, frente al 5% de los hombres.

Estas cifras muestran que en los matrimonios con hijos, es más probable que la mujer sea quien trabaje a tiempo parcial por más tiempo.

Disparidad en puestos directivos

La oficina de estadísticas europea también fija su atención en la disparidad permanente en los puestos directivos de las empresas, de los que solo un tercio han estado ocupados por mujeres en la UE desde 2011. España se acerca a la media comunitaria. En este sentido, las mayores proporciones de mujeres se dan en Letonia (45%), Hungría (41%) y Francia (40%); y las más débiles en Chipre (15%), Grecia (23%) y Malta (24%).

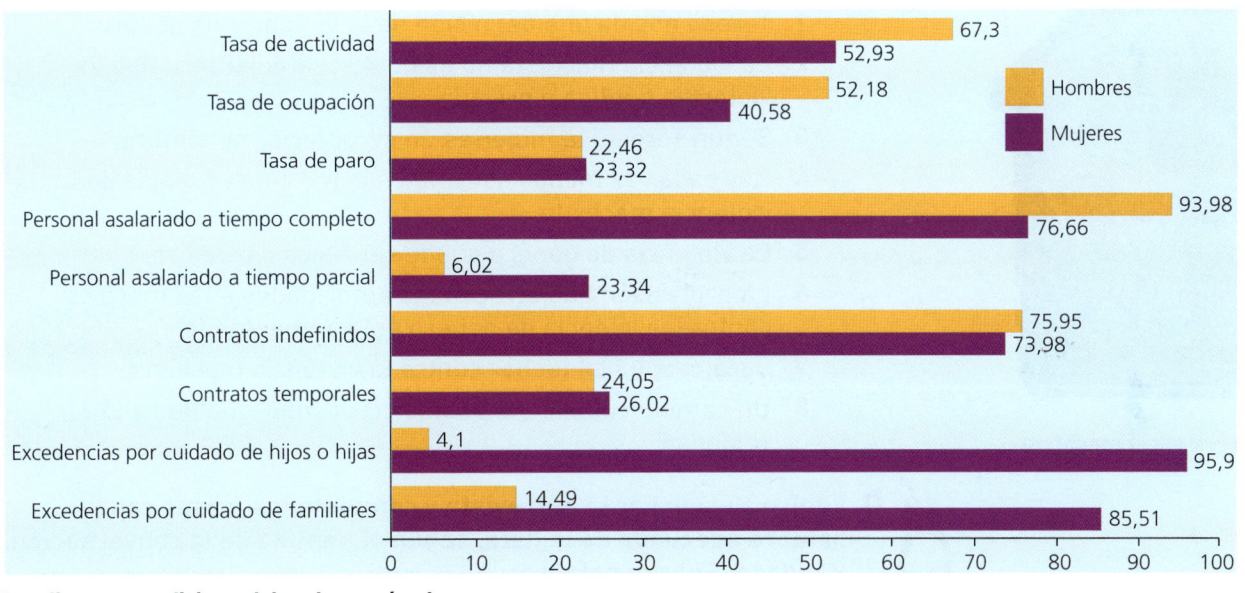

Las diversas condiciones laborales según el sexo

Gramática

Expresiones temporales (Time expressions)
Read section N of the grammar section and refer back to the article. Find:
a   one example of *desde hace*
b   one example of *hace* in an expression of time
c   one other time expression within the text

Write out the expressions and translate them.

3 Rellena los espacios con una de las palabras del recuadro.

| por | desde | hace | durante | lleva |

1 .... cien años la mujer en España no tenía el derecho a votar.
2 .... los 35 años del régimen de Franco la mujer no era más que un complemento del hombre.
3 .... la muerte del dictador en 1975 la situación ha ido mejorando año tras año.
4 María .... muchos años viviendo con un marido que la maltrata.
5 Se levanta .... la mañana temprano y trabaja hasta la noche.
6 Trabaja en la empresa desde .... 30 años sin ascenso.
7 No van a cambiar las condiciones laborales .... mucho tiempo.
8 La posibilidad de divorciarse existe en España .... hace mucho tiempo.

4 a *La lacra social de la violencia machista en España.* Escucha la entrevista y elige las cinco frases correctas de la lista según lo que oyes.

1 Teresa nos da una definición de la violencia de género.
2 La violencia machista no es como cualquier otro tipo de violencia pública o privada.
3 Según Teresa, la mujer es un ser inferior al hombre.
4 Hay cada vez menos asesinatos como consecuencia de la violencia machista.
5 La violencia de género puede ser física o psíquica.
6 La protección que ofrecen las autoridades a las mujeres contra la violencia de género está aumentando.
7 Será muy difícil luchar contra la violencia machista.
8 Un cambio cultural ha podido crear más igualdad en la sociedad.

La violencia machista

4 b Vuelve a escuchar la entrevista y completa las frases con la palabra adecuada de la lista, según el sentido de la conversación. ¡Cuidado! Sobran palabras.

1 La violencia .... en España sigue siendo un problema.
2 Algunos hombres piensan que las mujeres son ....
3 En casos extremos, el hombre .... a su esposa.
4 Un ejemplo del maltrato psíquico es la ....
5 Para .... a las mujeres, la policía toma varias medidas.
6 Tenemos que .... a la gente si queremos un cambio cultural.

A estúpidos	E violar	I golpea
B mata	F humillación	J luchar
C bofetada	G inferiores	K machista
D proteger	H educar	L pública

Theme 1 Aspects of Hispanic society

5 Translate into English this article about a demonstration in Peru.

Las asociaciones de lesbianas se manifiestan en Perú

Hace dos meses hubo un evento dirigido por la Red Peruana de lesbianas en el 'Parque del Amor' de Lima, en el cual a través de concursos de besos las chicas homosexuales manifestaron su rechazo a la prohibición de matrimonios entre parejas del mismo sexo en su país.

Este año el lema es 'El amor no discrimina, la constitución sí', porque la constitución peruana prohíbe expresamente el matrimonio homosexual.

La realidad es que estas mujeres no acceden a los mismos derechos que las parejas heterosexuales que se casan o conviven.

6 a Busca en Internet información sobre cómo ha mejorado la situación de la mujer en España desde los años 80 en diferentes ámbitos sociales, laborales o familiares.

6 b Contesta las siguientes preguntas sobre las diferencias de género en la política actual y debate en clase.
- ¿Tienen el mismo acceso a la política las mujeres que los hombres hoy en día?
- En tu opinión, ¿por qué hay más presidentes que presidentas de gobierno?
- ¿Conoces algunos ejemplos de presidentas de gobierno en el mundo? ¿Y en países de habla hispana en particular?
- ¿Sería justo tener una ley en la política que obligase a dividir a diputados y parlamentarios en mitad hombres y mitad mujeres? ¿Por qué sí/no?
- ¿Cuáles son las mejoras más recientes en la igualdad de sexos en general? (en un país hispano de tu elección)

6 c ¿Cómo es la vida para una mujer víctima de la violencia de género? ¿Ha mejorado la situación de la mujer con respecto a este tipo de violencia? Comenta este tema con tu compañero y escribe un breve diario de no más de cien palabras explicando cómo sería un día normal para una mujer maltratada. Vuelve a mirar en Internet para buscar más información sobre la violencia de género en un país hispano.

Estrategia

Organising effective notes for A-level revision

You should already have your notes filed in different sections: topic content and vocabulary, grammar, translations, essays and written responses, and speaking materials. As you approach periods of revision, it will help to further refine these sections as follows:
- Make sure any areas of vocabulary or grammar which you need to work on are placed at the top of each section, or at the front of your folder.
- Keep a list of useful websites, including exam-board specific materials, other online A-level materials, as well as more general websites which provide linguistic and cultural resources.
- Keep a separate section or folder for past papers or assessment-style questions, which are very useful for refining exam technique and building confidence leading up to exams.

7 Add the notes for this sub-unit to your files, including any useful websites you have found and examples of the grammar point.

Vocabulario

3.1 La lucha por la igualdad de las mujeres

	a tiempo completo	full-time
el	**avance**	advance
la	**burguesía**	middle classes
	conceder	to give, concede
la	**confección**	dressmaking
	coser	to sew
	criar	to rear, raise (a child)
el	**deber**	duty
el	**derecho**	right
la	**emancipación**	emancipation, liberation
	exigir (*exijo*)	to demand
la	**fábrica**	factory
	fracasar	to fail
la	**hembra**	female
la	**igualdad**	equality
	igualitario	egalitarian
la	**inferioridad**	inferiority
la	**libertad**	freedom
	obstaculizar	to hold up, block
	rechistar	to complain
	reglamentario	obligatory
	ser testigo de	to witness
la	**subordinación**	subordination
la	**superioridad**	superiority
el	**sufragio**	suffrage, vote
	triunfar	to triumph

3.2 La mujer contemporánea: hablan ellas

	anticuado	old-fashioned
	a tiempo parcial	part-time
la	**baja maternal**	maternity leave
la	**carrera**	career
	cuidar de	to care for
	dar a luz a (*doy*)	to give birth to
	embarazada	pregnant
	enamorarse de	to fall in love with
	enfadarse	to get angry
	equiparar	to equate, compare
	equitativo	equitable, fair
el	**feminismo**	feminism
el/la	**jefe/a**	boss
el	**machismo**	male chauvinism
	matinal	daytime
el	**paro**	unemployment
el/la	**partidiario/a**	supporter
el	**poder**	power
el	**puesto**	job, post
	quejarse	to complain
el/la	**sirviente/a**	servant
	subestimar	to underestimate
el	**título**	degree
	unirse	to unite, get together
la	**ventaja**	advantage

3.3 Los derechos del colectivo LGBT

el/la	**aliado/a**	ally
el	**arcoíris**	rainbow
el	**ascenso**	rise
	atraer (*atraigo*)	to attract
la	**bisexualidad**	bisexuality
	cometer	to commit
	condenar	to condemn
el	**desfile**	parade, march
	dificultar	to complicate, make difficult
el	**emblema**	emblem
la	**homofobia**	homophobia
la	**homosexualidad**	homosexuality
	legalizar	to legalise
	llevar a cabo	to carry out, perform
	maltratar	to mistreat
la	**naturaleza**	nature
el	**orgullo gay**	gay pride
el	**pecado**	sin
	progresista	progressive
	promover (*promuevo*)	to promote
la	**reasignación de sexo**	gender reassignment
el	**rechazo**	refusal
	regular	to regulate, standardise
	salir (*salgo*) **del armario**	to come out of the closet
la	**visibilidad**	visibility

3.4 Mejorando la situación de la mujer: ¿un trabajo aún inacabado?

	acceder a	to have access to
el	**ámbito**	area
el	**asesinato**	murder
el	**camino**	way
	conciliar	to reconcile, find a balance between
	convivir	to live together, cohabit
	dependiente de	dependent on
	destacar	to emphasise
	discriminar	to discriminate
la	**disparidad**	disparity
	en pro de	in favour of
la	**excedencia**	(unpaid) leave
el	**lema**	motto, slogan
la	**lucha**	fight
el	**maltrato**	abuse, mistreatment
	manifestar (*manifiesto*)	to reveal, express, demonstrate
la	**mejora**	improvement, progress
la	**paliza**	beating
la	**paz**	peace
	psíquico	psychological, mental
el	**rechazo**	rejection
	recopilar	to gather
la	**reivindicación**	recognition, acceptance
el	**reto**	challenge
la	**violencia de género**	gender violence

UNIT 4

La influencia de los ídolos

4.1 **Los jóvenes bajo la influencia de los ídolos musicales**
4.2 **¿Héroes deportivos?**
4.3 **La nueva cultura de la fama**

Theme objectives

In this unit you study the influence of idols in music, sport, television and the cinema. The following topics are covered:
- the influence of famous singers and musicians in the Spanish-speaking world
- Hispanic sporting role models and their influence
- the influence of celebrities from the world of television and the cinema in Hispanic countries

Grammar objectives

You will study and practise the following grammar points:
- the use of the near future and simple future tense
- the different uses of the infinitive
- negative constructions

Strategy objectives

You will develop the following strategies:
- listening strategies (a summary of those learned so far)
- techniques for extending vocabulary
- finding and using synonyms and expressions with similar meaning

4.1 Los jóvenes bajo la influencia de los ídolos musicales

- Descubrir la influencia que ejercen algunos ídolos musicales en el mundo hispánico.
- Usar el futuro próximo y el futuro simple.
- Resumir las estrategias más útiles para una audición eficaz.

¡En marcha!

1 ¿Qué tipo de música escuchas en tu tiempo libre? ¿Qué estilos te gustan más y cuáles menos? ¿Quiénes son tus ídolos musicales? ¿Por qué te gustan tanto exactamente?
Hazle estas preguntas a un/a compañero/a y también comparte tus propias respuestas con la clase.

Las estrellas de la música española y latina

Shakira

Esta cantante colombiana ha revolucionado todo el planeta con su música pop-rock y sus bailes de caderas insinuantes. En el pasado era solo famosa en Colombia, sus letras tenían más comentarios sociales, y siempre llevaba su melena natural morena. Ahora es rubia, más comercial, y una superestrella mundial. Ha participado en ediciones del programa musical *La Voz* en Estados Unidos y ha formado su propia fundación, Pies Descalzos, porque va a ayudar a los niños pobres de su país.

Enrique Iglesias

Este madrileño siempre supo lo que era el éxito desde que nació, porque su padre, Julio Iglesias, ya era una megaestrella musical en los años setenta y ochenta. Ahora es él quien vende discos como churros. Sus letras son típicas del pop más adolescente, y a veces parece que las chicas de medio mundo suspiran por él. Además va a salir en anuncios de televisión de ropa y relojes este verano.

Romeo Santos

¡Oh, Romeo…! Este cantante natural de El Bronx es de padre dominicano y madre puertorriqueña. Él mismo se llama el 'rey de la bachata' porque todas sus canciones son de este estilo. Anteriormente formó parte del grupo Aventura, pero por ahora continuará con su carrera como solista. Ha batido todos los récords de ventas y vendido millones de entradas a sus conciertos. Las letras de Romeo son muy románticas e incluso un poco cursis.

Maná

Este grupo de rock mexicano es toda una leyenda viva. Llevan tocando desde 1986 y sus canciones son tan reivindicativas que a veces han sido censuradas en la televisión o la radio. No hay otra banda de rock latino que venda tantos discos como ellos. Estarán de gira el año que viene, y su orgullo mexicano los convertirá en uno de los mejores embajadores del país.

2 a Lee las biografías de las tres superestrellas y el grupo de rock, luego mira en los mapas en las páginas 6 y 7. Busca en los mapas los países o ciudades (o sus gentilicios) que se mencionan en el texto. Hay seis en total.

2 b Vuelve a leer las biografías y decide a quién pertenece cada una de las frases siguientes. Escribe (S) Shakira, (E) Enrique, (R) Romeo o (M) Maná.

1. No es latinoamericano.
2. Sus canciones hablan principalmente del amor.
3. Se mueve de manera sugestiva.
4. Cambió su apariencia por razones comerciales.
5. Atrae a muchas aficionadas quinceañeras.
6. Representa muy bien su tierra nativa.
7. Algunos medios de comunicación prohibieron sus canciones.
8. Ha creado su propia organización benéfica.

Gramática

El futuro próximo y el futuro simple (The near future and simple future tense)

Study section G4 of the grammar section, then re-examine the article and:
a Identify two examples of the near future tense.
b Identify three examples of the simple future tense.

Write down the phrases that include the examples, then translate them into English.

Can you see a rule or a pattern in the examples?

3 Pon la forma correcta del verbo *ir* o del futuro del verbo entre paréntesis.

1. ¿Quién [*ser*] la próxima estrella latina de la música?
2. Se [*ir*] a celebrar un concierto de Juanes en Colombia el 1º de octubre.
3. ¿Sabes a qué hora [*comenzar*] el concierto?
4. Si no nos damos prisa no [*poder*] llegar al concierto antes de que comience.
5. Laura, ¿me [*decir*] quién es tu cantante preferido?
6. Juan y yo [*ir*] a ver a Julio Iglesias en el estadio Vicente Calderón.
7. Yo [*hacer*] todo lo posible para obtener el disco de Romeo Santos.
8. En el futuro no [*haber*] cantantes verdaderos porque la industria musical crea artistas sin personalidad.

4 a *El reggaetón bajo la lupa.* En este programa de radio hablan de un tipo de música muy popular en Hispanoamérica. Escucha la descripción del reggaetón. Lee las seis frases y elige la opción correcta.

1. El reggaetón es una mezcla de...
   - A reggae y rock
   - B reggae y rap
   - C rock y ritmo
2. El reggaetón se originó en...
   - A Jamaica
   - B América
   - C Puerto Rico
3. Ciertos vídeos de las canciones...
   - A no tienen letras
   - B son muy románticos
   - C han sido prohibidos
4. Los padres se preocupan por...
   - A sus hijos
   - B el sexo
   - C la libertad de expresión
5. El reggaetón ha tenido mucha influencia...
   - A en los últimos diez años
   - B en la universidad
   - C por todas partes de Latinoamérica
6. Los seguidores del reggaetón...
   - A son poderosos
   - B llevan ropa muy formal
   - C tienen su propio estilo

4 b La siguiente lista contiene ocho sustantivos. Escucha otra vez e intenta identificar el adjetivo relacionado con cada sustantivo.

1. la enormidad
2. el amor
3. el machismo
4. la prohibición
5. la preocupación
6. el racismo
7. la homofobia
8. el poder

Estrategia

Learning to listen: summary of skills learned so far

Many students find listening comprehension tasks daunting. Systematic preparation is essential. Remember the following points:
- Listening is not the same as hearing; it requires concentration and having no distractions around you.
- Listen to Spanish on the internet for 10–15 minutes a day to get used to a range of styles and accents.
- In an exam situation, read the questions first. They will help you to predict some of the content of the listening extract.
- First, listen for gist (the main ideas) so that you have an understanding of the extract as a whole.
- The second time you listen, focus on the points of detail that will give you some of the answers.

5 Translate the text into English. Try to be as precise as possible.

La música ya no es lo que era

Mucha gente se queja de que ya no existen las estrellas de verdad en la música. Los programas musicales como *La Voz* o *Factor X* crean cantantes de la nada, sin personalidad ni originalidad. Por una parte, es increíble que cualquier persona pueda ser famosa de la noche a la mañana; por otro lado, los cantantes tradicionales que componen en su estudio no son valorados suficientemente. Una persona que busca sus quince minutos de fama no será un modelo a seguir. La telerrealidad está cambiando el concepto de estrella del pop y lo cambia por un producto artificial.

6 a Investiga en Internet dos estilos de música de la lista, buscando la información necesaria sobre cada uno y toma notas. También puedes intentar escuchar algunos ejemplos de cada género.

la bachata	la salsa
el tango	el bolero
la cumbia	la samba

6 b Habla de los dos estilos con tu compañero/a, tomando en cuenta las preguntas siguientes:
1. ¿De dónde es originario cada estilo musical?
2. ¿Qué instrumentos son más importantes en cada estilo?
3. ¿Quiénes son sus máximos representantes?
4. ¿Son buenos modelos para la gente joven?
5. ¿Cuál es tu opinión de este estilo musical?

6 c Escribe un párrafo sobre uno de los estilos.

4.2 ¿Héroes deportivos?

- Conocer a algunos deportistas famosos y considerar cómo influyen en la sociedad.
- Aprender los diferentes usos del infinitivo.
- Usar varias técnicas para ampliar tu vocabulario.

¡En marcha!

1 ¿Conoces a algunos deportistas españoles o latinoamericanos? Haz una lista con tu compañero/a e intenta apuntar el nombre, el deporte y los éxitos de cada uno que menciones.

Luis: un genio imperfecto

Su imagen pública

El uruguayo Luis Suárez ya es considerado uno de los mejores delanteros del mundo. El Barça lo fichó por más (**1** ....) 81 millones de euros el 16 de julio de 2014 y Luis estrenó la camiseta del Barça el 25 de octubre. Es un jugador muy competitivo en el campo y nunca tolera perder. (**2** ....) actitud implacable es quizás la razón por la que ha estado involucrado en varios episodios controvertidos: tres incidentes de mordisco, uno de lenguaje racista y diversos ejemplos de comportamiento antideportivo. Sus críticos no dudan que (**3** ....) un (**4** ....) ejemplo para los jóvenes.

Luis Suárez — una paradoja

Su lado privado

No obstante, (**5** ....) sus aficionados, el delantero del Barça es una persona sincera y sencilla. Después de jugar sus partidos, no busca noches de fiestas, (**6** ....) horas dedicadas a su esposa y a sus dos hijos. Es un tipo familiar que suele preferir vivir el día a día como si estuviera en su tierra natal. En su tiempo libre, bebe mate* con amigos, y apoya una gama de organizaciones benéficas. Luis ha participado en (**7** ....) programa de televisión de UNICEF *Todos* (**8** ....) *los Niños Uruguayos,* y reducir la pobreza infantil es una pasión que lleva en el corazón. Es innegable que este hombre es una paradoja, un enigma, un genio imperfecto.

*mate: bebida de hierbas que se toma en algunas partes de Latinoamérica

2 a Lee el artículo sobre el futbolista uruguayo Luis Suárez. Complétalo, eligiendo ocho palabras de la lista. ¡Cuidado! Sobran palabras.

A sino	D por	G mal	J esta
B la	E de	H sea	K según
C malo	F un	I que	L es

2 b Busca un sinónimo en el texto para las siguientes palabras.

1. estimado
2. contrató
3. acepta
4. inflexible
5. polémicos
6. varios
7. mujer
8. nativa
9. incuestionable
10. defectuoso

Theme 2 Artistic culture in the Hispanic world

2 c Ahora busca un antónimo para estas palabras.

1. peores
2. siempre
3. ganar
4. seguidores
5. viejos
6. público
7. compleja
8. perjudiciales
9. aumentar
10. riqueza

2 d ¿Qué opinas de la influencia de Luis Suárez sobre los jóvenes aficionados al fútbol? ¿Es un buen modelo a imitar? Haz un breve debate con tu compañero/a, uno/a a favor y otro/a en contra.

Si estás a favor, puedes mencionar:
- Sus goles, su salario (de mendigo a millonario), su determinación, su trabajo social, su vida familiar.

Si estás en contra, puedes mencionar:
- Sus mordiscos, sus comentarios racistas, su egoísmo y sus trampas.

Gramática

Los usos del infinitivo (Uses of the infinitive)

In Spanish, the infinitive form of the verb can be used in a wide variety of ways. Read G10 of the grammar section and then look closely at the article on page 68. Make a note of:
a   one example of an infinitive used as a noun
b   one example of an infinitive used after a conjugated verb
c   one example of an infinitive used alongside another infinitive
d   one example of an infinitive used after a preposition

Write down the phrases containing the examples you find in Spanish and translate them into English.

3 Elige la forma correcta del verbo de las tres opciones:

1. Al [*llegando/llegar/llega*] al estadio el autocar fue rodeado de hinchas del Barça.
2. No sabía que estabas [*estudiando/estudiante/estudiar*] para ser árbitro.
3. Está triste porque acaba de [*escuchó/escuchar/escuchando*] la noticia de la muerte del ciclista que ganó la Vuelta el año pasado.
4. [*Tomando/Tomar/Tomas*] drogas ilegales aumenta tu rendimiento.
5. El ejercicio físico excesivo [*perjudique/perjudicar/perjudica*] tu salud.
6. Como no quiero continuar [*corriendo/corriente/correr*] por la calle, voy al gimnasio.
7. Antes de [*saliente/saliendo/salir*] al campo los jugadores se dieron la mano.
8. En los deportes los que [*ganan/ganado/ganar*] más trofeos son los más fuertes.

4 a  *Lo que transmiten los deportes.* Escucha la conversación entre tres aficionados a los deportes. Tienen una discusión acalorada sobre la influencia de los deportistas en la sociedad. Contesta las preguntas en español.

1. ¿En qué ciudad juega sus partidos locales el Real Betis?
2. ¿Qué es lo menos importante para Elvira durante el partido?
3. ¿Cuál debería ser la filosofía del equipo, según Elvira?
4. ¿Qué deporte practica Alberto Contador?
5. ¿De qué ciudad española es Alberto?
6. ¿Cuáles son los dos deportes que tienen problemas con drogas para mejorar el rendimiento, según Héctor?
7. Según Román ¿por qué hay cada vez más corrupción en los deportes hoy en día?
8. ¿Cuáles son las tres cualidades de Rafael Nadal y Mireia Belmonte?

4 b  Vuelve a escuchar la conversación y traduce las siguientes frases al español. ¡Atención! Tienes que adaptar las frases que escuchas. Echa un vistazo a la sección de gramática G10 para más ayuda.

1. How they behave doesn't bother me: winning is more important.
2. Before choosing a role model, young people must take care.
3. To know if they are cheating, we must try to investigate rumours of doping.
4. On listening to Rafael Nadal, it is clear that he is a true inspiration.
5. There is too much money in sport nowadays and as a consequence, there will be less respect in the future.
6. They have reached their peak without disrespecting anyone.
7. The behaviour of some footballers is, to a certain extent, quite worrying.
8. It is important not to moralise — corruption also exists in other jobs.

Rafa Nadal — una verdadera inspiración

5 Translate the following short profile of the Spanish swimmer, Mireia Belmonte into English.

¿Quién es Mireia Belmonte?

Mireia Belmonte es la nadadora española más exitosa de todos los tiempos. Esta chica natural de Badalona ha tenido una fuerte pasión por la natación desde su niñez.

¿Cuáles son sus éxitos?

Su medallero es un sueño para cualquier nadador: 36 en total, de las cuales 20 son de oro.

¿Por qué es un modelo a seguir?

Esta heroína española es también una chica con los pies en la tierra que escucha a Rihanna y que cuida la manicura de sus uñas con colores peculiares. No obstante, se preocupa por dar más visibilidad a la natación femenina, un deporte minoritario que necesita más presencia en los medios y más promoción.

Mireia Belmonte — la nadadora española más exitosa de todos los tiempos

6 a Busca en Internet información sobre dos de los siguientes deportistas hispánicos, tomando notas sobre su vida y su deporte. Decide si influyen a la sociedad de manera positiva o negativa, o si se trata de una mezcla de las dos; justifica tus conclusiones con ejemplos.

> **Carlos Tévez**   **Lorena Ochoa**
> **Alberto Contador** **Alexis Sánchez**
> **Garbiñe Muguruza**

6 b Comparte la información que has aprendido sobre los deportistas con tu grupo o utiliza tus notas para debatir el tema en clase.

Estrategia

Learning techniques for extending vocabulary

A rich vocabulary is key to succeeding at AS/A-level. It will improve your understanding in listening and reading activities, and will help when writing essays and performing your speaking exam. Look at the key vocabulary list of sub-unit 4.2 (note that the longer list is available online) and then:
- Group the words into the following categories:
  - verbs
  - nouns
  - adjectives
- Do you sometimes struggle to classify words grammatically? If so, you could try to group them by content. Try to group together:
  - all of the words directly related to a subject, e.g. sport
  - any opinion words
  - any of the more complex words
- Try to find at least two synonyms (words which mean exactly or nearly the same as another) and two antonyms (words with the opposite meaning to another) for each of the words you have written. If you find it difficult, consult an online thesaurus in Spanish.
- Finally, work hard at learning these new words you have found — along with those on the vocabulary list of course!

Unit 4 La influencia de los ídolos

4.3 La nueva cultura de la fama

- Observar la influencia de los famosos del cine y de la televisión en la sociedad.
- Usar la negación.
- Encontrar y usar sinónimos y expresiones con significados similares.

¡En marcha!

1 Mira la lista de categorías de los Premios Goya, los premios anuales de la Academia de las Artes y las Ciencias Cinematográficas de España. ¿Puedes adivinar lo que significa cada categoría en inglés?
   1. mejor película
   2. mejor guión original
   3. mejor interpretación masculina protagonista
   4. mejor interpretación femenina de reparto
   5. mejor canción original
   6. mejor diseño de vestuario
   7. mejor sonido
   8. mejor cortometraje de animación

Los famosos nos influencian… ¿de buena o mala manera?

Boris Izaguirre

Jesús

Mi famoso favorito es el presentador y escritor venezolano Boris Izaguirre. Me gusta mucho no solo por su trabajo, sino también porque es una gran influencia, en especial para los gays y lesbianas. Boris no tiene ningún problema con la idea de hablar abiertamente de su orientación sexual en redes sociales y da buenos consejos para que sus seguidores también se expresen con libertad. Creo que es un gran modelo a seguir.

Samuel

Me chifla el rapero de ascendencia cubana Pitbull y le sigo en Twitter todo el tiempo. Soy consciente de que no es una buena influencia para mí, pero es divertido ver sus aventuras cuando está de gira. La gente se queja de que consume drogas y tiene relaciones promiscuas, pero no me obliga nadie a imitar su estilo de vida y jamás le copiaría. Simplemente lo observo con curiosidad.

Pitbull

Simona

Soy una seguidora acérrima de la supermodelo Paulina Vega. Ella ganó el certamen de Miss Colombia en 2013 y un año después, Miss Universo. ¡Es guapísima! Nunca me pierdo su participación en entrevistas o programas de tele y radio. Creo que representa muy bien a mi país. Me parece que ella es un modelo a seguir entre las adolescentes en Latinoamérica porque fomenta un estilo de vida sano. Mi padre no está totalmente de acuerdo conmigo y ve en ella a una chica demasiado delgada con hábitos peligrosos. Por otra parte, ella es muy católica y eso en mi familia es esencial.

Paulina Vega como reina de la belleza

2 a Busca en el artículo un sinónimo para las palabras y expresiones siguientes.

1 francamente
2 admiradores
3 me encanta
4 entretenido
5 va de tour
6 muy entusiasta
7 concurso
8 promueve

2 b Lee las opiniones sobre los tres famosos en el artículo. Contesta las preguntas en español.

1 ¿De dónde es Boris Izaguirre?
2 ¿Dónde habla Boris de su orientación sexual?
3 ¿Qué aprenden a hacer los seguidores de Boris?
4 ¿Qué tipo de música interpreta Pitbull?
5 ¿Qué le divierte a Samuel?
6 ¿Por qué hay gente que critica a Pitbull?
7 ¿Cuándo ganó el certamen de Miss Universo Paulina Vega?
8 ¿Por qué es un modelo a seguir?

2 c Vuelve a leer el artículo, luego haz un resumen de los siguientes puntos en un párrafo de unas 70 palabras, usando tus propias palabras. Escribe en frases completas y verifica el trabajo con cuidado para asegurarte de que el lenguaje es correcto.
- las razones por las que Boris Izaguirre es un modelo a seguir (2)
- por qué Pitbull no es una mala influencia para Samuel (2)
- cómo Paulina Vega representa muy bien a Venezuela (1)

2 d Translate Samuel's paragraph about Pitbull into English.

Estrategia

Finding and using synonyms and expressions with similar meaning

- A synonym is a word that means the same or almost the same as another word.
- There are paper dictionaries of synonyms but it will be quicker and easier to find them if you consult an online dictionary.
- Use synonyms when you want to vary and enrich your speaking and writing, and to avoid repeating the same word.
- You can't always use a synonym for a particular word because of the context: *coche* and *carro* both mean 'car', but the former is used in Spain and the latter in Spanish America.

The ability to find synonyms is also crucial for listening and reading tasks at AS/A-level.

Use this advice when carrying out exercises 2a and 3.

Unit 4 La influencia de los ídolos

3 Look again at the reading text. Now find the following in the first paragraph:

1 a synonym of the verb *charlar*
2 a synonym of the noun *recomendaciones*
3 a synonym of the adjective *preferido*
4 Now find three synonyms each for words in Samuel and Simona's paragraphs.

Gramática

La negación (Negative constructions)
Read Section J of the grammar section and then look closely at the reading text again. Find:
a one negative construction in paragraph 1 (Jesús)
b one double negative construction in paragraph 1
c one example of an expression with three negative words in paragraph 2 (Samuel)

Write down the phrases containing the examples, then translate them into English.

4 Rellena los espacios con la palabra negativa más apropiada del recuadro.

nunca	nada
ningún	tampoco
ni	nadie
no	ninguna

1 Soy consciente de que Pitbull .... es un modelo a seguir.
2 .... tengo .... problema con la idea de hablar de mi orientación sexual.
3 'Las películas de Javier Bardem .... me gustan.' 'A mí ....'
4 .... he visto .... la entrevista de Paz Vega en la que habla de su familia.
5 Hoy en día .... habla de Luis Buñuel, el mejor director de cine español de todos los tiempos.
6 .... he ido .... a ver .... película mexicana.
7 Las películas de María León .... tienen .... que ver con la pornografía.
8 Actualmente Hollywood .... tiene .... la atracción .... la influencia que tenía en el pasado.

Theme 2 Artistic culture in the Hispanic world

5 a  *La vida de una famosa: María León.* Escucha el reportaje de esta famosa actriz española, María León. Lee las frases a continuación y decide si la información es verdadera (V), falsa (F) o no se menciona (N).

1. La madre de María León es actriz también.
2. A María no le gusta la fama.
3. Su hermano es muy popular.
4. María solo ha protagonizado dos películas.
5. Las audiencias prefieren las películas románticas.
6. La mayoría de los famosos se comportan como María.
7. Las nuevas generaciones quieren copiar a María.
8. Según el periodista, María es perfecta.

La actriz María León con su premio Goya

5 b Vuelve a escuchar el reportaje, luego identifica el significado de estas expresiones en español. Aparecen en orden cronológico.

1. has starred in
2. her motto in life
3. to measure
4. total ascendency
5. without modesty
6. not so with Maria León

6 a Los medios de comunicación están llenos de famosos que nos influencian de muchas maneras diferentes. Con un/a compañero/a, elige a un famoso, investiga su vida en Internet y toma notas.

6 b Dale a tu compañero/a al menos tres razones por las que es una influencia positiva en la sociedad, y tu compañero/a tendrá que darte al menos tres razones más por las que es una mala influencia.

7 Si fueras un/a famoso/a, ¿cómo te gustaría influenciar al resto de la gente? Escribe dos frases como mínimo para cada unos de los siguientes puntos.

1. ¿Por qué te gustaría ser famoso? ¿Por ser actor/actriz, deportista, modelo, cantante...?
2. ¿Cómo te comportarías?
3. ¿Cómo usarías los medios de comunicación o las redes sociales?
4. ¿Donarías dinero o serías la imagen de alguna asociación?

Vocabulario

4.1 Los jóvenes bajo la influencia de los ídolos musicales

- amoroso — loving
- el anuncio — advert
- batir — to beat
- la cadera — hip
- el/la cantante — singer
- la carrera — career
- componerse de — to be composed of
- el/la embajador/a — ambassador
- la entrada — ticket
- el éxito — success
- la fama — fame
- el fenómeno — phenomenon
- fundar — to found
- la influencia — influence
- influir (*influyo*) — to influence
- las letras — lyrics, words
- la libertad — freedom
- la melena — long hair/mane
- el modelo a imitar/seguir — role model
- moreno — dark-haired
- el orgullo — pride
- originarse — to come from
- poderoso — powerful
- prohibir (*prohíbo*) — to forbid
- quejarse — to complain
- reivindicativo — full of protest
- revolucionar — to stir up
- el/la seguidor/a — follower
- el/la solista — solo singer
- la superestrella — superstar
- suspirar — to sigh
- la telerrealidad — reality TV
- vender — to sell

4.2 ¿Héroes deportivos?

- el abono — season ticket
- el/la aficionado/a — fan
- el campo — pitch
- el comportamiento antideportivo — unsportsmanlike behaviour
- controvertido — controversial
- dar visibilidad a (*doy*) — to raise the profile of
- dedicado — dedicated
- el/la delantero/a — forward, striker
- el deporte minoritario — minority sport
- el/la deportista — sportsman/woman
- el dopaje — doping
- entrenarse — to train
- exitoso — successful
- faltar al respeto — to disrespect
- fichar (por) — to sign (for)
- el/la ganador/a — winner
- ganar — to win
- el genio — genius
- la grada baja — lower tier (of stadium)
- hacer trampa (*hago*) — to cheat
- el héroe — hero
- la heroína — heroine
- el/la hincha — fan
- humilde — humble
- implacable — relentless
- llegar a la cima — to reach the top, to peak
- el medallero — medal haul
- mejorar — to improve
- moralizar — to moralise, preach
- el mordisco — bite
- el/la nadador/a — swimmer
- la organización benéfica — charitable organisation
- la paradoja — paradox
- el partido — match, game
- la pasión — passion
- perder (*pierdo*) — to lose, miss
- la trampa — cheating

4.3 La nueva cultura de la fama

- abiertamente — openly
- acérrimo — ardent, steadfast
- apoyar — to support
- la ascendencia — ancestry
- la audiencia — audience
- el certamen — competition
- chiflar — to like (slang)
- consciente — conscious
- el consejo — advice
- la curiosidad — curiosity
- discreto — discreet
- la entrevista — interview
- el/la escritor/a — writer
- estar de gira (*estoy*) — to go on tour
- fomentar — to promote
- imitar — to copy
- inevitable — unavoidable
- la interpretación — performance
- la libertad — freedom
- medir (*mido*) — to measure
- la moda — fashion
- el modelo — model
- la modelo — (fashion) model
- el nivel — level
- la orientación sexual — sexual orientation
- el pudor — shyness
- promiscuo — promiscuous
- protagonizar — to star in
- el/la rapero/a — rapper
- seguir (*sigo*) — to follow
- trabajador — hard-working

UNIT 5

La identidad regional en España

5.1 **La Semana Santa en España**
5.2 **La tauromaquia, sus diversas formas y la polémica**
5.3 **Un viaje gastronómico por España**
5.4 **¡En España se habla más de una lengua!**

Theme objectives

In this unit you study regional identity in Spain. The following topics are covered:
- Holy Week festivities in Spain and their regional variants
- the world of bullfighting in Hispanic countries
- the immensely varied gastronomy of Spain
- the official languages of Spain and their importance

Grammar objectives

You will study and practise the following grammar points:
- the preterite tense
- basic structures of the present subjunctive
- relative pronouns
- uses of the imperative

Strategy objectives

You will develop the following strategies:
- producing interesting sentences when writing and speaking
- answering questions effectively on a reading or listening passage in Spanish, including inferring information
- improving exam techniques for reading tasks
- acquiring techniques for listening tasks in the AS exam

5.1 La Semana Santa en España

- Entender la festividad de la Semana Santa en España y sus variantes regionales.
- Usar el pretérito indefinido.
- Producir frases interesantes en modo escrito o hablado usando diferentes estrategias.

¡En marcha!

1 La Semana Santa en España es una celebración religiosa que, de una manera u otra, afecta a todo el país de norte a sur y de este a oeste. Hay mucho vocabulario específico referente a esta festividad. Mira las palabras y las definiciones e intenta emparejarlas. ¿Cuántas puedes adivinar? Mira las fotos que te ayudarán. Tienes dos días de la semana, una parte del día, dos tipos de persona y una celebración.

Diferentes momentos de la Semana Santa

1 el nazareno o penitente
2 la procesión
3 el Domingo de Ramos
4 el Viernes Santo
5 la madrugada o 'madrugá'
6 el costalero

A Es la persona que lleva sobre sus hombros la imagen de Jesús o la Virgen María.
B Es el día más importante de la Semana Santa, que conmemora la crucifixión y muerte de Jesús.
C Es la persona vestida con una túnica y un cono en la cabeza, que acompaña a la procesión en señal de penitencia.
D Es el acto ordenado y solemne de pasear a las estatuas religiosas a través de las calles de la ciudad.
E Es la noche entre el Jueves Santo y el Viernes Santo, cuando las procesiones más simbólicas de la Semana Santa pasean por las calles hasta la mañana. Es más importante en el sur de España.
F Es el primer día de la Semana Santa, que conmemora la entrada de Jesús en Jerusalén, con ramas de olivo.

Las múltiples sensaciones de la Semana Santa en España

Soy Natán, y ayer volví de mi viaje por España. ¡Aprendí mucho! La Semana Santa se celebra en todas las ciudades y puntos de España. Sin embargo, hay varias fiestas que, por su especial atractivo y singularidad, han sido declaradas de Interés Turístico Internacional.

En la Semana Santa de **Sevilla** vi como los costaleros son capaces de soportar el peso enorme de las Vírgenes, ricamente adornadas, mientras desfilan por las estrechas calles del casco antiguo. La Semana Santa de **Málaga** posee el privilegio de liberar a un preso, y uno de los momentos más emotivos fue precisamente cuando la figura de Jesús dio su bendición al recluso. Durante la Semana Santa de **Cuenca** también tuve la ocasión de disfrutar de los conciertos de la Semana de Música Religiosa, que se realizan en edificios históricos como la catedral normanda.

Un nazareno con capirote negro

En la Semana Santa de **Zamora** los cantos gregorianos produjeron una atmósfera increíble durante las procesiones nocturnas. En las procesiones de **Valladolid** mis amigos y yo nos fijamos bien en las esculturas religiosas porque son valiosas muestras de arte barroco.

En la Semana Santa de **Cartagena** el final de las procesiones resultó muy emocionante, cuando miles de personas se unieron para cantar la salve a la Virgen. En **Lorca** fue particularmente original ya que los desfiles también incluyeron personajes y escenas de la Biblia y de antiguas civilizaciones. Finalmente, la Semana Santa de **Cáceres** sorprendió mucho por sus cofradías nacidas en el siglo XV.

Esta celebración es mucho más que religión. ¡Es folclore, tradición y cultura! Sin duda volveré a España en esta época del año.

Texto adaptado de: web server of the Spanish Tourism Institute, TURESPAÑA, www.spain.info

2 a Lee el artículo sobre las múltiples sensaciones de la Semana Santa de Natán en España y decide a qué ciudad pertenece cada una de las siguientes afirmaciones.

1. Hay desfiles atmosféricos por la noche.
2. Sus hermandades se establecieron hace seiscientos años.
3. Tiene estatuas religiosas muy artísticas.
4. Se emancipa a un prisionero.
5. Los costaleros llevan figuras que pesan mucho.
6. Recrea escenas de la antigüedad.
7. Hay conciertos religiosos que tienen lugar en sitios antiguos.
8. La conclusión es muy conmovedora.

2 b  Vuelve a leer el artículo y luego haz un resumen de los siguientes puntos en un párrafo de unas 70 palabras, usando tus propias palabras. Escribe en frases completas y verifica el trabajo con cuidado para asegurarte de que el lenguaje es correcto.
- dos razones por las que es difícil ser costalero en Sevilla (2)
- las tres ciudades que tienen música o canciones y cómo forman parte de las festividades (3)
- por qué un turista puede disfrutar de la Semana Santa incluso si no es religioso

2 c ¿Qué tradición de Semana Santa te llama más la atención de todas las ciudades? Elige una y da tres razones a tu compañero/a.

Gramática

El pretérito (The preterite tense)
Study section G2 of the grammar section, then:
a Find at least five examples of verbs which have a regular preterite form.
b Find five examples of verbs which have an irregular preterite form.

Write down the phrases containing the words and translate them into English.
c Why is the preterite tense being used in these examples?

3 Pon el verbo entre paréntesis en la forma correcta del pretérito indefinido.

1 El año pasado, mi novia y yo [*ir*] a Cuenca a disfrutar del festival de música sagrada.
2 Pablo, ¿[*salir*] con Carmen ayer a ver las imágenes de la Virgen?
3 En Pascua, los vecinos de mi pueblo [*pasear*] por la calle llevando capirotes como nazarenos.
4 Hace una semana, yo [*estar*] en el Rocío, donde [*participar*] en la romería de Pentecostés.
5 Hoy día miles de personas siguen rezando por las personas inocentes que [*morir*] en la Guerra Civil.
6 El Viernes Santo, mi padre [*ver*] en Calanda la ceremonia de los tambores que se redoblan sin interrupción durante 24 horas.
7 En Cartagena, nosotros, con otras mil personas, [*juntarse*] para cantar la Salve Regina.
8 En abril Carlos [*ir*] a ver la procesión religiosa a Bilbao, donde [*conocer*] a un amigo mío vasco.

4 a *Otras sensaciones de la Semana Santa*. Tres jóvenes hablan de sus experiencias de la Semana Santa. Escucha y contesta las preguntas en español.

1 ¿Cómo se llama la cofradía de Paco?
2 Según Paco, ¿cuáles son las dos cosas que hace la gente en la calle?
3 Según Dulce, ¿en qué parte de España son las procesiones más ostentosas y exageradas?
4 ¿Cómo mueven las procesiones en Bilbao?
5 ¿Dónde muestra su fe la gente bilbaína?
6 ¿Qué pasa en Salamanca a veces, si llueve?

4 b Vuelve a escuchar a los jóvenes, luego da el equivalente español de las siguientes expresiones.

1. even if you are not religious
2. we practise all year
3. with lots of excitement
4. people show their faith
5. walking monuments
6. they must not get wet

5 Translate the following description of the ancestral ritual of 'Los Empalaos' into English.

No pude creer lo que vieron mis ojos al llegar al pueblo de Valverde de la Vera. Allí, tienen una tradición que consiste en un grupo de hombres que pasean por las calles atados con gruesas cuerdas a un madero en forma de cruz para mostrar su respeto a Jesucristo. Me sentí tan asombrado que no fui capaz de sacar fotos, solo mirar fijamente. Todo el mundo pareció entender este ritual, y respetó a los hombres en completo silencio, pero yo todavía estoy sorprendido de algo tan extremo y brutal.

Un 'empalao' en Valverde de la Vera

Estrategia

Producing interesting sentences when writing and speaking

Look at the complexity of the sentences in the text *Las múltiples sensaciones de la Semana Santa en España*. Can you make your sentences more interesting?

When discussing the topic and writing your answer for question 6, make sure you:
- Use at least three ambitious connectives or expressions. Make them original ones!
- Extend your descriptions. Use at least three new ambitious adjectives.

- Develop each opinion with at least two justifications or examples for each opinion that you give.
- Try to change the word order in your sentence to make it more authentic.

By challenging yourself in these areas when you write or speak, the quality of your responses will improve much more quickly.

6 a En el reportaje de las múltiples sensaciones de Semana Santa de Natán, hay ocho ciudades mencionadas. Elige una (diferente de la de tu compañero/a), luego busca más información en Internet y toma notas sobre las tradiciones de esta ciudad durante la Semana Santa.

6 b Habla sobre la información que has encontrado con tu compañero/a. Cuéntale si te gustaría visitar la ciudad durante Semana Santa y por qué o por qué no.

6 c Escribe un párrafo con la información que encontraste. Incluye la siguiente información:
- Al menos tres razones para explicar por qué la Semana Santa de esta ciudad es única.
- Una opinión detallada de la Semana Santa de esta ciudad y por qué te gustaría verla en persona.

5.2 La tauromaquia, sus diversas formas y la polémica

- Conocer más sobre el mundo taurino en los países hispánicos.
- Comenzar a usar las estructuras básicas del presente de subjuntivo.
- Responder a preguntas sobre textos o audiciones en español eficientemente e inferir la información.

¡En marcha!

1 Antes de leer la información sobre la tauromaquia en el mundo hispano, haz este breve sondeo.

Cuestionario

1 ¿Es malo ir a una corrida de toros?
2 ¿Es una buena idea la prohibición de la cacería del zorro?
3 ¿Es cruel usar animales en los circos?
4 ¿Se deben prohibir las carreras de caballos?
5 ¿Es atroz pescar?
6 ¿Es inmoral llevar un abrigo de piel?
7 ¿Hay que poner fin a la experimentación con animales?
8 ¿Es mejor ser vegetariano/a?

Más respuestas positivas: ¡Eres un/a gran defensor/a de los derechos de los animales!

Más respuestas negativas: ¡Para ti, el entretenimiento y la libertad de elección son más importantes!

Un torero lidiando al toro

La tauromaquia bajo la lupa

A La tauromaquia o corrida de toros es una celebración donde la gente va a la plaza de toros para observar cómo unos toreros lidian unos cuantos toros para que finalmente los maten. Hay quien ve en esto un acto artístico y deportivo, ya que los toreros se preparan duramente y practican mucho sus movimientos alrededor del toro hasta perfeccionarlos.

B El 'toro de lidia' es un animal único en el mundo y muchos defensores de esta celebración usan este hecho como una excusa para defenderse. Los detractores acusan a los toreros de maltrato animal con tortura pública y asesinato.

C Con tanta controversia en España, las regiones de Cataluña y Canarias han prohibido totalmente las corridas. En el futuro, cuando haya eventos como conciertos, usarán sus plazas de toros como estadios para que así no estén en desuso.

D En el mundo hay siete países en total donde hay corridas de toros: México, Colombia, Perú, Venezuela, Ecuador, España, y Panamá. También en ciertas ciudades de Portugal y el sur de Francia existe esta costumbre, sin que sea una fiesta nacional.

E Como parte de la cultura nacional, hay una industria importante que mueve dinero con las entradas a las corridas, la confección de los trajes de los toreros, normalmente de oro y plata, los carteles e incluso los programas de televisión que retransmiten las corridas a fin de que los aficionados puedan verlas desde casa. Los toreros son celebridades importantes que disfrutan una reputación similar a la de un deportista de élite.

F Aunque es difícil borrar de un plumazo una tradición que se remonta al siglo XII, la verdad es que cada vez son más las personas que ven en esto un acto cruel e innecesario en la sociedad moderna. No obstante, los sectores más conservadores desean guardarla para que no desaparezca este rasgo definitorio de la cultura española.

2 a Lee el artículo 'La tauromaquia bajo la lupa' y mira los siguientes titulares. Empareja cada uno (1–6) con el párrafo más apropiado.

1 Su auge comercial
2 Un conflicto político
3 ¿Dónde ha sido prohibido el espectáculo?
4 Una definición de la tauromaquia
5 Los países donde se practica la corrida de toros hoy en día
6 ¿Adoración del toro o maltrato animal?

2 b Vuelve a leer el artículo, luego contesta las siguientes preguntas. Lee la Estrategia para ayudarte.

1 ¿Por qué se considera que los toreros son artísticos y deportivos? (2)
2 ¿Qué sucede al final de una corrida de toros?
3 ¿Qué dicen sus defensores sobre el 'toro de lidia'?
4 ¿Qué uso alternativo tienen las plazas de toros en Cataluña?
5 ¿Cuáles son los tres países europeos donde se practica el toreo?
6 ¿Cómo se justifica que la tauromaquia es efectiva económicamente? (2)
7 ¿Cuándo empezó la tradición de la corrida de toros?
8 ¿Por qué los conservadores quieren conservar la corrida de toros?

Una vista del ruedo desde las gradas

Unit 5 La identidad regional en España

Estrategia

Answering questions effectively on a reading or listening passage in Spanish, including inferring information

- Read the passage/listen to the audio carefully before you answer the questions.
- Look/Listen for key words.
- Answer exactly the question that is asked – if there is a '2' in brackets, you will need to find two pieces of information.
- Assume you do not need to write in full sentences unless the question states that you do.
- Some answers will be 'literal', that is, repeating directly what the text says. Often these answers are related to numbers or dates.
- Be aware of the tense and person of the verb in the question and in your answer. Some questions will require you to 'manipulate' the language, e.g. change the person or the tense.
- Certain questions will require you to 'read between the lines', or infer information. For this type of question you have to have a good grasp of the ideas that underlie the passage.

Refer to the above ideas as you carry out exercise 2b.

Gramática

El presente de subjuntivo (The present subjunctive)

Refer to section G14 of the grammar section, then re-examine the article on page 83.

a Find four verbs in the present subjunctive.

b In each case, copy the phrases out and translate them into English.

c Explain why the present subjunctive is being used in each case.

3 Pon los verbos entre paréntesis en la forma correcta.

1. Voy a llamar a Paco para que nos [*acompañar*] a la corrida.
2. Cuando [*llegar*] el verano vamos a recorrer los pueblos para participar en las festividades taurinas.
3. La gente va a perseguir los toros hasta que ellos [*entrar*] en la plaza.
4. ¡Oye, Javier! Me parece que tus primos no [*ir*] a participar en la fiesta.
5. En ciertas festividades, el toro se escapa sin que sus perseguidores [*poder*] matarlo.
6. Las asociaciones de protección animal se manifiestan para que la gente se [*dar*] cuenta de la barbarie de esta tradición.
7. Te estaré muy agradecida si [*buscar*] las entradas para la fiesta antes de que [*cerrar*] la taquilla.
8. No dudo que Carmen [*volver*] a casa en cuanto [*terminar*] las fiestas.

Theme 2 Artistic culture in the Hispanic world

4 a

Otras celebraciones taurinas: Los Sanfermines y el Toro de la Vega.
Escucha la descripción de estas celebraciones taurinas. Para cada declaración, escribe la cifra correcta.

1. la duración de la celebración de los Sanfermines
2. el siglo en el que comenzó la tradición
3. el número de personas que participan en la fiesta
4. el número de personas que corren por las calles
5. la duración de una carrera en total
6. la distancia del recorrido

4 b

Escucha la descripción de la celebración de El Toro de La Vega y marca las cinco frases correctas según lo que oyes.

1. La celebración es controvertida.
2. La celebración es muy histórica.
3. Cientos de toros pasan por las calles.
4. Las personas quieren matar al toro.
5. Los hombres a caballo atacan al toro.
6. El toro no muere.
7. No hay muchas asociaciones de protección animal.
8. Hay muchas personas que quieren preservar la tradición.

5

Translate the following extract from the Spanish newspaper *El País* into English.

La tormenta de los niños toreros en México

'Mi hijo es un superdotado del toreo. Tiene técnica, instinto y está aquí porque quiere. Vinimos a México porque en España no es posible que los niños toreen hasta los 16 años. La idea era pasar tiempo aquí y aprender las costumbres mexicanas del toreo.' Antonio Sánchez Cáceres, matador de toros de los años 70, habla de su hijo Jairo Miguel, ingresado ayer en un hospital de Aguascalientes con un pulmón perforado por un asta de toro. Jairo Miguel cumplió 14 años el pasado mes de marzo. El toro que le puso en estado crítico pesaba 430 kilos.

Texto adaptado de: 'La tormenta de los niños toreros, elpais.com, 19 de abril de 2007, © Natalia Junquera/Ediciones El País SL

Michelito, uno de los niños toreros más famosos en México

6 a
Escribe algunas frases sobre lo que ves en la foto de abajo. Las siguientes palabras serán útiles.

| pancarta | manifestación | ataúd |
| cuernos | sangriento | |

6 b
Comparte la información con la clase.

6 c
Trabaja con un/a compañero/a. Uno/a de vosotros/as tiene que hacer una lista con cinco razones a favor de prohibir las corridas de toros, y el/la otro/a con tres razones para mantener la tradición.

6 d
Una vez terminadas las listas, debate en español defendiendo tu postura.

Unit 5 La identidad regional en España

5.3 Un viaje gastronómico por España

- Conocer la inmensa riqueza gastronómica de España.
- Usar los pronombres relativos.
- Mejorar las técnicas de lectura de cara a los exámenes.

¡En marcha!

1 Mira esta lista de comidas y bebidas españolas. Elige tres y habla con un/a compañero/a sobre...
- al menos tres ingredientes básicos de cada una
- la apariencia de cada una
- cómo se hacen, cómo es la receta
- al menos una opinión de cómo saben

1. la paella
2. las patatas bravas
3. el gazpacho
4. la tortilla
5. la sangría
6. los churros

Una paella de mariscos

2 a Lee las notas que el chileno Fruela Gil tomó en su viaje a España sobre sus experiencias gastronómicas, y escribe el día (1–5) que corresponde a cada una de las siguientes frases.

1. Visité la mejor región para los mariscos.
2. Pasé por los terrenos amplios del centro de España.
3. Observé de primera mano el cultivo de uvas.
4. Fui a una región con un plato típico muy denso, pero delicioso.
5. Me gustó tapear. La diversidad de sus aperitivos es enorme.
6. Probé algunos de los productos locales elaborados con carne de cerdo. Tiene mucho prestigio en estas tierras.
7. Noté que la bebida típica, hecha de manzana, es muy bien conocida.
8. ¡Me parece que todos los gallegos comen bien!

2 b Lee este resumen de las notas gastronómicas de Fruela Gil y decide qué palabra es la correcta para cada espacio. ¡Cuidado! Sobran palabras.

La (**1** ....) comenzó en Andalucía, descubriendo una gran variedad de tapas. El segundo día lo pasé en Valdepeñas, donde sus bodegas son una atracción sin igual para el (**2** ....).

(**3** ....) las raciones en los bares, siempre acompañadas de queso manchego. Una vez en Madrid, es importante (**4** ....) el cocido tradicional, ¡exquisito aunque bastante pesado! En Valencia fue un (**5** ....) degustar la paella más auténtica.

La comida española siempre tiene ingredientes naturales y algunos platos deliciosos nacen de ideas tan (**6** ....) como mezclar aceite, ajo, pan y tomate. En mi (**7** ....) por el norte degusté la sidra asturiana, las carnes y mariscos del País Vasco, pero Galicia fue un (**8** ....) de sabor marino, ¡qué lujo poder probar algo así!

---

placer

saborear

diversidad

bombazo

viaje

turista

gocé de

ilusión

expedición

célebre

simples

me encantó

Theme 2 Artistic culture in the Hispanic world

Mi viaje gastronómico

Día uno

Empecé mi viaje en Andalucía. En Granada descubrí que las tapas se sirven gratis en bares y acompañan a una cerveza fría o un vino normalmente. ¡Hay tanta variedad que no sé por dónde empezar! Calamares fritos, mejillones en escabeche, tortilla de patata y chorizo o jamón serrano de muy alta calidad.

Día dos

Nada como seguir mi ruta por los anchos campos de Castilla y descubrir el pueblo de Valdepeñas, cuya concentración de viñedos es la más grande del mundo. Sus bodegas son un espectáculo para el visitante, pero no me olvido del vino español más internacional, en La Rioja. En el centro del país disfruté de las raciones en los bares, unas tapas más grandes que puedes pedir pagando un precio bajo y compartir, siempre con queso manchego, claro.

Las tapas en España

Día tres

Mucha emoción de estar en la capital. Madrid es una ciudad de moda para los comensales más exigentes. Hay cada vez más restaurantes con estrellas Michelin donde experimentan con la alta cocina, pero no olvidé probar el plato estrella madrileño, el cocido. Es un guiso tradicional, el cual se hace con garbanzos, ternera, col, gallina y jamón. ¡Muy consistente y rico!

Día cuatro

Subí hasta Cataluña parando en Valencia para tomar una paella típica y original de la tierra, siempre una gozada comer la versión auténtica, con judías verdes y carne de conejo. En Cataluña, lo que me fascinó fue la sencilla idea de tomar pan con aceite de oliva, ajo y tomate natural restregado en el pan.

Días cinco y seis

Me moría de ganas de conocer el norte. Pasé por el País Vasco y degusté su variada gastronomía de frutos del mar y carnes. Luego visité Asturias, cuya famosa sidra hay que beber. Al día siguiente, fui a Galicia y al llegar fue una explosión de sabor marino: pulpo, calamares, ostras, langosta… lo que allí es un lujo al alcance de todos.

2 c **Ahora que ya tienes una mejor idea de los diferentes tipos de cocina de cada región de España, habla con un/a compañero/a sobre cuál prefieres y por qué. Menciona:**
- tu región preferida
- ejemplos de la gastronomía que ofrece y lo que te gustaría probar
- por qué te gusta este tipo de gastronomía en particular

Estrategia

Improving exam techniques for reading tasks
- For questions in Spanish it is important write in your own words, but sentences are not needed unless specified.
- When you are asked to look for a specific number of correct statements, make sure you indicate the number asked for.
- If there is a (2) or a (3) make sure you give all the pieces of information requested.
- If you are asked to write in full sentences in correct Spanish, make sure you check your work carefully for accuracy.
- If the question is multiple choice or gapfill, make a sensible guess if you don't know the answer.
- If it is a matching task, don't try and go through the text in order. Start with the Spanish statements and find the information in the text.
- It is important to learn synonyms especially for summary tasks and answers in Spanish, so as to avoid lifting vocabulary from the text.

```
diversidad
ilusión
me encantó
célebre
```

3 In exercise 2b, there are four words that are not required in the gapfill exercise. Find a synonym for each word in the reading text.

Gramática

Los pronombres relativos (Relative pronouns)
Study section F5 of the grammar section, then reread the diary notes for days 1–5.
a Identify four different examples of relative pronoun. Copy out the phrases containing the examples and translate them into English.

b Which relative pronoun is used when an abstract idea is being referred to?

4 Rellena los espacios con palabras del recuadro. Cada palabra se usa solo una vez.

```
el que   la cual   los que   quien   que   quienes   las cuales   lo que
```

1 Las tapas .... sirven en 'La Vinoteca' son riquísimas.

2 Ferran Adrià, ... tiene fama de ser el mejor cocinero del mundo, ha cerrado su restaurante en Rosas.

3 El bar en .... degustamos el vino tinto de Valdepeñas está en el campo de Calatrava.

4 .... más me gustó en Andalucía fue comer tapas por la noche al aire libre.

5 No es fácil encontrar en Inglaterra los ingredientes de la verdadera paella, ... se hace con arroz de Valencia, pollo, conejo y varias hortalizas de la región.

6 La dieta mediterránea presenta aspectos muy beneficiosos en la prevención de varias enfermedades, entre .... se pueden incluir las del corazón.

7 Los principales ingredientes del gazpacho, la sopa fría andaluza, son el tomate, el pepino, la cebolla y el ajo, a .... se añade aceite de oliva.

8 Aquellas personas para .... preparé el cocido no aprecian la cocina española.

5 a  *Ferran Adrià, genio innovador de la cocina.* **Escucha la entrevista con Ferran Adrià, uno de los mejores cocineros del mundo. Cada frase de 1 a 8 contiene un error. Identifica la(s) palabra(s) incorrecta(s) y anota la(s) correcta(s).**

1. Ferran Adrià es el cocinero menos valorado de España.
2. Ferran quiere hacer comida diferente, despreciando lo tradicional.
3. Una gran mayoría de críticos menosprecian su comida.
4. España tiene poca variedad gastronómica.
5. A Ferran le gusta experimentar con recetas modernas.
6. La deconstrucción consiste en mezclar los ingredientes principales.
7. Su intención es aburrir a los clientes.
8. Ferran acaba de abrir su restaurante.

5 b  **Escucha otra vez y haz un resumen en español en un párrafo de aproximadamente 70 palabras de las respuestas de Ferran Adrià a cada pregunta. Tienes que usar tus propias palabras para expresar claramente lo que dice. Escribe en frases completas y verifica el trabajo con cuidado para asegurarte de que el lenguaje es correcto.**

- ¿Cómo empezó todo?
- ¿Qué le diferencia de otros? (2)
- ¿Cuáles han sido sus éxitos más importantes? (3)
- ¿Qué le aguarda en el futuro?

Ferran Adrià, un genio de alto nivel

6 a **Lee las siguientes opiniones opuestas sobre la cocina de vanguardia. Busca más información en Internet y toma notas.**

'La cocina de vanguardia es una farsa. Es cara y pretenciosa.'

'Los restaurantes con estrellas Michelin ofrecen un placer gastronómico incomparable.'

6 b **Elige una de las opiniones y defiéndela. Tu compañero/a de clase puede defender la otra opinión.**

5.4 ¡En España se habla más de una lengua!

- Conocer las lenguas oficiales de España y su importancia.
- Aprender sobre el uso del imperativo.
- Mejorar las técnicas para contestar las preguntas de audición del examen de AS.

¡En marcha!

1 Ya sabías que en España se habla más de una lengua. Mira la tabla con palabras en cuatro lenguas oficiales de España. ¿Puedes emparejar la palabra en castellano con su significado en las otras tres? Si no estás seguro, intenta adivinarlo. Cuando termines, observa las palabras. ¿Qué lenguas son similares? ¿Cuáles no? ¿Por qué?

Una felicitación cuatrilingüe

Castellano	Catalán	Gallego	Euskera
hermano	bona nit	ola	agur
trabajar	gràcies	boas noites	mesedez
buenos días	bon dia	por favor	lan egin
buenas noches	hola	adeus	kaixo
por favor	treballar	irmán	anaia
gracias	adéu	bos días	eskerrik asko
hola	germà	grazas	gabon
adiós	si us plau	traballar	egunon

2 a Lee la información sobre las lenguas cooficiales de España, luego decide si cada una de las siguientes frases es verdadera (V), falsa (F) o no se menciona (N).

1. España tiene precisamente cinco lenguas oficiales.
2. Perú tiene más hispanohablantes que España.
4. La mayoría de los gallegos prefiere hablar gallego.
5. Solo se habla euskera en el País Vasco.
6. El aranés es una lengua minoritaria.
7. El aranés es una lengua muy compleja.
8. No hay nadie que hable todas las (cinco) lenguas oficiales.

El plurilingüismo en España

España nos sorprende con su riqueza lingüística pues tiene nada más y nada menos que cinco lenguas cooficiales en todo el territorio español. También hay otras no oficiales y diversas variantes.

El castellano o español: Esta es la única lengua oficial en todo el país al completo, y la lengua materna de la mayoría de los habitantes. Esto hace a España el tercer país en número de hispanoparlantes en el mundo, tras México y Colombia. El nombre de 'castellano' recuerda al reino de Castilla en la Edad Media.

El catalán: Casi cuatro millones y medio de españoles hablan de forma preferente esta lengua latina en las comunidades de Cataluña, Comunidad Valenciana y Baleares, aunque con algunas variaciones y dialectos. Tan solo el 3,8% de los catalanes considera las dos lenguas —catalán y castellano— como maternas, y el 32% tiene como primera lengua el catalán. El bilingüismo existe en la mayoría de los catalanoparlantes.

El gallego: Esta lengua es cooficial con el castellano en la comunidad de Galicia y tiene un gran parecido con el portugués. Al ser una lengua procedente del latín, también guarda muchas similitudes con el español y el catalán. El 61% de la población gallega prefiere comunicarse en gallego que en castellano, a pesar de hablar el castellano con fluidez.

El euskera o vasco: Es la lengua hablada en la región del País Vasco y una pequeña parte de Aragón. Hay seis dialectos diferentes de esta lengua, pero el euskera común se llama 'batúa'. Tan solo un 12% de la población vasca prefiere comunicarse en euskera; en total son casi 270.000 españoles.

El aranés: No podemos olvidar esta lengua originaria de El Valle De Arán, en Cataluña. Es una variedad del occitano y representa como lengua materna al 0,007% de los españoles.

2 b Vuelve a leer los párrafos con información específica sobre el catalán y el gallego. Ahora lee las siguientes frases y decide si cada una pertenece a catalán (C), gallego (G), los dos (C y G) o ninguno (N).

1 Más de cuatro millones de personas prefieren hablarlo.
2 Es similar al portugués.
3 Se habla en ciertas islas mediterráneas.
4 No es una lengua oficial.
5 Tiene sus origines en el latín.
6 Hay tres comunidades donde se habla.
7 Es la lengua principal en ciertos países latinoamericanos.
8 Muchos de sus hablantes son bilingües.

2 c Traduce las siguientes frases al español, adaptando el vocabulario en el texto.

1. It surprised me to discover that Spain has five co-official languages.
2. Catalan is the mother tongue of almost five million people.
3. If you speak fluently, it does not mean you are bilingual.
4. When I lived in Bilbao, my teacher used to say to the English students 'learn Basque!'
5. For historical and geographical reasons, there are many similarities between Galician and Portuguese.
6. The language spoken in El Valle De Arán is not very well known.

3 a *Hablantes de un mismo país*. Escucha las entrevistas con cuatro jóvenes sobre el bilingüismo en España, luego elige la opción correcta en cada caso.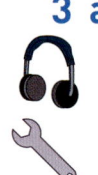

1. En el colegio cuando era pequeña, Erika…
   A hablaba castellano solo con sus amigas.
   B hablaba castellano solo en su clase de español.
   C hablaba euskera y castellano por igual.
2. Los padres de Pau…
   A son de Tarragona.
   B comprenden el catalán.
   C recibieron una educación bilingüe.
3. Pau está orgulloso…
   A de sus padres.
   B de su educación.
   C de su identidad catalana.
4. Roxelio…
   A habla castellano más que gallego.
   B habla castellano y gallego con el mismo nivel de fluidez.
   C habla gallego mejor que castellano.
5. La abuela de Roxelio…
   A conoce la lengua castellana a fondo.
   B es muy cosmopolita.
   C no es bilingüe.
6. Los ciudadanos de Valladolid…
   A tienen un acento 'puro'.
   B están celosos de otras regiones.
   C tienen mala reputación.

3 b Escucha otra vez y para cada declaración, elige: E si la frase corresponde a Erika; P si la frase corresponde a Pau; R si la frase corresponde a Roxelio o M si la frase corresponde a Marta.

1. En mi región tenemos un acento neutral.
2. La lengua en que me expreso mejor no es la lengua de mis padres.
3. Con mis colegas hablo más castellano.
4. Solo hablo un idioma.
5. Creo que el castellano es una lengua mundial.
6. ¡Una pariente mía no habla español!
7. No me siento celosa de las autonomías que tienen sus propios idiomas oficiales.
8. En mi colegio no se hablaba mucho el castellano.

Estrategia

Acquiring techniques for listening tasks in the AS exam
- Your exam has a range of question types in listening which you should practise frequently, e.g. True/False/Not mentioned. Match statements with people who made them. Choose the correct sentences out of a list.
- Always read the questions carefully before you listen to the extract.
- As you listen, note key words.
- Come back later to difficult questions.
- Full sentences are not needed unless specified. If so, use the same tense in your answer as in the question and check for accuracy.
- If the question requires a number of points, give all the pieces of information requested.
- For multiple-choice or gapfill questions, make a sensible guess if you don't know the answer.
- For most tasks answers come in the order of the extract; but for matching tasks don't go through the text in order. Begin with the Spanish statements and find the information in the text.

Try these techniques out on exercises 3a and 3b.

Gramática

Usos del imperativo (Uses of the imperative)
Study section G15 of the grammar section.
a Listen to the interviews in exercise 3 again and note down six examples of the imperative. Obtain the transcript of the listening passage. Copy out the phrases containing the examples and translate them into English.
b Which types of imperative require the subjunctive form?

4 Elige la forma correcta de las tres opciones.

1 [*Ven/Venga/Viene*] a Galicia algún día y te enseñaré gallego.
2 No me [*hable/habla/hables*] tú en inglés. ¡Quiero practicar el español!
3 Clara, no entiendo las noticias en catalán. Por favor, [*démelas/dímelas/dígamelas*] en castellano.
4 Señoras y señores pasajeros, ¡[*tengan/tened/tenga*] muy buenas tardes!
5 Javier, ¡no [*ponga/pon/pongas*] la tele! ¡Estoy harto de ver tantas noticias deprimentes!
6 [*Escribe/Escriba/Escribes*] el mensaje en castellano; así su destinatario va a comprenderlo mejor.
7 No [*ve/vayas/vas*] al restaurante vasco ahora porque no abre hasta las 9:30.

5 a Busca más información en Internet sobre una de las cuatro lenguas cooficiales de España. Toma notas y ordénalas para obtener información sobre los siguientes puntos:
- el número de hablantes que tiene y sus hablantes más famosos
- su presencia en el arte y la literatura
- su historia y sus raíces lingüísticas

Placa bilingüe castellano–euskera

5 b Elige una opinión y defiéndela. Para crear un debate, tu compañero/a puede defender la otra opinión.

1 Todos los ciudadanos españoles deberían hablar castellano como primera lengua. Es importante para fomentar la unidad del país. Somos más fuertes todos juntos.
2 Es esencial proteger nuestro patrimonio cultural. El catalán, el gallego y el euskera son idiomas muy históricos. La identidad regional tiene mucha relevancia para muchos españoles.

5 c Usa la información que encontraste para las actividades 5a y 5b para escribir un párrafo sobre una lengua cooficial en España.

Vocabulario

5.1 La Semana Santa en España

- **adornado** decorated
- la **atmósfera** atmosphere
- la **bendición** blessing
- el **canto** chant
- el **casco antiguo** old quarter
- el **costalero** carrier
- la **cruz** cross
- la **cuerda** rope
- **desfilar** to parade
- el **desfile** procession, parade
- **disfrutar** to enjoy
- **emotivo** emotional
- **ensayar** to rehearse
- la **fe** faith
- la **figura** figure, statue
- el **madero** piece of wood
- **mojarse** to get wet
- **ostentoso** ostentatious, showy
- el **peso** weight
- el **preso** prisoner
- **realizarse** to be held
- la **saeta** sacred song
- **sagrado** sacred
- la **singularidad** uniqueness
- **soportar** to bear

5.2 La tauromaquia, sus diversas formas y la polémica

- el **abrigo de piel(es)** fur coat
- el **asta** horn
- **atroz** savage
- el **caballista** horse rider
- la **carrera** race
- el **cartel** poster, sign
- **controvertido** controversial
- la **corrida de toros** bullfight
- el/la **detractor/a** detractor, critic
- **de un plumazo** at a stroke
- la **entrada** ticket
- la **lanza** spear
- **lidiar** to fight (bulls)
- el **maltrato** mistreatment, abuse
- el **matador** bullfighter
- la **plaza de toros** bullring
- la **polémica** controversy
- el **pulmón** lung
- **remontarse** to go back (in time)
- **superdotado** exceptionally gifted
- la **tauromaquia** bullfighting
- el/la **torero/a** bullfighter

5.3 Un viaje gastronómico por España

- la **bodega** wine cellar
- la **calidad** quality
- el/la **comensal** dinner guest
- **degustar** to taste, savour
- **disfrutar de** to enjoy
- la **emoción** excitement, anticipation
- **en escabeche** pickled
- el **garbanzo** chickpea
- la **gastronomía** gastronomy
- la **gozada** pleasure, delight
- el **guiso** stew
- la **langosta** lobster
- la **localización** location
- la **materia prima** raw materials
- los **mejillones** mussels
- el **pulpo** octopus
- la **ración** portion
- la **receta** recipe
- **restregado** rubbed
- la **sidra** cider
- la **ternera** beef, veal
- la **vanguardia** the avant-garde
- el **viñedo** vineyard

5.4 ¡En España se habla más de una lengua!

- **a fondo** in depth
- la **antigüedad** antiquity
- **bilingüe** bilingual
- la **creencia** belief
- **desconocer** (*desconozco*) to not know
- **entender** (*entiendo*) to understand
- la **envidia** envy
- **fluidez** fluency
- **fomentar** to promote
- **gallego** Galician
- el **heredero** heir
- **hispanoparlante** Spanish-speaker
- la **identidad** identity
- el **idioma** language
- la **lengua materna** mother tongue
- el **nivel** level
- la **raíz** root
- el **parecido** similarity
- **procedente de** coming from
- **proteger** (*protejo*) to protect
- **recordar** (*recuerdo*) to remember, recall
- el **reino** kingdom
- **remontarse** to go back to
- la **similitud** similarity
- la **unidad** unity

UNIT 6

El patrimonio cultural

6.1 **Perú: incas, conquistas y maravillas para la historia**
6.2 **Unas pinceladas de arte mexicano**
6.3 **La arquitectura árabe en Andalucía y sus vestigios**
6.4 **El patrimonio musical y su diversidad en el mundo hispano**

Theme objectives

In this unit you study cultural heritage. The following topics are covered:
- the Spanish conquest of Peru and the location of Machu Picchu
- the work of the great Mexican artists Diego Rivera and Frida Kahlo
- the variety and importance of Arabic architecture in Spain
- flamenco, tango and other music styles in the Hispanic world

Grammar objectives

You will study and practise the following grammar points:
- the uses of *por* and *para*
- some of the uses of *ser* and *estar*
- active and passive voices, including the impersonal *se*
- constructions with verbs followed by a preposition

Strategy objectives

You will develop the following strategies:
- checking and editing writing to improve accuracy
- comparing contrasting viewpoints and adding personal opinions
- planning and carrying out AS revision
- listening to native speakers

6.1 Perú: incas, conquistas y maravillas para la historia

- Aprender sobre la conquista española de Perú y el paraje de Machu Picchu.
- Diferenciar los usos de *por* y *para*.
- Saber cómo corregir y editar material escrito para evitar fallos.

¡En marcha!

1 ¿Sabías que en Perú, aparte del español, hay más de tres millones de personas que hablan una variante del quechua? El quechua es una familia de lenguas originaria de los Andes, que se remonta a los tiempos del Estado Incaico. La influencia de esta lengua en el mundo occidental es aún patente hoy en día. ¿Puedes emparejar las siguientes palabras quechuas con las fotos? Cuando termines, elige tres y descríbelas en español a un/a compañero/a.

1 coca
2 llama
3 charqui
4 puma
5 cóndor
6 quinoa

La conquista de Perú a grandes rasgos

La expedición española partió desde Panamá el 14 de noviembre de 1524 y pasó por varios territorios. Al mando estaba **Francisco Pizarro**, un extremeño analfabeto y sin escrúpulos, de 49 años.

Después de dos intentos, el ejército llegó al norte del imperio inca en noviembre de 1532, para buscar nuevas riquezas. Allí, dos hermanos, **Atahualpa** y **Huáscar** se disputaban el poder del imperio inca. Aprovechando esta situación, los conquistadores avanzaron sobre el territorio e hicieron prisionero a Atahualpa, quien luego ordenó la muerte de su hermano que dominaba el imperio por el sur.

Las condiciones que se establecieron para la liberación del inca fueron la entrega de su oro, hecho que se cumplió, y su promesa de convertirse al catolicismo. Esta última fue la cláusula más difícil de cumplir, ya que Atahualpa no creía que el libro que le mostraban, llamado 'Biblia', tuviera la palabra divina para él. Para comprobarlo, llevó a su oído el texto sagrado, expresó con ironía que no escuchaba ninguna opinión y lo tiró al suelo. Atahualpa fue condenado a morir quemado y el 26 de julio de 1533, antes de ser ejecutado, aceptó ser bautizado por los españoles.

El funeral de Atahualpa de Luis Montero

La conquista de Perú fue larga y difícil. La nueva colonia española estableció su capital en Lima, la 'Ciudad de los Reyes', en lugar de Cuzco, que era la capital del imperio inca, pero que a los españoles les parecía muy insegura por su ubicación aislada. Lima permitía la comunicación con otras posesiones españolas para siempre.

Los españoles, en posesión del territorio de Perú, con enormes riquezas en oro y plata, se disputaron el poder en luchas encarnizadas en las que Pizarro perdió la vida en 1541. Ahora la historia recuerda a Pizarro como el conquistador heroico que luchó por la corona y venció a 40.000 incas con 200 españoles… ¿o como un asesino sanguinario responsable de un genocidio?

2 a Lee la historia sobre la conquista de Perú e intenta resumir los siguientes puntos en un párrafo de 70 palabras, utilizando tus propias palabras. Escribe en frases completas y verifica el trabajo con cuidado para asegurarte de que el lenguaje es correcto. Consulta la sección Estrategia.
- las relaciones entre Atahualpa y Huáscar (2)
- lo que Atahualpa tuvo que hacer para liberarse (2)
- por qué los españoles establecieron su capital en Lima (2)
- dos opiniones opuestas sobre Francisco Pizarro (2)

2 b Traduce al español las seis frases siguientes, usando el vocabulario en el texto para ayudarte.
1. Firstly, the expedition passed through Panama.
2. Despite being illiterate, Pizarro knew how to take advantage of the situation.
3. On arriving at the north of the Inca Empire, the Spanish began to search for riches.
4. After throwing the Bible to the floor, Atahualpa was condemned to death.
5. In order to communicate with other colonies, Lima became the capital.
6. Was the conquest of the Inca civilization genocide?

Estrategia

Checking and editing writing to improve accuracy

Accurate writing in Spanish is essential for all types of writing task, especially summaries and translations. Always go over these tasks twice to check for errors and omissions. In particular, watch out for inaccuracies of the following kind:
- gender of nouns and adjectival agreements
- incorrect verb forms, particularly irregular ones
- mistakes with subjunctive and indicative use
- English word order and renderings
- false friends
- common confusions, such as the use of *por* and *para*
- errors with accents

Check carefully your answer to exercise 2b, using the strategy detailed here.

2 c En el texto se dice que, para algunas personas, Francisco Pizarro era un conquistador heroico, y para otras era un asesino sanguinario. ¿Qué opinas tú? Haz un debate con tu compañero/a, uno/a defendiendo lo que hizo Pizarro y otro/a condenándolo.

Gramática

Los usos de *por* y *para* (Uses of *por* and *para*)

Refer to section H1 of the grammar section, then re-examine the article and find in the text:
a all examples of *por*
b all examples of *para*

Copy out the phrases containing the examples and translate them into English. Explain why *por* or *para* is being used in each instance.

3 Elige la preposición adecuada.

1 Los españoles fueron al Nuevo Mundo [*para/por*] buscar oro y plata.
2 Tenían mucha ilusión [*para/por*] conquistar las tierras ricas de Perú.
3 [*Para/Por*] casualidad Pizarro encontró a los incas en estado de guerra.
4 Tuvieron mucha dificultad [*para/por*] conquistar todo el territorio.
5 Atahualpa fue condenado a morir [*para/por*] los conquistadores.
6 Le mataron [*para/por*] negarse a ser cristiano.
7 Hoy en día mucha gente viaja [*para/por*] el valle sagrado de los incas [*para/por*] descubrir cómo fue la civilización incaica.
8 UNESCO mandará tres misiones este año [*para/por*] evaluar la conservación de Machu Picchu.

4 a *La maravilla mundial del Machu Picchu.* Escucha el reportaje sobre Machu Picchu y escribe la cifra correcta para cada una de las siguientes frases.

1 el siglo de la construcción de Machu Picchu
2 la altitud en metros de Machu Picchu
3 el número de edificios allí aproximadamente
4 el año de su inauguración como conjunto cultural y ecológico
5 el límite de personas que puede circular Machu Picchu cada día
6 la duración en minutos del viaje para subir hasta allí

Vista panorámica de Machu Picchu

Theme 2 Artistic culture in the Hispanic world

4 b Escucha otra vez y contesta las preguntas en español con tus propias palabras.
1. ¿Qué es Machu Picchu?
2. ¿Dónde está situado?
3. ¿Cómo fue construido?
4. ¿Por qué es necesario visitar Machu Picchu muy temprano?
5. ¿Cuál es el principal problema que sufren los turistas?
6. ¿Qué causa sorpresa a muchos visitantes?
7. ¿Qué animales puedes ver en Machu Picchu?
8. ¿Cuál es la reacción de los que admiran la tecnología inca?

4 c Según los expertos, Machu Picchu corre peligro por el turismo excesivo, el cambio climático y los desplazamientos de tierra. Debate este tema con tu compañero/a.

5 Translate into English the following passage about the sophisticated nature of the Inca civilisation.

Logros del imperio inca

El imperio inca era muy avanzado en artes y ciencias. Hizo muchos descubrimientos en la medicina, por ejemplo, los cirujanos incas practicaron con éxito complejas operaciones de cirugía de cráneo con niveles de infección muy bajos.

Además, en arquitectura utilizaron un método de construcción muy original sin mortero. Las piedras utilizadas en la construcción fueron esculpidas para encajarse con tanta precisión que no podía introducirse un cuchillo entre ellas. Los mejores ejemplos se encuentran en Cuzco, y la más famosa es la piedra de los doce ángulos.

6 a Mira la lista de conquistadores españoles, busca información sobre ellos en Internet y toma notas.

| Pedro de Valdivia | Hernán Cortés | Hernando de Soto |
| Vasco Núñez de Balboa | Álvar Núñez Cabeza de Vaca | Diego de Almagro |

6 b  Elige a uno de los conquistadores y escribe un párrafo sobre él.

Detalle de un muro inca

Unit 6 *El patrimonio cultural*

6.2 Unas pinceladas de arte mexicano

- Conocer y apreciar el arte de los grandes artistas mexicanos Diego Rivera y Frida Kahlo.
- Aprender algunos de los usos de *ser* y *estar*.
- Saber comparar diferentes puntos de vista y añadir tu propia opinión.

¡En marcha!

1 La gran pintora Frida Kahlo es un orgullo para los mexicanos y su fama mundial llega a cada rincón del planeta por medio de sus cuadros. Lee estas frases pronunciadas por la propia Frida a lo largo de su vida y con un/a compañero/a, explica en tus propias palabras qué crees que significan. Elige dos de las cuatro frases.

○ 'Lo único que sé es que pinto porque lo necesito.'
○ 'Yo pinto mi propia realidad... Yo pinto lo que pasa por mi cabeza sin ninguna otra consideración.'
○ 'Pinto autorretratos porque estoy sola muy a menudo, y porque soy la persona que mejor conozco.'
○ 'He pintado mis cuadros bien, no rápidamente pero pacientemente y llevan un mensaje de dolor.'

AMOR ENTRE PINCELES

Autorretrato de Frida Kahlo

Frida Kahlo mantuvo hacia el pintor Diego Rivera un amor incondicional a pesar de que él era 'gordo, feo, bohemio, comunista, ateo, controvertido y vividor' y 'casi siempre estaba borracho', según la familia de esta. No obstante, ellos son dos de los artistas mexicanos más conocidos y venerados en su país, debido sobre todo a su pintura.

Tras una infancia traumática y un accidente de autobús gravísimo, Frida llegó a ser un símbolo feminista mundial, además de una pintora de altísimo nivel que estará siempre entre los más valorados internacionalmente. Separar su vida personal de su obra sería imposible, de ahí que veamos tantos autorretratos con su característico entrecejo y sus colores tan vivos que parecen salirse del marco. Frida posee un estilo propio entre surrealista y expresionista, con sus colores fuertes, sus símbolos populares mexicanos y su gran maestría en pintar retratos; hasta Picasso escribió que 'nadie es capaz de pintar un rostro como los que hace Kahlo de Rivera'. Frida siempre afirmó que 'no pintaba sueños, sino su propia vida' y nunca le gustó ser etiquetada bajo ningún estilo.

A pesar de una diferencia de edad de veintiún años y una relación tormentosa, llena de momentos de euforia y angustia, esta pareja al estilo de la 'Bella y la Bestia' dio la vuelta al panorama cultural mexicano. Fue la obsesión de Diego pintar sobre la revolución mexicana, su gente, su campo y su esencia, que estuvieron continuamente en su pensamiento. Una de sus especialidades y pasiones fueron los murales y él siempre fue un pintor revolucionario que buscaba llevar el arte al gran público y estar en conexión con su país.

2 a
Lee el texto sobre los artistas mexicanos Diego Rivera y Frida Kahlo. Lee las ocho frases siguientes y decide si cada una es verdadera (V), falsa (F) o no mencionada (N), según la información en el texto.

1. La familia Kahlo no veía a Diego con buenos ojos.
2. Frida siempre quería ser un símbolo feminista.
3. Frida solo tiene fama en México.
4. Pablo Picasso pintó el mejor retrato de Diego.
5. Frida prefería decir que su estilo era entre surrealista y expresionista.
6. La relación entre Diego Rivera y Frida Kahlo tuvo muchos altibajos.
7. Frida Kahlo retrató a muchas personas famosas en su vida.
8. A Diego le gustaba hacer pinturas sobre las paredes.

2 b
Vuelve a leer el texto. ¿Pertenecen las siguientes frases a Frida (F), Diego (D) o los dos (F y D)?

1. No creía en Dios.
2. Le gustaba beber alcohol.
3. Tiene mucha popularidad en su propio país.
4. De pequeño/a, sufrió mucho.
5. Representa los aspectos mas íntimos de su vida en sus cuadros.
6. Tenía una relación inestable y volátil.
7. Según el artículo, esta persona es 'la Bestia'.
8. Su pasión es la pintura política.

3
Mira el cuadro *Diego y Frida el día de su boda*. Habla de tu reacción al cuadro con un compañero/a, explicando por qué te gusta el cuadro o no. Consulta la sección Estrategia. Describe:
- lo que ves en el cuadro
- el tema
- el uso de color
- la perspectiva
- la situación, gestos y ambiente

Diego y Frida el día de su boda, Frida Kahlo, 1937

Gramática

Los usos de *ser* y *estar* (Uses of *ser* and *estar*)

Refer to section G22 of the grammar section, then re-examine the article and find in the text:
a all uses of the verb *ser*
b all uses of the verb *estar*

Copy out the phrases containing the examples and translate them into English.
c Can you explain why *ser* or *estar* is being used in each instance?

4
¿*Ser* o *estar*? Elige el verbo correcto.

1. Cuando [*estaba/era*] muy joven Frida Kahlo contrajo poliomielitis.
2. En 1922 Frida viajó a la capital para ver a Diego, quien [*estaba/era*] pintando un mural.
3. Diego Rivera [*estuvo/fue*] creador de diversos murales enormes en el centro histórico de la Ciudad de México.

4 Frida quedó embarazada varias veces, pero cada vez el embarazo tuvo que [*estar/ser*] abortado.

5 La exposición de la pintura de Frida en Nueva York en 1938 [*estuvo/fue*] un gran éxito.

6 En 1941, Diego volvió a México de Estados Unidos para [*estar/ser*] con Frida.

7 Las cenizas de Frida [*están/son*] en un jarrón en la casa en la que vivía con Diego.

8 Picasso escribió que nadie [*estaba/era*] capaz de pintar un rostro como los que pintó Frida.

5 a *Una nueva manera de entender a Frida.* Escucha el reportaje sobre un proyecto tecnológico, luego para cada pregunta elige la respuesta correcta.

1 ¿Cómo es la casa de Frida y Diego?
 A secreta e imaginaria
 B vieja y azul
 C bien guardada

2 ¿Cómo se llama la casa hoy en día?
 A Antenna Internacional
 B Toca y Aprende
 C Museo Frida Kahlo

3 ¿Qué hará Antenna Internacional?
 A dedicará sus audioguías
 B celebrará la tecnología
 C recreará las tertulias

4 ¿Qué estará disponible a través de las tabletas?
 A objetos y fotografía
 B otros artistas de la época
 C cien pantallas

5 ¿Qué escuchan continuamente los visitantes?
 A las cien tabletas
 B a la guionista
 C las palabras de Frida

6 ¿Qué hay detrás de las fotografías de la colección?
 A textos escritos
 B notas bancarias
 C poesía

5 b Escucha otra vez y luego lee el siguiente resumen del extracto. Según lo que oyes, rellena cada espacio con la letra apropiada de la lista. ¡Cuidado! Sobran palabras.

Si eres amante del arte hay que visitar esta (**1** ....). La casa de Frida y Diego tiene muchos secretos y (**2** ....). Además, las cenizas de Frida Kahlo (**3** ....) en una urna prehispánica. Con respecto a la tecnología, en la casa voces e imágenes interactúan con los visitantes. Durante el (**4** ....) es posible escuchar canciones de la época y la opción 'Toca y Aprende' aparece en la (**5** ....) de cada visitante.

A tertulias	F anécdotas
B están guardadas	G audiologías
C pantalla	H se sitúa
D recorrido	I exposición
E visita	J interactiva

6 Read the following description of the art of Diego Rivera and translate it into English.

Rivera y su pasión mexicana

No hay nada más explícito que contemplar algunos de los murales de Diego Rivera que son tan bellos, llamativos y abiertos a diferentes perspectivas. Diego quiso representar la historia mexicana para recordar sus raíces. Las tareas domésticas cotidianas de los mexicanos están presentes en su obra, así como el campo, las flores, la tierra; toda la esencia del país. No hay que olvidar que Rivera perteneció al Partido Comunista durante muchos años y mucha gente ve en sus pinturas una protesta y una enseñanza al mismo tiempo.

Caña de azúcar, Diego Rivera, 1931

7 a Mira la siguiente lista de artistas españoles y latinoamericanos del siglo XX, busca información en Internet y toma notas.

Fernando Botero	José Clemente Orozco
Gloria Muñoz	Pablo Picasso
Joan Miró	Salvador Dalí

7 b Elige a uno de los artistas y practica un juego de rol con tu compañero/a. A uno/a de vosotros/a le encantan los cuadros del artista, al/a la otro/a no le gustan nada. Justifica tus opiniones. Consulta la Estrategia abajo.

Estrategia

Comparing contrasting viewpoints and adding personal opinions

- Exposure to contrasting viewpoints enhances your understanding of a particular issue.
- You need to have the language to be able to present pros and cons, in speech and in writing.
- Make a list of phrases that you might use to express different viewpoints, such as *desde el punto de vista de [x]*, *[x] opina que*, *por otra parte*.
- To express your own opinion, use expressions like *en mi opinión*, *a mi modo de ver*, *no me interesa*, *me parece*.
- Many such expressions can be combined with *que* (e.g. *no me parece que*) and another subject to express approval or disapproval in a more sophisticated way. Make sure that, where appropriate, the second verb is in the subjunctive!
- Refer back to exercise 2a and the reading text. Note the range of opinions that are given.
- Now refer to your answers for speaking exercises 3 and 7b. Have you used a range of adjectives and opinion expressions?

Unit 6 El patrimonio cultural

6.3 La arquitectura árabe en Andalucía y sus vestigios

- Descubrir más sobre la riqueza e importancia de la arquitectura árabe en España.
- Usar la voz activa y pasiva así como el *se* impersonal.
- Planear y realizar el repaso para el examen de AS.

Detalle de la casa de Yafar

¡En marcha!

1 En estas páginas encontrarás mucha información sobre tres de las construcciones sobresalientes que la cultura árabe dejó en España, pero ¿qué sabes sobre los monumentos más visitados del país? Aquí tienes una lista con diez de los más visitados. Emparéjalos con su ubicación y breve explicación de lo que son. ¿Has visitado alguno de ellos? Si es así, explica en clase qué tal fue tu visita. Si no, habla de lo que esperas ver allí.

1. la Alhambra
2. el museo del Prado
3. la Sagrada Familia
4. la ciudad de las artes y las ciencias
5. el museo Reina Sofía
6. la Gran Mezquita
7. la catedral de Santiago
8. el Museo Guggenheim
9. el Acueducto romano
10. la basílica del Pilar

A Segovia. El monumento más antiguo de esta lista.
B Zaragoza. Gran centro de culto en España.
C Bilbao. Arte moderno y de vanguardia.
D Santiago de Compostela. Gran centro cristiano con peregrinaciones.
E Barcelona. Catedral modernista sin terminar de Gaudí.
F Córdoba. La tercera mezquita más grande del mundo.
G Valencia. Gran complejo interactivo.
H Madrid. Museo de arte moderno, con el Guernica de Picasso.
I Granada. Fortaleza árabe.
J Madrid. Museo de arte clásico con grandes obras de artistas como Goya y Velázquez.

2 a Lee los tres párrafos sobre las joyas de la arquitectura árabe, luego explica con tus propias palabras lo que representan las siguientes cifras.

1 2.300.000
2 899
3 1238
4 23.400
5 785
6 1300
7 365
8 936

TRES JOYAS DEL PASADO ÁRABE

La Alhambra

Se dice que esta ciudadela fortificada es el monumento más visitado del país, con más de 2.300.000 de visitantes al año. No solo es increíble admirar su delicada decoración interior, sino que tampoco hay que olvidar su inteligente ubicación en la sierra, en absoluta armonía con los alrededores. Esta fortaleza roja fue construida en el año 899 con un primer emplazamiento militar, y en 1238 fue convertida en palacio real con la llegada del primer monarca del reino de Granada, *Muhammad ibn Nasr*. Esta construcción de valor incalculable sorprende al visitante con versos del Corán escritos en sus muros, la famosa cúpula de la sala de los Abencerrajes con detalles espectaculares y el patio con la icónica Fuente de los Leones de mármol.

La mezquita de Córdoba

Esta enorme mezquita tiene 23.400 metros cuadrados de superficie, y es la tercera más grande del mundo después de la Meca y la mezquita azul de Estambul. Se sabe que muchos musulmanes consideran un insulto que hoy en día un templo católico albergue la mezquita islámica.

Se empezó a construir en el año 785 y desde entonces fue modificada con varias alteraciones y ampliaciones. La zona central es un bosque con 1.300 columnas de mármol y 365 arcos rojiblancos que son todo un emblema de la ciudad que, junto al patio de los naranjos y sus innumerables puertas, la convierten en una joya del arte islámico.

Medina Azahara

Alrededor del año 936 el califa Abderramán III mandó construir esta lujosa ciudad como símbolo de poder político. Surgió de la nada, en medio del campo, y aun hoy en día hay numerosas leyendas sobre su construcción y significado. Es el conjunto que se encuentra en peor estado de los tres, pero el Salón Rico, la sala en mejor estado de conservación, aún deslumbra por su decoración y materiales en paredes, columnas y suelo.

---

2 b Vuelve a leer los párrafos y contesta las preguntas en español con tus propias palabras.

1 ¿Dónde está situada exactamente la Alhambra de Granada?
2 ¿Qué se puede leer en las paredes del edificio?
3 ¿Qué tipo de piedra se usó para construir la Fuente de los Leones?
4 Con respecto a la Mezquita de Córdoba, ¿por qué se sienten ofendidos algunos musulmanes?
5 ¿Qué hizo el califa Abderramán III para celebrar su poder?
6 ¿Qué parte de Medina Azahara se encuentra en mejor estado?

La Gran Mezquita de Córdoba

Gramática

La voz activa y pasiva, y el *se* impersonal (Active and passive voice, and impersonal *se*)

Study section G17 of the grammar section, then re-examine the article and find in the text:
a any uses of the passive voice in Spanish
b any uses of the impersonal *se* construction

Copy out the examples you find and translate them into English.
c What construction is used to form the passive? How is the passive avoided by using impersonal *se*?

Unit 6 El patrimonio cultural

3 Convierte las frases siguientes de activa en pasiva.

1. Construyeron Medina Azahara alrededor de 936.
2. Hoy en día los escolares españoles estudian la historia de los musulmanes.
3. Han cancelado la visita a la Alhambra.
4. Los constructores del edificio lo modificaron varias veces.
5. Han destruido una parte de Medina Azahara.
6. Más de dos millones de personas visitarán la Alhambra este año.
7. Cada año descubren más restos de la civilización árabe.
8. Abrieron la puerta al monumento a las 10:00 de la mañana.

Panorámica de la Alhambra de Granada

4 a  *Hablan unos jóvenes sobre sus impresiones del sur de España.* Escucha la conversación entre tres jóvenes sobre su visita a Andalucía y la influencia de la cultura árabe. Lee las seis frases de abajo y decide si la opinión que tienen de cada una es positiva (P), negativa (N) o positiva y negativa (P y N), según la información que oyes.

1. el Patio de los Leones en la Alhambra
2. las vistas del barrio del Albaicín
3. el Generalife
4. la higiene de la población católica en aquel entonces
5. la expulsión de los últimos musulmanes
6. la madre de Boabdil

4 b Vuelve a escuchar la conversación. Lee las ocho frases, luego elige las cinco correctas.

1. Es aconsejable ir al Generalife en el verano.
2. Los musulmanes usaron el agua para mejorar su entorno.
3. El sur de España demuestra mucha influencia musulmana.
4. El imperio musulmán pasó aproximadamente ochocientos años en España.
5. Los católicos inventaron el nombre Al-Andalus.
6. La expulsión de los musulmanes ocurrió en 1492.
7. El profesor del chico se llamaba Don Fernando.
8. Boabdil era un rey muy cruel.

4 c Ahora, corrige los errores en las frases que tienen información falsa.

5 a Es evidente que el dominio árabe dejó como legado en España un enorme patrimonio arquitectónico que alcanzó un extraordinario grado de desarrollo y refinamiento artístico. Elige uno de los siguientes ejemplos y busca información en Internet.

- la Torre del Oro de Sevilla
- la Giralda de Sevilla
- el Castillo de Gormaz
- la Mezquita del Cristo de la Luz
- la Alcazaba de Málaga
- la Aljafería de Zaragoza

5 b Contesta las siguientes preguntas con un/a compañero/a de clase.

- ¿Te gustaría visitar un edificio musulmán en España? Explícalo.
- ¿Te parece importante conservar estos edificios en España? ¿Por qué (no)?
- ¿Qué otras influencias dejó la ocupación musulmana en la cultura española, además de en la arquitectura?

Parte superior de La Giralda en Sevilla

Estrategia

Planning and carrying out AS revision

- Make a revision timetable, setting yourself goals.
- Make a checklist to track your progress.
- Avoid distractions when revising.
- Discuss essential points with your classmates to help you to remember them.
- Continue to listen to Spanish regularly to keep your ear tuned.
- Revise all major grammar points systematically.
- Time yourself when answering exam-type questions to make sure that you don't spend too much/too little time on them.
- Use old exam papers, noting the questions that come up frequently.
- Try to complete your revision a few days before your exam so that you can focus on your weaker areas.

Unit 6 El patrimonio cultural

6.4 El patrimonio musical y su diversidad en el mundo hispano

- Aprender sobre el flamenco, el tango y otros estilos musicales del mundo hispánico.
- Usar construcciones de verbos seguidos de preposiciones.
- Adecuar tus estrategias de audición para escuchar material nativo no adaptado.

¡En marcha!

1 El flamenco es tan famoso que seguro que lo has visto u oído alguna vez anteriormente. Responde a cada pregunta en español y comparte tus respuestas y opiniones en clase.
   1. ¿De qué parte de España es más característico el flamenco?
   2. ¿Cómo es la ropa que llevan los artistas del flamenco? (colores, patrones, etc.)
   3. ¿Qué tipo de personas cantan o bailan flamenco?
   4. ¿Irías a un concierto o festival de flamenco?

2 a Completa el texto sobre Lola Flores y el flamenco, escogiendo de la lista la palabra más apropiada. Haz una lista del 1 al 8 y escribe la letra correcta de la A a la L al lado de cada número. ¡Cuidado! Sobran palabras.

A árbol	D actuó	G acababa	J por
B lejos	E puro	H de	K con
C es	F sobre	I fue	L acaba

2 b Vuelve a leer la entrevista y busca el sinónimo o antónimo apropiado para cada una de las siguientes palabras.

Sinónimos
1. legendaria
2. típico
3. espontáneos
4. idéntico

Antónimos
1. cobarde
2. paya
3. defensa
4. empezar a

2 c ¿Cómo persuadirías a un/a amigo/a para que asistiera a un espectáculo de flamenco contigo? Escribe un mensaje explicando por qué debería acompañarte. Menciona:

- el ambiente y lo que se ve
- las letras y los sentimientos
- la música y el ritmo
- los artistas y su habilidad

Lola Flores, el flamenco y su legado

Rosario Flores es hija de la mítica Lola Flores. En una entrevista reciente ofreció una perspectiva interesante sobre cómo era su madre.

¿Cómo era tu madre?

Mi madre era, y (**1** ....), porque está muy viva, un terremoto. Pasional, temperamental, genuina, original, valiente y expresiva. Yo sueño (**2** ....) ser como la mitad de ella algún día.

¿Se puede entender el flamenco sin Lola?

Además de flamenco, mi madre cantaba y bailaba otros estilos como la copla, pero el flamenco le corría (**3** ....) las venas y siempre volvía a este arte, para ella tan representativo de la etnia gitana.

*Lola (**4** ....) en más de cuarenta películas y su popularidad hizo que llevara el apodo de 'La Faraona'. No obstante, la Prensa la criticaba algunas veces ¿no?*

Sí. Ella (**5** ....) de actuar en el Madison Square Garden de Nueva York, y hubo una crítica en un periódico que decía "No sabe cantar, no sabe bailar, pero no se la pierdan". Esto para mí es una descripción muy representativa de mi madre y del flamenco en general. Los pasos, los taconeados, las palmadas y giros en el baile flamenco a veces parecen todos improvisados y carentes de técnica, lo que lleva a mucha gente a pensar en el flamenco como un arte marginal o menor. Nada más (**6** ....) de la verdad: el flamenco, al igual que la ópera, el rock o la poesía, son estilos y ramas de un mismo (**7** ....), que es el arte.

Lola Flores, 'la Faraona'

Hablando del flamenco y sus pasos, además de a su madre, por supuesto, ¿a quién admira?

Creo que hay alguien que es el Dios del flamenco al que todos le debemos mucho. Estoy hablando de Camarón de la Isla. En la película *Casa Flora* actuó con mi madre y tiene nueve discos con el mejor guitarrista flamenco de la historia: Paco de Lucía. La voz de Camarón es especial, te emociona y te envuelve y no puedes dejar de escuchar. Él es flamenco en estado (**8** ....).

Gramática

Construcciones de verbos seguidos de preposiciones (Constructions with verbs followed by a preposition)

Study section G21.2 of the grammar section, then re-examine the article and find in the text one example of:
a a verb followed by *con*
b a verb followed by *a*
c a verb followed by *de*
d a verb followed by *en*

Copy out the examples that you find and translate them into English.

3 Elige la preposición correcta del recuadro, si es necesaria. ¡Cuidado! Algunos verbos no llevan un complemento preposicional.

| para   con   de   a   por   en |

1 Cuando era joven soñaba .... ser bailaora de flamenco.
2 Prepárate .... salir .... ver el tablao esta noche.
3 Me olvidé .... decirte que vamos .... tomar algunas tapas antes.
4 Empiezo .... buscar .... información sobre el guitarrista Paco de Lucía.
5 Mucha gente piensa .... el flamenco como un arte marginal.
6 Si quieres investigar la historia del flamenco, hay que comenzar .... el siglo XVIII cuando se estableció el baile.
7 Me gustó tanto la danza que volví .... verla anoche.
8 ¿Me dejas .... acompañarte .... la película sobre el tango?

4 a *Una breve reseña sobre el tango.* Escucha y haz un resumen en español de los siguientes puntos en un párrafo de 80–90 palabras. Tienes que usar tus propias palabras para expresar claramente lo que escuchas. Escribe en frases completas y verifica el trabajo con cuidado para asegurarte de que el lenguaje es correcto.
- por qué las comunidades menos favorecidas de Buenos Aires eran tan ideales para la creación del tango
- lo que pasó a principios del siglo XX
- por qué ha crecido tanto la popularidad del tango (3)
- cómo sabemos que Carlos Gardel es tan famoso en Argentina y Uruguay

Una pareja bailando el tango

4 b Escucha otra vez, luego decide si las frases siguientes son verdaderas (V), falsas (F) o no mencionadas (N).
1 El tango apareció por primera vez en el siglo XIX.
2 En los barrios pobres de Buenos Aires no había mucha diversidad.
3 El tango de Montevideo es diferente al tango de Buenos Aires.
4 Hay que estudiar el tango en los colegios estadounidenses.
5 Hoy en día se considera que el tango tiene mucho valor cultural.
6 Las canciones del tango tienen letras sobre diversos temas.
7 Carlos Gardel era un político importante y apasionado.
8 Carlos Gardel grabó más de mil canciones en total.

Estrategia

Listening to native speakers
- Native speakers are a key source of spoken Spanish.
- Get into the habit of listening to native speakers every day, if only for a short time.
- You can access native speech by:
  - listening to video and audio clips on the internet
  - watching Spanish films, e.g. those set for A-level
  - finding Spanish and Spanish-American people to talk to
- Always listen to speech uttered at natural speed and not to learning materials in which speech is artificially slowed down.
- Watching native speakers on screen is important because gesture and expression give vital clues to meaning.
- Make sure that you are exposed to a range of accents and intonation.
- Remember that South Americans sound different to Spaniards and different from each other, depending on their origin.
- Refer to the listening text, e.g. what do you notice about the accent in which the listening extract is spoken? Does the language appear to slow down and become more comprehensible when it is played for a second time?

See also sub-unit 4.1 for more guidance on listening skills.

5 a Además del flamenco y el tango, hay muchos otros estilos musicales en el mundo hispano. Mira la siguiente lista de estilos:

| el merengue | el vallenato | el son cubano |
| la guaracha | el pasodoble | el calipso |

El merengue dominicano

Escoge uno y busca en Internet la información apropiada. Mira los siguientes puntos para orientarte:
- el origen de este estilo
- el país o países donde es más famoso
- los artistas más relevantes de este estilo, cante o baile
- el significado del baile y/o las letras de las canciones
- la relevancia internacional, nacional o local
- tu opinión personal

5 b Una vez que tengas toda la información necesaria para el estilo musical que escogiste en actividad 5a, en parejas, haz entrevistas a modo de pregunta-respuesta. El/La entrevistador/a hace las preguntas de acuerdo a los puntos en 5a, y el/la entrevistado/a responde. Una vez terminado, intercambiad roles. No dudes en preguntar sobre las opiniones personales del estilo de baile.

5 c Prepara una presentación escrita de un párrafo con toda la información del estilo de baile que escogiste en actividad 5a y también menciona algo sobre el que escogió tu compañero/a, ya que después de la entrevista de la actividad 5b tienes información de otro estilo diferente.

Vocabulario

6.1 Perú: incas, conquistas y maravillas para la historia

- el/la **asesino/a** murderer
- la **ciudadela** citadel, fortress
- la **colonia** colony
- el **conjunto** site
- **consistir en** to consist of
- el **cráneo** skull
- **cumplir** to fulfil
- el **descubrimiento** discovery
- **dominar** to rule, control
- el **ejército** army
- **encarnizado** bloody, fierce
- el **entorno** surroundings, environment
- la **entrega** delivery, handing over
- el **imperio** empire
- el **intento** attempt
- **liberar** to set free
- el **mal de altura** altitude sickness
- **ordenar** to order
- la **piedra** rock
- el **poblado** town
- el/la **prisionero/a** prisoner
- **quemar** to burn
- el **recinto** area, enclosure
- **remontarse** to go back to
- **sagrado** sacred
- **sanguinario** bloodthirsty
- la **ubicación** location

6.2 Unas pinceladas de arte mexicano

- el/la **amante** lover
- la **angustia** anguish
- el **autorretrato** self-portrait
- **bello** lovely
- **controvertido** controversial
- el **cuadro** painting
- el **dolor** pain
- la **enseñanza** teaching
- el **entrecejo** space between the eyebrows
- el/la **escritor/a** writer
- la **esencia** essence
- **etiquetar** to label, classify
- el/la **guionista** (script)writer
- **inestable** unstable
- **llamativo** striking
- **mundial** global, world(wide)
- la **obra** work
- el **pincel** paintbrush
- e/la **pintor/a** painter
- la **realidad** reality
- el **recorrido** tour
- el **rostro** face
- la **tertulia** social gathering
- **tormentoso** stormy, tempestuous
- **vividor** opportunistic

6.3 La arquitectura árabe en Andalucía y sus vestigios

- la **ampliación** extension
- la **armonía** harmony
- **concurrido** crowded, busy
- el **Corán** Qur'an
- la **cúpula** dome
- **deslumbrar** to dazzle
- el **dominio** control, territory
- el **emplazamiento** site, location
- la **fortaleza** fortress
- **impresionar** to impress
- **incalculable** incalculable
- **innumerable** countless
- la **joya** jewel
- **lujoso** luxurious
- **mandar** to order
- el **mármol** marble
- la **mezquita** mosque
- el/la **moro/a** North African, Moor
- el **muro** wall
- el **naranjo** orange tree
- **pasada** (una) amazing
- el **patrimonio** heritage
- **real** royal
- la **superficie** surface
- **surgir** (*surjo*) to arise, emerge

6.4 El patrimonio musical y su diversidad en el mundo hispano

- **actuar** (*actúo*) to perform
- la **alegría** happiness
- el/la **bailaor/a** flamenco dancer
- el/la **cantaor/a** flamenco singer
- **envolver** (*envuelvo*) to surround, involve
- la **etnia** ethnic group
- el **exponente** exponent
- la **gira** tour
- el **giro** spin
- el/la **gitano/a** gypsy
- la **habilidad** skill
- el **lenguaje** language
- la **letra** lyric
- la **palmada** clap
- el **paso** step
- el/la **payo/a** non-gypsy
- la **pena** pain, sorrow
- el **prejuicio** prejudice
- la **rama** branch
- el **ritmo** rhythm
- el **sentimiento** feeling
- el **tablao** flamenco stage, venue
- el **taconeado** stamp, click of heels
- el **terremoto** earthquake
- **valiente** brave

Literature and film

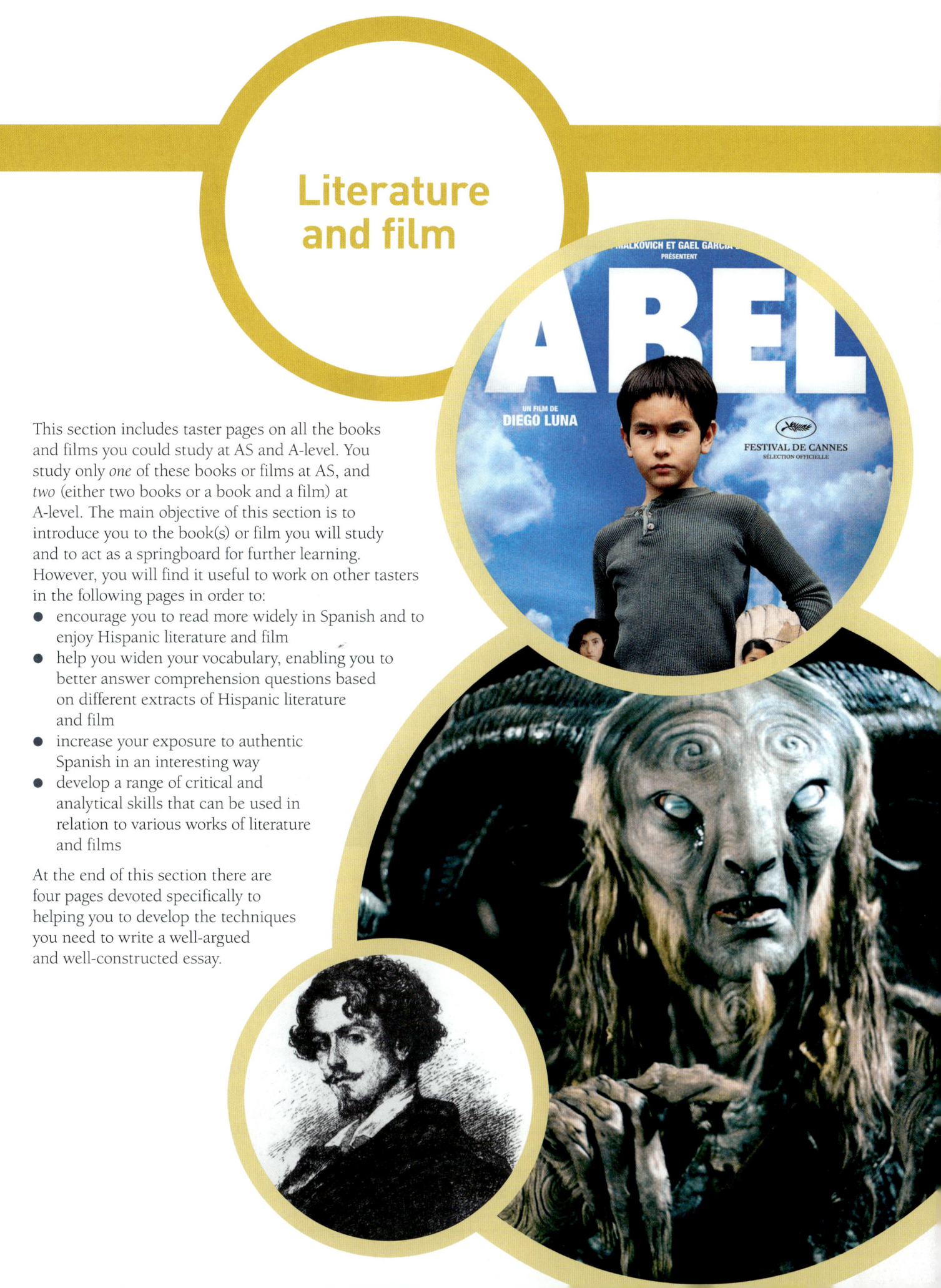

This section includes taster pages on all the books and films you could study at AS and A-level. You study only *one* of these books or films at AS, and *two* (either two books or a book and a film) at A-level. The main objective of this section is to introduce you to the book(s) or film you will study and to act as a springboard for further learning. However, you will find it useful to work on other tasters in the following pages in order to:

- encourage you to read more widely in Spanish and to enjoy Hispanic literature and film
- help you widen your vocabulary, enabling you to better answer comprehension questions based on different extracts of Hispanic literature and film
- increase your exposure to authentic Spanish in an interesting way
- develop a range of critical and analytical skills that can be used in relation to various works of literature and films

At the end of this section there are four pages devoted specifically to helping you to develop the techniques you need to write a well-argued and well-constructed essay.

1 *María llena eres de gracia*

- Conocer la película colombiana *María llena eres de gracia*.
- Comentar sobre uno o más protagonistas principales en una película.

María, llena de sorpresas

Película muy bien (**1** ....), sencilla y emotiva, que muestra las acciones a las que puede empujar una vida miserable. María trabaja en una empresa productora de flores en Colombia. Es una joven valiente, con personalidad, que ama a su familia. Embarazada de un novio nada comprometido y explotada en su trabajo, encuentra una forma rápida de ganar dinero: (**2** ....) droga a EE.UU. como 'mula', o sea, en bolsitas ingeridas que lleva dentro de su cuerpo. Un riesgo considerable, no solo por la posibilidad de ser detectada por la (**3** ....): si una bolsita revienta en el estómago, la muerte es segura; y si la mercancía se 'pierde', las familias pagarán las consecuencias. María viajará a Nueva York en avión y marchará en compañía de otras tres 'mulas'.

Joshua Marston, el director, firma una sólida primera película con una historia que, pese a su dureza, no es sórdida. Los (**4** ....) son muy humanos y auténticos. Hay momentos, como el de la revelación de la muerte de una de las mujeres a su hermana, o la visita a la ginecóloga, donde los guiones brillan por su naturalidad. Y frente a los desalmados traficantes hacen contrapunto gente buena como Fernando, que está en una oficina que presta ayuda a los inmigrantes de habla hispana, un personaje (**5** ....) irremplazable.

María, 'llena de gracia', demuestra una enorme grandeza de alma, a pesar de su miedo y de haber cedido a la tentación de hacer negocios con gente muy turbia. El título (**6** ....) con el doble o triple sentido de la 'gracia' de María: la droga que transporta, el bebé que lleva en sus entrañas, y esa gracia humana que la empuja a ayudar a sus compañeras. Sorprende la naturalidad de la actriz principal que la encarna, Catalina Sandino Moreno, en su primer (**7** ....) en la pantalla, que le valió una merecida (**8** ....) al Oscar.

Texto adaptado de: 'María, llena eres de gracia', decine21.com

 1 Lee la reseña de la película, luego complétala, eligiendo ocho palabras de la lista A–L. ¡Cuidado! Sobran palabras, solo necesitas ocho.

A personajes	E nominación	I ganó
B adaptación	F construida	J policía
C transportar	G habla	K hecho
D juega	H papel	L secundario

2 *Entrevista con Raquel Lozano y Ximo Olmos sobre sus impresiones de la película.* Escucha las opiniones de Ximo y Raquel y para cada frase, escribe: R, si la frase corresponde a Raquel; X, si la frase corresponde a Ximo; o R + X, si la frase corresponde a Raquel y Ximo.

1. Hay mucho realismo.
2. El argumento está relatado de manera original e inesperada.
3. No hay mucha violencia en la película.
4. Habría preferido ver más conflicto.
5. La compañera de María contrasta fuertemente con ella.
6. María es infatigable.
7. Las acciones de María son irresponsables.
8. Se sintió triste al ver el destino de una de las mulas.

Estrategia

Commenting on the portrayal of one or more of the main characters in a film

When commenting on an important character, you should mention:
- his/her attitude at the start and end of the film. How does the character change?
- what this character goes through and how he/she reacts
- his/her relationships with other characters in the film and how they influence him/her
- the general contribution of the character to the plot. How important is this character? Is he/she a stereotype? Will the film work without him/her? Why (not)?

3 a Basándote en lo que has leído y escuchado sobre el personaje central de la película, escribe unas líneas sobre María con tus palabras. Incluye:
- quién es ella, y su estado inicial en la película
- su historia, qué le sucede y cómo reacciona ante la historia central de la película basada en ella
- cómo cambia su situación con respecto al inicio de la película y qué otros personajes la influyen

3 b Una vez hayas terminado tu informe sobre María, léelo en clase y compáralo con el de tus compañeros/as. ¿Qué similitudes y diferencias hay en vuestras descripciones? ¿Cómo te comportarías ante una situación como la de María, y un trabajo como 'mula' para transportar droga?

4 De acuerdo con la información que ya tienes de la película, ¿te gustaría verla? ¿Por qué (no)? Háblalo en clase con tus compañeros/as. Si es posible, ve la película y, después de ver los primeros veinte minutos, contesta. ¿Qué piensas ahora? ¿Te apetece continuar viéndola o ha cambiado tu opinión?

2 *El laberinto del fauno*

- Familiarizarse con la película *El laberinto del fauno*.
- Comentar la importancia del marco de una película para la trama.

Sinopsis de *El laberinto del fauno*

Al director mexicano Guillermo del Toro le encanta el mundo de la fantasía. En *El laberinto del fauno* crea una deidad mitológica del bosque, el fauno, como personaje principal. Sin embargo, el bosque en el que vive el fauno sirve también como telón de fondo para un conflicto fratricida entre las fuerzas de derecha e izquierda después de la Guerra Civil española.

La acción de *El laberinto del fauno* se desarrolla en la España de 1944. Las tropas nacionales persiguen a sus enemigos, los rebeldes republicanos, que se esconden en el bosque. Su jefe, el capitán Vidal, es un militar fuerte y cruel cuyo objetivo es eliminar esa resistencia matando a los rebeldes sin piedad. Su esposa Carmen, que está embarazada, tiene una hija adolescente llamada Ofelia de su matrimonio anterior. El capitán está obsesionado con tener un hijo varón; así que no le interesa nada de lo que hace Ofelia. Esta se pierde en el mundo mágico del bosque que le revela un secreto increíble sobre su identidad.

Fotograma de la película

El laberinto del fauno es un género mixto. El director logra entrelazar el mundo fantástico de Ofelia con la historia real de la caza de los republicanos. La chica sirve de puente entre las dos historias. Los sucesos que ocurren en el bosque, unas veces mágicos y otras reales, se complementan. En el reparto destacan Sergi López como el capitán Vidal, Ivana Baquero como la dulce Ofelia y Maribel Verdú como Mercedes, la criada que ayuda a los rebeldes clandestinamente.

El espectador tiene que saber que la película contiene escenas horrorosas de tortura y asesinatos, en un mundo dominado por el miedo y la violencia. No se trata de un cuento de hadas para niños.

1 Contesta las preguntas siguientes en español con tus propias palabras.

1. ¿Para qué sirve el bosque en *El laberinto del fauno*? Da dos ideas. (2)
2. ¿Por qué persigue a los rebeldes el capitán Vidal?
3. ¿Cómo se sabe que Ofelia no es hija del capitán?
4. ¿Qué es lo que le obsesiona al capitán?
5. ¿Cómo es que Ofelia podía errar en el bosque?

6 ¿Por qué le será provechoso a Ofelia vagar por el bosque?

7 Según el escritor, ¿de qué género es la película?

8 ¿Qué advertencia da el escritor al lector?

2 a *Entrevista al historiador Dr Ángel López.* **Escucha esta entrevista sobre la película y elige las cuatro frases correctas según lo que oyes.**

1 Los rebeldes se refugiaron lejos de la sierra.
2 La guerra había partido la sociedad en dos.
3 El capitán Vidal era un hombre compasivo.
4 El doctor López explica que no todo lo que se ve en la película es historia.
5 A Ofelia le gusta leer los cuentos de hadas.
6 Al doctor López le encanta la literatura de fantasía.
7 La cartilla de racionamiento era un arma en la lucha contra los rebeldes.
8 La iglesia católica se opone a las acciones de los militares.

2 b Escucha la entrevista otra vez y haz un resumen en español con tus propias palabras. Escribe en frases completas y verifica el trabajo con cuidado para asegurarte de que el lenguaje es correcto.
Incluye:
- la imagen de la Guerra Civil que ofrece la película
- la función del bosque
- los recuerdos específicos de la época (3)

Estrategia

Commenting on the importance of setting of a film for the plot
- Ask the following questions about the film:
  - Does the setting affect the character's actions?
  - How does the setting affect mood and event?
  - Could the plot exist without its particular setting?
- Decide whether the setting is indispensable to the plot, or whether the same plot could take place in a different location, a different era or a different culture.

3 a Investiga la situación histórica en España en 1944 y el lugar donde ocurrió la acción de *El laberinto del fauno* y toma apuntes.

 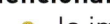

3 b Comenta el marco histórico de *El laberinto del fauno* con tu compañero/a y compáralo con otra película que tenga un marco histórico.
Menciona:
- la importancia del marco para comprender a los personajes
- cómo el marco afecta al argumento
- cómo el marco contribuye a los sucesos de las dos películas

3 c Escribe un párrafo sobre el marco de *El laberinto del fauno*, explicando su importancia para el argumento de la película. Decide si la misma historia podría haber ocurrido en otro lugar, en otra cultura o en otra era.

Literature and film

3 Volver

- Familiarizarse con la película *Volver*.
- Aprender las técnicas para escribir una sinopsis.

Sinopsis de *Volver*

Volver significa 'volver al pasado'. En esta película de Pedro Almodóvar, Raimunda y Sole son dos hermanas que viven en Madrid. Raimunda es atractiva y fuerte, y sabe luchar para ganar lo que quiere; tiene una hija adolescente. Sole, la mayor, es más miedosa que Raimunda. Vive sola porque su marido la ha abandonado y se gana la vida como peluquera. Los padres de las hermanas se murieron en un incendio cuatro años antes. Volvemos con frecuencia a los sucesos de la vida pasada.

La tía de las dos hermanas, Paula, vive en el pueblo manchego donde nacieron ellas. Un domingo de primavera, Sole llama a Raimunda para decirle que la tía ha muerto. Justo antes de recibir la llamada, Raimunda ha vuelto a su apartamento, donde encuentra a su marido, Paco, asesinado. La hija de Raimunda le confiesa que ella lo mató mientras Paco la estaba acosando.

En el entierro de Paula, Sole descubre que había rumores en el pueblo de que su madre había vuelto como fantasma para cuidar a Paula durante su enfermedad. De vuelta a Madrid, Sole encuentra al fantasma y le da trabajo en la peluquería. Siguen unas situaciones frenéticas y a veces muy cómicas en las que las dos hermanas intentan esconder la verdad de su situación, mintiendo con descaro, la una no sabiendo cómo deshacerse del cuerpo del marido, la otra con la madre fantasma en casa.

La madre le dice a Sole que tiene que hablar con Raimunda con urgencia sobre un secreto del pasado con relación a su hija menor. Raimunda, que no cree en fantasmas, la encuentra y descubre el secreto.

Volver es una película emocionante de mujeres en la que Almodóvar mezcla los recuerdos de un pasado de pueblo rural manchego con escenas de la vida contemporánea madrileña. El cineasta afirma que el tema central es la muerte: '*Volver* es un homenaje a las gentes de mi pueblo en relación con la muerte y con los muertos. Los muertos no mueren nunca.'

1 Empareja las frases 1–8 con su terminación correcta (A–H).

1. A diferencia de su hermana...
2. Desafortunadamente, hacía cuatro años...
3. La hija de Raimunda le confesó...
4. Los aldeanos creían que la madre de las hermanas...
5. Como consecuencia del encuentro entre Sole y el fantasma...
6. El gran problema de Raimunda fue...
7. El fantasma quiere ponerse en contacto con Raimunda...
8. Almodóvar quería rodar esta película...

A. que había asesinado a Paco.
B. este le ayuda con su trabajo.
C. saber cómo deshacerse del cuerpo.
D. para recordar el pueblo de su juventud.
E. las hermanas perdieron a sus padres en un incendio.
F. Raimunda es fuerte y luchadora.
G. había vuelto del otro mundo.
H. para revelar un secreto.

2  *¿Por qué te gusta* Volver*? ¿Quién lo diría?* Escucha lo que nos dicen tres personas sobre *Volver*. Para cada frase elige: P si la frase corresponde a Pedro; C si la frase corresponde a Clara; S si la frase corresponde a Sebastián.

1. El lugar donde se rueda una película me parece fundamental.
2. Para Almodóvar, la vida es graciosa aun cuando se trata de los funerales.
3. Almodóvar entiende muy bien la falta de fiabilidad de los hombres.
4. Las tradiciones campestres son importantes.
5. El mundo femenino es muy atractivo.
6. La representación del entierro en el pueblo nos señala la importancia de su tema más profundo.
7. En la capital hay mucha movida.
8. El mismo director tuvo mucho éxito con otra película sobre las mujeres en el mundo urbano.

Estrategia

Learning the techniques for writing a synopsis
- Remember that a synopsis summarises the main events of the plot.
- Make a list of the key events of the film.
- Answer questions such as:
  - who did what?
  - where did they do it?
  - when did it happen?
- Leave out all peripheral details that do not contribute to the overview.
- Avoid revealing the ending, especially in the case of a thriller or a mystery that has to be solved.
- Keep your synopsis simple and clear.
- Avoid giving your opinions on the work.
- Read your synopsis out to a classmate to ascertain that it is easy to follow.

3 a  **Escribe una sinopsis de una película que has visto, utilizando la Estrategia. Toma en cuenta:**
- los sucesos clave de la película
- el marco
- las acciones de los personajes principales

¡Ojo! Es importante que no des tus opiniones personales en una sinopsis.

3 b **Lee la sinopsis de la película a tu compañero/a. Tu compañero/a debe hacer preguntas y decirte si la sinopsis le hace querer ver la película o, en el caso de que la haya visto, si está de acuerdo con la sinopsis.**

4 Réquiem por un campesino español

- Familiarizarse con la novela *Réquiem por un campesino español*.
- Estudiar la calidad de las descripciones del entorno para decidir si un libro o una obra dramática tiene un sentido de lugar.

Réquiem por un campesino español: un episodio clave en el desarrollo de Paco, el del Molino

Esta novela de Ramón Sender enfoca la vida de los campesinos de un pueblo aragonés antes de la Guerra Civil española. Se centra en la relación entre la gente de la aldea y la iglesia católica, mediante los dos protagonistas: el campesino Paco y el cura Mosén Millán. Al final de la novela estalla la guerra y unos asesinos llegan a la aldea.

Obtén un ejemplar de la novela. Lee el episodio, durante la juventud de Paco, en el que el muchacho acompaña a Mosén Millán a una cueva para llevar la extremaunción a un anciano que se está muriendo, y las dos conversaciones que ocurren después la visita:
- la conversación larga entre Paco y el cura mientras vuelven al pueblo
- la conversación corta entre Paco y su padre, de vuelta en su casa

Este episodio comienza: 'Un día, Mosén Millán...' y termina: '...se puso a hablar de otras cosas.'

1 a **Contesta las preguntas siguientes con tus propias palabras.**

1. ¿Por qué Mosén Millán finge no tener prisa por salir de la cueva después de dar la extremaunción?
2. Según Mosén Millán, ¿qué otra razón había para la pobreza de los dos ancianos?
3. ¿Por qué piensa Paco que el hijo de los ancianos no debe ser malo?
4. ¿Cómo quería Paco aliviar la miseria de los ancianos?
5. ¿Cómo sabes que al padre de Paco no le gustó que su hijo fuera a la cueva con Mosén Millán?
6. Escribe un párrafo dando tus razones para el cambio que ocurrió en el joven desde la visita a la cueva.

1 b Translate into English the second paragraph of the extract from 'Paco llevaba colgado del hombro una bolsa de terciopelo...' to 'una expresión de fatiga y de espanto frío'.

2 a *Entrevista a Mosén Millán, realizada en 1939.* Escucha la entrevista y elige las cuatro frases correctas.

1. Mosén Millán está aliviado porque los nacionales ganaron la guerra.
2. Según el cura, la aldea era un lugar de paz y serenidad.
3. Todos los campesinos vivían en casas.
4. Al sacerdote le aflige la muerte del joven campesino.
5. Los forasteros llegaron cuando terminó la guerra.
6. Primero los forasteros mataron a las mujeres que se reunían fuera de la aldea.
7. Paco se enfrentó con los recién llegados en la aldea.
8. Los señoritos perdonaron a Paco.
9. Mosén Millán cree que no tiene responsabilidad por la muerte de Paco.

2 b Corrige las frases erróneas.

Estrategia

Studying the quality of the descriptions of surroundings, and deciding whether a book or play has a sense of place

- Note down the principal location(s) in which the action of the novel or play takes place.
- Make a list of the features which relate to the surroundings. e.g.:
  - description of buildings
  - descriptions of landscape
  - local customs and traditions
  - typical characters
  - ways of creating an atmosphere that evoke the surroundings
- Choose an episode which features the locality and explain whether the author is successful in evoking a sense of place.

---

3 a Comenta con tu compañero/a cómo Sender crea un sentido del lugar en el que viven los personajes. Menciona:
- el pueblo en el que pasa la acción de la novela
- las condiciones en las que vive la gente pobre
- las costumbres de la gente

3 b  Piensa en un libro que hayas leído o una obra de teatro (en inglés, español u otra lengua) que tiene un sentido de lugar. Luego escribe un párrafo en español explicando por qué existe este sentido de lugar (los edificios, el paisaje, el ambiente, etc.).

Literature and film

5 *Las bicicletas son para el verano*

- Familiarizarse con la obra dramática *Las bicicletas son para el verano*.
- Investigar si una obra de teatro era popular cuando se estrenó.

Introducción a *Las bicicletas son para el verano*

La acción de esta obra ocurre en Madrid de 1936 a 1939, durante la Guerra Civil española. Termina justo al final de la guerra, con el triunfo del bando nacional. Se trata de la vida cotidiana de una familia madrileña corriente, y de cómo la guerra, con sus cambios sociales y económicos, afecta su vida. El autor, Fernando Fernán Gómez, recuerda sin duda su experiencia personal de la ciudad cuando era joven y las desgracias, el hambre y las muertes de aquella época.

La obra se centra en dos personajes, don Luis y su hijo, también llamado Luis. El padre es un hombre de izquierdas, de gran integridad, que siente que no ha tenido el éxito en la vida que había esperado. Su hijo, por el contrario, tiene más ilusión: la juventud le da más posibilidades de pensar en un futuro optimista dentro de una nueva sociedad. Al comienzo del primer acto Luis pide a su padre que le compre una bicicleta 'para el verano'. Luis, optimista, la quiere para salir con chicas, aunque no lo confiesa a su padre. La guerra llega pronto y la compra ya no es posible.

El tema de la guerra es importante pero, a pesar de los bombardeos, los sucesos de cada día y las relaciones de los personajes son los temas que más interesan al autor. Luis siente interés por el sexo; Manolita, su hermana, quiere ser actriz; doña Antonia, la viuda, tiene problemas con el dinero. Durante la guerra la familia pasa por muchas desgracias y mucha hambre. Manolita está embarazada, su novio muere y se casa con un hombre que también muere. Al final de la obra, don Luis teme que le detengan por sus actividades y su hijo entiende que quizás él tendrá que cuidar de la familia. Desaparece el optimismo del joven Luis. Padre e hijo vuelven, de manera circular, al tema de la bicicleta. Luis consigue un empleo como 'el chico de los recados' en una oficina, con un futuro no prometedor. Esta vez la bicicleta no está ligada al optimismo del verano sino al nuevo empleo, algo más práctico y realista, en las nuevas circunstancias de la familia.

1 a Lee el artículo y elige las cuatro frases correctas.

1. La acción comienza al final de la Guerra Civil española.
2. La familia vive en la capital de España.
3. Los dos protagonistas tienen el mismo nombre.
4. Manolita encuentra la felicidad al casarse.
5. Don Luis piensa que su hijo ha sido un fracaso.
6. El hijo deseaba la bicicleta para fines ociosos.
7. Los personajes piensan solo en la devastación de la guerra.
8. Al final de la obra Luis tiene trabajo como representante.
9. A Luis el futuro le parece menos optimista al final de la obra que al comienzo.

1 b Corrige las frases erróneas.

2 *Entrevista a Enrique Casas, crítico literario, sobre* Las bicicletas son para el verano. Escucha la entrevista y empareja cada frase con su terminación correcta.

1. Fernán Gómez escribió esta obra…
2. La obra recordó al público lo que…
3. La acogida del público…
4. Fernán Gómez tenía la intención…
5. Lo que le importaba al autor fue…
6. El argumento cuenta los sucesos…
7. Los personajes del drama eran…
8. Fernán Gómez tenía mucho cariño…

a. a los ciudadanos de Madrid.
b. recrear la vida de la gente humilde.
c. que ocurrieron cada día.
d. víctimas de una guerra que no pudieron controlar.
e. había pasado hacía 35 años.
f. fue muy entusiasta.
g. de despertar las memorias de la Guerra Civil.
h. unos años después del final de la dictadura.

Estrategia

Investigating whether a play was popular when it first appeared
- Investigate on the internet the reasons for the good/bad reception of the play when it was written.
- Take into account:
  - the author's stated reasons for writing the play
  - the reception given to the first performance by the audience and the theatre critics
  - any specific aspects of the play that would appeal to the audience of the day
  - any historical or social factors affecting the reception of the play
  - decide from your research whether a play was popular or not when it was written
  - work out why the play was popular or not

3 a Investiga en Internet la popularidad de la obra cuando se estrenó y toma apuntes.

Presta atención:
- al impacto de la muerte de Franco
- a la situación política y social en Madrid en 1982
- al argumento de la obra y la vida de los personajes

3 b Comenta el tema con tu compañero/a y decide si la obra era popular o no, y por qué.

3 c Escribe un párrafo en el que resumes tu opinión sobre la popularidad de *Las bicicletas sobre para el verano* cuando se estrenó.

4 Si es posible, ve la película de esta obra (1984) y comenta con tu compañero/a la manera en la que representa la vida madrileña durante la Guerra Civil en Madrid. ¿Te parece realista? ¿Qué imagen de la guerra evoca la película? ¿La película te parece exitosa? ¿Por qué (no)?

6 Como agua para chocolate

- Familiarizarse con la novela *Como agua para chocolate*.
- Comparar y contrastar a dos personajes principales en una novela.

Sinopsis de *Como agua para chocolate*

Esta novela, escrita por la mexicana Laura Esquivel, cuenta la vida de una familia durante el período de la Revolución mexicana del siglo XX (1910–20). En la familia De la Garza hay cuatro personas: Mamá Elena y sus tres hijas, Gertrudis, Rosaura y Tita. La novela está basada principalmente en Tita, la más joven, quien está enamorada de Pedro Murquiz. Pedro pide su mano, pero desafortunadamente Tita no puede casarse por ser la hija más pequeña. Según una tradición mexicana, ella tiene que cuidar de su madre hasta que se muera.

Mamá Elena ofrece a Pedro la mano de Rosaura y este la acepta con la intención de estar más cerca de Tita. Para consolarse algo de esta injusticia Tita se convierte en la cocinera del rancho; la novela está llena de sus recetas. Tita sigue enamorada de Pedro.

Mamá Elena es viuda; había heredado el rancho de su marido cuando murió. Cría a sus tres hijas con dureza y rigidez, siguiendo las costumbres de su generación. No le gusta que Tita se muestre rebelde de vez en cuando y le obliga a renunciar a su amor. Uno de los subtemas de la novela es el amor que Mamá Elena tenía de joven con un muchacho de origen africano. Por lo tanto el padre de Mamá Elena la había obligado a casarse con un hombre de familia más honrada. Es posible que el pasado de Mamá Elena explique por qué se muestra tan severa con sus hijas.

Cuando murió el primer hijo de Rosaura y Pedro, Tita casi se volvió loca, por lo que su madre quería mandarla a un manicomio. En este momento un simpático doctor estadounidense, llamado John Brown, la ayudó, acogiéndola en su casa. Después de la muerte de mamá Elena, Tita decidió casarse con John, pero no había olvidado a Pedro. Por eso sigue la relación entre los dos amantes. Al final de la novela se entiende que el amor es tan poderoso que puede continuar más allá de la muerte.

1 Contesta las preguntas siguientes en español con tus propías palabras.

1. ¿Por qué debe Tita cuidar de su madre hasta su muerte? ¿Con qué consecuencia? (2)
2. ¿Cómo se sabe que Pedro sigue enamorado de Tita?
3. ¿Por qué hay un montón de recetas en la novela?
4. ¿Qué actitud demuestra Mamá Elena ante la rebeldía de Tita?
5. ¿Por qué el padre de Mamá Elena la hizo casarse con otro hombre?
6. ¿Qué puede explicarse por el pasado de Mamá Elena?
7. ¿Por qué Tita no fue al manicomio?
8. ¿Cómo se sabe que la muerte de Mamá Elena liberó a Tita?

2 *La cocina mágica.* ¿Quién lo diría, Clara, Paco o ninguno de los dos?

1. La comida puede provocar sentimientos fuertes.
2. En la novela, la madre se lleva mal con la hija.
3. Introducir elementos mágicos en la experiencia ordinaria es un disparate.
4. Cuando la gente se sentó a comer en la boda todos vomitaron.
5. En los siglos pasados las hijas tenían más libertad de lo que parecía en la novela.
6. Tita no se opone a la voluntad de su madre.
7. Lo más triste de la novela es que pone fin a la relación entre Pedro y Tita.

Estrategia

Comparing and contrasting two main characters in a novel
- Make some notes about the main characters and their role in the novel.
- Select two characters and list what is different about them and what is similar about them.
- Think about their physical features, their emotions and their actions, as well as the way they interact with other characters.
- It is helpful to draw a Venn diagram showing visually where the characters coincide and where they differ.
- Use vocabulary that enables you to describe differences and similarities.
- Support your conclusions with specific examples from the text.

3 a  En pareja, compara a dos personajes principales de *Como agua para chocolate* o de otra novela que hayas leído, y escribe notas. Organiza las notas en dos secciones:
- personaje A: características
- personaje B: características

3 b  Escribe un párrafo en el que comparas a los dos personajes, poniendo de relieve las semejanzas y las diferencias. Dibuja un diagrama de Venn para ayudarte a comparar las características de los dos personajes. ¿Con cuál te identificas más?

7 La casa de Bernarda Alba

- Familiarizarse con la obra dramática *La casa de Bernarda Alba*.
- Estudiar por qué la época y el marco son importantes para el argumento de una obra dramática.

La casa de Bernarda Alba: drama de mujeres en el sur de España

La casa de Bernarda Alba, obra de teatro en tres actos, fue escrita por el poeta y dramaturgo granadino Federico García Lorca en 1936. Se trata de la vida de la familia de Bernarda Alba, una mujer fuerte que tiraniza a sus cinco hijas. Las hijas viven en una atmósfera de represión sexual; quieren liberarse de la casa y salir. Bernarda sigue las tradiciones de la burguesía andaluza rural de la época: para ella, lo que cuenta son el honor de la familia y la propiedad.

Bernarda ejerce un dominio absoluto sobre la casa y sus ocupantes. Al comienzo de la (**1**..........), acaba de terminar el entierro del segundo marido de Bernarda; ella impone ocho años de luto en la casa y prohíbe que sus cinco hijas (**2** ....) a la calle.

La primera palabra de Bernarda es '¡Silencio!', palabra que marca el tono de una obra en la que el honor de la familia y el qué dirán son más importantes que la muerte. Así, Bernarda condena a cuatro de sus hijas a quedarse en la casa sin la posibilidad de (**3** ....). La excepción es la hija mayor, Angustias, hija del primer matrimonio y heredera de la fortuna de la familia, quien está comprometida con Pepe el Romano.

Las hijas tienen un (**4** ....) incontenible por tener relaciones amorosas con los mozos del pueblo. La criada, la Poncia, dice que las hijas 'son mujeres sin hombre, nada más'. Ella informa a Bernarda que Adela, la más joven de las hermanas, se ha enamorado de Pepe el Romano y que los dos se (**5** ....) con frecuencia en una de las ventanas de la casa. Otra hermana, Martirio, también quiere a Pepe, por lo que comienza una (**6** ....) entre las dos hermanas. Martirio, celosa, amenaza a su hermana menor con descubrir lo que pasa entre Adela y Pepe. Bernarda oye la disputa y, después de un enfrentamiento entre Bernarda y su hija más joven, (**7** ....) su escopeta contra Pepe el Romano, que está fuera, pero no consigue herirlo. Adela, creyendo que su amante está (**8** ....) se ahorca: elige la libertad de la muerte en vez de quedarse bajo la tiranía de su madre. Al final de la obra Bernarda declara '¡Silencio!' de nuevo.

1 Lee esta sinopsis de la obra dramática y complétala con las palabras correctas. ¡Cuidado! Sobran cuatro palabras.

A dispara	D ven	G deseo	J muerto
B salgan	E vivo	H obra	K danza
C lucha	F novela	I acostarse	L escaparse

2 *Pepe el Romano, ¿inocente o culpable?* Adela estaba enamorada de Pepe, quien se encontraba en la calle fuera de la casa cuando Adela se suicidó. Pepe quiere exonerarse de la culpa de la muerte de Adela. Escucha esta entrevista y contesta las preguntas en español.

1. Rosa habla de una tragedia en el pueblo. ¿Qué ocurrió?
2. ¿Qué relación había tenido Pepe con Angustias?
3. Según el pueblo, ¿qué promesa había hecho Pepe?
4. ¿Por qué tuvo suerte Pepe la noche del suicidio?
5. Según Pepe, ¿qué estaba haciendo la noche en que se murió Adela?
6. ¿Quién le informó a Bernarda de que sus hijas la desobedecían?
7. Según Rosa, ¿qué culpa tiene Pepe con relación al comportamiento de las hijas?
8. ¿Cómo reacciona Pepe a las acusaciones de la gente del pueblo?

Estrategia

Studying why the era and setting are important to the plot of a play

- Research online the era and society in which the play is set.
- Find examples of attitudes and actions of characters that are representative of the era.
- Make notes on the importance of the specific setting to the development of the plot:
  - How does the setting affect the characters' actions?
  - How does the setting affect mood?
  - Could the plot exist without its particular setting?
- Assess why the era and setting are important to the plot, or whether the same plot could take place in a different era and setting.

3 a Comenta con tu compañero/a el marco de *La casa de Bernarda Alba* y compárala con otra obra dramática que tiene un marco histórico. Menciona:
- la importancia de la era para el argumento
- cómo el marco contribuye a los sucesos de las dos obras
- cómo el marco afecta al argumento

3 b Escribe un párrafo sobre el marco de *La casa de Bernarda Alba* u otra obra dramática, explicando su importancia para el argumento. Decide si la misma historia podría haber ocurrido en otro lugar, en otra cultura o en otra era.

4 Si es posible, lee *La casa de Bernarda Alba* u obtén una copia de la película para verla. En tu opinión, ¿qué escenas retratan mejor las costumbres de la época? ¿Qué te parece la relación entre la madre y sus hijas? Comenta estos temas con tu compañero/a y toma notas.

Literature and film

8 Crónica de una muerte anunciada

- Familiarizarse con la novela *Crónica de una muerte anunciada*.
- Comentar el género de una novela y compararla con otra novela que has leído.

Sinopsis de *Crónica de una muerte anunciada*

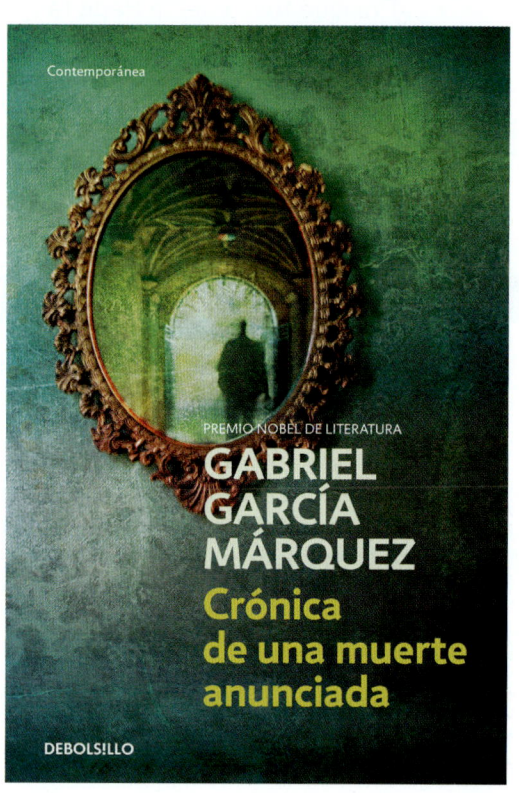

Crónica de una muerte anunciada, (**1** ....) en cinco partes del colombiano Gabriel García Márquez, fue inspirada en un suceso trágico real, ocurrido en un pueblo cercano a donde vivía el autor cuando era un joven (**2** ....). El narrador de la historia lleva a cabo una investigación en los pormenores del suceso, 27 años después de que ocurrió. Un joven vecino del pueblo, Santiago Nasar, fue (**3** ....) por los hermanos Vicario, Pedro y Paco, por haber ofendido la honra familiar. El día anterior al asesinato, su hermana, Ángela Vicario, se había casado con un hombre rico, Bayardo San Román, recién llegado al pueblo. Bayardo (**4**..........) a Ángela a sus padres de madrugada al descubrir que ella no era virgen. Ángela culpa a Santiago Nasar, sin que se sepa verdaderamente que este era culpable. Según el código del honor del pueblo en estos tiempos era necesario (**5** ....) de la ofensa con sangre.

El lector sabe desde la primera página que Santiago fue asesinado por los hermanos Vicario. El (**6** ....), amigo de Santiago en su juventud, intenta descubrir la verdad del caso reconstruyendo la historia y sigue un método de periodista. Entrevista a mucha gente del pueblo para aclarar precisamente lo que sucedió. En verdad los hermanos no querían matar a Santiago, con quien habían pasado la noche de la boda bebiendo en el pueblo. Intentaron posponer el momento (**7**..........) del asesinato pero al final no tuvieron más remedio y mataron al joven, a las siete y cinco de la mañana. Es trágico que los hermanos no se pudieran librar de esta obligación. Querían que alguien se lo (**8**..........), pero parece que nadie pudo ayudarles.

Después del incidente Bayardo huyó del pueblo. Cada día Ángela Vicario escribía a Bayardo cartas, muchas de ellas de amor. Él volvió al pueblo 17 años después sin haber abierto las dos mil cartas y en un estado físico desmejorado.

1 Lee esta sinopsis de la novela y complétala con las palabras correctas. ¡Cuidado! Hay cuatro palabras que no son necesarias.

A narrador	D fatídico	G drama	J devuelve
B asesinado	E novela	H novelista	K periodista
C herido	F vengarse	I impidiera	L ayudara

2 a

Investigación de un asesinato. Escucha esta conversación y decide si las frases siguientes son verdaderas (V), falsas (F) o no mencionadas (N).

1. A Lucía le gusta el relato.
2. Lucía no está interesada en una novela en la que se descubre el final al comienzo.
3. Para Marcos, en este libro son más importantes las relaciones interpersonales que el argumento.
4. La novela se narra desde el punto de vista de un periodista joven.
5. Lucía piensa que los personajes de la novela odian la violencia.
6. Lucía cree que el código de honor es un anacronismo.
7. En los años 50 ocurrieron muchos incidentes de este tipo.
8. Marcos cree que el realismo es importante en una novela.

2 b

Corrige las frases falsas.

Estrategia

Discussing the genre of a novel and comparing it with another you have read

- Think about types of novels you have read. There are many genres: crime thrillers, adventure, romance, comedy etc.
- Look at the book cover and/or the back-cover blurb and decide what genre of novel it is.
- Compare the novel with a work of the same genre and take note of similarities and differences.
- Consider what the comparison tells you about the distinctive features of the novel.
- Does the novel still belong to the category you first thought of, or do you now have a different impression?

---

3 a

Comenta con tu compañero/a el género de *Crónica de una muerte anunciada*. ¿Estáis de acuerdo? ¿Por qué (no)?

Para ayudarte a decidir qué género de novela es:
- habla del tema
- examina la estructura y el punto de vista del narrador
- compara esta novela con otra que tenga un tema parecido

He aquí algunas posibilidades: novela realista/ psicológica/de costumbres/ de crimen/de investigación/autobiográfica/de intriga.

3 b

Escribe un párrafo en el que comparas *Crónica de una muerte anunciada* con otra novela que has leído, haciendo una lista de los aspectos que son similares y los que son distintos. Utiliza un diagrama Venn para ayudarte.

4

Si es posible, lee la novela y toma notas sobre el tema y la estructura. ¿La recomendarías? ¿Por qué (no)?

9 *Abel*

- Familiarizarse con el actor y director Diego Luna y su película *Abel*.
- Analizar el retrato y el desarrollo del protagonista principal de una película.

Diego y Abel, cara a cara

Diego Luna

El director de la película *Abel*, Diego Luna Alexander, nació en 1979 en Ciudad de México. Comenzó su carrera de actor en el cine a los 11 años con el cortometraje *El último fin de año*. En 1995 apareció en su primer largometraje *Un hilito de sangre*, y la película *Y tu mamá también* le dio éxito internacional.

Luna ha trabajado en México, Estados Unidos y España, alternando con actores de gran fama. Con Gael García Bernal es propietario de Producciones Canana con la que dirigió su primera película, *Abel* en el 2010.

Abel

La película muestra a Abel, un niño autista que acaba de salir del hospital y regresa a su hogar para continuar aislado de la sociedad. Ya en casa, poco a poco sale de su introversión gracias a que comienza a asumir el rol del padre de la familia, ya que su padre auténtico se encuentra ausente.

Abel se lo toma tan en serio que incluso se viste con traje. Además, en un momento de la película tiene una charla formal con un amigo de su hermana mayor que va a casa y le echa porque no lo cree apto para ella. Todos deciden seguirle el juego, con tal de mantenerlo en este estado de 'progreso' mental. Sin embargo, el padre vuelve y la familia comienza a desmoronarse ante el desequilibrio. Al principio Abel no le reconoce, e incluso le habla de adulto a adulto, pero a pesar de que la madre le dice que 'ese hombre es el primo Anselmo de visita', el niño acaba descubriendo quién es en realidad.

Esta historia resulta especial por diversos motivos: en primer lugar, porque es una película con niños, de las cuales existen pocas en México. Por otro lado, toca el tema del autismo, que hasta la fecha no ha sido recurrente en el cine latinoamericano y mucho menos de manera tan cotidiana y natural.

1 Lee la biografía del director y la sinopsis de la película, luego haz un resumen de los siguientes puntos con tus propias palabras. Escribe en frases completas y verifica el trabajo con cuidado para asegurarte de que el lenguaje es correcto.

- el tema principal de la película y su escenario principal (2)
- el comportamiento de Abel como padre de la familia (2)
- las razones por las que *Abel* es una película de gran originalidad en México (2)

2 *El niño Abel en la película.* **Escucha la conversación y elige las cinco frases correctas de la lista según lo que oyes.**

1. Se observa la evolución de Abel a lo largo de la película.
2. Miranda sugiere que Abel tiene mucho apoyo familiar.
3. A Abel le gusta llevar pantalones.
4. Según Miranda, el papel que asume Abel hace que la familia se una más.
5. Elio dice que en casa, Abel empieza a hablar como un adulto.
6. En una escena, el padre de Abel toma un baño.
7. La película carece de escenas graciosas.
8. El final de la película es bastante optimista.

Estrategia

Analysing the portrayal of the main character, and his/her development during the course of the film

When commenting on the portrayal and development of the main character, make reference to:
- the presentation of the character at the start of the film, and how he/she changes as the plot unfolds
- any turning points in the plot or significant decisions the main character has to make. How do they influence him/her?
- the interaction of the main character with other characters in the film at different moments
- the ending of the film. Make a judgement on the success or failure of the portrayal of the main character.

3 a **Elige otra película que hayas visto, preferiblemente de habla hispana, donde el protagonista principal evolucione y cambie en el transcurso de la película. Busca información en Internet para tener más datos sobre la película. Lee artículos y sinopsis en línea y sigue los siguientes puntos para hacerlo más eficientemente. Toma notas sobre:**
- la situación del personaje principal al comienzo de la película
- las decisiones importantes que tiene que tomar el personaje. ¿Cómo le hacen cambiar?
- el comportamiento del personaje principal con el resto de personajes en la película en momentos diferentes
- el final de la película y tu juicio personal sobre cómo acaba el personaje en cuestión

3 b **Una vez hayas terminado tus notas sobre la película, léelas en clase a un/a compañero/a y haz una comparación con lo que ha escrito él/ella. ¿Qué similitudes y diferencias encuentras en las descripciones? Si habéis escogido películas diferentes, ¿hay una evolución parecida del personaje? ¿Acaba mejor de lo que empieza o viceversa? Haz preguntas sobre los puntos en actividad 3a si habéis hecho películas diferentes.**

3 c **Escribe un breve informe sobre el carácter y desarrollo del personaje central de la película que escogiste anteriormente. Usa tus notas de actividad 3a y las ideas de tus compañeros/as para dar forma a un párrafo detallado. Incluye tu propia opinión.**

Literature and film

10 *Ocho apellidos vascos*

- Familiarizarse con la película española *Ocho apellidos vascos*.
- Aprender sobre las técnicas cinematográficas que se usan en una película.

Ocho apellidos de humor y confusión norte-sur

A grandes rasgos

Ocho apellidos vascos es claramente una comedia romántica que sitúa a un personaje arquetipo de una zona geográfica en otra totalmente diferente; tenemos a un chico natural de Andalucía, y a la protagonista principal, vasca. Es como juntar dos polos (**1** ....), el yin y el yan, el blanco con el negro, y esperar a ver la reacción de la mezcla. El (**2** ....) Dani Rovira debuta como actor de cine, acompañado de la actriz Clara Lago, y los secundarios Karra Elejalde (en el papel del padre de la novia) y Carmen Machi (la madre improvisada del novio).

¿Qué pasa en la peli?

Rafa, después de conocer a Amaia en Sevilla, decide ir a buscarla a su tierra natal, el País Vasco. Él nunca ha viajado fuera de Sevilla y al llegar al norte encontrará a la chica, pero esta se resistirá a sus intentos de conquista amorosa. La situación se vuelve aún más enredosa cuando entran en (**3** ....) el padre de la chica, un pescador vasco muy tradicional y muy orgulloso de su tierra y Mercedes, una conocida de Rafa muy alocada, que accederá a hacerse pasar por su madre.

La acción tiene (**4** ....) en el pueblo de Argoitia, en una zona especialmente nacionalista, donde Rafa encontrará miles de choques culturales que resultarán hilarantes para el (**5** ....), con referencias a la vida artística, social y política de la España de los últimos tiempos.

Desde el comienzo, la película es una sucesión de secuencias graciosas una tras otra, una boda imposible y un choque cultural enorme que acaba centrándose en a la historia romántica, que termina con un (**6** ....) de los protagonistas. En el filme se pueden ver desde planos aéreos de Sevilla y el País Vasco hasta los típicos planos medios para dar importancia a los personajes y sus diálogos llenos de connotaciones culturales, políticas y hasta lingüísticas ante el uso del euskera y el castellano.

La marca se vende bien

Ocho apellidos vascos es la película española más (**7** ....) de la historia y la película más descargada en iTunes en España del año 2014. Su (**8** ....) tiene el nombre de *Ocho apellidos catalanes* en la que se repite la fórmula de chistes y enredos con temas políticos y sociales.

1 Lee el artículo, luego complétalo, eligiendo ocho palabras de la lista A–L. ¡Cuidado! Sobran letras, solo necesitas ocho palabras.

A espectador	E audiencia	I taquillera
B beso	F secuela	J opuestos
C principal	G cómico	K caro
D escena	H lugar	L segundo

2 *Entrevista con el director de la película, Emilio Martínez Lázaro.*  Escucha la entrevista con el director, luego selecciona la alternativa que mejor convenga para completar cada frase.

1 Emilio Martínez-Lázaro...
  A representa al humor español.
  B tiene cuarenta años.
  C tiene mucha experiencia como cineasta.

2 En el rodaje de la película...
  A algunos actores fueron ingratos.
  B el personaje de Clara Lago se desarrolló mucho.
  C hubo mucho talento.

3 Los arquetipos...
  A ofendieron a muchas personas.
  B son muy delicados.
  C y los tópicos son la clave de la película.

4 La sátira...
  A puede ser peligrosa a veces.
  B de los nacionalistas vascos es brutal.
  C no nos hace reír.

5 Las malinterpretaciones de la película...
  A ocurren más en Euskadi.
  B son temidas.
  C no le preocupan al director.

6 El director...
  A no quiere herir la sensibilidad del espectador.
  B quería crear algo más trascendente.
  C no es un hombre agresivo.

Estrategia

Use of cinematographic techniques
There are a number of different cinematographic techniques a director may use to enhance a story and convey different emotions. Some of these are:
- use of music, sound effects or silence
- use of lighting and colour (or lack of it)
- movement between close-up and distance shots, as well as medium, long and full shots
- special effects
- use of humour

3 a  Escribe varias notas sobre las técnicas cinematográficas en una película que hayas visto, preferiblemente de habla hispana. Lee con atención la estrategia sobre las técnicas y usa las siguientes preguntas como guía en tus notas.
- ¿Cómo se usa la música, el silencio y los efectos sonoros en la película? ¿Qué efecto produce?
- ¿Cómo se usa el color y los efectos especiales?
- ¿Cómo se usa el humor y el sarcasmo?
- Comenta el uso de los planos cortos, largos o medios. ¿Con qué fin se usan unos u otros?
- Menciona alguna otra técnica que haga a esta película especial.

3 b Una vez terminada la actividad 3a, habla con un/a compañero/a que haya analizado una película diferente a la tuya y haz preguntas sobre las técnicas usadas. Usa los puntos en 3a para preguntar, y pregunta algo más de tu propia cosecha.

Literature and film

11 *Las trece rosas*

- Familiarizarse con la película *Las trece rosas*.
- Comentar la estructura de una película.

Las trece rosas: historia de España a flor de piel

El primero de abril de 1939, con la entrada en Madrid de las tropas de Franco, terminó la guerra civil española. Temiendo la sangrienta represión que se avecinaba, muchos republicanos huyeron del país, pero otros no pudieron o no quisieron, como las jóvenes muchachas protagonistas de esta historia real. Franco prometió que solamente serían castigados los que tuvieran las manos manchadas de sangre. Y ninguna de esas chicas las tenía. Eran muchachas jóvenes, con ilusiones, que tenían novio, que iban al cine o a bailar y se divertían como podían en aquellos duros y grises días de la posguerra. Las detuvieron al mes de acabar la guerra por diferentes razones, pero todas ellas por atentar de alguna manera contra

Placa conmemorativa de las trece rosas

el creciente fascismo en España. Algunas se conocían entre sí, pero otras no. Una de ellas era madre y de derechas, otra, niñera y otras trabajaban en un comedor social. Sufrieron duros interrogatorios policiales y finalmente fueron trasladadas a la cárcel de Ventas. Unos días antes de que se celebrara el juicio se produjo un atentado contra un militar franquista en el que murieron tres personas. Nada tuvieron que ver con ello las 13 jóvenes porque estaban en la cárcel cuando ocurrió todo. Ellas pensaban que solo pasarían unos años en prisión, pero fueron acusadas de un delito de rebelión contra el Régimen por reorganizar la JSU (Juventudes Socialistas Unificadas) y por organizar el atentado. El Tribunal Militar las condenó a muerte y en menos de 48 horas fueron fusiladas. Carmen, la más joven de todas, la única superviviente, tuvo que escuchar desolada los trece tiros de gracia desde la ventana de su celda.

La historia central de la película está compuesta de varias sub-historias, todas relacionadas entre sí. Cada 'rosa' aporta algo al argumento ya que todas las historias son paralelas y con un final en común.

La película se inspira en los testimonios de personas que conocieron a las trece chicas. La estructura puede parecer algo compleja al principio ya que una historia es interrumpida por otra que a su vez contiene varios subtemas como las relaciones amorosas, familiares o políticas de las chicas. Todo se resuelve eficientemente cuando todas las chicas coinciden en la cárcel, tristemente, con un final abominable.

1 Lee la descripción del contexto histórico de la película y elige la opción correcta. Marca las frases como verdaderas (V), falsas (F) o no mencionadas (N).

1. La toma de la capital de España por los fascistas señaló el fin de la guerra civil.
2. Los personajes principales de la historia son ficticios.
3. Parece que Franco no cumplió con su palabra al terminar la guerra.

4 Durante la posguerra, el fascismo creció más en ciertas partes de España.

5 Las trece jóvenes produjeron un atentado desde su cárcel.

6 La JSU organizó el atentado.

7 El desenlace de la película es muy sobrecogedor.

8 La estructura parece ser sencilla de principio a fin.

2 *Tres maneras de entender la película.* Escucha las opiniones de Marcelo (M), Simona (S) y Beltrán (B). Para cada frase, escribe: M, S o B.

1 Para los historiadores, es fascinante ver la capital de aquel entonces.

2 La primera parte de la película contiene muchos detalles.

3 Uno de los monumentos más icónicos de la capital se ocultó completamente.

4 Me impactó ver las injusticias que existían en el mundo laboral de la época.

5 La película gana en dramatismo en la segunda mitad.

6 En la España de la posguerra, la propaganda fascista siempre se proyectaba antes de ver una película.

7 Las historias entrelazadas son excelentes en esta película.

8 A pesar de ser una película cautivadora al comienzo, el final resulta trágico.

Estrategia

Commenting on the structure of a film
There are many techniques which contribute to the structure of a film, such as:
- use of flashbacks (momentarily cutting back to earlier events)
- inclusion of parallel stories
- changes in pace, plot 'ups and downs'
- powerful opening or closing scenes

These structural techniques serve to engage the audience's emotions and make them care about the characters and what is going on in their lives.

3 a Vuelve a escuchar las opiniones y busca información en Internet para tener más datos sobre la estructura de la película *Las trece rosas*. Toma notas sobre:
- las historias paralelas
- las diferencias entre las chicas protagonistas
- el contraste entre la primera mitad y la segunda, con especial atención al final

3 b Una vez terminada la actividad 3a, habla con un/a compañero/a sobre lo que has encontrado. Compara notas y haz las siguientes preguntas:
- ¿Puede resultar confuso tener diferentes historias en una misma película?
- ¿Qué historia de qué 'rosa' te parece que sobresale sobre las demás? ¿Por qué?
- ¿Qué otras técnicas esperas encontrar en una película histórica basada en hechos reales como esta?

3 c Escribe un párrafo sobre la estructura de la película usando tus notas. Incluye tu propia opinión.

12 Las *Rimas* de Bécquer

- Familiarizarse con la poesía de Bécquer.
- Aprender las técnicas que utiliza un poeta.

Gustavo Adolfo Bécquer y las *Rimas*

Gustavo Adolfo Bécquer (1836–70) nació en Sevilla y fue hijo de pintores. Después de quedarse huérfano a los diez años, y de pasar su adolescencia en Sevilla como estudiante de pintura, se trasladó a Madrid en 1854. Allí decidió dedicarse a la literatura. De nuevo en Sevilla en 1858, comenzó a escribir las *Leyendas,* una colección de narraciones íntimas que contienen elementos de misterio y fantasía. Tuvo varias relaciones amorosas antes de casarse en 1861; resultó un matrimonio infeliz. Empezó a escribir sus obras más famosas, las *Rimas* hacia 1866. Murió muy joven.

Las *Rimas* son poemas sencillos e íntimos, a diferencia de los poemas grandilocuentes de los poetas románticos anteriores. El estilo de las *Rimas* no les gustó a los críticos de la época por lo que fueron rechazadas por el público. Sin embargo, la posteridad ha acogido su poesía con entusiasmo y su fama no ha dejado de crecer desde su muerte.

Bécquer quería crear algo nuevo con su poesía, e hizo esta declaración ambiciosa: 'He expresado lo que expresaba mi alma y he

Retrato del poeta por su hermano Valeriano (1862)

querido penetrar en el alma de los demás y hundirme en la vasta alma universal.' Al tratar sus temas preferidos —el amor, el desengaño y la muerte— la poesía fluía de su alma. Expresó todo tipo de sentimiento: asombro ante la maravilla de la creación, dolor al sentir la muerte de alguien, melancolía, amor. En muchos poemas se dirige a una mujer, buscando lo ideal de la mujer por debajo de las sensaciones, y describiendo sus facciones en términos del mundo natural. Así, la belleza de la mujer le deja contemplar una belleza ideal. A veces tiene que confesar que ha fracasado: el lenguaje no es suficiente para expresar la belleza que observa el poeta.

El gran logro de Bécquer fue iniciar la poesía moderna en España. Todos los poetas que le siguieron, entre ellos Antonio Machado y Federico García Lorca, reconocieron la profunda influencia que ejerció su poesía sobre ellos y sus obras.

1 Haz un resumen en español del artículo sobre Bécquer con tus propias palabras. Menciona:
- su vida hasta 1858
- su vida después de 1858
- la recepción crítica de las *Rimas*
- las ideas poéticas de Bécquer
- el tema de la mujer
- su mayor logro como poeta

2  *Entrevista a Beatriz Hernández, crítica literaria, sobre la* **Rima XIII** *de Bécquer.* **Primero escucha el poema y luego léelo para que entiendas bien de qué se trata. A continuación lee el siguiente resumen de la entrevista, y encuentra en la lista de abajo las palabras que faltan. ¡Cuidado! Sobran seis palabras.**

RIMA XIII

Tu pupila es azul y, cuando ríes,
su claridad süave me recuerda
el trémulo fulgor de la mañana
que en el mar se refleja.

Tu pupila es azul y, cuando lloras,
las transparentes lágrimas en ella
se me figuran gotas de rocío
sobre una violeta.

Tu pupila es azul, y si en su fondo
como un punto de luz radia una idea,
me parece en el cielo de la tarde
una perdida estrella.

El poeta describe la hermosura de la mujer a quien (**1** ....) el poema utilizando imágenes del mundo de la naturaleza. La mujer se parece a la mañana, al rocío, a una estrella. Quiere (**2** ....) en el alma de su amada para llegar a la esencia de su (**3** ....). Usa recursos líricos tradicionales (**4** ....) como la asonancia y los símiles. Bécquer expresa su (**5** ....) de manera sencilla, logrando transmitir una emoción profunda.

A ser	E sueño	I olvidarse
B poesía	F dirige	J adentrarse
C acostarse	G tanto	K tales
D dicha	H impresión	

Estrategia

Learning about the techniques a poet uses
- Read a short poem (such as a sonnet) and think about the differences between the poem and a paragraph of prose, for example:
  - Does the poem rhyme? If so what is the rhyme scheme?
  - Does the poet use images (e.g. metaphors, similes)?
  - Does the poem follow a pattern which gives it an 'external' structure?
- Note down any of the poetic elements you observe: the rhyming pattern, striking images, line length etc.
- Try to show how skilfully the poet uses these devices to contribute to the effectiveness of the poem.

3 a  **Busca en Internet otro poema de Bécquer y coméntalo con tu compañero/a. Menciona:**
- el uso de las imágenes
- el ritmo y la música en cada poema
- la estructura

3 b Comenta con tu compañero/a las diferencias entre el poema que has encontrado y la *Rima XIII*.

3 c **¿Cuál de los dos poemas prefieres? Escribe un párrafo explicando por qué.**

13 *El coronel no tiene quien le escriba*

- Familiarizarse con la novela *El coronel no tiene quien le escriba*.
- Comentar la eficacia de la estructura de una novela.

El coronel no tiene quien le escriba: el triunfo del optimismo

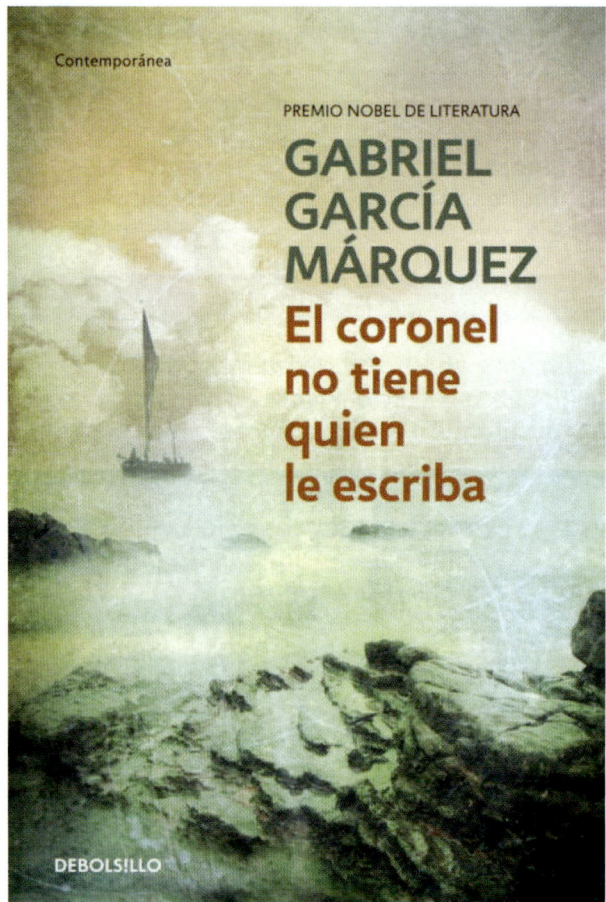

El coronel no tiene quien le escriba, de Gabriel García Márquez, es una novela corta que se sitúa en un pueblo colombiano. El coronel es un anciano optimista que espera la carta con su pensión desde hace 15 años. Según él, la pensión cambiará su fortuna y la de su mujer, que está enferma. Un tema clave de la novela es la injusticia que recibe la gente humilde de un gobierno corrupto.

A Primero, el coronel no tiene éxito cuando va a ver a don Sabas pero al final este le ofrece 400 pesos, menos de lo que le ofreció primero, y un adelanto de 60 pesos.

B El coronel y su mujer se sienten bien al recibir el dinero, pero un día el coronel ve al gallo en la gallera. Cambia de decisión: coge el gallo y se va a su casa. La última palabra del coronel muestra que está resuelto a aceptar su condición de pobre. Se siente invencible.

C El coronel tiene un gallo de pelea heredado de su hijo Agustín, que fue asesinado por distribuir información clandestina. Quiere guardar el gallo para ganar una pelea y así tener lo bastante para comer; su mujer, más realista, quiere venderlo. Cada viernes el coronel baja hacia el muelle esperando recibir el correo con su carta de pensión.

D Un coronel y su mujer viven en la pobreza. La mujer sufre de asma. El coronel espera una pensión por su servicio militar pasado. El coronel va a un entierro. Está lloviendo.

E Don Sabas, un hombre rico y corrupto del pueblo, le aconseja al coronel que venda el gallo. Desesperado, el coronel dice a su mujer que ha decidido venderlo a don Sabas.

F El coronel ha escrito la carta para cambiar de abogado. Da su comida para alimentar al gallo para que pueda pelear. Luego los amigos de Agustín deciden dar de comer al gallo.

G La situación del coronel va de mal en peor pero siempre es optimista: piensa que al final le llegará la carta con la pensión. Los compañeros de Agustín hablan de la posibilidad de victoria del gallo. Cuando no llega la carta de nuevo, el coronel decide cambiar de abogado.

1 a Coloca los siete párrafos en su orden correcto para formar un resumen de la historia.

1 b  Cuando hayas terminado actividad 1a, haz un resumen de los tres primeros párrafos (¡en el orden correcto!). Escribe en frases completas y verifica el trabajo con cuidado para asegurarte de que el lenguaje es correcto.
Menciona:
- la situación del coronel y su mujer
- la importancia del gallo (2)
- por qué el coronel toma una decisión (2)

2  *El gallo, ¿venderlo o guardarlo?* Entrevista a Jaime Gómez, crítico literario. Escucha la entrevista y contesta en español las siguientes preguntas con tus propias palabras.

1. Según Jaime, ¿por qué esta novela parece diferente de otras obras del autor?
2. ¿Qué dos elementos añaden complejidad al texto? (2)
3. ¿Qué tragedia reciente golpeó a la familia del coronel?
4. Según Jaime, ¿cómo difiere esta novela en su estructura de otras muchas novelas?
5. ¿Cómo refleja la estructura de la novela el desarrollo psicológico del coronel?
6. ¿Cómo se gobernaba el país en el que vive el coronel?
7. Al comienzo de la segunda parte, ¿qué hizo el coronel para mejorar la posibilidad de recibir su pensión?
8. ¿Por qué fue triunfante el coronel al final de la novela?

Estrategia

Commenting on the effectiveness of the structure of a novel
- Think about the key events of the plot.
- Make notes about the structure of the novel, to determine what structure the author had in mind, for example:
  - Do the events follow a chronological order?
  - Does the novelist employ flashback?
  - Does the novel build up to a climax?
- Are there unexpected twists or sub-plots?
- Read a key event in a novel and determine whether the structure underscores the characters' actions or choices effectively.

3 a Comenta en grupo la estructura de una novela que todos vosotros conozcáis. Compara esa estructura con la de *El coronel no tiene quien le escriba*, tal como se describe en el texto de audición.
Incluye:
- el tipo de estructura que utiliza cada autor
- la manera en que la estructura apoya los sucesos de la novela

3 b En grupo, pensad en otras novelas que hayáis leído que tengan una estructura interesante y explicad lo que hay de atrayente en ellas.

3 c Escribe un párrafo sobre la estructura de la novela que haya elegido el grupo.

Literature and film

14 *El otro árbol de Guernica*

- Familiarizarse con el contenido de la novela y su autor, Luis de Castresana.
- Analizar las técnicas con las que un autor recrea un periodo histórico concreto.

El autor, el libro y su argumento

Luis de Castresana era natural de Basurto, en Bilbao, y fue un aclamado escritor español y también pintor. Ante la inminente guerra civil en España, sus padres quisieron protegerle y lo enviaron a Bélgica con su hermana. A la vuelta, hizo su servicio militar en Madrid y pronto empezó a trabajar en diversos medios de prensa escrita. Tras viajar por medio mundo con su trabajo de corresponsal, acabó dedicándose a la literatura en exclusiva y en el programa de Televisión Española *Libros que hay que leer*.

En su libro *El otro árbol de Guernica*, Castresana cuenta la vida de un grupo de jóvenes estudiantes que durante la Guerra Civil española son enviados a varios colegios del extranjero para librarlos de la cruel violencia del conflicto bélico y a la vez para que pudiesen continuar sus estudios. El grupo de estudiantes españoles en el que se basa el relato siente nostalgia de su tierra, y crece recordando el fútbol, su pueblo y sus costumbres. Se podría decir que el libro es un poco biográfico, ya que el propio autor fue deportado y sintió en su propia carne el desgarro de tener que abandonar su país y su familia siendo tan joven.

El título de la novela hace referencia a un gran símbolo en la cultura vasca, el árbol de Guernica, que se remonta a la Edad Media y a las asambleas vascas que formaban gobierno. Es una clara referencia a su tierra natal, el País Vasco.

Fotograma de la película de 1969 del libro

En la novela, se cuenta como a principios de la Guerra Civil española, Santiago Celaya y su hermana Begoña son enviados a Francia, junto con otros niños vascos. Después de unos meses en la isla de Olerón, una especie de colonia de verano, son repartidos por distintos lugares. Santi vive primero con el matrimonio Dufour, en Bruselas, pero a causa de un incidente, es enviado a un internado donde al principio es el único español, pero al que después llegan más chicos y chicas españoles. Allí llaman 'el árbol de Guernica' al roble que hay en el patio y que, junto con la biblioteca y el coro que constituyen, son los tres grandes nexos de unión de todos los chicos españoles.

1 *El autor, el libro y su argumento.* **Lee el resumen, luego elige la opción correcta para completar cada una de las seis frases siguientes.**

1. De pequeño, Luis Castresana...
    - A se fue a Bélgica con sus padres.
    - B tuvo que vivir en el exilio.
    - C vendió muchas pinturas.

2. Luis no había tenido experiencia en...
    - A el periodismo.
    - B las fuerzas armadas.
    - C la política.

3 Al leer sobre las experiencias del autor, nos damos cuenta de que...
   A él escribió un libro semiautobiográfico.
   B él tuvo que asistir a varios colegios.
   C él no pudo seguir estudiando.

4 El árbol de Guernica....
   A creció durante la guerra civil.
   B fomentó las asambleas vascas.
   C es un símbolo clave de la cultura vasca.

5 Santi...
   A visita al menos cinco países diferentes.
   B hace amigos españoles en el internado después de un rato.
   C tiene padres franceses.

6 Los chicos españoles del internado...
   A construyen una biblioteca.
   B dan significado al roble que hay en el patio.
   C no se sienten unidos allí.

2 *Una discusión en clase sobre* **El otro árbol de Guernica. Escucha las opiniones de los estudiantes. Para cada frase escribe: C si la frase corresponde a Cornelio; M si la frase corresponde a Marisol; A si la frase corresponde a África.**

1 La novela intenta mezclar el humor con conflictos adolescentes.
2 El autor de la novela tiene la intención de denunciar los efectos desastrosos de una guerra civil.
3 Santi no tiene mucha confianza en los adultos.
4 Parece que al autor le encanta la tierra vasca.
5 Hay un análisis del proceso a la madurez ante la adversidad.
6 El tema de la guerra civil aparece con frecuencia en el libro.
7 Con respecto a la guerra, lo más triste es el sufrimiento de los pequeños.
8 Santi quiere ser autor.

Estrategia

Analysing the techniques used by an author to recreate a period effectively

A plot that takes place in a setting located in the past requires a range of techniques to convey authenticity. Examine the effectiveness of the author's techniques in the following areas:
- historical detail and references to real-world events
- depictions of environments, geographical features and landscapes
- use of symbols and iconic images of the age
- use of authentic language, with expressions typical of the period
- descriptions of contemporary fashions and trends
- the attitudes and behaviour of the characters being in line with contemporary thinking

3 a Para tener más datos sobre las técnicas con las que un autor recrea un periodo histórico concreto, elige una novela que hayas leído, y busca más información en Internet para tomar notas. Consulta la Estrategia.

3 b Una vez terminada la actividad 3a, habla con un/a compañero/a sobre lo que has encontrado. Comparad notas y ejemplos sobre las novela si escogisteis la misma.

3 c Escribe un breve informe sobre las técnicas con las que el autor recrea el periodo histórico.

15 *La casa de los espíritus*

- Familiarizarse con la novela *La casa de los espíritus*.
- Examinar el marco de una novela en la historia y considerar si es un producto de su tiempo.

Introducción a *La casa de los espíritus*

La casa de los espíritus, publicada en 1982, fue la primera novela de Isabel Allende. *En ella la autora intenta crear unos setenta años de la historia de Chile, desde principios del siglo XX hasta el golpe militar que derrocó al presidente chileno Salvador Allende (su tío) en 1973.* La novela cuenta la historia de cuatro generaciones de una familia chilena, de sus ambiciones sociales y políticas, sus relaciones y sus conflictos.

La historia comienza con una descripción del diario de Clara Del Valle explicando lo que ocurrió un Jueves Santo. En la iglesia nos encontramos con la familia: Severo y Nívea Del Valle son los padres de Rosa y Clara. Esteban Trueba, un hombre de origen humilde, busca la mano de la hermosa Rosa, y cuando esta muere envenenada, vuelve a su hermana Clara y se casa con ella. Clara tiene el don increíble de predecir el futuro y otras capacidades sobrenaturales. Ella escribe lo que pasa en su diario y sigue escribiéndolo hasta su muerte.

Esteban Trueba, habiendo tenido éxito como hombre de negocios, se dedica a la política, y se convierte en senador del partido conservador. Tiene tres hijos con Clara: Blanca y los mellizos Jaime y Nicolás. A continuación seguimos la historia de la generación siguiente: Blanca está enamorada de un campesino rebelde, Pedro Tercero, que tiene ideales políticos opuestos a los de Esteban. Luego continúa la historia con el relato de la tercera generación: Blanca da a luz a Alba, quien en el futuro encontrará el diario de su abuela, Clara, y escribirá la historia de la familia. Alba también se enamora de un hombre de izquierdas. *Con la historia de Alba llegamos al golpe militar y el triunfo de la política de derechas en Chile.*

Para terminar, la autora hace resaltar sobre todo a las mujeres: a Clara, soñadora y espiritual, su hija Blanca y su nieta Alba, las dos últimas obligadas a mantener su amor en la clandestinidad. Como García Márquez en *Cien años de soledad*, Isabel Allende mezcla fantasía y realidad. *Sus personajes literarios destacan contra un telón de fondo social real, el de Chile durante el siglo XX.*

1 a Lee esta sinopsis de la novela y decide si las frases siguientes son verdaderas (V), falsas (F) o no mencionadas (N).

1. La acción se centra en el Chile de la segunda mitad del siglo XX.
2. La novia de Trueba se suicidó.
3. Trueba se hace un político de derechas.
4. Pedro Tercero y Trueba comparten las mismas ideas políticas.

5 Esta novela no habría existido si Alba no hubiera dado con las escrituras de su abuela.
6 La tercera generación es la que presencia el golpe de estado.
7 Clara era muy religiosa.
8 Madre e hija estaban obligadas a ocultar su amor.

1 b Corrige las frases falsas.

1 c Translate the phrases in italics into English.

2 *La casa de los espíritus: novela e historia.* Escucha la discusión y contesta en español las preguntas siguientes con tus propias palabras.

1 ¿Cómo se sabe que Isabel Allende refleja la realidad chilena en la novela?
2 ¿Por qué le parece a Jorge que Trueba es un logro como personaje?
3 ¿Cómo trató Trueba a Clara?
4 ¿Cuál es la opinión de Laura sobre la mayoría de los personajes masculinos?
5 Según Laura, ¿dónde debemos buscar la verdad de la novela?
6 Las mujeres chilenas, ¿dónde se sentían libres?
7 ¿Por qué sufrieron Blanca y Alba?
8 ¿Cómo se diferencian las mujeres del libro de las de siglo XXI?

Estrategia

Examining the setting of a book in history and considering whether it is a product of its time
- Investigate the historical period on the internet.
- Note down features of the setting that reflect the historical situation:
  - a historical event such as a war, revolution, a financial crash
  - attitudes of characters that belong to the past era
- Compare these features with how they would be presented today.
- Assess how far the book is a product of its time.

3 a Escoge una novela, preferiblemente escrita en español, que se escribió durante el siglo XX y debate con tu compañero/a si los temas pueden tener vigencia hoy en día. Comenta:
- si el tema de la novela está arraigado en su época
- si los personajes se parecen a los de las novelas actuales
- lo que podemos aprender de esta novela en el siglo XXI

3 b Escribe un párrafo sobre los temas de *La casa de los espíritus* que sean relevantes hoy en día.

4 Si es posible, obtén un ejemplar de la novela o de la película de la novela. Lee algunos capítulos/Ve algunas escenas y coméntalos/las con tu compañero/a. ¿Te gustan o no? ¿Qué opinas de las escenas fantásticas? Después de leerlas/verlas, ¿quieres seguir leyendo/viendo o no?

Literature and film

16 *La sombra del viento*

- Familiarizarse con la novela *La sombra del viento*.
- Comparar dos opiniones de la novela y decir cuál te parece mejor y por qué.

Introducción a *La sombra del viento*

Barcelona 1945. Un muchacho de diez años va con su padre a una biblioteca secreta llamada el Cementerio de los Libros Olvidados. Su padre le dice que no diga nada a nadie de que ha estado en ese lugar; tiene que ser un secreto entre ellos dos. Allí es donde el muchacho, Daniel Sempere, descubre una novela que cambia su vida: se llama *La sombra del viento* y su autor es Julián Carax. A Daniel le fascina tanto el relato —lo lee en dos días— que se dedica a buscar a su autor por las calles de la ciudad hasta que descubra el secreto de Carax. Así comienza esta novela del escritor barcelonés Carlos Ruiz Zafón.

La búsqueda de Carax es larga y le arrastra por un laberinto de lugares misteriosos. También es peligrosa: un día por la calle se encontró con un hombre llamado Lian, que le amenazó con matarle si no le daba el libro de Julián. Alguna gente le ayuda en su búsqueda, sobre todo un amigo vagabundo llamado Fermín Romero de Torres. Transcurren algunos años y poco a poco la verdad de la vida y el amor de Carax se ponen al descubierto. Daniel y su novia Bea pasan mucho tiempo en una casa lóbrega y oscura de Barcelona en la que murieron la mujer de quien Carax estaba enamorado y su hijo. Allí encuentran al autor y aprenden su secreto.

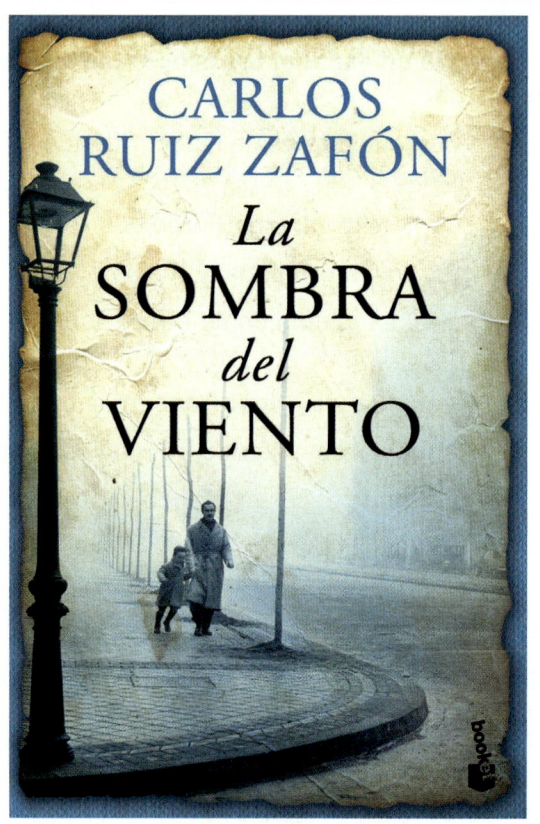

El argumento de la novela es muy complejo. Carlos Ruiz Zafón entrelaza varias historias, pero hay dos tramas principales: la de Daniel, que va desde 1945 hasta principios de los años 50, y la de Carax, que se refiere a los sucesos de su vida antes de 1945.

Daniel se encuentra con un montón de personajes mientras va en busca de Carax. Esa gente es típica de la Barcelona de aquella época, algunos humorísticos, como el amigo Fermín, otros violentos, como el enemigo de Carax, el Inspector Fumero. La novela se cuenta en primera persona cuando Daniel la narra y en tercera persona si se trata de otra persona que relata su propia subtrama.

1 a Busca palabras o frases del texto que tengan el mismo significado.

1. colección de libros
2. historia
3. lleva tirando
4. mendigo
5. pasan
6. tenebrosa
7. argumento
8. gran número

1 b Translate the first paragraph of the introduction to the novel into English.

1 c  Haz un resumen con tus propias palabras de los párrafos 2 a 4, poniendo de relieve los siguientes puntos. Escribe en frases completas y verifica el trabajo con cuidado para asegurarte de que el lenguaje es correcto.
- la búsqueda de Carax (3)
- el argumento de la novela
- la gente que encuentra Daniel

2 a  *La sombra del viento: novela de suspense*. Escucha esta conversación y decide si las frases siguientes son verdaderas (V), falsas (F) o no mencionadas (N).
1. La acción de la novela tiene lugar durante la Guerra Civil española.
2. Manuel solía errar por las calles de Barcelona con sus amigos jóvenes.
3. A Paula lo que le atrae es la historia sentimental.
4. Julián Carax era una persona prudente.
5. Daniel era la víctima de una disputa entre dos personajes.
6. Según Manuel, el autor se desvía mucho del tema.
7. Paula estaba tan enganchada que leyó el libro de una vez.
8. Para Paula, ¡cuánto más enredada la novela mejor!

2 b Corrige las frases falsas.

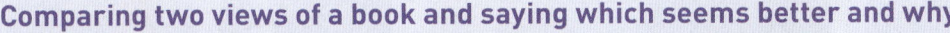

Estrategia

Comparing two views of a book and saying which seems better and why
- Reread your notes on the book so that it is fresh in your mind.
- Summarise each of the two views and test them against your own reaction.
- Check that each view contains:
  - a reference to the author's intention in writing the book
  - a statement of the main theme(s)
  - a reasoned justification of the opinion given
- Decide which view seems better to you and give your reasons for your decision.

3 a Piensa en un libro (en inglés, español u otra lengua) que pueda atraer a unas personas y no gustar a otras. Escribe notas sobre los aspectos positivos y negativos, y decide cuáles corresponden con tu opinión.

3 b Explica tu punto de vista a tu grupo y si los otros han leído el mismo libro, pregunta si comparten tus ideas o no.

4  A ser posible, lee algunos capítulos de *La sombra del viento*. Comenta con tu compañero/a las posibles opiniones diferentes que puedan existir sobre el libro. Menciona:
- la intención declarada del autor
- los temas y subtemas principales
- el argumento
- las justificaciones que dan los críticos de sus opiniones

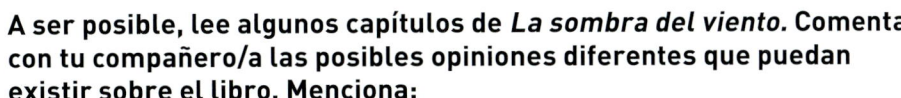

Writing an AS essay

- Aprender lo que requiere la parte literaria del examen de AS.
- Aprender una variedad de estrategias útiles para escribir una redacción bien estructurada sobre una película.

Introducción

Una parte del examen de AS requiere que escribas aproximadamente 250 palabras sobre un libro o una película que hayas estudiado en clase. Mira la lista de libros y películas en el índice del libro. Habrá dos opciones de preguntas sobre cada libro y cada película. Tienes que elegir la opción que mejor te convenga sobre el libro o la película que has estudiado.

1 a Mira los géneros de película abajo (A–C) y decide qué grupo de preguntas (1–3) sería más pertinente en cada caso.

A

Una película de acción que tiene lugar durante la Guerra Civil española

B

Una película de intriga en la que un detective resuelve un misterio al final

C

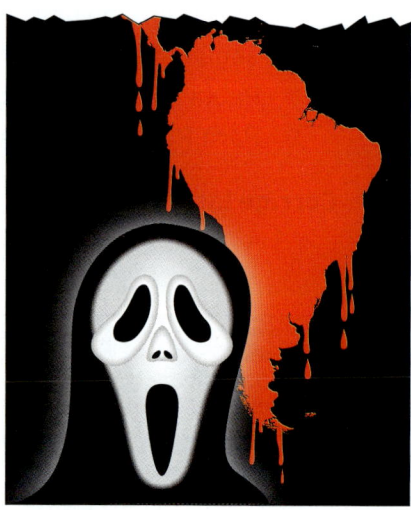

Una película de miedo que tiene lugar en una ciudad latinoamericana

1 ¿Hasta qué punto está la acción vinculada a un lugar específico? Utiliza los puntos siguientes:
- el lugar escogido para la película
- las escenas y los sucesos más importantes de la película
- la importancia del lugar para los personajes de la película
- el vínculo entre el lugar y el título de la película

2 Retrata al personaje principal y analiza su papel. Utiliza los puntos siguientes:
- cómo se representa a ese personaje
- su evolución durante la película
- cómo se enfrenta a los otros personajes
- sus acciones más importantes en la película

3 Analiza la importancia de las escenas y los sucesos clave de la película. Utiliza los puntos siguientes:
- las escenas más importantes y su impacto
- las actitudes de los personajes hacia estos sucesos
- el vínculo entre el título y los sucesos de la película
- cómo hacen que la historia se desarrolle

2  Ahora mira el sitio web de AQA y encuentra otros títulos de redacción para las películas que se estudian para el examen de AS en español. Elige un título que te interese y luego ve la película. Busca también en Internet algunas reseñas de películas en español. Escribe aproximadamente 250 palabras, utilizando las estrategias siguientes.

Estrategia

Planning
- Make sure you understand the bullet points that you need in order to support your answer to the chosen question. Each one will become a paragraph. Initially just write brief notes for each. You can write rough notes on your exam paper but make sure that you cross them out so that they aren't marked as part of your answer.
- Find an example in the film to illustrate each point. For some of these points it might be appropriate also to find a suitable quotation and to use it in the essay.
- Before you start to write your answer, decide on the most sensible order for the points you are going to make. You do not have to use the bullet points listed in the question; if you wish, you may also decide your own points, using just some of the ones in the question. Once you have planned the sequence of your bullet points, read the sentence you have written for each point again and double-check that it relates to the title.

Estrategia

Writing
- Write a short introduction to set the question in context. This context may be historical, or it may relate to how this work fits into the director's work as a whole, how it was received, its social setting, etc. The introduction is a chance to show that you have some background understanding and are not writing in a vacuum. You need to be concise here, so structure your sentences carefully, e.g. '*Volver*, película de intriga dirigida por Pedro Almodóvar, señala...'.
- Now refer back to your notes for the first paragraph. Construct the first sentence of your chosen first paragraph so that it carries on logically and smoothly from the introduction. See page 150 for useful possible phrases. Add the rest of the paragraph, making sure that you give your own opinion, justify it and that any points you make refer directly to the essay question.
- Be careful not to quote excessively or make quotations a substitute for your argument.
- Carry out the steps above with each of the other bullet points.
- Read through everything again and then write your conclusion. This should sum up briefly what you have said, and give your overall opinion. It is not a place to add new ideas, but one to pull together the ideas you have expressed so far.

Estrategia

Checking
- Check the length, you need to write approximately about 250 words.
- Finally, check for accuracy and style:
  - verb endings, tenses and moods
  - adjective agreement
  - varied sentences, using connectives
  - variety of vocabulary, including some more sophisticated terms (see page 150)

Estrategia

Time management
Remember that in the exam you will have approximately 1 hour to complete this task. Allocate yourself a certain amount of time for planning, writing, for example 10 minutes for planning, 40 minutes for writing and 10 minutes for checking.

Writing an A-level essay

- Entender lo que requiere la parte literaria del examen de A-level.
- Aprender una variedad de estrategias útiles para escribir una redacción bien estructurada sobre una novela o una obra de teatro.

Introducción

Una parte del examen de A-level requiere que escribas dos redacciones de aproximadamente 300 palabras. Debes escribir una de estas sobre uno de los libros que has estudiado; puedes escribir la otra sobre una de las películas u otro libro que has estudiado. Tienes que elegir la pregunta que mejor te convenga sobre el libro o la película que has estudiado.

Estrategia

Planning

- Planning your essay is an important part of the process. You can write rough notes on your exam paper but make sure that you cross them out so that they are not marked as part of your answer. Get the question from the Spanish exam paper. This question becomes your title. A good way to start is to draw a diagram as follows:

Introduction — *La sombra del viento* es una mezcla confusa de historia realista y fantasía exagerada. ¿Hasta qué punto estás de acuerdo? — Conclusion

- Write the title in the middle box and underline the most important words. Refer back to this frequently. Remember that in order to produce a good quality essay, you must answer the question exactly — a pre-prepared essay will not be sufficient.
- Using the important words in the title as prompts, think about points that you would like to make to answer the question. Add these in boxes around the title in your diagram in Spanish or in English. Aim for three to five main points. For example, with the title in the diagram above, you may want to look at:
  - the setting of Barcelona in the 1940s and 1950s
  - the use of fantasy by the author
  - the blending of the two components

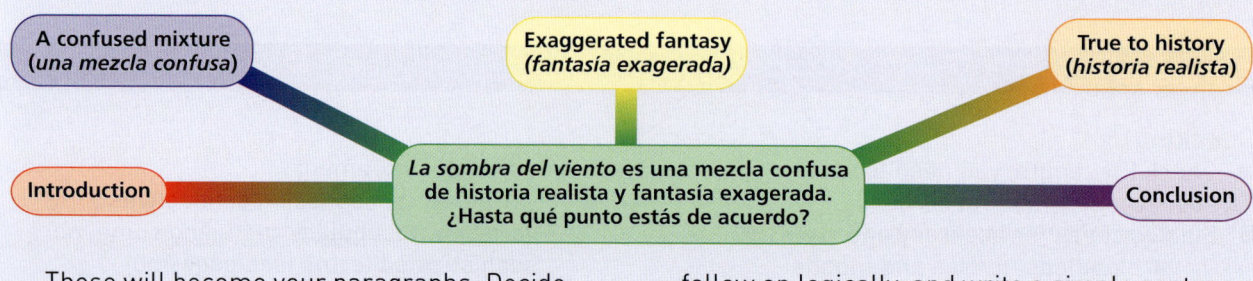

These will become your paragraphs. Decide on a sensible order for them, making sure they follow on logically, and write a simple sentence for each.

1 Mira el sitio web de AQA y encuentra las preguntas para los libros que has elegido. Elige la pregunta que más te interese. Haz un diagrama como el de arriba, utilizando la Estrategia.

Estrategia

Getting started
- Find an example in the book to illustrate each point. For some of these it might be appropriate also to find a suitable quotation. At this level you will be expected to offer different viewpoints and then to present your argument about which one you feel is correct and why. Back up your opinion with evidence from the text and with background information you have researched relating to issues and themes discussed in the book. Also discuss and evaluate the cultural and social contexts explored in the work.

For the title above, you could look at:
- the background of Barcelona and how realistically it is portrayed in the novel
- how believable the events of the novel are
- whether the author has been successful in blending the two elements, giving examples

- Use the examples, quotations and viewpoints to flesh out your paragraphs. Be careful not to quote excessively or make quotations a substitute for your argument.

Estrategia

Writing
- Now focus on the introduction. This involves stating what you are going to say and setting the question in context. This context may be historical, or it may relate to how this work fits into the author's work as a whole, how it was received, its social setting, etc. The introduction is a chance to show that you have some background understanding and are not writing in a vacuum, e.g. 'Leyendo Réquiem por un campesino español, novela de Ramón Sender, escrita en 1953, uno se da cuenta de que...'.
- Refer back to your notes for the first paragraph. Construct the first sentence of your chosen first paragraph so that it carries on logically and smoothly from the introduction.

See page 150 for useful phrases. Add the rest of the paragraph and make sure that you have included differing viewpoints, given your own opinion, justified it and are referring directly to the essay question.
- Always look for more sophisticated ways of making statements and use the correct register for describing a literary work (see page 150).
- Read through everything again and then write your conclusion. This should sum up what you have said, and give your overall opinion. It is not a place to add new ideas, but one to pull together the ideas you have expressed so far.

Estrategia

Checking
- Check that the length is about 300 words.
- Finally, check for accuracy and style:
  - verb endings, tenses and moods
  - adjective agreement
  - varied sentences, using connectives
  - variety of vocabulary, including some more sophisticated terms (see page 150)

Estrategia

Time management
- Remember that in the exam you will have two hours to complete both of the essays. Allocate yourself a certain amount of time for planning, writing and checking each essay, for example 10 minutes for planning, 40 minutes for writing and 10 minutes for checking.

2 Ahora que has hecho tu diagrama, escribe una redacción de aproximadamente 300 palabras.

Vocabulario y frases útiles para escribir redacciones sobre literatura y cine

General essay-writing phrases

Ahora sigamos/continuemos con... Let us now continue with...
como consecuencia (de) as a result (of)
en cambio on the other hand, instead
en estos tiempos/hoy en día these days/nowadays
En mi opinión, (no) se puede creer... In my opinion, one can(not) believe...
en realidad in fact
en resumen to sum up, in a nutshell
para comenzar/terminar... to begin/finish...
por último finally, in the end
por una parte... por otra... on the one hand... on the other...
Primero consideremos... First let's consider...
Se suele afirmar que... It is often said/claimed that...
También debemos considerar... We must also consider...

More sophisticated essay-writing phrases

A medida que se avanza en el relato/la película... As the story/film progresses...
Como señala el/la autor/a... As the author points out/shows...
Es un telón de fondo perfecto. It is a perfect backcloth.
Incluso se puede decir que... You/One can even say that...
Lo cierto es que... The fact/truth is that...
No se puede negar que... It cannot be denied that..., There's no denying...
Pongamos por caso... For instance...
Resulta difícil creer que... It is hard to believe that...
Se podría decir incluso que... You could even say...
Se trata (del amor y del remordimiento). It's a question (of love and remorse).
sirva de ejemplo by way of example/a case in point is

Phrases for describing the plot

la **complejidad del argumento** the complexity of the plot
el **desarrollo lineal** linear development
el **desarrollo de la trama/intriga** plot development
entrelazar las historias to interweave the stories
una **escena retrospectiva** a flashback
un **giro inesperado** an unexpected twist
un **resumen del argumento** a summary of the plot
la **secuencia de los sucesos** the sequence of events

Phrases for commenting on character

el **desarrollo de un conflicto entre...** the development of a conflict between...
Destaca el personaje (x). The character (x) stands out.
la **evolución del personaje** the character's development
el **personaje principal, el/la protagonista** the main character
Los personajes se parecen mucho. The characters are very alike.
un **retrato del protagonista** a portrait of the main character
Se diferencian mucho en su carácter. They are very different in character.
Tiene un carácter duro/simpático/alegre. He/She has a hard/kind/cheerful character.
la **vida interior de los personajes** the characters' inner life

Phrases to describe setting

La acción ocurre en el pasado/presente/futuro. The action takes place in the past/present/future.
el **ambiente de la aldea, del barrio etc.** the atmosphere of the village, district etc.
describir el entorno/medio ambiente to describe the environment
la **descripción del paisaje** description of the landscape
el **marco histórico/social** the historical/social setting
recrear el período/la época to recreate the period/era
un **sentido de lugar** a sense of place
transmitir la impresión de un lugar to convey the impression of a place

Film-specific phrases

la **actuación/interpretación de un papel** performance in a role
Apareció en su primer largometraje. He/She appeared in his/her first feature film.
un/a **cineasta creativo/a** a creative film-maker
una **escena emocionante** an exciting/emotional scene
estrenarse una película to be premiered
una **imagen eficaz** an effective image
el **rodaje de la película** the shooting of the film

UNIT 7

La inmigración

7.1 **La inmigración en España: procedencia, distribución e integración**
7.2 **La vida y penurias de un 'sin papeles'**
7.3 **La inmigración mexicana en EE.UU.**

Theme objectives

In this unit you study immigration. The following topics are covered:
- immigration in Spain: origin, distribution and integration
- the plight of illegal immigrants in Spain, their life and experiences
- Mexican immigration to the United States and its consequences

Grammar objectives

You will study and practise the following grammar points:
- the conditional tense
- gerunds
- relative pronouns

Strategy objectives

You will develop the following strategies:
- adapting a text to your own needs
- planning ongoing tasks to bring language up to A-level standard
- researching a prominent figure from the Spanish-speaking world

7.1 La inmigración en España: procedencia, distribución e integración

- Analizar datos sobre la inmigración en España: procedencia, distribución e integración.
- Usar el condicional simple.
- Adaptar un texto a tus necesidades personales.

¡En marcha!

1 La inmigración y la movilidad de gente de un país a otro han existido siempre, pero ¿por qué? Haz una lista con al menos seis razones de por qué alguien querría cambiar de país. Si es posible, da ejemplos.

¿Quiénes son, de dónde vienen, qué buscan?

Destino: España

Datos

Según los últimos datos disponibles de inmigración, España es el décimo país del mundo en número de inmigrantes en comparación con su población total. En la actualidad hay alrededor de unos cinco millones de inmigrantes en el censo, de un total de casi 47 millones de habitantes.

La inmigración en España es bastante variada y de diferentes procedencias; la mayoría vienen de América del Sur, en concreto de países como Ecuador y Colombia, sobre todo por razones lingüísticas y culturales. El 14% de los inmigrantes viene del norte de África, de Marruecos principalmente, y el 10% de Rumanía, justo la mitad del total de inmigrantes procedentes de Europa del Este y de otros países como Polonia, Bulgaria y Ucrania.

Distribución

Los inmigrantes suelen buscar trabajo y vivienda rápidamente, y habitualmente se asientan en las zonas más dinámicas laboralmente del país. Las grandes ciudades de Madrid y Barcelona, el sur y la costa este son áreas donde el número de inmigrantes podría llegar a triplicar el de otras como el centro o el norte español. Destaca la comunidad china en Madrid, con casi 12.000 autónomos registrados, muchos dueños de negocios prósperos.

Ocupación

El trabajo que los inmigrantes desempeñan en España suele variar dependiendo de la nacionalidad en la mayoría de los casos. Los que vienen de Europa Occidental generalmente tienen que ver con trabajos financieros; por otro lado, los latinoamericanos acaban encontrando trabajo más fácilmente en el sector hotelero y doméstico. El número de marroquíes que trabaja en la agricultura y ganadería es mucho más elevado que el resto de procedencias y los que vienen de Europa del Este trabajan mayormente en la construcción, casi el doble que los propios españoles, según datos recientes.

Theme 3 Multiculturalism in Hispanic society

2 a Lee el informe sobre la inmigración en España, luego contesta las preguntas en español con tus propias palabras.

1. ¿Cuál es la población actual de España?
2. ¿Cuáles son las dos razones por las que vienen tantos inmigrantes de América del Sur a España?
3. ¿Por qué se instalan los inmigrantes en grandes ciudades como Madrid y Barcelona?
4. ¿Cómo sabemos que muchos chinos han tenido éxito en Madrid?
5. ¿En qué sector trabajan principalmente los inmigrantes de Europa del Oeste?
6. ¿De dónde proceden la mayoría de los inmigrantes que trabajan en el sector servicios?

2 b  Resume la información del texto de acuerdo con los siguientes puntos en un párrafo de unas 70 palabras, usando tus propias palabras. Escribe en frases completas y verifica el trabajo con cuidado para asegurarte de que el lenguaje es correcto.

- la variedad y origen de los inmigrantes en España (4)
- dónde se instalan los inmigrantes mayormente (2)
- la tendencia laboral de los procedentes del norte de África y del este de Europa (2)

2 c Traduce las siguientes frases al español, usando el texto cuando sea necesario.

1. The data available suggests approximately 11% of the Spanish population are immigrants.
2. Currently, the majority of immigrants do not usually look for work in the north of Spain.
3. Because of the economic crisis, the number of jobs in the financial sector and construction continue to fall rapidly.
4. The work that many Moroccans carry out in Spain is low-paid.
5. It is said that the number of immigrants could treble in the next five years.
6. Should the Spanish government try to limit immigration?

3 a  *Testimonios y opiniones sobre la inmigración.* Escucha los testimonios y escribe positivo (P) o negativo (N) para cada frase, según lo que oyes.

Afulay
1. La situación económica en su país de origen
2. Su opinión sobre la vida en España actualmente

Carlota
3. Su opinión sobre la inmigración
4. Su comentario sobre la tasa de paro
5. La idea de endurecer las leyes contra la inmigración

Loredana
6. Su estilo de vida hoy en día
7. El sueldo de su padre

Ramiro
8. La actitud de los inmigrantes hacia el trabajo duro

3 b  Escucha nuevamente a las cuatro personas hablando de la inmigración, luego resume los siguientes puntos en un párrafo de unas 70 palabras, utilizando tus propias palabras. Escribe en frases completas y verifica el trabajo con cuidado para asegurarte de que el lenguaje es correcto.

- las razones por las que Afulay no quiere volver a su país (3)
- los problemas económicos en España según Carlota (3)
- por qué Carlota no usa el transporte público
- las dificultades que sufrió Loredana al principio (2)
- lo bueno de los inmigrantes, según Ramiro (3)

Gramática

El condicional (The conditional tense)

Read carefully section G5 of the grammar section, then listen once more to the four attitudes on immigration. Obtain the transcript of the listening passage. Note down:

a any examples of the conditional tense with regular stems
b any examples of the conditional tense with irregular stems

Copy out the phrases containing the examples and translate them into English.

4 Elige la forma correcta del verbo de las tres posibilidades.

1 Mi vecino rumano me dijo que no [*volvía/volvería/volveré*] nunca a Rumanía porque tenía un empleo seguro en España.

2 Los inmigrantes [*darían/daba/dieran*] cualquier cosa por obtener un trabajo seguro.

3 Le voy a preguntar si [*venga/vendría/viene*] conmigo para buscar una nueva vida en Alemania.

4 Si yo [*sería/fuera/fui*] tú no [*trabajará/trabajaría/trabajara*] en la agricultura porque el trabajo es muy duro.

5 El año que viene [*buscaré/buscara/busqué*] otro trabajo mejor pagado para poder mandar las remesas a Colombia.

6 ¿Les [*gusta/gustaría/gustarán*] vivir en España? Allí las calles están pavimentadas con oro.

7 [*Tuviste/Tenías/Tendrías*] más posibilidades de conseguir un buen trabajo si [*hablas/hablaras/hablarías*] con Alberto.

8 Ayer no [*pude/podría/puedo*] ofrecerle un empleo porque no [*había/habría/hay*] vacantes.

5 Translate into English the following paragraph about the benefits of immigration.

Todos ganamos

Hay muchos beneficios que un país nunca vería si no fuese por la inmigración. Entre otros muchos, están más ganancias económicas, el aumento de la diversidad cultural, contar con una mano de obra más joven y preparada y tener trabajadores cualificados en muchos sectores. Una sociedad sin inmigrantes no podría sobrevivir. Además, ¿hacia dónde iría el planeta si la gente no tuviera el derecho a la movilidad? Todos tenemos el derecho a encontrar nuestro sitio donde queramos y los que eligen no moverse deberían respetar y aceptar a los que vienen de fuera.

Estrategia

Adapting a text to your own needs
- As you read from a text you have found on the internet, make notes of the key pieces of information
- Try to use more than one written source so that you can be sure the information you have obtained is not biased.
- When you have understood the information and associated issues, formulate your own opinion based on what you have learnt.
- If possible, share your findings orally with one or more students to make sure that you have understood the information well, and have considered various possible opinions.
- Write a paragraph summing up your findings and your own opinion, and explain why you have come to this conclusion. This paragraph will serve as a useful revision tool just before the exam.

Follow these steps when researching for information about immigration in exercise 6.

6 a

Busca más información en Internet sobre la inmigración en España y toma notas. Concentra tu búsqueda en opiniones a favor o en contra de la inmigración, así como en evidencia factual que apoye una opinión positiva o negativa (ejemplos de convivencia, riqueza cultural, violencia, paro, marginación, etc.).

6 b

Haz un debate con un/a compañero/a sobre lo bueno y lo malo de la inmigración, usando la información que encontraste para la actividad 6a. Sería bueno que uno/a tome el rol de estar en contra de la inmigración y otro/a a favor, aunque no sea lo que pensáis realmente.

6 c

Elige una de las opiniones sobre la inmigración y defiéndela en un párrafo, dando razones y ejemplos.

> ¡Que se vayan todos! No es aconsejable que el gobierno deje entrar a tantos inmigrantes. Aquí hay problemas económicos y nos están quitando el trabajo a los demás.

> Qué difícil debe de ser para ellos abandonar su país para buscar oportunidades en el extranjero. Solo quieren trabajar duro y proteger a su familia. Es nuestro deber apoyarles.

7.2 La vida y penurias de un 'sin papeles'

- Conocer la situación de los inmigrantes indocumentados en España, su vida y experiencias.
- Usar gerundios.
- Planear actividades continuas que hagan que la calidad de español sea la adecuada para A-Level.

¡En marcha!

1 Mira el gráfico que muestra las rutas y los accesos de los inmigrantes procedentes del continente africano, en su mayoría indocumentados. Algunas de las rutas son extremadamente largas y peligrosas. Habla con tus compañeros/as de clase. ¿Qué transporte se suele usar en estas rutas? ¿Qué problemas crees que encuentran los inmigrantes en el camino?

Rutas y procedencias de inmigrantes africanos a España

2 a Lee las experiencias de los tres 'sin papeles' y las ocho frases de la lista abajo. ¿Cuál se refiere a Homam (H), Aminata (A) o Valeriu (V)?

¿Quién...

1 ... recibió el auxilio médico de una organización benéfica?
2 ... se ha beneficiado de un cambio legislativo?
3 ... ha sido detenido por las autoridades?
4 ... es de África subsahariana?
5 ... se queja del tratamiento injusto que reciben los inmigrantes en el mercado laboral?
6 ... solo quiere tener un trabajo y vivir de manera decente?
7 ... vive en un apartamento abarrotado?
8 ... viene de Europa Oriental?

Theme 3 Multiculturalism in Hispanic society

Sin papeles pero con esperanza

Homam

Vengo del sur de Marruecos y pasé a España desde la ciudad de Melilla, la ciudad española en el norte de África que está bordeada por una valla doble electrificada. Es inhumano, pero mi desesperación me hizo intentar saltarla y lo conseguí, aunque la policía me capturó rápidamente. Ahora estoy en el Centro Temporal de Inmigrantes y están haciendo los trámites para devolverme a mi país porque no tengo papeles. Simplemente quiero trabajar y tener una vivienda digna porque en mi país no tengo salidas profesionales.

Inmigrantes y policías en la valla de Melilla

Aminata

Soy una joven de veintidós años de origen senegalés. Llegué a Tenerife hace seis años en un cayuco, una barca de madera muy pequeña que construyeron algunas familias de mi pueblo. Recuerdo que había más de treinta personas, y cuatro murieron ahogadas. Después de llegar a la costa y obtener ayuda de la Cruz Roja, ahora estoy viviendo en un piso con ocho personas más. Estoy vendiendo pulseras y collares étnicos en la calle. Tenía muchos sueños sobre mi nueva vida en Europa, pero es imposible tener un trabajo estable sin los documentos legales, y nadie te ayuda a conseguirlos fácilmente. Es un proceso casi imposible.

Valeriu

Llegué de Rumanía hace doce años. Entré al país escondido en un camión de mercancías y así pasé la frontera de los Pirineos. Me jugué la vida totalmente, pero necesitaba trabajar y enviar dinero a mis padres. En el 2007 mi país entró en la Unión Europea y con esto empezó la libre circulación, pero cuando yo vine fui un 'sin papeles' varios años. Solo conseguí trabajos temporales y mal pagados, porque cuando no eres legal abusan de tus derechos. Recuerdo trabajar diez horas diarias en la construcción y recibir menos que un español que estaba trabajando ocho horas cinco días a la semana. A causa de un simple cambio de legislación, mi vida está cambiando también. ¿Sería posible la libre circulación mundial?

2 b Vuelve a leer los tres párrafos y decide si las siguientes declaraciones son verdaderas (V), falsas (F) o no se mencionan (N).

1 Melilla es una ciudad con mucha seguridad.
2 Un cayuco es un barco grande y robusto.
3 Aminata vive con otros inmigrantes africanos.
4 Conseguir los documentos necesarios para trabajar parece sencillo.
5 Valeriu ha pasado más de una década en España.
6 Valeriu trabaja en la construcción.
7 Valeriu quería mandar una parte de su sueldo a su familia.
8 Rumanía no es miembro de la Unión Europea.

Gramática

Los gerundios (Gerunds)

Study carefully sections G11 and G13 of the grammar section, then reread the three immigrants' stories in exercise 2. Now identify:
a four examples of gerunds
b two examples of an infinitive being used where a gerund ('-ing form') may be used in English

Copy out the phrases containing the examples and translate them into English.
c Can you describe one way in which the Spanish gerund is used like the English '-ing' form and another in which it is not used like the English '-ing' form?

3 Elige la forma correcta del verbo de las tres posibilidades.

1 Estoy [*trabajado/trabajando/trabajar*] diez horas diarias en el campo y ¡me pagan mal!
2 Antes de [*viajando/viajar/viajante*] a Canarias en patera trabajé como profesor de francés en mi país.
3 El senegalés estaba [*hablante/hablar/hablando*] de estos días en un barco con otras cincuenta personas, entre la vida y la muerte.
4 Lo encontré [*caminante/caminar/caminando*] por la calle.
5 ¡[*Ver/viendo/visto*] es [*creyente/creyendo/creer*], digo yo!
6 Llegó a la costa sin [*saber/sabiendo/sabe*] si era España o Italia.
7 Los inmigrantes hacían cola, [*esperado/esperando/esperar*] encontrar trabajo pronto.
8 Les dieron una casa donde había agua [*corriendo/corriente/corrida*].

Inmigrantes en patera en el mar Mediterráneo

4 a *Datos recientes sobre inmigrantes en España.* **Escucha el reportaje sobre los inmigrantes africanos y el peligrosísimo viaje que hacen para intentar llegar a España. Para cada declaración, rellena el hueco con la cifra correcta.**

1 .... africanos intentaron llegar a España el año pasado.
2 El número de inmigrantes que llegaron en cayuco aumentó en un .... por ciento.
3 .... inmigrantes fueron declarados 'desaparecidos' el año pasado.
4 Con respecto a Andalucía, ... inmigrantes llegaron a sus costas.
5 Más de .... personas nadaron por el Estrecho de Gibraltar.
6 Espantosamente, ... inmigrantes han muerto ahogados desde principios de año.

4 b Vuelve a escuchar el reportaje, luego elige la opción correcta para completar cada una de las seis frases siguientes.

1 Los inmigrantes a España buscan...
   A un futuro mejor.
   B un futuro.
   C un trabajo.

2 El informe concluye que los flujos migratorios procedentes de África...
   A están cayendo.
   B no están cambiando.
   C están aumentando.

Theme 3 Multiculturalism in Hispanic society

3 Entre 2012 y 2013, el número de inmigrantes que llega a las costas españolas...
   A fluctuó.
   B subió.
   C disminuyó.
4 El gobierno marroquí...
   A detuvo a más de mil inmigrantes.
   B echó la culpa a los argelinos.
   C quiere que los inmigrantes mueran.
5 Cruzar en patera o balsa neumática es...
   A sorprendente.
   B útil.
   C peligroso.
6 Los inmigrantes quieren huir...
   A de la falta de solidaridad.
   B de la miseria.
   C del país receptor.

5 a Ponte en el lugar de un inmigrante ilegal. ¿Cómo sería tu vida en España? Busca más información en Internet sobre la vida de los 'sin papeles' en España. Usa los siguientes puntos para organizar tu búsqueda.
- cómo llegaste
- tu trabajo
- tu familia
- la gente y la cultura española
- el futuro

5 b  Habla con un/a compañero/a adoptando los roles de dos inmigrantes que viven en España. Usa la información que encontraste para actividad 5a y haz preguntas sobre la vida, procedencia, etc. de tu compañero/a.

5 c A continuación, escribe un párrafo, explicando tus experiencias como inmigrante. Como conclusión, habla de tu futuro, si te gustaría regresar a tu país de origen o asentarte en España definitivamente.

Estrategia

Planning ongoing tasks to bring language up to A-level standard

Your Spanish will improve rapidly throughout the AS/A-level course. A crucial part in this progress is the independent work you do outside the classroom. You should have a clear routine in order to consolidate and develop your knowledge, whether grammar, topic content or specific technique. For example, over a week you could:
- Practise a grammar point you have covered in class, consolidating and even extending knowledge of it.
- Complete a range of extension tasks on the current topic, whether in the textbook or online.
- Learn topic vocabulary, working on synonyms as much as possible to extend your vocabulary.
- Focus on spoken or written technique with a task relating to one or the other.
- Keep up-to-date with current affairs in the Hispanic world via online news.
- Read a short story or part of a novel in Spanish, or watch a Spanish film.
- For a short while every day, listen to Spanish spoken at normal speed.

7.3 La inmigración mexicana en EE.UU.

- Aprender sobre la inmigración mexicana a Estados Unidos, y sus consecuencias.
- Usar pronombres relativos (2).
- Investigar sobre un personaje prominente del mundo hispanohablante.

Mexicanos con poncho y sombrero típico

¡En marcha!

1 a La influencia hispánica en los Estados Unidos se remonta a varios siglos. Mira la siguiente lista de topónimos (nombres de lugar) españoles de los Estados Unidos. ¿Puedes traducirlos al inglés?

1 San Francisco	5 Colorado	9 Palo Alto
2 Las Vegas	6 Montana	10 Santa Fe
3 Los Ángeles	7 Nevada	
4 Florida	8 El Paso	

1 b ¿Conoces otras influencias mexicanas (por ejemplo en la comida, la música, las películas, la religión)?

Mexicanos en Estados Unidos

Los mexicanos, que ya conforman cerca del 64% de la población hispana total en Estados Unidos, alcanzaron la cifra récord de 33,7 millones el año pasado, la mayoría de ellos nacidos en este país, según un informe divulgado el miércoles por el *Centro Hispano Pew*. En la actualidad, cerca del 35% de los hispanos de origen mexicano nació en México y, aunque el 65 % restante nació en Estados Unidos, de estos el 52% tiene al menos un padre inmigrante.

El estudio, que se apoya en datos de la Oficina del Censo, dijo que la cifra incluye a los 11,4 millones que han emigrado de México, quienes conforman el principal grupo de inmigrantes en esta nación, y los 22,3 millones que nacieron en Estados Unidos, cifras que sumadas representan el 11% de la población nacional de este país. A modo de comparación, en 1970 menos de un millón de mexicanos vivían en Estados Unidos, sin embargo ahora cuenta con un total de 40 millones de extranjeros en total.

El análisis indicó que la población de origen mexicano ha aumentado drásticamente en las últimas cuatro décadas, convirtiéndose en 'una de las migraciones masivas más grandes en la historia moderna, cuyo flujo no parece terminar.

Dos décadas de emigración

Antes de la década de 1980, el crecimiento en la población mexicana provino principalmente de los mexicanos que nacieron en este país pero, entre 1980 y 2000, ese crecimiento se atribuyó más a la emigración desde México.

Los inmigrantes mexicanos, además, conforman más del 55% de la población indocumentada en Estados Unidos, que se calcula en alrededor de 11 millones de personas.

El informe fue divulgado en unos momentos en que el Congreso Federal estudia la posibilidad de una reforma migratoria integral que abra una vía para la legalización y la ciudadanía de los indocumentados, lo cual es de gran interés para los países en América Latina.

Después de los mexicanos, el siguiente grupo de extranjeros lo conforman los chinos, cuya cifra total de dos millones, está en aumento continuo.

Texto adaptado de: 'Mexicanos en EEUU alcanzan cifra récord de 33,7 millones', Univision.com, 2 de mayo de 2013

2 a Lee el análisis estadístico sobre los mexicanos en Estados Unidos y completa el siguiente párrafo con las palabras adecuadas de la lista según el sentido del texto. ¡Cuidado! Sobran palabras.

Los mexicanos representan un (**1** ....) de la población de los Estados Unidos. Los (**2** ....) millones de mexicanos que viven en Estados Unidos constituyen el grupo de inmigrantes más grande en el país. Desde los años (**3** ....) ha habido una migración enorme de mexicanos. Más de un (**4** ....) de los hispanos de origen mexicano nació en México. Es posible que (**5** ....) los indocumentados se les conceda la (**6** ....) en un futuro cercano. La comunidad (**7** ....) ocupa el segundo lugar en número total (**8** ....) inmigrantes.

A cuarto	E de	I estadounidense
B setenta	F china	J ciudadanía
C mexicana	G 11%	K a
D 33,7	H tercio	L sesenta

2 b Vuelve a leer el texto, luego escribe un sinónimo para las ocho palabras o expresiones abajo.

1 llegaron a
2 publicado
3 radicalmente
4 en este momento
5 aumento
6 constituyen
7 aproximadamente
8 dé lugar a

2 c Escribe un párrafo en español de 80–90 palabras resumiendo lo que has entendido según los siguientes puntos usando tus propias palabras. Escribe en frases completas y verifica el trabajo con cuidado para asegurarte de que el lenguaje es correcto. Incluye:

- las conclusiones del estudio sobre la población mexicana en Estados Unidos (2)
- el cambio que ocurrió en la procedencia de la población mexicana entre 1980 y 2000 (2)
- la posible reforma en la situación de los emigrantes
- el segundo grupo más grande de inmigrantes

Gramática

Los pronombres de relativo 2 (Relative pronouns 2)
Study carefully sections C15 and F5 of the grammar section. Now:
a Refer to the reading text in question 2 and look for two examples of the use of the relative adjective *cuyo*.
b Look for five examples of the use of the relative pronoun *que*.
c Find two other relative pronouns. Copy out the phrases containing the examples and translate them into English.
d What extra thing do you have to remember about *cuyo* when it joins two sentences together?

3 Empareja las frases de la lista 1–8 con las terminaciones A–H.

1. La tasa de natalidad en México ha disminuido...
2. Muchos inmigrantes no están contentos con su vida en Estados Unidos...
3. La ley migratoria no tiene un canal legal...
4. Los mexicanos aprecian la libertad y las oportunidades...
5. La ley migratoria hace criminales a inmigrantes...
6. Los Estados Unidos tiene una economía...
7. El futuro es prometedor para estos jóvenes mexicanos nacidos en EE. UU. ...
8. Es típico el caso del inmigrante ilegal...

A. cuyas leyes duras les niegan la legalidad.
B. en la que hay una demanda creciente de trabajadores de otros países.
C. que cruzó la frontera con la ayuda de una mafia.
D. mediante el cual inmigrantes poco calificados puedan entrar a EE. UU.
E. que les presenta la sociedad norteamericana.
F. cuyo único crimen es el deseo que tienen de trabajar para el beneficio de todos.
G. por lo que menos personas emigran a Estados Unidos.
H. cuyos padres emigraron de México.

4 a  *Mexicanos en primera persona: crónica inmigrante.* Escucha a los tres mexicanos hablando de sus experiencias en Estados Unidos. Resume en español los siguientes puntos en un párrafo de 80–90 palabras, utilizando tus propias palabras. Escribe en frases completas y verifica el trabajo con cuidado para asegurarte de que el lenguaje es correcto. El número entre paréntesis te dice cuántos detalles necesitas mencionar.
- cómo Elías cruzó la frontera (2)
- por qué Clara es optimista con respecto al futuro (3)
- los riesgos que se corren al usar las mafias para cruzar la frontera (2)

4 b  Escucha por segunda vez, luego decide si las siguientes frases son verdaderas (V), falsas (F) o no mencionadas (N).

Elías
1. Trabaja de mecánico.
2. Cruzó la frontera con más de una docena de chicos.
3. El calor no le afectó mucho.

Clara
4. Su hija tiene nacionalidad estadounidense.
5. Es activista política en su tiempo libre.
6. Cree que los mexicanos juegan un papel importante en los EE.UU.

Marcos
7. Piensa que la mafia es amenazadora.
8. No tiene un buen conocimiento de la capital.
9. Espera un cambio en la ley.

5 Translate into English this passage about Mario López and people-trafficking.

Los padres de Mario López y el tráfico de drogas

El famoso actor y presentador de origen mexicano Mario López confesó recientemente en una entrevista que sus padres, inmigrantes mexicanos, solían traficar en la frontera. 'Nací en Chula Vista, en la frontera cerca de Tijuana, y mis padres hacían muchas excursiones al otro lado cuando yo era pequeño. Muchas veces al volver a casa, veía cómo salía gente del maletero del coche y pensaba que estaban jugando al escondite. Ahora entiendo que mi padre estaba ayudando a sus compatriotas' declara Mario, cuya popularidad crece día a día. Está muy orgulloso de su ascendencia latina y siempre defiende sus orígenes, los cuales son todo para él.

Texto adaptado de: Mario Lopez: 'My dad smuggled immigrants into US', philly.com, 2 de octubre de 2015

El actor y presentador Mario López

6 a Busca información en Internet sobre la inmigración de mexicanos a EE. UU. y el paso de la frontera. Organiza tus notas con los siguientes puntos.
- el número de inmigrantes que cruza la frontera para trabajar en EE. UU y si este número crece o decrece actualmente y las razones para ello
- cómo son tratados en EE. UU.

6 b Usa tus notas de la actividad anterior y habla con tus compañeros/as sobre el tema. Debatid sobre qué pensáis que el gobierno de Estados Unidos debería hacer al respecto y sobre sus leyes de inmigración.

6 c  Organiza tus notas de la actividad 6a y junto con lo que debatiste en clase en la actividad 6b, escribe un informe breve sobre la inmigración mexicana a Estados Unidos. Incluye tu opinión personal sobre la dura situación de pasar la frontera, así como de la situación de un/a inmigrante latino/a en América del Norte.

Estrategia

Researching a prominent figure from the Spanish-speaking world

Think about the cultural figures you have encountered so far. Are there any that you would like to find out more about? They can be from any walk of life, such as an author, actor, politician, sports personality or musician, and from any Spanish-speaking country.

When researching the figure, try to set yourself clear parameters for investigation, and then make notes only on what is relevant to your project. For example:
- their background and rise to prominence in their work/walk of life
- the major events in their life, including successes and failures
- your opinion, with examples and justification

7 Mira la siguiente lista de famosos/as hispanos/as con cierta relevancia en Estados Unidos. Elige a uno/a e investiga en Internet sobre él/ella, prestando atención a los consejos que se te dan en la Estrategia.

- Mark Sánchez
- Eva Longoria
- Robert Menéndez
- Jennifer López
- Ellen Ochoa
- Carlos Santana
- Gael García Bernal
- Guillermo del Toro
- Óscar de la Renta
- Alfonso Cuarón
- Sammy Sosa
- Óscar de la Hoya

8 Es evidente que muchos inmigrantes corren riesgos intentando cruzar la infame frontera mexicana. Trabaja con un/a compañero/a en clase. Diseña y escribe la transcripción de una entrevista entre un periodista hispanohablante y un inmigrante que acaba de cruzar la frontera. No olvides buscar más información en Internet sobre el tema. Menciona:
- cómo te preparaste para el cruce de frontera
- los peligros y los riesgos mientras cruzabas
- tu futuro en Estados Unidos como un 'sin papeles'

Unit 7 La inmigración

Vocabulario

7.1 La inmigración en España: procedencia, distribución e integración

- **abandonar** to leave
- **apoyar** to support
- **apreciar** to appreciate
- **asentarse** (*me asiento*) to settle
- **atender** (*atiendo*) to look after, help
- el **censo** census
- la **comunidad** community
- **cualificado** qualified
- el **deber** duty
- **décimo** tenth
- la **discriminación** discrimination
- **disponible** available
- la **diversidad** diversity
- **endurecer** to harden, tighten up
- el/la **extranjero/a** foreigner
- la **ganadería** cattlebreeding
- la **ganancia** earning, profit
- el/la **habitante** inhabitant
- la **hostilidad** hostility
- **irse** (*me voy*) to leave
- la **ley** law
- la **mano de obra** workforce
- **Marruecos** Morocco
- **mejorar** to improve
- **moverse** (*me muevo*) to move, leave
- la **movilidad** mobility
- la **oportunidad** opportunity
- el **país de origen** country of origin
- **penoso** horrible, pitiful
- la **procedencia** origin
- **sobrevivir** to survive
- **triplicar** to treble
- **venir de** (*vengo*) to come from

7.2 La vida y penurias de un 'sin papeles'

- **abarrotado** overcrowded
- **ahogarse** to drown
- **Argelia** Algeria
- el **auxilio médico** medical aid
- la **balsa** raft
- **bordear** to border
- el **cayuco** small canoe
- **contabilizar** to count
- **desaparecido** missing
- la **desesperación** desperation
- **detener** (*detengo*) to detain, arrest
- **devolver** (*devuelvo*) to hand back
- **enviar** (*envío*) to send
- **esconder** to hide
- **fluctuar** (*fluctúo*) to fluctuate
- el **flujo migratorio** migratory flow
- la **frontera** border
- **huir de** (*huyo*) to flee
- la **libre circulación** free movement
- la **llegada** arrival
- **magrebí** Mahgrebi, North African
- la **miseria** misery
- el **país emisor** country of origin
- el **país receptor** host country
- la **patera** dinghy, small boat
- el **repunte** rise, recovery
- **saltar** to jump
- el/la **'sin papeles'** illegal immigrant
- la **solidaridad** solidarity
- el **trámite** process, procedure
- **traspasar** to go through
- la **valla** fence

7.3 La inmigración mexicana en EE.UU.

- **abrir una vía a** to open the way for
- **amenazador** threatening
- **aparecer** (*aparezco*) to appear
- **apoyarse en** to be based on
- **arreglar** to fix
- la **ascendencia** ancestry
- la **camioneta** truck
- la **ciudadanía** citizenship
- el/la **compatriota** compatriot
- **conceder** to grant
- **confesar** (*confieso*) to confess
- **conformar** to make up
- **correr el riesgo** to run the risk
- el **cruce** crossing
- **dar lugar a** (*doy*) to lead to, give rise to
- **decapitado** decapitated, beheaded
- **desmayarse** to faint
- **divulgar** to divulge, release
- **emigrar** to emigrate
- **extorsionar** to extort
- el/la **hispano/a** Hispanic person
- el/la **indocumentado/a** illegal immigrant
- **jugar al escondite** (*juego*) to play hide and seek
- la **legalización** legalisation
- el **maletero** car boot
- **pedir** (*pido*) to ask for
- **poner en contacto con** (*pongo*) to put in touch with
- **provenir** (*provengo*) to come from
- el **restante** remaining
- **soportar** to bear
- la **subida** rise
- **sumar** to add up to, come to
- **traficar** to traffic
- **tratar** to treat
- el/la **vecino/a** neighbour

Theme 3 Multiculturalism in Hispanic society

UNIT 8

El racismo

8.1 **Actitudes racistas y xenófobas en la España de ayer y hoy**
8.2 **Las medidas nacionales y locales en contra del racismo en Hispanoamérica**
8.3 **Las legislaciones antirracistas en el mundo hispano**

Theme objectives

In this unit you study racism. The following topics are covered:
- the expulsion of Muslims and Jews from Spain and their current situation
- the measures taken to combat racism in certain Latin-American countries
- the anti-racism laws of Spain and Bolivia

Grammar objectives

You will study and practise the following grammar points:
- past participles in a variety of different ways
- radical and orthographic changes of some verbs
- conditional expressions with probable, improbable and impossible meanings

Strategy objectives

You will develop the following strategies:
- weighing up different opinions and drawing conclusions
- learning and using more sophisticated vocabulary
- employing a variety of sophisticated grammatical structures

8.1 Actitudes racistas y xenófobas en la España de ayer y hoy

- Aprender sobre la expulsión de los musulmanes y judíos de España y su situación actual.
- Usar los participios pasados de diferentes maneras.
- Sopesar diferentes opiniones y llegar a conclusiones.

¡En marcha!

1 Con la expulsión de los judíos de España, hay una institución que ha quedado para el recuerdo en todos los libros de historia española: La Santa Inquisición. No solo espiaba a los ciudadanos para asegurarse de que llevaban una conducta puramente cristiana desde 1478, sino que torturaba vilmente a quienes eran sospechosos.

Empareja los siguientes métodos de tortura empleados por la Inquisición española con el nombre del 'método purificador' ¿Qué método te parece el más cruel? ¿Por qué?

1. castigo de agua
2. fustigación
3. la rueda
4. el brasero de fuego
5. la doncella de hierro

A. Consiste en acercar los pies de la persona a un artefacto metálico calentado a temperatura altísima.
B. Azotar a la víctima con una fusta, normalmente usada en la equitación, en la espalda y el pecho.
C. Obligar a la persona a tragar diez litros de este líquido para producir la explosión del estómago.
D. Introducir a la persona en un sarcófago de metal con pinchos en su interior.
E. Atar a la persona entre este objeto circular gigante y girarlo para romperle los huesos.

La doncella de hierro

2 a Lee las descripciones sobre la expulsión de judíos y musulmanes de España, luego contesta las preguntas en español con tus propias palabras.

1. ¿Por qué introdujeron los Reyes Católicos el Tribunal de la Inquisición en Castilla y Aragón?
2. ¿Por qué negaron a los conversos el contacto con los judíos?
3. ¿Qué tuvieron que hacer los judíos para poder seguir viviendo en los dominios de Isabel y Fernando después de 1492?
4. ¿Por qué temió el Rey Felipe III al espectacular aumento demográfico de la población musulmana?
5. ¿Qué pensaban otros países europeos de España en aquel entonces?
6. ¿Por qué fue importante el Reino de Valencia en 1609?

La expulsión de judíos y musulmanes de España

Judíos: una obsesión religiosa

Los Reyes Católicos estaban obsesionados con la idea de un país uniforme de norte a sur. En 1478 decidieron introducir el Tribunal de la Inquisición en Castilla y Aragón. Su principal misión era controlar a los judíos conversos al cristianismo. Tras varios años actuando, los inquisidores se convencieron de que, para terminar con el problema de las falsas conversiones, había que impedir que los conversos pudieran tener contacto con los judíos, evitando la tentación de volver a practicar su antigua religión.

Sin embargo, las medidas de la Inquisición no fueron consideradas suficientes. Así pues, los Reyes Católicos, el 31 de marzo de 1492 publicaron el Edicto que obligaba a todos los judíos a abandonar España en el plazo máximo de cuatro meses. Solo aquellos que optaran por bautizarse podrían seguir viviendo en los dominios de Isabel y Fernando. También los cristianos fueron alertados para que no ayudasen a los judíos a incumplir lo establecido en el Edicto.

La expulsión de los moriscos de Gabriel Puig Roda (1894)

Musulmanes: una decisión basada en el miedo

Entre las razones que han discutido los historiadores para que el rey Felipe III diera luz verde a lo que su padre no se había atrevido a hacer 40 años antes, destaca la supuesta creciente amenaza para la seguridad interna que suponían los musulmanes en ese momento. El rey consideraba que el espectacular aumento demográfico de esta población amenazaba con facilitar futuras invasiones extranjeras. Según los informes que manejaba la Corona, los musulmanes de la región aragonesa habían contactado con el Rey de Francia para llevar a cabo una sublevación general con apoyo de barcos franceses.

La expulsión también obedecía al intento de acabar con la idea que corría por Europa sobre la discutible cristiandad de España a causa de la permanencia de los musulmanes. Igual que ocurrió con la expulsión de los judíos, la monarquía hispánica buscaba quitarse la fama de país poco cristiano. Tras un año de preparación, los primeros moriscos expulsados fueron los del Reino de Valencia en 1609, y siguieron los del resto del país. Se calcula que unas 300.000 personas tuvieron que abandonar el país.

Texto adaptado de: '¿Por qué expulsó Felipe III a los moriscos de España en 1609?', ABC.es, 3 de diciembre de 2014

2 b Vuelve a leer el texto. Busca las expresiones que tienen el mismo significado que las de la siguiente lista. Puedes buscar las palabras clave en un diccionario.

1. era necesario reprimir
2. propagaron el decreto
3. tendrían la posibilidad de continuar residiendo
4. el peligro ascendente
5. el dramático incremento de la población
6. posibilitar posibles ataques en el futuro
7. a fin de realizar un levantamiento
8. marcharse del territorio

Gramática

Los participios pasados (Past participles)

Refer to section G12 of the grammar section. Look again at the two paragraphs in question 2 and find:

a three examples of the past participle being used as part of any perfect tense

b two examples of the past participle being used to express the passive voice

c two examples of the past participle being used solely as an adjective

Copy out the examples and translate them into English.

d When does the past participle agree in number and gender?

3 Completa las frases seleccionando del recuadro el participio más adecuado. Puede ser participio del verbo, adjetivo o sustantivo ¡Cuidado! Sobran cuatro palabras.

> prohibido   prometido   echados   hecho   arrojado   muertos   intentado   llevadas
> conocido   dado   amenazados   terminadas   visto

1 La Inquisición ha .... una mala reputación a España como nación cristiana.

2 Antes de publicar el Edicto que obligaba a todos los judíos a abandonar España, la Inquisición había .... separar a los conversos de los judíos.

3 Los Reyes Católicos hicieron lo .... y expulsaron a los judíos de España.

4 Muchos judíos que fueron .... de España se asentaron en África del Norte.

5 Es un .... bien .... que las acciones de la Inquisición eran racistas.

6 Había muchos .... entre los moriscos que expulsó Felipe III.

7 Por lo ...., casi todos los moriscos abandonaron el país en 1609.

8 Las acciones .... a cabo por los terroristas musulmanes causaron muchas muertes.

4 a *Hablan los españoles sobre la España de hoy y las actitudes xenófobas.* Escucha a los tres jóvenes dando su opinión sobre la situación actual en España con respecto a los judíos y los musulmanes. Lee los seis temas y decide si la opinión de los jóvenes sobre cada una es positiva (P), negativa (N) o no mencionada (NM).

Olaya
1 la arquitectura y la gastronomía musulmana
2 la libertad de expresión en Cataluña

Gonzo
3 las acciones del gobierno español
4 el test de integración

Miriam
5 la calidad de arquitectura de las mezquitas
6 la influencia cultural de la mayoría musulmana en España

Madre e hijo de una familia árabe

Theme 3 Multiculturalism in Hispanic society

4 b  Vuelve a escuchar las opiniones y resume los siguientes puntos en un párrafo de 80–90 palabras, utilizando tus propias palabras. Escribe en frases completas y verifica el trabajo con cuidado para asegurarte de que el lenguaje es correcto.
- por qué ciertas partes de España no son cosmopolitas ni modernas (2)
- lo que hay que hacer para adquirir un pasaporte español si eres descendiente de los judíos expulsados en 1492
- los resultados de la encuesta reciente (2)

5 Translate the following passage into English:

El miedo al yihadismo abre la puerta de la xenofobia

Numerosos grupos de ultraderecha aparecidos en Europa en los últimos años tratan de acercarse a movimientos xenófobos y racistas, lo que complica la situación política de un continente que se siente blanco del terrorismo islámico radical desde hace años.

Ciudades como Madrid, Londres o París han sufrido algunos de los peores atentados yihadistas y viven ahora en situación de alerta tras las graves amenazas que periódicamente lanzan los radicales del Estado Islámico. Esperemos que la gente sepa diferenciar a una minoría terrorista del Islam sin contribuir a alimentar los sentimientos islamófobos de algunos grupos en Europa.

Texto adaptado de: 'Europa, atrapada entre la islamofobia y el medo al terrorismo yihadista', ultimahora.es, 7 de enero de 2015

6 Lee las siguientes declaraciones y, hablando con tu compañero/a, decide si estás de acuerdo con cada una o no. Toma notas sobre vuestras conclusiones.

A Parece que no hay muchos judíos en España hoy en día. Me parece fabuloso que el gobierno les incite a volver. El multiculturalismo hace a un país más próspero y rico en todos los sentidos.

C Es muy hipócrita criticar a los musulmanes y sentir rechazo hacia ellos. Al fin y al cabo, nuestro idioma, costumbres, arquitectura y gastronomía son en parte musulmanas y tenemos que reconocer y celebrar nuestras raíces.

B La expulsión de los musulmanes de España es un episodio trágico en nuestra historia, pero para asegurarnos un buen futuro debemos deportar a los extremistas inmediatamente.

D Atraer a más judíos y musulmanes a España es una locura. Es como traer los problemas a casa. Expulsarlos fue una crueldad, pero ahora que no hay muchos, ¿para qué traerles de nuevo?

Estrategia

Weighing up different opinions and drawing conclusions

The ability to draw conclusions from different arguments is a vital skill for A-level, especially in the speaking exam. As well as providing key facts and information:
- take careful note of the pros and cons of an argument
- make sure that you have solid evidence for your opinions
- assess how convincing the various opinions are and form your own conclusions

and use language which:
- gives and reacts to different opinions: *'es importante recordar que'*, *'la otra cara de la moneda es que'*, *'hay que aceptar que'*
- draws conclusions: *'en resumen'*, *'en conjunto'*

You should also aim to regularly practise counter-arguments with a partner.

Try to put these points into practice when answering exercise 6.

8.2 Las medidas nacionales y locales en contra del racismo en Hispanoamérica

- Analizar las medidas para combatir el racismo en algunos países de América Latina.
- Observar los cambios ortográficos y radicales de algunos verbos.
- Aprender y usar vocabulario más sofisticado.

¡En marcha!

1 América Latina es una de las zonas del planeta con mayor diversidad étnica, debido a los movimientos migratorios a lo largo de su historia. Intenta emparejar estos términos con sus definiciones.

1	afrodescendiente	A	descendiente directo de los pobladores originarios de América Latina
2	asiático	B	persona con descendientes de razas diferentes, en especial indígena y europea
3	criollo	C	individuo de la región del Oriente más cerca del Mediterráneo. También conocido como Oriente Medio
4	indígena	D	persona nacida fuera de África que tiene antepasados de dicho continente
5	mestizo	E	hijo nacido en América Latina pero con padres europeos
6	próximo-oriental	F	individuo con orígenes ancestrales en Extremo Oriente, Asia sudoriental o Asia meridional

2 Mira las dos fotos, una de un hombre indígena peruano y otra de dos chicas indígenas peruanas. Comenta con un/a compañero/a los siguientes puntos.
- ¿Dónde están?
- ¿Qué ropa llevan?
- ¿Qué hacen?
- En tu opinión, ¿cómo es la vida para los indígenas peruanos?

El racismo y la discriminación étnica persisten en Colombia

El día 21 de marzo se conmemorará el Día Internacional contra el Racismo y la Discriminación Étnica. El mismo día en el Auditorio Mario Laserna de la Universidad de los Andes, en Bogotá, Colombia, comenzará el foro 'Cómo diseñar políticas y programas del acceso equitativo de los afrodescendientes a la educación y el empleo'. El objeto de este evento es buscar opciones para garantizar el acceso de los grupos étnicos indígenas y afrocolombianos a las universidades y al mercado de trabajo.

Racismo en Colombia

A pesar de la diversidad étnica y de razas en Colombia, aún persiste la discriminación contra las poblaciones indígenas y afrocolombianas, las cuales se enfrentan a la marginación, a la pobreza y a la ausencia de oportunidades de trabajo y educación. La desigualdad de educación en las zonas del país habitadas por indígenas y afrodescendientes se hace evidente cuando se observan las tasas de absentismo escolar y el retraso escolar, así como los resultados deficientes en los exámenes realizados por los estudiantes que terminan el bachillerato. De acuerdo con un estudio publicado el año pasado, solo uno de cada cinco afrocolombianos puede conseguir acceder al nivel de educación superior.

De hecho, una encuesta muy reciente pudo recoger que actualmente una de cada dos personas afrocolombianas está desempleada. También la Gran Encuesta Integrada de Hogares de 2007 señala que cuatro de cada diez afrocolombianos e indígenas trabajan por cuenta propia.

El informe elaborado por el Comité para la Eliminación de la Discriminación Racial de 2009 intentó incluir una recomendación sobre cómo implementar acciones afirmativas en educación y empleo para estas comunidades. No obstante, aún no existe una política afirmativa eficaz que quiera proveer de acceso equitativo a la educación y el empleo a indígenas y afrocolombianos.

Texto adapto de: 'El racismo y la discriminación étnica persisten en Colombia, eluniversal.com, 20 de marzo de 2013

3 a Lee el artículo sobre el racismo en Colombia y decide si las siguientes frases son verdaderas (V), falsas (F) o no mencionadas (N).

1 El foro 'Cómo diseñar políticas y programas del acceso equitativo de los afrodescendientes a la educación y el empleo' tuvo lugar el 21 de marzo.

2 El objetivo del foro es garantizar el acceso de todos los colombianos a las universidades y al mercado de trabajo.

3 Los indígenas no sufren tanta discriminación como los afrodescendientes.

4 Aproximadamente el 20% de los estudiantes afrocolombianos accede al nivel de educación superior.

5 El 50% de los afrocolombianos está en paro.

6 Más de la mitad de los afrocolombianos e indígenas trabajan por cuenta propia.

7 El Comité para la Eliminación de la Discriminación Racial dio un consejo.

8 Gracias al informe, el futuro para los indígenas y afrocolombianos parece mucho más optimista.

3 b Vuelve a leer el artículo, luego traduce el siguiente párrafo al español, adaptando la información en el texto.

Indigenous ethnic groups in Colombia

We must look for opportunities to help indigenous ethnic groups in Colombia. A recent report includes several important facts. Indigenous and Afrocolombian people constitute more than 15% of the population. In schools, absence rates among indigenous groups are very concerning. Furthermore, the problem of inequality becomes clear after analysing the job market. As a result of unemployment, many have had to work in a self-employed capacity. Until an effective policy is implemented, access to education and employment will be limited. In the long term, the priority is to design policies that reduce discrimination.

Gramática

Los cambios radicales y ortográficos de verbos (Radical and orthographic changes in verbs)

Read carefully section G19 in the grammar section. Revisit the article in question 3 and complete the following tasks.

a Find three infinitives in the text which change orthographically in the first person of the **present** tense.
b Give the correct first-person present tense for each verb.
c Find three infinitives in the text which change orthographically in the first or third person of the **preterite** tense.
d Give the correct first or third-person preterite tense for each verb.
e Copy down the examples you find and translate them into English.
f Which verbs have orthographic changes that ensure that the pronunciation does not change?

4 Elige la forma correcta del verbo de las tres opciones:

1 El cómico [*pidió/pedí/pido*] perdón por haber hecho un comentario racista.
2 [*Conozcan/Conozco/Conoció*] a un hombre que puede ayudarme con la campaña antirracista.
3 Los indígenas [*siguen/sigan/seguía*] siendo una de las poblaciones más vulnerables de los países latinoamericanos.
4 Si no cree que hay discriminación contra los indígenas, [*busquen/busca/busque*] en Internet y verá.
5 Cuando [*llegues/llegas/llega*] a Bolivia, verás que la mayoría de la gente es indígena.
6 No [*sirva/sirve/servirán*] de nada vivir despreciando a gente de otra raza.
7 Este señor que se [*reí/ríe/rio*] ayer del acento del indígena es racista.
8 Mucha gente [*niegue/niega/negamos*] ser racista, pero su comentario lo es.

5 a ¿Un rapero racista en Guatemala? Escucha el reportaje sobre el rapero guatemalteco Mister Fer. Marca las cinco frases correctas según lo que oyes.

1 El rapero usó lenguaje racista en una red social.
2 El genocidio de la población maya en Guatemala ocurrió hace ochenta años.
3 El rapero quiere pedir perdón por sus acciones.
4 Llamar a los indígenas 'indios' es aceptable.
5 Los indígenas constituyen casi la mitad de la población guatemalteca.
6 El rapero está en la cárcel.

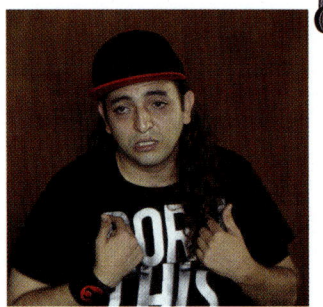

Mister Fer, un rapero guatemalteco

7 El rapero no quiere que sus aficionados discutan este asunto en las redes sociales.

8 El rapero asegura que está en contra del racismo y de la discriminación.

5 b Escucha el reportaje otra vez y resume en español lo que pasó exactamente en los siguientes días, en un párrafo de 80–90 palabras, usando tus propias palabras. Escribe en frases completas y verifica el trabajo con cuidado para asegurarte de que el lenguaje es correcto.
- el miércoles (2)
- el domingo
- el lunes

6 a  Tarcila Rivera (Perú), Rigoberta Menchú (Guatemala) y Luis Macas (Ecuador) son tres activistas que han luchado implacablemente por los derechos indígenas y para combatir el racismo. Elige uno de ellos y busca más información en Internet sobre sus logros.

6 b Con un/a compañero/a, habla sobre el personaje del que habéis buscado información. Si es el mismo, comparad vuestra información y discutid sobre la efectividad de lo que hacen. Si es uno diferente, haceos preguntas sobre quiénes son, dónde luchan sobre los derechos indígenas y sus triunfos más significativos. Consulta la Estrategia e intenta utilizar un lenguaje sofisticado.

6 c  Finalmente, ordena la información sobre el personaje en cuestión en un párrafo. Incluye una opinión personal al final. Consulta la Estrategia abajo e intenta utilizar un lenguaje sofisticado.

Rigoberta Menchú

Luis Macas

Estrategia

Learning and using more sophisticated vocabulary
- Build more sophisticated vocabulary as you read and listen to Spanish.
- Note down in a vocabulary book the more complex words that appear at random during the course.
- When you meet/hear a new word, try to work out its meaning from context.
- If you cannot work out a new word, use a monolingual dictionary and note the definition.
- Words can be learned in families, e.g. those that have the same root: *combatir* > *el combate* > *el combatiente*. Make word maps which link them.
- Try to use a number of new, sophisticated words in each conversation or piece of writing.
- Vary your vocabulary by finding and using synonyms for words you already know.
- Don't be afraid of making mistakes when using more sophisticated words in conversation. You learn by your mistakes!

Try to use a range of sophisticated words in your answer to activities 6b and 6c.

8.3 Las legislaciones antirracistas en el mundo hispano

Evo Morales, el presidente de Bolivia

- Examinar las leyes antirracistas de España y Bolivia.
- Usar frases condicionales con sentidos probables, improbables e imposibles.
- Emplear una variedad de estructuras gramaticales sofisticadas.

¡En marcha!

1 El nueve de octubre de 2010 Evo Morales, el primer presidente indígena, aprobó la primera ley antirracista de Bolivia para, en sus palabras, 'acabar con toda forma de discriminación y frenar las actitudes heredadas desde la invasión española al continente en 1492'. ¿A qué actitudes piensas que se refiere el presidente? Habla con tu compañero/a.

'No llamas' en Bolivia

En una zona (**1** ....) por turistas en el barrio antiguo de La Paz, hay un bar que, detrás de la puerta, exhibe un dibujo de una llama metida en el símbolo de prohibido. En el cartel se lee, 'no llamas'. Esa es la forma más despectiva de referirse a los indígenas o descendientes de (**2** ....). La presidenta de la comisión de Derechos Humanos de la Cámara de Diputados, Marianela Paco, dice que estos letreros y comportamientos (**3** ....) una actitud racista que significa que si eres moreno (de color oscuro), o eres bajo (de estatura) o no te vistes como ellos esperan, entonces no puedes entrar.

La parlamentaria elaboró un proyecto de ley contra el racismo y la discriminación que tipifica delitos de ocho formas de discriminación racial. Entre esas formas se encuentra el derecho de admisión.

Se prohíbe bajo sanción a todos los establecimientos públicos y privados de atención al público fijar carteles que (**4** ....) el derecho de admisión, salvo los casos que se relacionen con la normativa de protección del menor y la seguridad de las personas, indica el proyecto de ley, que ya fue enviado a la presidencia de Diputados para su debate. Si hay clientes que molestan al resto, se tendrán que marchar, pero no (**5** ....) su apariencia física.

Las sanciones que (**6** ....) el proyecto van desde las multas hasta la reclusión por seis años y, si hubiera agravantes, la pena podría subir hasta nueve años.

Desde que en 2010 el presidente Evo Morales aprobara la ley contra el racismo, ha habido cambios sustanciales en el ámbito educativo, la administración pública y en la comunicación, información y difusión, especialmente en lo que respecta a indígenas y mestizos, que forman la mayor parte de la población actual del país, pero que son al mismo tiempo muy vulnerables a (**7** ....) de desprecio y humillación. La controversia de esta ley viene por los fuertes castigos, algunos de entre uno y siete años de cárcel para los medios de comunicación que 'si hubiesen mostrado comportamientos pro-racistas, habrían ido a la cárcel' anteriormente. En Bolivia, las dos expresiones más comunes que denotan racismo son 'indios', en (**8** ....) a los habitantes indígenas y mestizos y 'qharas', que hace referencia a los blancos o habitantes de las ciudades. El uso de ambos términos en medios audiovisuales o prensa escrita también es castigado en el país.

2 a Lee el artículo sobre los proyectos de ley antirracismo en Bolivia. Completa el texto, eligiendo ocho palabras de la lista A–L. ¡Cuidado! Sobran letras.

A por	E estas	I alusión
B respecto	F frecuentada	J ellos
C impone	G conductas	K lleno
D evidencian	H en	L restrinjan

Theme 3 Multiculturalism in Hispanic society

2 b  Vuelve a leer el artículo y resume en español los siguientes puntos en un párrafo de 80–90 palabras, usando tus propias palabras. Escribe en frases completas y verifica el trabajo con cuidado para asegurarte de que el lenguaje es correcto.
- la preocupación de Marianela Paco con respecto a ciertos bares (2)
- los castigos aplicados si los bares no obedecen las nuevas leyes (2)
- las mejoras desde la aprobación de la ley contra el racismo en 2010
- los ejemplos más comunes de lenguaje racista en Bolivia (2)

Gramática

Las frases condicionales con sentidos probables, improbables e imposibles (Conditional sentences with probable, improbable and impossible meanings)

Read section G16 of the grammar section and then look closely at the article on page 174. Then:
a Find four examples of the use of 'if' clauses.

b Of these, identify which of the examples contain conditional expressions with probable, improbable or impossible meanings.

Translate the examples you find into English.

3 Empareja las frases 1–8 con las frases más adecuadas de A–H para formar oraciones enteras.

1 En algunos países latinoamericanos si eres indígena...
2 Si ellos no me hubieran llamado 'india'...
3 En mayo, si tengo tiempo,...
4 Si los políticos tuvieran más valor...
5 ¿Qué contestaría usted...
6 No habría tanto racismo...
7 Si un indígena hubiera intentado entrar en ciertos bares,...
8 ¿Qué harías tú...

A iré a Bolivia a participar en el Día Nacional contra el Racismo.
B si hubiera más vigilancia policial.
C no los habría denunciado.
D si alguien le preguntara su opinión sobre el racismo?
E habría encontrado que su entrada estaba prohibida.
F la gente de otra raza puede hablarte de manera despectiva.
G si descubrieras que una inmigrante ilegal africana vivía en tu calle?
H aprobarían leyes que prohibieran el racismo.

4 a *Las leyes antirracistas en España.* Escucha el reportaje, luego lee las seis frases y elige la opción correcta para completar cada una.

1 Los españoles ponen en duda...
   A la eficiencia de las leyes antirracistas.
   B la existencia de las leyes antirracistas.
   C la ineficiencia de las leyes antirracistas.
2 Ciertos movimientos de extrema derecha en España...
   A son poco racistas.
   B son simbólicos.
   C no son castigados.

3 El individuo que murió en un enfrentamiento en 2011...
   A era africano.
   B alarmó a los jóvenes.
   C cambió la legislación.
4 La organización SOS Racismo no quiere que...
   A todas las personas en España tengan acceso a la sanidad pública.
   B la policía abuse de su autoridad.
   C haya una Ley de Igualdad.
5 La actual Ley de Extranjería...
   A manda al inmigrante a su país de origen en menos de 48 horas.
   B controla muchos aspectos de la vida de los extranjeros en el país.
   C fue modificada por SOS Racismo.
6 Los inmigrantes africanos...
   A entran en España por el sur.
   B no sufren tanta discriminación como los de otros orígenes.
   C prefieren ir a Asia en general.

4 b Vuelve a escuchar el reportaje y escribe las siguientes expresiones sofisticadas en español.

1 they are under the microscope
2 they do not receive any punishment
3 has revealed in its annual report
4 social racism is on the rise
5 has already branded this suggestion
6 by chance it focuses on

5 Translate the following passage into English.

Las polémicas leyes de extranjería

Tras la tragedia de Tarajal (Ceuta), en la que murieron 15 subsaharianos, y la polémica por los disparos de pelotas de goma en el mar, el gobierno de Mariano Rajoy desea centrar ahora el debate en otra reforma de la ley de extranjería que permita la devolución en caliente de los inmigrantes. Sería la octava enmienda del actual articulado, vigente desde 2000 y rodeado de polémica. Juan José Imbroda, presidente de Melilla, lo tiene claro. La actual ley de extranjería, según él, resulta demasiado ineficiente para combatir la llegada de inmigrantes irregulares en fronteras como la de esta ciudad autónoma.

Texto adaptado de: 'Las polémicas leyes de extranjería', *El País*, 19 febrero de 2014 y 'El presidente de Melilla defiende cambiar la ley para las 'devoluciones en caliente'', *El País*, 18 de febrero de 2014, © J. Jiménez Gálvez/Ediciones El Pais SL

6 a Elige un país latinoamericano de entre Colombia, Chile, Venezuela o Argentina y examina sus leyes antirracistas. Busca en Internet tanta información como puedas del tema y toma notas incluyendo fechas clave y eventos sobresalientes que afectaron a la modificación o creación de leyes, como protestas, revueltas o incidentes racistas.

Theme 3 Multiculturalism in Hispanic society

6 b En tu opinión, ¿hasta qué punto existe el racismo en el mundo hispano? Debate con el resto de la clase. ¿Crees que las leyes antirracistas son necesarias? ¿Cuál es tu opinión al respecto? Justifica tu opinión y rebate a compañeros/as que piensen diferente a ti.

6 c Escribe unas líneas como conclusión del debate anterior. Menciona algunos ejemplos de leyes antirracistas en el país de habla hispana que elegiste y tu opinión personal.

7 a Busca en Internet información sobre Bartolomé de las Casas, un fraile dominicano que escribió sobre los abusos y atrocidades de los conquistadores españoles con los indígenas americanos. Lee sobre sus opiniones, sus escritos y reformas.

7 b Una vez completada tu investigación sobre Bartolomé de las Casas, comparte la información que has encontrado con un/a compañero/a de clase.

7 c Lee la siguiente cita escrita por el mismo y escribe un párrafo para contestar a las dos preguntas.

'… ¡paz en todas partes y para todos los hombres, paz sin diferencia de raza! Podéis estar seguros de que la conquista de estos territorios de ultramar fue una injusticia. ¡Os comportáis como los tiranos! Habéis procedido con violencia, lo habéis cubierto todo de sangre y fuego y habéis hecho esclavos, habéis ganado grandes botines y habéis robado la vida y la tierra a unos hombres que vivían aquí pacíficamente.'

- ¿Quién era Bartolomé de las Casas?
- Explica la cita. ¿A quiénes condena tan vehementemente y por qué?

Bartolomé de las Casas

Estrategia

Employing a variety of sophisticated grammatical structures

When speaking or writing in Spanish, accurate use of complex language is essential to perform well in the exam. You should have a bank of expressions that contain sophisticated grammatical structures ready to draw upon in a range of different contexts. Examples are:

- *si* clauses which require use of the imperfect subjunctive
- the passive voice
- the negative imperative
- the future perfect and conditional perfect tenses

Try to carry out activity 7c using at least three of these structures.

Vocabulario

8.1 Actitudes racistas y xenófobas en la España de ayer y hoy

- la **actitud** attitude
- **atreverse a** to dare
- **azotar** to whip
- **bautizar** to baptise
- el **colectivo** group
- la **Corona** the Crown
- la **crueldad** cruelty
- **dar luz verde a** to give the go-ahead to
- el **edicto** edict, decree
- **enriquecer** (*enriquezco*) to enrich
- **espiar a** (*espío*) to spy on
- la **expulsión** expulsion
- el/la **extremista** extremist
- la **fusta** whip
- **incitar** to encourage
- **incumplir** to fail to carry out, to renege on
- la **Inquisición** Inquisition
- **llevar a cabo** to carry through, accomplish
- la **locura** madness
- **optar por** to opt for
- la **permanencia** stay
- el **pincho** spike
- el **rechazo** rejection
- el **reino** kingdom
- **solicitar** to request
- la **sublevación** mutiny, uprising
- la **tentación** temptation
- **torturar** to torture
- el **trámite** process, procedure
- el **velo** veil
- **vergonzoso** shameful
- **xenófobo** xenophobic

8.2 Las medidas nacionales y locales en contra del racismo en Hispanoamérica

- el/la **antepasado/a** ancestor
- **a raíz de** as a result of
- **Asia Meridional** Southern Asia
- la **ausencia** absence
- la **cárcel** prison
- **combatir** to combat
- **conmemorar** to commemorate
- **constituir** (*constituyo*) to constitute, make up
- el/la **criollo/a** Creole
- la **denuncia penal** criminal complaint
- la **desigualdad** inequality
- **disculparse** to apologise
- la **diversidad** diversity
- la **educación superior** higher education
- **elaborar** make, undertake
- **étnico** ethnic
- el **evento** event
- el **Extremo Oriente** the Far East
- la **Fiscalía** public prosecutor
- el **foro** forum
- **garantizar** to guarantee
- **genocidio** genocide
- **guatemalteco** Guatemalan
- **implacablemente** relentlessly
- la **inasistencia** absence
- **luchar** to fight, struggle
- la **marginación** marginalisation
- el **Medio Oriente** the Middle East
- el/la **mestizo/a** person of mixed race
- **pedir perdón** (*pido*) to apologise
- el/la **poblador/a** settler
- **polemizar** to start an argument
- el **Próximo Oriente** the Near East
- la **rueda de prensa** press conference

8.3 Las legislaciones antirracistas en el mundo hispano

- el **ámbito** sphere, field
- la **Cámara de los Diputados** House of Commons
- **casualmente** by chance
- **despectivo** disparaging
- el **desprecio** scorn, contempt
- **elaborar** to prepare, produce
- **en caliente** on the spot, in the heat of the moment
- el **enfrentamiento** confrontation, conflict
- el/la **esclavo/a** slave
- **exhibir** to display
- **frenar** to stop, brake
- **heredar** to inherit
- la **ineficiencia** inefficiency
- **institucional** institutional
- el **instrumento** document, instrument
- **jurídico** legal
- el **letrero** sign
- la **ley de extranjería** immigration laws
- la **normativa** rule, regulation
- el/la **parlamentario/a** Member of Parliament
- la **pena** sentence, punishment
- la **penalización** penalty
- la **permanencia** stay
- **proceder** to come from
- **producir** (*produzco*) to produce
- la **reclusión** imprisonment
- **solicitar** to request
- **suponer** (*supongo*) to mean
- **sustancial** substantial
- **tachar** to brand
- **tipificar** to typify
- el/la **tirano/a** tyrant
- el **tránsito** crossing
- el **ultramar** overseas

UNIT 9

La convivencia y la integración

9.1 **La convivencia entre culturas en la España medieval**
9.2 **Convivencia e integración en los centros escolares**
9.3 **La convivencia en la España moderna**

Theme objectives

In this unit you study coexistence and integration.
The following topics are covered:
- the historical coexistence of Christians, Jews and Muslims
- different opinions and points of view about the integration of immigrants or other social groups in educational establishments
- integration and coexistence of social groups and immigrants in Spain today

Grammar objectives

You will study and practise the following grammar points:
- the present subjunctive
- indirect and direct object pronouns
- active and passive voice, including further use of *se*

Strategy objectives

You will develop the following strategies:
- researching a single event or series of events
- extracting and summarising information from longer passages of text
- drafting and redrafting written work to increase accuracy and avoid errors

9.1 La convivencia entre culturas en la España medieval

- Aprender sobre la convivencia histórica entre cristianos, judíos y musulmanes.
- Entender y usar el presente de subjuntivo (2).
- Investigar un único evento o varios encadenados.

¡En marcha!

1 a Durante muchos siglos las culturas y religiones cristiana, musulmana y judía convivieron en España. ¿Sabías que la mayoría de las palabras y nombres que comienzan por al- en español moderno vienen del árabe? Haz una lista de por lo menos ocho palabras que empiecen por al- .

1 b Ahora, mira la lista de otras palabras españolas que provienen del árabe y escribe una definición de lo que significa cada una.
- el aceite
- hasta
- el rincón
- el chaleco
- la naranja
- la taza
- la cifra
- ojalá

1 c Asimismo, las siguientes palabras o nombres provienen de idiomas semíticos. Escribe una breve definición en español para cada una.
- amén
- Europa
- el sábado
- el camello
- Jesús
- la sidra
- edén
- Pascua

2 a Lee este folleto sobre la historia de Toledo y la convivencia. Contesta las preguntas en español con tus propias palabras.

1. ¿Qué ocurrió en el año 711? (2)
2. ¿A qué se refiere 'el periodo de las Tres Culturas'?
3. ¿Cuál era el símbolo de enriquecimiento más notable durante el periodo califal?
4. ¿Qué hizo Alfonso VI para fomentar el desarrollo académico en la ciudad?
5. ¿Qué colectivo contribuyó a los avances científicos en el siglo XII?
6. ¿Cuáles fueron las cuatro industrias predominantes en el siglo XIV? (4)
7. ¿Por qué fue importante el colectivo judío en el siglo XIV?
8. ¿Por qué todavía es un ejemplo de convivencia, la ciudad de Toledo?

TOLEDO, EJEMPLO BRILLANTE DE CONVIVENCIA

Una vista de Toledo con su alcázar

La derrota del último rey visigodo, Rodrigo, en el año 711, supuso el inicio de la dominación musulmana en la Península. La ciudad de Toledo fue tomada sin resistencia, comenzando así los 374 años de convivencia en la ciudad de musulmanes, cristianos y judíos, en lo que se ha denominado como periodo de las Tres Culturas.

Durante el periodo califal (929–1031) Toledo se embelleció y enriqueció con nuevos edificios, destacando las dos mezquitas, que todavía hoy se mantienen en pie. En el año 1085 Alfonso VI conquistó la ciudad y estableció en ella un régimen de tolerancia con los antiguos pobladores, convirtiéndose Toledo en centro de las culturas musulmana, cristiana y judía, y acudiendo a ella sabios de toda Europa que, en el siglo XII, formaron la Escuela de Traductores de Toledo. Se desarrolló en la ciudad una intensa actividad artística y científica. Los intelectuales islámicos aportaron valiosa información en los campos de la medicina, botánica, geografía o farmacología, entre otras ciencias; también se desarrollaron las traducciones de textos del árabe, previamente traducidos del griego al latín.

A partir del siglo XII Toledo pasó a formar parte del reino de Castilla y León. Bajo el reinado de Fernando III el Santo se iniciaron las obras de construcción de la catedral y con Alfonso X el Sabio se abrió uno de los periodos de mayor esplendor de la urbe, convirtiéndose en la capital europea de la cultura. Se trasladaron allí los restos de la biblioteca de Al Hakam II, cuyos fondos fueron traducidos al latín, se recopilaron obras y se escribieron nuevas en todas las materias (medicina, filosofía, cosmografía, etc.). Durante este periodo la ciudad fue un punto de referencia política y cultural.

A lo largo de toda la Edad Media el núcleo urbano fue aumentando y en el siglo XIV llegó a ser una de las principales productoras de paños en Castilla, actividad que se sumó a las ya existentes de acuñación de moneda, fabricación de armas e industria de seda. El colectivo que más ayudó a dicho desarrollo económico fue el de los judíos.

Es probable que Toledo haya cambiado mucho a lo largo de los años, y que tenga un aspecto más moderno, pero es innegable que hoy en día continúa siendo un ejemplo de convivencia a través de su legado histórico, arquitectónico y cultural.

Texto adaptado de: 'Las tres culturas en Toledo, artehistoria.com

2 b Traduce las siguientes frases al español, usando el vocabulario en el texto para ayudarte.

1. It is impressive that the two ancient mosques are still standing today.
2. It is important that people understand the long history of coexistence between different cultures in Spain.
3. In the twelfth century the construction of Toledo's cathedral began.
4. Under the reign of Alfonso X Toledo became European capital of culture.
5. Throughout the Middle Ages the economy developed rapidly.
6. After studying its fascinating history, my friends want me to visit Toledo with them.

Unit 9 La convivencia y la integración

Detalle de una sinagoga judía

3 a  *Las juderías en ciudades españolas.* Escucha las descripciones de tres barrios históricos judíos de tres ciudades españolas. Haz un resumen en español de los siguientes puntos en un párrafo de 80–90 palabras, usando tus propias palabras. Escribe en frases completas y verifica el trabajo con cuidado para asegurarte de que el lenguaje es correcto.
- la convivencia entre culturas actualmente
- el aspecto típico de las juderías (3)
- lo que se puede comprar allí (3)

3 b Escucha otra vez y escribe el nombre de la ciudad a cuya judería pertenecen las siguientes afirmaciones (Córdoba, Segovia o Palma).

1 Es imprescindible visitarla aunque no planees comprar nada.
2 Los balcones de las casas son amplios.
3 Fue un barrio judío de grandes dimensiones.
4 Las casas adornadas en la judería atraen a los turistas.
5 Una casa en la judería tiene escritura religiosa en las paredes.
6 La especialidad en las panaderías es el pan de cereales.
7 La judería tiene un pasado muy próspero.
8 La judería tiene una sinagoga construida en el siglo catorce.

Gramática

El presente de subjuntivo (The present subjunctive)

Refer to section G14 of the grammar section. Obtain the transcript of the passage then note down:

a one example of the present subjunctive being used in the context of 'wanting'
b one example of the present subjunctive being used after a conjunction of concession
c one example of the present subjunctive being used in the context of doubt or possibility

Copy out the phrases containing the examples and translate them into English.

---

4 Pon los verbos entre paréntesis en la forma correcta del presente.

1 Es probable que Toledo [*ser*] la ciudad española que más influencia ha ejercido en la cultura europea.
2 No se puede negar que la vista nocturna de Toledo [*ser*] magnífica.
3 ¿Es necesario que [*nosotros, ver*] todo el barrio judío? ¡Me aburre!
4 Me parece que las casas medievales de Mallorca [*estar*] mejor conservadas que las de Sevilla.
5 Quiero que tú nos [*acompañar*] a ver la catedral. ¡Es magnífica!
6 Los judíos siguen practicando su culto en las juderías, a pesar de que [*hay*] tanto turismo.
7 No voy a ver la sinagoga a menos que [*venir*] vosotros.
8 Es posible que muchos españoles no [*saber*] nada de la convivencia de la época medieval.

5 En 2010, un 74,5% de los europeos eran cristianos. En 2050 serán un 65,2%. Los ateos y agnósticos crecerán 10 puntos porcentuales; sin embargo, la presencia de musulmanes se duplicará. Uno de cada 10 europeos profesará la religión islámica. En tu opinión, ¿habrá más conflicto o más armonía en 2050?

6 a Elige uno de estos tres eventos históricos, luego busca información en Internet sobre el evento que has elegido. Toma notas en español y compáralas con las de un compañero/a que haya elegido un evento diferente al tuyo. Mira la Estrategia y sigue los consejos al realizar tu búsqueda en línea.
- la llegada de los moros a España en el año 711
- la expulsión de los moros en el año 1492
- la apertura de la Mezquita Mayor de Granada en el año 2003

6 b Con tus notas de la actividad anterior, prepara una presentación oral sobre el evento en cuestión. Ordena los hechos cronológicamente y explícalos de manera que menciones lo que sucedió y las consecuencias de lo ocurrido.

6 c Contesta las siguientes preguntas sobre la idea de convivencia entre culturas diferentes. Escribe tus respuestas para poder usarlas en el examen oral en caso de necesitarlas.
- ¿Deberíamos conservar las juderías en las ciudades españolas? ¿Por qué (no)?
- ¿Qué opinas de fiestas como 'Moros y Cristianos' que celebran las batallas antiguas entre religiones?
- ¿Crees que distintas culturas pueden vivir en armonía o es inevitable el conflicto?

Escritura árabe en el zoco de Córdoba

Estrategia

Researching an event or series of events
- Research the event(s) on the internet, using reliable sources.
- Always use more than a single source, to make sure that you have more than one point of view.
- Where you are faced with opposite points of view, consult a third source.
- Make sure that you have a solid factual basis for the event(s). (What happened? When? Where?)
- Focus only on the information relevant to the event(s).
- Prioritise the key aspects of the event(s).
- When making notes don't copy chunks from the source document; use your own language.
- Be guided by these notes when researching exercise 6a.

Unit 9 La convivencia y la integración

9.2 Convivencia e integración en los centros escolares

- Entender diferentes opiniones y puntos de vista sobre la integración de inmigrantes u otros grupos sociales en los centros escolares.
- Usar los pronombres de objeto directo e indirecto (2).
- Extraer información y hacer resúmenes de textos largos.

¡En marcha!

1 Diferentes estudiantes de diversas nacionalidades se unen a los españoles y forman una amalgama de necesidades y relaciones que varían mucho desde el punto de vista del profesor o del estudiante. Mira la siguiente tabla con situaciones que los profesores o estudiantes podrían experimentar. ¿Qué harías tú en cada caso? Escribe unas líneas con tus sugerencias y comenta en clase.

	Profesor	Alumno
A	Tengo un alumno nuevo que empieza hoy. Es de Costa Rica. ¿Cómo lo presento al resto de la clase?	Soy musulmán y no celebro la navidad pero tengo un papel en la obra de teatro del colegio.
B	Hoy hay reunión con padres y la madre de Sarabi no habla bien español. ¡Ayuda!	No como cerdo por motivos religiosos pero mi amigo Juan quiere que pruebe su bocadillo de jamón.
C	Mi alumno musulmán está en ramadán y hoy hay clase de cocina de once a doce y media.	No hablo bien español porque soy rumano y no puedo hacer mis deberes de literatura en casa.
D	Una chica lleva burka, pero hay clase de educación física. ¿Le digo que se lo quite?	Soy de Colombia y los chicos en clase se ríen de mi acento diferente cuando hablo en clase.

Una profesora con alumnos en un colegio español

 2 a Lee las tres perspectivas en el artículo de revista sobre la integración en los centros escolares y completa el artículo, eligiendo las palabras adecuadas de la lista, según el sentido del texto. ¡Cuidado! Solo necesitas ocho.

A se muestran	E son	I castigado
B aprender	F acaban	J dan
C basada	G respeto	K abrirse
D demás	H herido	L respeto

 2 b Vuelve a leer el texto, luego resume los siguientes puntos en un párrafo de 80–90 palabras, utilizando tus propias palabras. Escribe en frases completas y verifica el trabajo con cuidado para asegurarte de que el lenguaje es correcto. Consulta la Estrategia.
- por qué Mónica Garrido desconfía de los gitanos (2)
- por qué Esteban Merlo tiene un gran respeto por los marroquíes (2)
- la diferencia entre el comportamiento privado y público de los argelinos según Genoveva Martínez (4)

Theme 3 Multiculturalism in Hispanic society

La perspectiva del país receptor: hablan padres, educadores y alumnos

Mónica Garrido

Mi hijo de siete años tiene que compartir aula y juegos con niños de otras culturas y nacionalidades. Yo no veo en esto un problema práctico, donde lo veo es en la educación que otras familias (**1** ....) a sus hijos. Por ejemplo, mi hijo llegó a casa anteayer llorando porque un niño gitano le había robado su dinero y el bocadillo. Mi hijo se defendió y los dos tuvieron una pelea. No veo justo que mi pequeño sea (**2** ....) también al igual que el otro. Desconfío de los gitanos.

Esteban Merlo

Como director del Instituto de Enseñanza Secundaria Virgen del Rocío de Algeciras, estoy orgulloso de ver cómo cuando los estudiantes llegan a la adolescencia olvidan cualquier tipo de diferencia (**3** ....) en religión, raza o nacionalidad y se interrelacionan fácilmente. El diecisiete por ciento de mi alumnado es de origen inmigrante. Tengo un gran (**4** ....) por los marroquíes que a pesar de venir de un país vecino no comparten ni lengua, ni religión ni hábitos de vida pero tienen una capacidad de adaptación admirable. Estos chicos (**5** ....) hablando tres idiomas — árabe, francés y español — lo que en el futuro les hace más competitivos. Se lo digo siempre en clase; a todos los profesores, esto nos da mucha alegría.

Genoveva Martínez

Por mucho que quiera poner de mi parte para ser amiga de las chicas que vinieron el año pasado de Argelia me resulta muy difícil. Tengo dieciséis años y estudio en un insti público en Badalona. Yamina, Nadia y Meriem son muy simpáticas y he estado en casa de una de ellas. Me invitaron a té con unos dulces típicos muy buenos. En casa están más relajadas y (**6** ....) más afines a mí. Hablamos de chicos, música y del baile de fin de curso; a pesar de esto, cuando las veo en clase parecen otras personas diferentes, no se relacionan mucho con los demás y a veces hablan árabe entre ellas y los (**7** ....) no lo entienden. Creo que la integración es cosa de dos y ellas deberían (**8** ....) más, aunque entiendo que es complicado.

2 c Translate the first paragraph of the article (Mónica Garrido) into English.

Estrategia

Extracting and summarising information from longer passages of text

You will notice that at A-level, reading texts are longer than those at AS. Follow these steps:
- Locate and isolate what you believe to be the key information.
- Make sure the information you have identified is relevant to the question, task or bullet point. Discard any that is not. Including it will give the impression that you don't understand the task!
- If necessary, manipulate verbs from the text to convey they correct meaning, e.g. if the text is in the first person, change it to the third person in your answer.
- Conveying the overall message is your main aim, so try to strike a balance between writing your own words and some from the text.

In exercise 2b, you are asked to summarise the key information. Follow the above steps.

Gramática

Los pronombres de objeto directo e indirecto (Direct and indirect object pronouns)

Refer to section F2 of the grammar section, then note down from the reading text:
a three examples of direct object pronouns
b two examples of indirect object pronouns
c one example of both object pronouns together

Copy out the phrases containing the examples and translate them into English.
d Explain what happens to the indirect object pronoun when both types of pronoun are in the third person and are dependent on the verb.

3 Elige la forma correcta del pronombre de las tres opciones.

1 Isabel es una inmigrante argentina. [*Lo/La/Le*] conocí el año pasado en Barcelona.
2 Como no aprendiste el castellano antes de llegar a España [*te/le/me*] [*lo/la/le*] voy a enseñar.
3 Ella me pidió que [*lo/la/le*] devolviese los documentos.
4 Nikolai ha pedido los documentos para demostrar su estatus. Voy a entregár[*le/se/les*] [*los/las/les*] cuando vuelva.
5 Este libro [*lo/la/le*] escribió un inmigrante para hablar de sus experiencias en España.
6 Mis hermanas están en ramadán y no hay manera de interrumpir[*los/las/les*].
7 Querían saber la dirección del consulado colombiano. [*Les/Se/Los*] [*lo/la/le*] di ayer.
8 Cuando llegamos aquí [*nos/vos/les*] dieron unos papeles pero no [*los/las/les*] entendimos.

4 a  *Hablan los que vienen del país emisor: padres y alumnos.* **Escucha las tres perspectivas y completa cada frase con la palabra adecuada, según la información que oyes.**

1 Muchos estudiantes en el instituto de Moisés Santos son latinoamericanos o…
2 Cuando fue elegido delegado de su clase, Moisés se sintió…
3 Aguasantas López está muy orgullosa de la integración de su…
4 Aguasantas cocinó unas arepas y las trajo a la…
5 La mayoría de los estudiantes en la clase extra de Nikolai Kuzniar eran de …
6 Afortunadamente, Nikolai tuvo un profesor en clase que le…

Un grupo de alumnos y su profesora de primaria

4 b  Vuelve a escuchar a las personas y contesta las preguntas en español con tus propias palabras.

Moisés Santos
1 ¿Por qué dice Moisés que tiene suerte?
2 ¿Qué piensa de sus profesores?

Aguasantas López
3 ¿Por qué Aguasantas está tan encantada?
4 ¿Qué preparó Aguasantas para acompañar a las arepas?
5 ¿Por qué la merienda de la asociación de padres fue una experiencia tan enriquecedora?

Nikolai Kuzniar
6 ¿Cuál fue la reacción del colegio cuando empezaron los siete niños extranjeros?
7 ¿Cómo ayudaron a Nikolai específicamente los chicos de la clase?
8 ¿Cuánto tiempo necesitó Nikolai para independizarse?

5 a Analiza el gráfico. Elige dos autonomías y busca más información en Internet sobre la situación de los inmigrantes en los centros escolares allí.

5 b Con un/a compañero/a, habla y argumenta sobre estos dos puntos:
- las zonas de España que tienen más inmigrantes en sus centros escolares y por qué
- los beneficios o problemas que podrían resultar para los centros escolares receptores y los inmigrantes

5 c  Para concluir, escribe un párrafo dando tus opiniones sobre este tema.

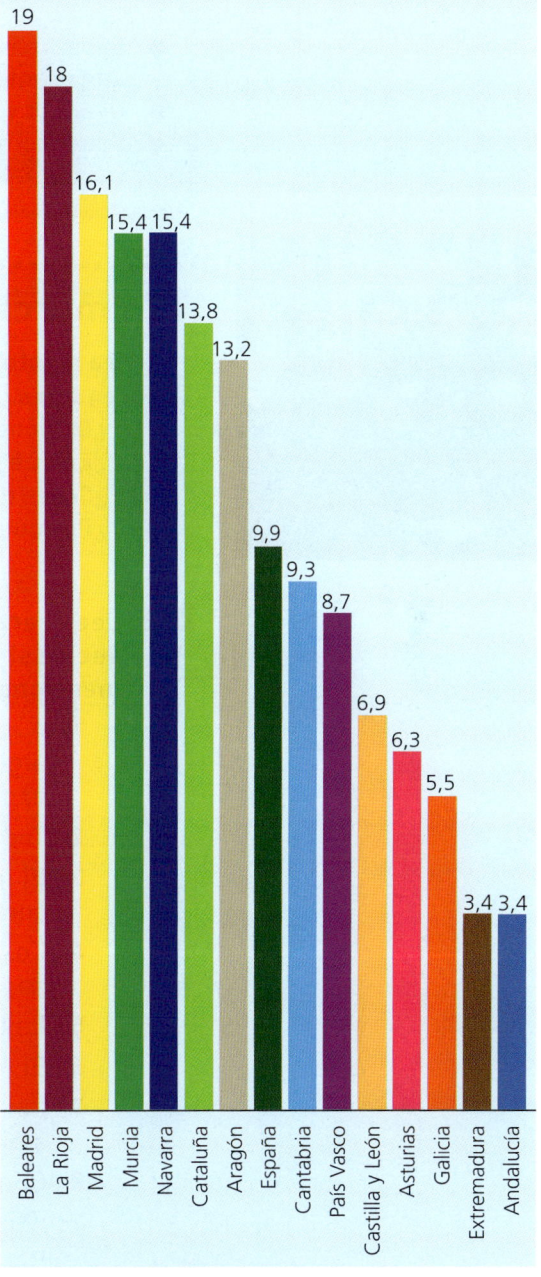

Porcentaje de alumnado inmigrante en España por comunidad autónoma

- Baleares: 19
- La Rioja: 18
- Madrid: 16,1
- Murcia: 15,4
- Navarra: 15,4
- Cataluña: 13,8
- Aragón: 13,2
- España: 9,9
- Cantabria: 9,3
- País Vasco: 8,7
- Castilla y León: 6,9
- Asturias: 6,3
- Galicia: 5,5
- Extremadura: 3,4
- Andalucía: 3,4

Unit 9 La convivencia y la integración

9.3 La convivencia en la España moderna

- Saber más sobre la integración y convivencia de grupos sociales e inmigrantes en la España de hoy.
- Usar las voces activa y pasiva y *se* de diferentes maneras.
- Saber cómo escribir y reescribir un texto para aumentar la precisión y evitar fallos.

¡En marcha!

1 Mira la foto y con un/a compañero/a, contesta las siguientes preguntas.
1. ¿De dónde provienen los inmigrantes que se instalan en España?
2. ¿En qué partes de España prefieren vivir los inmigrantes?
3. ¿Crees que tienen las mismas oportunidades que los españoles? ¿Por qué (no)?

2 a Lee el artículo sobre la situación de los gitanos hoy en día, luego decide si las siguientes frases son verdaderas (V), falsas (F), o no mencionadas (N).

1. A causa de su vida nómada, los gitanos han incorporado algunas características de las otras culturas que han experimentado.
2. Todas las mujeres gitanas asisten a los centros educativos.
3. El fracaso escolar sigue siendo un problema entre la comunidad gitana.
4. Los alumnos gitanos que finalizaron la educación secundaria sacaron buenas notas.
5. La tasa de paro es mayor entre los gitanos en Andalucía.
6. El nivel de desarrollo en España es injustificable.
7. La realidad es que muchos gitanos no aspiran a irse de su alojamiento inadecuado.
8. Queda mucho por hacer para eliminar la imagen negativa de los gitanos en la sociedad.

2 b  Lee el artículo otra vez. Resume en español los siguientes puntos en un párrafo de 80–90 palabras, utilizando tus propias palabras. Escribe en frases completas y verifica el trabajo con cuidado. No olvides mirar los consejos en la Estrategia y edita tus respuestas tras haberlas comparado con las de un/a compañero/a de clase para asegurarte de que el lenguaje es correcto.
- los indicios de mejora en la educación de los gitanos (2)
- los problemas que encuentran los gitanos al vivir en sitios lejos de las ciudades (2)
- las consecuencias del prejuicio y discriminación hacia los gitanos

Theme 3 Multiculturalism in Hispanic society

Gitanos y gitanas hoy

El pueblo gitano ha ido asimilando muchos de los elementos culturales que se han encontrado en los distintos territorios que ha atravesado en su camino desde la India y gracias a ello, la cultura común actual se ha llenado de sus aportaciones, realizadas tanto en la lengua como en el comercio, la música (el flamenco) la literatura y otras artes. Pero a pesar de los logros que fueron conseguidos en España en la mejora de las condiciones de vida de la población gitana, aún hay situaciones que no son atendidas debidamente.

Educación

Hace 30 años podía ser difícil que los niños gitanos fuesen a la escuela, pero hoy en día este derecho ya está garantizado por las leyes españolas y muchos gitanos están escolarizados en los centros educativos, lo que los convierte en lugares idóneos para compartir culturas. También muchos adultos gitanos, sobre todo mujeres, se están esforzando por mejorar sus niveles de lectura y escritura. No obstante, aún estamos lejos de conseguir una situación de normalización educativa del alumnado gitano en España. Se debe señalar que, del conjunto del alumnado gitano que comienza la educación secundaria, solo la finaliza el 20%.

Tres generaciones gitanas: abuela, madre e hijas

Empleo

Hoy en día se sabe que hay mujeres y hombres gitanos en todo tipo de profesiones, incluso en las más cualificadas, pero un altísimo porcentaje sufre unos índices de desempleo muy superiores al resto de la población, por lo que quedan relegados a actividades económicas de carácter informal y a largos periodos de desempleo.

Vivienda

Aún hoy hay chabolas que son habitadas por gitanos, en total, un 4% de las familias gitanas habitan en estas infraviviendas y núcleos segregados y el 12% vive en espacios que no reúnen condiciones adecuadas. Se trata, en muchas ocasiones, de asentamientos aislados de las ciudades que impiden también el acceso a las oportunidades, donde las personas viven en condiciones que son intolerables e injustificables para un país con el nivel de desarrollo de España. El problema real es que muchas familias gitanas se niegan a abandonar estos núcleos.

Imagen social

La imagen negativa sobre la comunidad gitana que persiste en la sociedad mayoritaria, con creencias y prejuicios que son derivados de actitudes claramente discriminatorias, continúa siendo uno de los principales obstáculos que impiden el pleno ejercicio de la ciudadanía de los gitanos y gitanas.

A pesar de los significativos avances que se han conseguido en los últimos años en la promoción social de la comunidad gitana, esta imagen negativa que la estigmatiza continúa fuertemente arraigada en todas las capas sociales.

Texto adaptado de: 'Gitanos y gitanas hoy', gitanos.org

2 c Translate the second paragraph of the article (*Educación*) into English.

Gramática

La voz activa y la voz pasiva (The active and passive voices)

Refer to section G17 of the grammar section, then note down from the reading text:

a two examples of the passive voice, using *ser* as the auxiliary verb
b two examples of passive constructions using *se*
c two examples of impersonal *se* used as a subject pronoun

Copy out the phrases containing the examples and translate them into English.

d How do passive *se* and impersonal *se* in the examples differ from the passive with *ser* as the auxiliary verb?

3 a Expresa en forma activa las frases pasivas siguientes:

1 Al principio de su llegada a la Península Ibérica los gitanos fueron bien acogidos por los españoles.
2 No eran rechazados por los campesinos sino que estos les miraban con simpatía.
3 La mala imagen de los gitanos ha sido creada por la ignorancia de la gente corriente.
4 Estas páginas han sido escritas por un gitano que quiere describir la situación de los gitanos hoy en día.

3 b Expresa las frases siguientes de otra manera, utilizando la pasiva refleja con *se*.

1 La Ley de Extranjería fue aprobada ayer.
2 Las leyes no siempre son obedecidas.
3 El piso será vendido en noviembre.
4 Los centros educativos han sido convertidos en lugares idóneos para compartir culturas.

4 a *La España multicultural y tolerante.* Escucha el reportaje sobre la España multicultural, luego empareja las frases.

1 La presencia inmigrante...
2 En Roquetas de Mar...
3 En las grandes ciudades...
4 La variedad de grupos étnicos...
5 En muchos colegios españoles...
6 Son los africanos los que suelen...

A los nativos se han instalado en los suburbios.
B la multiculturalidad es muy evidente.
C casi un tercio de la población es foránea.
D vender productos en las calles.
E fluctúa dependiendo de la provincia.
F en Barcelona y Madrid es enorme.

4 b Vuelve a escuchar el reportaje, luego elige la opción correcta para completar cada frase, según el sentido de lo que oyes.

1 En ciertas provincias españolas...
   A no hay inmigrantes.
   B hay más inmigrantes que en otras.
   C hay problemas con inmigrantes.

2 El paisaje cultural español...
   A tiene lugares concretos.
   B ha cambiado mucho.
   C tiene un 30% de inmigrantes.

3   En Cataluña, Andalucía y Madrid...
    A   el 30% de la población es extranjera.
    B   la gente es muy cultural.
    C   viven más inmigrantes que en las otras autonomías.

4   Las viviendas de calidad inferior en el centro de las grandes ciudades...
    A   no son costosas.
    B   atraen a los españoles.
    C   son todas oficinas.

5   Los pueblos españoles ya tienen...
    A   nuevos colegios.
    B   mucha multiculturalidad.
    C   pocas oportunidades.

6   Si vas de paseo por cualquier pueblo español...
    A   encontrarás un paisaje muy bonito.
    B   notarás una diversidad enorme.
    C   verás un choque cultural preocupante.

5 **Traduce el siguiente texto al español, usando los consejos en la Estrategia para ayudarte.**

A footballer who is an example for immigrants

John Londoño, a sociologist at a Colombian University, affirms that to many Latin Americans, the footballer James Rodriguez represents the culture of sacrifice and hard work. Londoño also assures us that as a Real Madrid player, James is now a role model for Colombian immigrants in Spain: 'I don't know if at 12 years of age he used to dream of going to Madrid, but what we do know is that today he is a star, among the best in world football. Let us admire him and his positive influence on Hispanic society. There is no one who can cast doubt on the extent of his success.'

Texto traducido y adaptado de: 'James Rodriguez engrandece a Colombia y es ejemplo para niños', caracol.com.co/radio, 22 de julio de 2014

6 a **Mira el mapa y elige una de las 17 Comunidades Autónomas o una de las dos Ciudades Autónomas (Ceuta y Melilla) de España. Busca en Internet datos, información y reportajes sobre la autonomía con respecto a la inmigración y la convivencia y toma notas siguiendo los puntos a continuación:**

- el número/porcentaje de inmigrantes que tiene la autonomía
- la procedencia de estos inmigrantes por lo general
- los éxitos o problemas que hay allí con respecto a la integración y la convivencia

6 b **Comenta los puntos anteriores con tu compañero/a que haya elegido una comunidad diferente a la tuya. Haceos preguntas para saber más de cada región respectivamente.**

Estrategia

Drafting and redrafting written work to increase accuracy and avoid errors

When drafting a written task, such as a summary or a translation into Spanish:
- Take care not to make language or factual errors when taking notes.
- Make a first draft of your answer.
- Review your draft, checking for accuracy and systematically correcting any errors.
- Write your second draft, giving yourself enough time to check for accuracy of genders, agreements, verb forms and complex constructions.

The redraft should address the above points and any weaknesses in the original draft.

Look closely at exercises 2b and 5. To tackle them successfully, follow this guidance.

Unit 9 La convivencia y la integración

Vocabulario

9.1 La convivencia entre culturas en la España medieval

- la **acuñación** coining, minting
- **adornado** decorated, adorned
- **aportar** to bring
- el **aspecto** look, appearance
- el **colectivo** group
- **derrotar** to defeat
- **desfavorable** unfavourable
- la **Edad Media** the Middle Ages
- **embellecer** (*embellezco*) to decorate, embellish
- **enriquecer** (*enriquezco*) to enrich
- la **escritura** writing
- la **especialidad** speciality
- la **fabricación** manufacture
- el **hebreo** Hebrew
- el **inicio** start
- la **judería** Jewish quarter
- **mantenerse en pie** (*mantengo*) to be still standing
- el/la **musulmán/ana** Muslim
- el **paño** cloth
- la **pieza** piece, part
- el/la **poblador/a** settler
- **próspero** prosperous
- el **reinado** reign
- el **reino** kingdom
- el/la **sabio/a** wise person, sage
- la **seda** silk
- la **sinagoga** synagogue
- **suponer** (*supongo*) to mean, suppose
- la **urbe** metropolis, city
- **valioso** valuable
- **visigodo** Visigothic

9.2 Convivencia e integración en los centros escolares

- **abrirse** to open up
- **acogedor** welcoming
- **acoger** (*acojo*) to welcome
- **afín** related, close
- el **alumnado** student body
- **apoyar** to support
- el **apoyo** support
- la **arepa** corn/tortilla cake
- la **asociación de padres** parents' association
- **castigar** to punish
- **compartir** to share
- el **comportamiento** behaviour
- **dar gracias a** (*doy*) to thank
- **defenderse** (*me defiendo*) to defend oneself
- el/la **delegado/a** representative, delegate
- los/las **demás** the others
- **desconfiar** (*desconfío*) to mistrust
- **encantado** delighted
- **enriquecedor** enriching
- **independizarse** to become independent
- **inscribirse** to enroll, enlist
- la **integración** integration
- **integrarse** to fit in, integrate
- **interrelacionarse** to interrelate, mix
- **involucrar** to involve
- **marroquí** Moroccan
- **mudarse de casa** to move house
- el **pañuelo** headscarf
- **parecer** (*parezco*) to seem
- **polaco** Polish
- **presentar** to introduce
- **relacionarse** to relate
- la **reunión** meeting
- **robar** to steal
- **rumano** Romanian
- **traducir** (*traduzco*) to translate

9.3 La convivencia en la España moderna

- **aislado** isolated
- el **alojamiento** accommodation
- la **aportación** contribution, support
- el **asentamiento** settlement, settling
- **asimilar** to assimilate
- **aspirar a** to aspire to
- **atravesar** (*atravieso*) to cross
- el/la **autóctono/a** native
- la **autonomía** autonomy
- la **capa social** social stratum
- la **chabola** shack
- el **choque cultural** culture shock
- **derivar** to derive, originate
- **enfocar** to focus on
- **escolarizar** to educate
- **esforzarse** (*me esfuerzo*) to make an effort
- **estigmatizar** to stigmatise
- **finalizar** to finish
- **foráneo** foreign
- el **fracaso** failure
- **garantizar** to guarantee
- **idóneo** suitable
- **impedir** (*impido*) to prevent
- la **infravivienda** sub-standard housing
- **injustificable** unjustifiable
- el **logro** success
- la **multiculturalidad** multiculturism
- el/la **nativo/a** native
- el **paisaje** landscape
- **persistir** to persist
- **relegado** relegated
- el **sacrificio** sacrifice
- **segregado** segregated

Research and presentation

Most parts of A-level Spanish are concerned with subject matter that is decided by AQA. However, one part of your oral examination gives you the opportunity to show your individuality by selecting, researching, presenting and discussing a topic of your own choice. This section helps you to understand how to go about this task and gives you ideas to get you started, but ultimately it is up to you.

The following objectives are covered in the pages to do with getting started:
- Decide on your research topic.
- Get started on your research.
- Choose areas to focus on.

You are also given some ideas about carrying out and organising your research, and preparing the content of your presentation:
- Make notes on your research.
- Formulate the title and the introduction.
- Develop the content, right up to the conclusion.

Finally you are given some guidelines about getting ready for the oral exam:
- Practise the delivery and timing.
- Anticipate the questions that you might be asked.
- Prepare your possible responses.

1 ¡Vamos a decidir!

- Decidir tu tema de investigación.
- Comenzar la investigación.
- Elegir unas áreas en que concentrarte.

1 a *Algunos temas de investigación.* Escucha la conversación entre Laura, Miguel, Clara e Iñaki, quienes hablan de los temas que han elegido para su investigación personal. Empareja los temas de investigación (1 a 8) con las personas. ¡Cuidado! ¡Sobran cuatro temas!

1. Pablo Picasso
2. La cultura andaluza
3. Machu Picchu
4. La gastronomía española
5. El fútbol en Argentina
6. La Guerra Civil española
7. Hernán Cortés
8. Las familias reales española y británica

1 b Escucha otra vez. Mira esas fotos. ¿A quién pertenecen los dos temas de investigación?

Machu Picchu

El Palacio Real, Madrid

1 c Estudia esta lista de temas de investigación. ¿A qué tipo pertenece cada uno de los temas de investigación de Laura, Miguel, Carla e Iñaki?

1. un conflicto
2. un personaje histórico
3. un lugar antiguo
4. un tema de comparación entre España y Gran Bretaña
5. un artista
6. un fenómeno deportivo
7. la cultura de una región
8. un interés personal

¿A qué tipo pertenecen los otros temas de investigación que se mencionan en el ejercicio 1a?

1 d Translate the eight types of research themes in exercise 1c into English.

1 e Translate the list of research topics below into English, and decide which of the themes in exercise 1c they belong to.

- a El general Franco
- b La Plaza Mayor, Madrid
- c La música latina
- d Joan Miró
- e La banca en España y Gran Bretaña
- f La guerra de las Malvinas
- g La cultura catalana
- h El FC Barcelona

2 a Trabajo en grupo. Mira de nuevo la lista de tipos de investigación (1c) y coméntalos. Da otro ejemplo para cada categoría de temas.

2 b  Mira la lista de temas (1e) y el que has escrito en tu grupo (2a). Elige el título que te gusta más y el que te gusta menos y explica a tu grupo en inglés las razones por las cuales hayas elegido esos dos títulos. Escucha bien las razones dadas por los otros miembros de tu grupo.

2 c *Tipos de investigación*. Escucha este programa de radio con las líneas abiertas al público, entre Laura, Miguel, Carla e Iñaki, quienes nos hablan de las investigaciones que han hecho. ¿Cómo obtuvieron la información que buscaban? Elige dos respuestas para cada uno.

1. utilizando Internet
2. leyendo un libro o un artículo de periódico
3. pidiéndosela a alguien
4. consultando folletos
5. viendo la televisión
6. utilizando cuestionarios
7. escuchando la radio
8. visitando el lugar

3 a Imagina que acabas de visitar a un amigo español que vive en Granada. Has escogido 'La cultura andaluza' como el tema de tu investigación. Estudia el diagrama de araña abajo. Muestra la manera en que se puede comenzar a indagar un tema de investigación.

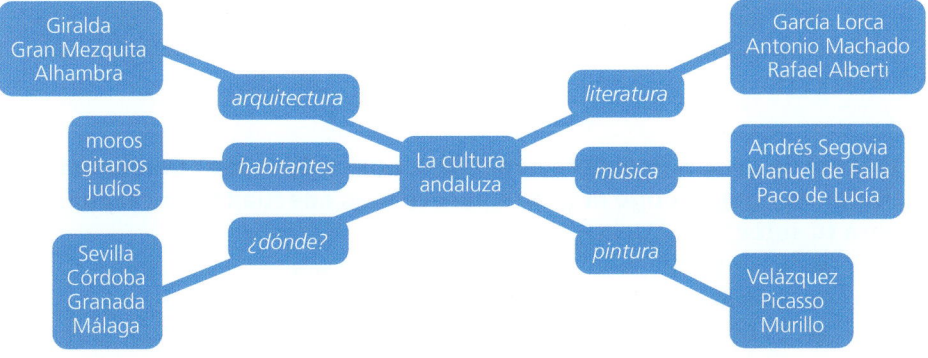

La Alhambra, Granada

3 b  Haz un diagrama semejante al de 3a para el tema que has escogido. Comenta tu diagrama con los miembros de tu grupo. No dudes en compartir tus ideas.

Research and presentation 195

2 Nos organizamos

- Tomar notas sobre tu investigación.
- Decidir el título y la introducción.
- Desarrollar el tema hasta la conclusión.

Estrategia

Taking notes
- Once you have settled on a topic, decide which aspects of it you want to include in your presentation, and write three or four subtitles (in Spanish) e.g. initial information, wider context/background/examples/observations, follow-up/consequences/future, various viewpoints/opinions.
- For internet research, use Spanish websites. They will help you to collect the sort of phrases you will need.
- As you research, take notes on each subtitle ready to work on later. Try to make notes in Spanish, but if you have ideas in English jot them down and translate them later.

Símbolo del movimiento de los indignados

1 a Trabaja en un grupo de tres a cinco sobre el tema 'Los indignados'. Utiliza la Estrategia de arriba. Comenta tus subtítulos con los miembros de tu grupo y escríbelos en español. Haz las investigaciones individualmente, luego habla de nuevo con el grupo para compartir la información así como las opiniones.

1 b Trabajo individual. Para el tema de investigación que has escogido escribe los subtítulos, haz investigación y toma notas.

Estrategia

Title, introduction, development, conclusion
- Choose the title with care. Everything you say during your presentation must refer back to that title.
- Your introduction must be very short. Say what you are going to talk about and give one reason (not more) why you chose that topic.
- Develop each subtitle to include the points you want to include. You can put this on cue cards and practise orally, or you can write it all down.
- The conclusion should be short. Say which of the various viewpoints or opinions you agree with and then say why.

El título

2 Trabajo de grupo. Presentación sobre 'Los indignados'. Comenta los títulos de abajo y elige el que te parece más adecuado. Da razones para tu selección.
- El impacto de los indignados en España
- Las manifestaciones de los indignados en España
- El impacto en Latinoamérica de las ideas de los indignados
- El partido político que surgió del movimiento de los indignados
- Las opiniones del público sobre los indignados

La introducción

3 a Trabajo de grupo. Escribe dos frases para introducir una presentación sobre 'Los indignados'. Utiliza la estrategia de arriba.

3 b Trabajo de pareja. Haz el mismo ejercicio para la presentación que has elegido. Escribe las dos frases, y coméntalas con tu compañero/a.

El desarrollo

4 Para el tema que has elegido, escribe unas fichas de apuntes. Estas pueden contener un párrafo de dos o tres frases para ilustrar cada idea que quieres desarrollar. Incluye por ejemplo:
- información inicial
- ejemplos/el marco/ el contexto más amplio /algunas observaciones
- consecuencias posibles
- puntos de vista diferentes

Ejemplo de ficha de apuntes

medidas de austeridad

manifestaciones de los indignados

el partido político Podemos

opiniones del público

Ejemplo de párrafo

España ha sufrido una profunda crisis económica. Como consecuencia, el gobierno de derechas introdujo medidas de austeridad. A raíz de estas medidas severas se alzó un grupo de personas que tenía ideas opuestas a las del gobierno. Este grupo se llegó a llamar 'los indignados'. Se manifestaron en sitios públicos y ganaron mucho apoyo entre los españoles. El movimiento se convirtió en un partido político llamado Podemos. Este partido se hizo muy popular, sobre todo entre los jóvenes, pero hay mucha gente que está en contra de él.

La conclusión

5 Comprueba que has dado unos puntos de vista variados durante tu desarrollo. Decide cuál de ellos corresponde más a tu opinión. Escribe dos conclusiones: una para afirmar tu posición personal, otra para justificar este punto de vista. Mira los dos ejemplos debajo. ¿Representa tu opinión uno de ellos?

Ejemplos de conclusión sobre 'los indignados'

Yo creo personalmente que en España necesitaban un movimiento como el de los indignados para dar esperanza al pueblo. Son los jóvenes sobre todo los que sufren los efectos de la austeridad con un porcentaje enorme de desempleo, de casi el 50%, y unos salarios muy bajos para los que tienen la suerte de trabajar.

En mi opinión, los indignados cometieron un gran error con sus protestas contra un gobierno que hacía todo lo posible para mejorar el clima económico y dar a los comercios las herramientas para aprovechar de un mercado más libre. A la larga, esto va a crear más empleo seguro.

3 Nos preparamos para la presentación

- Practicar cómo presentar el tema y controlar el tiempo.
- Anticipar las preguntas que se pueden hacer.
- Preparar tus respuestas a las preguntas.

Estrategia

Polishing your presentation
- As you only have 2 minutes to deliver your presentation, it is essential that you don't waste time because of hesitations.
- Concentrate on pronunciation and fluency.
- Do all your practice aloud.
- Check your pronunciation and ask for help if necessary with words that you find particularly demanding.
- Make sure you know your presentation by heart. Remember you are only allowed to take your research project form into the exam with you (this will include a list of headings in English).
- When you feel sufficiently prepared, record your presentation and analyse what went well and what could be improved upon.
- Finally, if your presentation is too short or too long, make amendments till it lasts 2 minutes exactly.
- Remember that you will be judged on a) the content of your presentation and ensuing discussion, b) the sophistication of your language and c) your pronunciation and accuracy.

1 a Trabajo individual. Aprende de memoria lo que vas a decir para representar el contenido de la ficha o de un párrafo que has escrito.

1 b Consolida tu trabajo hasta que puedas hacer la presentación entera sin ninguna ayuda. En el examen no podrás utilizar referencias.

¡Cuidado! ¡Tienes solo un segundo más!

2 Graba tu presentación. ¿Cuánto tiempo dura? Hablas demasiado rápido? ¿Demasiado despacio? Antes de grabarla otra vez, haz los cambios necesarios para mejorar el uso del tiempo, la pronunciación y la soltura. ¡No te olvides que la presentación no debe durar más de dos minutos!

Estrategia

Anticipating questions and preparing answers

- Listen to your recorded presentation or look at the written version. Identify about five possible questions that someone could ask you on your presentation, and write them down.
- Work out how those questions might best be answered. A good answer not only answers the question asked but the student can also develop it by including for instance an opinion, a justification or even a counter-argument.
- Take into account the marking criteria such as pronunciation, fluency, the use of complex ideas and grammatical structures as well as the variety of the vocabulary you use.

3 a Escribe cinco o seis preguntas que tu profesor/a (o el/la examinador/a) podría hacerte sobre la presentación que has escogido. He aquí algunos ejemplos de preguntas que se podría hacer después de una presentación sobre los indignados.

1. ¿Cuál es la razón principal de la protesta de los indignados?
2. ¿Por qué se han involucrado tantos jóvenes en este movimiento?
3. ¿Cómo reaccionó el gobierno ante las manifestaciones? ¿Por qué?
4. ¿Cómo reaccionó el pueblo español a los indignados? ¿Por qué?
5. ¿Piensas que este movimiento es bueno para España?

Y en décimo lugar...

3 b Estudia esta respuesta a una de las preguntas de arriba. ¿A qué pregunta responde?

Cuando un gobierno impone medidas muy severas sobre un país que ya sufre de un desempleo desbordante entre los jóvenes y donde hay mucha pobreza, es lógico que el pueblo reaccione mal. El hecho de que el movimiento de los indignados haya tenido mucho éxito y haya crecido tanto, y que incluso se haya formado un partido político con las mismas ideas, muestra que la gente tiene el poder de mejorar el país y dar más esperanza.

3 c Prepara algunas respuestas bien razonadas a las preguntas que escribiste en la actividad 3a.

3 d Ensaya las respuestas que has preparado para las preguntas inmediatamente después de hacer la presentación. Un poco antes del examen oral, repite este ejercicio a intervalos regulares. ¡Buena suerte!

Vocabulario y expresiones útiles para tu presentación

Conversation fillers

Bueno, la verdad es que... Well, the truth is that...
Déjame/Déjeme pensar. Let me think.
Digamos... Let's say...
Es una pregunta un poco difícil, pero... It's a difficult question, but...
No sé, pero... I don't know, but...

Conversation tags

bueno well
de hecho in fact
de verdad really
entonces so, then
mira/mire... look/listen...
o sea I mean, or rather
pues well
(vamos) a ver well, let's see....

Connectives

a la larga in the long run
antes before
aunque... although
después after (that)
de todos modos anyway
en cierta manera/en cierto modo in a way
finalmente finally
luego then, next
mientras whilst
para concluir in conclusion
para empezar to begin
para que/a fin de que so that
por el contrario on the other hand
por eso so, therefore
porque because
por un lado... por otro... on the one hand... on the other hand...
primero/en primer lugar first (of all)
segundo/en segundo lugar secondly
sin embargo however
tan pronto como as soon as

Expressing and justifying opinions

(a mí) me parece que... it seems (to me) that...
considero I consider
desde mi punto de vista... the way I see it is...
en mi opinión/ a mi modo de ver/como lo veo yo in my opinion
es imprescindible/importante/útil/ interesante, etc. que... it is essential/important/useful/interesting etc. that...
está claro que... it's clear that...
estoy/no estoy de acuerdo con... I agree/don't agree with ...
he leído/he oído decir que... I have read/heard that...
lo que creo yo es... what I think is...
me encanta I love
me gusta bastante... I quite like...
me han dicho que... I have been told that...
no estoy seguro/a de que... I'm not sure that...
no me gusta... nada I don't much like/I don't like... at all
no se puede negar que... it is difficult to deny that...
odio I hate
parecería que... it would seem that...
pienso/creo que... I think/believe that...
por mi parte/en cuanto a mí as far as I am concerned, as for me

UNIT 10

Jóvenes de hoy, ciudadanos de mañana

10.1 **Los jóvenes y la política: ¿activismo o apatía?**
10.2 **El paro entre los jóvenes**
10.3 **Su sociedad ideal: ¿una quimera?**

Theme objectives

In this unit you study young people and their futures in Spain and Latin America. The following topics are covered:
- the political orientation of young people in Spain and Latin America
- the problem of youth unemployment in Spain and Latin America
- the aspirations of young people and their ideal society

Grammar objectives

You will study and practise the following grammar points:
- compound tenses
- adverbs
- impersonal verbs

Strategy objectives

You will develop the following strategies:
- learning how to react to the unpredictable in conversation
- developing arguments from different angles
- translating from Spanish into authentic English

10.1 Los jóvenes y la política: ¿activismo o apatía?

- Analizar las orientaciones políticas de los jóvenes españoles y latinoamericanos.
- Usar los tiempos compuestos.
- Aprender cómo reaccionar ante lo impredecible en una conversación.

¡En marcha!

1 ¿Tienes ganas de votar cuando tengas 18 años? ¿Piensas que tu voto es importante? ¿Tienes ideas políticas o eres apolítico/a? ¿Cómo te sientes personalmente frente a la política actual? ¿Qué cambiarías si fueses presidente/a del gobierno? Escribe unas líneas contestando estas preguntas y cuando termines, usa lo que has escrito para compartir la información en clase. Compara tus ideas con las de los demás.

2 a Lee el artículo sobre el crecimiento en el interés de los jóvenes españoles por la política. Según el sentido del texto, selecciona la alternativa que mejor convenga para completar la frase: A, B o C.

1 El Centro Reina Sofía...
 A no hará más estudios en el futuro.
 B concluyó que hoy en día los jóvenes están más interesados en la política.
 C encuestó a más de mil jóvenes.

2 En 2008...
 A más de un cuarto de los jóvenes admitía que le importaba la política.
 B un 27% de los jóvenes pertenecía a un partido político.
 C ocurrió un ligero descenso en el interés político entre los jóvenes.

3 En 2014...
 A había muchos más jóvenes interesados en la política que hace seis años.
 B un 41% de los jóvenes españoles había cambiado su opinión.
 C una mayoría de los jóvenes admitía que les interesaba la política.

4 Los 'tres perfiles de juventud'...
 A son todos muy similares.
 B revelan los intereses políticos de los jóvenes.
 C fueron descubiertos hace cinco años.

5 El 'conservador institucionalista'...
 A tiene una perspectiva práctica con respecto a la política.
 B toca varios instrumentos.
 C suele tener miedo de los gobiernos.

6 El 17,2%...
 A de los 'individualistas pasivos' son jóvenes.
 B de los jóvenes son más materialistas que otros.
 C es la proporción de jóvenes que son 'individualistas pasivos'.

Theme 4 Aspects of political life in the Hispanic world

Crece el interés de los jóvenes españoles por la política

El objetivo del último estudio del Centro Reina Sofía era analizar cómo perciben los jóvenes la sociedad y el sistema político, cuáles son sus formas de participación ciudadana y qué papel juega Internet. A través de una encuesta por Internet a 808 chicos y chicas entre los 18 y los 25 años, detectaron un incremento del interés de los jóvenes por la política. En 2008, un 27% de los jóvenes admitían que les interesaba mucho o bastante la política y al final del año 2014, ese porcentaje había aumentado al 41%. Además, admiten la posibilidad de que habrían detectado un aumento más elevado si hubieran tomado una muestra más grande. ¿Habrá subido más dentro de los próximos cinco años, o se quedará inmóvil?

Tres perfiles de juventud

En sus estudios sobre Adolescencia y Juventud, el Centro Reina Sofía declaró que había descubierto tres perfiles predominantes en la juventud según su interés sobre lo político. Los perfiles son:

Los **'activistas politizados'** (46,1%). Casi uno de cada dos jóvenes que usa habitualmente Internet se identifica con este perfil. Desconfía de la política convencional y es un gran defensor de fórmulas alternativas de participación ciudadana. Apuesta por acciones de presión y persuasión, algunas incluso controvertidas. Está fuertemente ideologizado en posturas de izquierda. Tiene su activismo mayormente en Internet, que usa como herramienta de acción política y de información.

Unos jóvenes con inquietudes políticas se manifiestan

El **'conservador institucionalista'** (36,7%) se orienta hacia la estabilidad del sistema político y social, y se muestra centrado en su desarrollo profesional. Entiende la política desde su lado más instrumental y aboga por gobiernos fuertes, estables y seguros. Asume la necesidad de mantener el juego político y acepta participar en las votaciones tradicionales.

El **'individualista pasivo'** (17,2%). Este joven se muestra alejado de los colectivos, y es descrito como algo más materialista que otros. Manifiesta que Internet es un medio importante pero lo emplea menos. Confía poco en los movimientos ciudadanos y no siente la necesidad de participar en lo común.

Texto adaptado de: A. Larrañeta, 'Crece el interés de los jóvenes españoles por la política aunque renieguen más de los partidos', 20minutos.es, 9 de abril de 2015

2 b Vuelve a leer la sección 'Los tres perfiles de juventud' y para cada una de las siguientes frases, elige: AP, si la frase corresponde a los 'activistas politizados'; CI si la frase corresponde a los 'conservadores institucionalistas'; IP, si la frase corresponde a los 'individualistas pasivos'.

1. Para estos jóvenes, es importantísimo mantener el equilibrio político.
2. Es posible que algunos participen en acciones ilegales.
3. No tienen ninguna alianza o afiliación política, pero por lo general son codiciosos e interesados.
4. Este grupo constituye casi la mitad de los jóvenes españoles.
5. Las ideas socialistas les interesan más que a los otros grupos.
6. Estos jóvenes aislados e indiferentes sospechan de los levantamientos populares.
7. No tienen mucha fe en el sistema político tradicional; prefieren la acción directa.
8. Es el grupo que más aceptaría una dictadura.

Unit 10 Jóvenes de hoy, ciudadanos de mañana

Gramática

Tiempos compuestos (Compound tenses)

Study sections G6, G7, G8, G9, G14.2 and G14.4 of the grammar section, then re-examine the article and find:
a two examples of the pluperfect tense
b one example of the conditional perfect tense
c one example of the future perfect tense
d one example of the pluperfect subjunctive tense

Write down the examples that you find and translate them into English.
e Can you find a sentence where an impossible condition is mentioned (… would have been… if…. had happened…)? Which combination of tenses is used?

3 Elige el tiempo correcto del verbo.

1 Si Paula hubiera sido menos materialista no se [*habría/habrá*] alejado de los colectivos.
2 Tuvimos que cambiar la decisión que [*hemos/habíamos*] tomado media hora antes.
3 [*Habrían/Habían*] votado por los verdes si este partido hubiese propuesto a un candidato.
4 No sé por qué los manifestantes no han llegado todavía. La policía [*habrá/había*] retrasado la manifestación.
5 Al congregarse frente al Parlamento, los jóvenes mostraron las pancartas que [*habían/han*] traído.
6 Si [*hubieran/habrían*] llevado a cabo la encuesta hace dos años, el resultado no [*habría/habrá*] sido tan optimista.
7 Dentro de dos años el mapa político de Argentina [*habrá/había*] cambiado completamente.
8 ¿[*Habéis/Habíais*] pensado en las posibles consecuencias de vuestras acciones subversivas antes de hacerlas?

4 a *Los jóvenes latinoamericanos hablan del cambio político.* **Escucha este reportaje sobre algunos de los activistas más prominentes en Latinoamérica hoy en día. Decide si las frases siguientes son verdaderas (V), falsas (F) o no mencionadas (N).**

1 Es posible que los jóvenes latinoamericanos tengan más conciencia política en los próximos años.
2 El Partido Verde Ecologista de México ha ganado muchas elecciones a lo largo de su historia.
3 Jorge Emilio González es un político influyente y carismático.
4 Jorge se ha graduado en una universidad.
5 El sistema de educación en Chile ya es totalmente gratuito y de calidad.
6 Ahora Gabriel Boric es líder del movimiento estudiantil en Chile.
7 Yon Goicoechea ha estudiado derecho.
8 El Movimiento Estudiantil Venezolano tuvo lugar en 2007.

4 b Escucha otra vez. Haz un resumen de unas 70 palabras de los logros de cada uno de los activistas, según lo que oyes. Usa tus propias palabras. ¡Cuidado! Escribe en frases completas y verifica el trabajo con cuidado para asegurarte de que el lenguaje es correcto.

- Manuel Velasco (3)
- Jorge Emilio González (2)
- Camila Vallejo
- Gabriel Boric
- Yon Goicoechea

Camila Vallejo, joven activista chilena

5 Read this passage about Bernardo Pereda, a young Mexican with political concerns, and translate it into English.

Los jóvenes y la política

Como joven de veintiséis años me había preocupado lo que pasaba en mi país: el paro, la desigualdad, el racismo, deficiencias en las condiciones laborales y la justicia, pero pronto me di cuenta de que la única vía para poder cambiar la sociedad activamente es la política. El problema es que los políticos, en su mayoría son señores continuistas con traje y corbata. No obstante, hay cada vez más jóvenes que se animan a tomar parte en reuniones políticas y veo a mi generación con ganas de un cambio.

6 a Elige un país latinoamericano y busca en Internet información y estadísticas sobre la participación de sus jóvenes en la política hoy en día. ¿Son activistas o apáticos? ¿Cuál es la mayoría de edad para poder votar? ¿Cómo votan? ¿Cómo comparten sus ideas y opiniones? ¿Hay un movimiento estudiantil?

Un político joven

6 b Una vez terminada tu búsqueda en Internet, debate en clase sobre el tema. Primero, debes exponer tu información y datos, y tras escuchar a tus compañeros/as, habla sobre las diferencias entre los países según su signo político o ideología.

6 c Ahora pon tu información en orden en un breve informe escrito sobre los jóvenes de hoy y la política. Intenta llegar a una conclusión sobre cómo se comportan los jóvenes ante la política, incluyendo tu punto de vista al respecto.

Estrategia

Learning how to react to the unpredictable in conversation

In your exam you will be expected to participate in a debate and you are likely to be faced with some questions you had not predicted. To help you deal with this:

- Listen for changes in tone of voice and expression.
- Watch the facial expressions and gestures of the other person.
- Use tags (*muletillas*) to help you fill in the gaps while you think of what you want to say, e.g. *bueno, mira, pues, o sea, es decir, es que*.
- Try to predict the kind of questions you might get on the themes in the exam.
- Practise answering these questions with a classmate.

Use these techniques when completing exercise 6b. Try to have only minimal preparation time and aim to keep the conversation flowing. Use the strategies mentioned above to help you deal with the more spontaneous elements of conversation.

Unit 10 Jóvenes de hoy, ciudadanos de mañana

10.2 El paro entre los jóvenes

- Aprender sobre el problema del paro juvenil en España y Latinoamérica.
- Usar adverbios.
- Desarrollar argumentos basados en diferentes puntos de vista.

¡En marcha!

1 El paro en España es uno de los grandes problemas de su sociedad en los últimos años. ¿Cómo reaccionarías ante la falta de trabajo en el futuro? Mira las siguientes ideas de algunos chicos y chicas de entre 20 y 30 años:

- Trabajar en otro país europeo porque hay legislaciones en común entre países.
- Vivir con mis padres hasta que gane suficiente dinero para ser independiente.
- Compartir casa con un grupo de amigos para abaratar gastos.
- Encontrar varios trabajos a tiempo parcial, como de camarero, limpiador o en un bar.
- Intentar abrir mi propio negocio, por ejemplo una tienda, un taller o un restaurante.
- Continuar estudiando para estar más preparado y acceder a trabajos más cualificados.

Escribe unas breves líneas sobre lo bueno y lo malo de tres de las ideas y justifica tus opiniones. Una vez que hayas terminado, debátelo en clase. ¿Cuáles parecen ser las ideas más populares? ¿Y las menos?

2 a Lee el artículo. Haz un resumen de los siguientes puntos en un párrafo de 80–90 palabras, usando tus propias palabras. Escribe en frases completas y verifica el trabajo con cuidado para asegurarte de que el lenguaje es correcto.

- las dificultades que encontró Chema en Barcelona (2)
- lo que hace Chema actualmente para ganar dinero (2)
- por qué los jóvenes españoles tardan en dejar el nido (2)
- las razones para ser optimista con respecto a la situación económica actual (2)

2 b Vuelve a leer el artículo, luego traduce el siguiente texto al español. ¡Atención! Tienes que adaptar las frases del texto.

Young people and the world of work

Are there signs of improvement in the unemployment rate in Spain? According to the most recent figures, it appears so. Nevertheless, some experts believe that if the Spanish government had invested in the labour market five years ago, the problem of youth unemployment could have disappeared. There are millions of young people in the Western world who want to fly the nest, but unfortunately, it is more and more evident that it is not possible to get a good job quickly and easily. Let us hope that the new plan offers a more optimistic future.

La lacra del paro juvenil en España

Basta con un ejemplo

Chema Rodríguez, de 33 años, casi siempre siente frustración. Con el paso de los años, en vez de avanzar, cree que ha retrocedido paulatinamente. En 2006, cuando tenía 24 años, salió de su pueblo natal hacia Barcelona para independizarse de sus padres. Era un viaje definitivo y se mudaba a un piso con una amiga. La independencia le duró tres años. Cuando llegó la crisis económica, Chema se quedó sin trabajo, no podía costearse el piso y desafortunadamente, tuvo que volver. Pensaba que sería temporal, pero ya lleva seis años con sus padres y aunque ha hecho varios intentos, no ha logrado emanciparse todavía. Ahora trabaja como pintor de fachadas con su padre por la mañana y por la tarde es diseñador gráfico desde su ordenador personal.

Los datos hablan por sí solos

En España la edad media para salir de casa de los padres es de 28,9 años y este dato supera la media europea que es de 26,1 años. 'A los jóvenes españoles les cuesta cada vez más dejar el nido', asegura con franqueza el sociólogo Joffre López. A pesar de que la emancipación tardía es un fenómeno que existe desde la década de los ochenta, según López ha aumentado mucho por la crisis. Hoy, los jóvenes tienen la tasa de emancipación más baja de los últimos 15 años: 21,5 %, es decir que ocho de cada diez jóvenes menores de 30 años aún viven con sus padres.

Lo más reciente

La tasa de paro española es de un alarmante 22% según datos recientes de la primera mitad del 2015, pero las cifras del paro juvenil son incluso más devastadoras: el 49% de los jóvenes menores de 25 años no tiene trabajo en el país. Aunque hay indicios de mejora, ya que los datos del anterior trimestre eran un 3,5% más altos, aún queda mucho por hacer para acabar con este problema tan urgente. Actualmente, el gobierno ha presentado un plan de choque contra el paro juvenil que cuenta con más de 3.500 millones de euros para mejorar mayormente las oportunidades de acceso y permanencia de los menores de 30 años al mundo laboral.

Texto adaptado de: 'Los jóvenes españoles tienen la tasa de emancipación más baja en 15 años', elpais.com, 3 de julio de 2015, © Escuela de periodismo UAM/Ediciones El País SL

Gramática

Los adverbios (Adverbs)

Study section E of the grammar section and reread the article.

a Find four examples of adverbs ending in –*mente*.
b Find ten examples of any other adverbs.

Write down the phrases containing the examples you have found and translate them into English.

c Can you observe from the examples any rule about the formation of adverbs?

3 Completa las frases con uno de los adverbios del recuadro.

| mal | después | activamente | nunca | temprano | a menudo |
| sencillamente | tanto |

1 Soy joven, ... he trabajado. Si no voy a recibir ninguna ayuda económica ¿para qué sirve apuntarse al paro?

2 Para trabajar en otro país europeo puedes rellenar cinco documentos que te ayudan a presentar tus capacidades ....

3 Durante la crisis económica, los jóvenes son .... los 'últimos en entrar' y los 'primeros en salir'.

4 Hoy en día, si eliges estudiar en la universidad hay que tener las ideas claras sobre lo que quieres hacer ....

5 El elevado desempleo juvenil constituye un problema que se advierte .... en las economías en desarrollo como las economías desarrolladas.

6 Si eres joven es importante aceptar cualquier trabajo donde asumas responsabilidades, y no importa que te obligue a levantarte ....

7 En Latinoamérica millones de jóvenes ni estudian ni trabajan, aunque un 25% de ese grupo intenta conseguir un empleo ....

8 La oferta laboral no es atractiva para los jóvenes, pues se trata mayormente de trabajos .... pagados, sin posibilidades de desarrollo.

4 a *Los 'ninis' y la informalidad laboral de los jóvenes en Latinoamérica.* Escucha el reportaje sobre los 'ninis' en Latinoamérica y selecciona las cinco frases correctas según lo que oyes.

1 La Organización Internacional del Trabajo es un colectivo más conocido como 'ninis'.
2 Bolivia, Nicaragua, Honduras y Guatemala son los países latinoamericanos que tienen más 'ninis'.
3 No hay muchas oportunidades para los jóvenes latinoamericanos.
4 El 13% de los países industrializados tiene problemas con el paro.
5 La mayoría de los jóvenes latinoamericanos trabaja de manera informal.
6 El trabajo informal consiste en sueldos bajos y contratos inestables.
7 No será posible dar oportunidades a los jóvenes colombianos mientras toman drogas.
8 En Centroamérica, muchos 'ninis' cometen delitos como consecuencia de la falta de oportunidades.

Unos 'ninis' mexicanos — ni estudian, ni trabajan

4 b Vuelve a escuchar el reportaje, luego lee el siguiente resumen del extracto. Según lo que oyes, rellena cada espacio con la palabra adecuada. ¡Cuidado! Sobran palabras.

La Organización Internacional del Trabajo ha identificado un nuevo colectivo. Son jóvenes que no (**1** ....) ni trabajan y en algunos países (**2** ....), constituyen el (**3** ....) de la población juvenil. En América Latina, el trabajo informal afecta al (**4** ....) de la población juvenil. Este tipo de trabajo se caracteriza por largas horas y salarios (**5** ....). No es sorprendente que muchos jóvenes (**6** ....) más oportunidades de calidad.

A	tengan	F	55%
B	altos	G	reducidos
C	europeos	H	estudian
D	25%	I	oportunidades
E	exijan	J	latinoamericanos

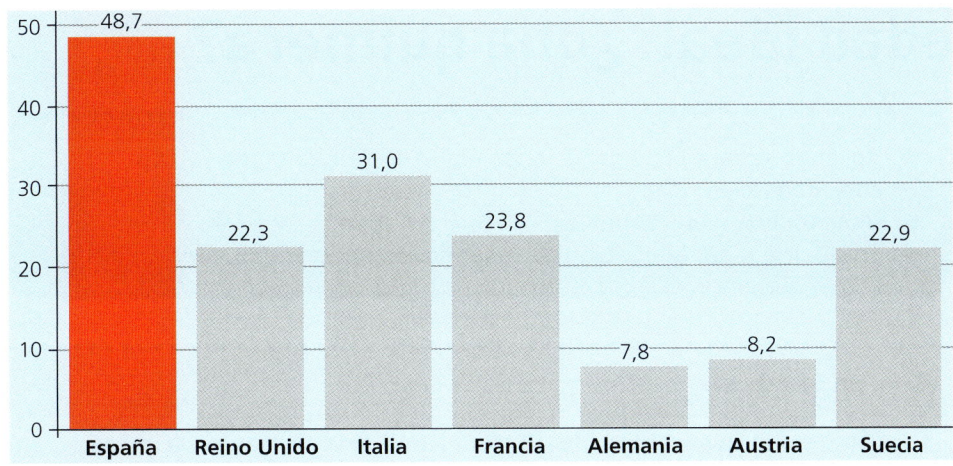

La tasa de paro juvenil en España en comparación con otros países europeos

5 a Mira el gráfico con datos de la alarmante tasa de paro juvenil en España en comparación con otros países europeos. Busca más información sobre el tema en Internet, por ejemplo sus orígenes, cómo afecta a los jóvenes y a sus familias y algunas historias personales de jóvenes en el paro. Toma notas de lo que encuentres.

5 b Con la información obtenida para la actividad 5a y con todo lo que has leído y escuchado sobre el tema, usa las siguientes preguntas como base para un debate en clase sobre este tema con tus compañeros/as.
- ¿Por qué es tan alta la tasa de desempleo de los jóvenes españoles?
- ¿Cuáles son las medidas que el gobierno español podría tomar para ayudar a los 'ninis'?
- ¿Qué harías tú si no pudieras conseguir un trabajo?

5 c Tras el debate anterior, escribe un párrafo sobre el drama del paro entre los jóvenes en España. Usa tus respuestas a las preguntas de 5b y la información de tu búsqueda en línea de la actividad 5a para dar forma a tu escrito.

Estrategia

Developing arguments from different angles

The ability to develop an argument is crucial at A-level. You should aim to:
- Decide what your standpoint is on the question.
- Think what the main points of your argument should be and state them clearly.
- Provide evidence and examples to back up your points. Show that you are aware of counter-arguments and answer them. There is always more than one side to an argument!
- Say which point of view you agree with and why.
- Use specific expressions such as: *se puede rebatir que*, *se ha afirmado que*, *como contrapunto*, *diría que*, *se podría aseverar que*. Try and use some of these in exercise 5b.

Unit 10 Jóvenes de hoy, ciudadanos de mañana

10.3 Su sociedad ideal: ¿una quimera?

- Aprender sobre las aspiraciones de los jóvenes y cómo ven su sociedad ideal.
- Usar verbos impersonales.
- Traducir del español al inglés, usando lenguaje auténtico.

¡En marcha!

1 ¿Cómo sería tu sociedad ideal? ¿Qué cambiarías o mantendrías de la sociedad actual? Mira la siguiente lista de temas que nos afectan a todos y marca con una C (cambiar) si cambiarías algo o con una M (mantener) si no te parece que haya nada que cambiar. Cuando termines, especifica lo que cambiarías de los temas que has marcado con C.

A la Seguridad Social, hospitales y clínicas públicas
B los derechos de los animales y la protección de la naturaleza
C las redes sociales y la libertad de expresión
D el acceso a estudios superiores en la universidad y el precio de las tasas
E el precio de necesidades diarias como la vivienda, el transporte o los impuestos
F los derechos humanos y la seguridad ciudadana

2 a Completa el texto de la página web escogiendo de la lista la palabra más apropiada. ¡Cuidado! Sobran palabras.

A momento	E ser	I es
B marcha	F boca	J manos
C nunca	G siempre	K futuro
D dejar	H actual	

2 b Vuelve a leer el texto, luego contesta las siguientes preguntas en español con tus propias palabras.

1 Según Lina Márquez, si una persona tiene casa y trabajo ¿qué puede hacer?
2 ¿Qué habría pasado si Manuela Carmena no hubiera devuelto 2.086 viviendas sociales a sus inquilinos?
3 ¿Qué no puede hacer un ciudadano a causa de la Ley Mordaza?
4 ¿Cuál es la verdadera intención de la Ley Mordaza, según Santos Reina?
5 ¿Cómo se sabe que el lince ibérico está en peligro crítico?
6 ¿Cómo podría ser más eficaz WWF España?
7 ¿Cómo ha afectado a Lina Márquez la acción de Manuela Carmena?
8 ¿Qué quiere decir Lorena con la expresión 'más vale tarde que nunca' cuando habla de la ecología?

Pregunta y respuesta: ¿cómo sería tu sociedad ideal?

Lina Márquez

Hoy en día los jóvenes estamos más lejos de conseguir nuestros sueños que (1 ....) antes. Mi sociedad ideal sería una en la que todos los ciudadanos tuvieran asegurados dos principios básicos para cualquiera: casa y trabajo, para al menos vivir con dignidad en la sociedad contemporánea. Hace un mes, la (2 ....) alcaldesa de Madrid, Manuela Carmena, devolvió 2.086 viviendas sociales a sus inquilinos después de casi (3 ....) vendidas a fondos de inversión. Con noticias como esta, se puede decir que quizás un futuro ideal no esté tan lejos. ¡Basta de tanta negatividad!

Un cartel de Manuela Carmena

Santos Reina

Lo más importante es la libertad de expresión. Una sociedad que no puede expresarse libremente está atada de pies y (4 ....). Se habla últimamente sobre la nueva ley que el gobierno puso en (5 ....) el primero de julio de 2015. Se la conoce con el nombre de 'Ley Mordaza' y veta la libertad de expresión de manera brutal. Se prohíbe, entre otras muchas cosas, manifestarse ante edificios públicos o negarse a disolver reuniones en la calle. Si bien esta ley de seguridad ciudadana también castiga la violencia callejera, me parece que es un intento malintencionado por controlar y tapar la (6 ....) de tantos jóvenes, porque al gobierno no le conviene que estos jóvenes se manifiesten en contra de las medidas de austeridad o la corrupción de algunos políticos. En mi sociedad ideal no harían falta leyes tan prohibitivas.

Una manifestación silenciosa en contra de la 'Ley Mordaza' española

Lorena Puig

Sin lugar a duda mi sociedad ideal tiene solo un color: el verde. Simboliza la esperanza de (7 ....), pero también la ecología. Espero que la sociedad que viene tenga un mayor respeto por la flora y la fauna. En España, hay cada vez menos linces ibéricos y esto me preocupa porque el animal podría (8 ....) de existir. Esta especie está en peligro crítico con menos de trescientos ejemplares en libertad y me gustaría ver a mi país hacer más por su protección. ¡Más vale tarde que nunca! Me parece impresionante la acción que desarrolla la ONG WWF España, aunque merecen más presencia en los medios de comunicación. En mi sociedad ideal la ecología sería lo primordial.

Un lince ibérico en el parque natural de Doñana

Unit 10 Jóvenes de hoy, ciudadanos de mañana

Gramática

Los verbos impersonales (Impersonal verbs)
Study section G24 of the grammar section. Reread the opinions in question 2, then:
a Find five examples of impersonal verbs.
Write down the phrases containing the examples you find and translate them into English.
b What do the examples tell you about impersonal verbs?

3 Construye frases impersonales con los verbos entre paréntesis.

1 En el futuro [*hacer*] falta tomar medidas más eficaces para proteger las especies en peligro de extinción.
2 Se [*decir*] que el gobierno va a imponer más leyes que limiten la libertad del ciudadano.
3 [*Hacer*] mucho tiempo que el Gobierno había prometido enfrentarse al problema de la corrupción.
4 En mi opinión, en el futuro [*ser*] importante ejercer más control sobre los bancos.
5 En mi sociedad ideal [*haber*] más responsabilidad ciudadana y menos despilfarro.
6 Es una pena que, cada vez que [*nevar*], la autoridades no sepan cómo hacer frente a las consecuencias.
7 En el siglo pasado se [*vivir*] mal en mi ciudad; hoy en día, debido al dinero europeo, se [*vivir*] mejor.
8 [*Bastar*] saber que han comenzado a tomar medidas para mejorar la situación de los inmigrantes.

4 a *El país ideal donde los jóvenes argentinos quieren vivir.* Escucha el reportaje y decide si cada una de las siguientes frases es verdadera (V), falsa (F) o no mencionada (N).

1 La mayoría de los argentinos quieren vivir en Argentina.
2 En el estudio de CCR, Australia quedó en segundo lugar.
3 La directora de Negocios de CCR pasó tres años consecutivos consultando a los argentinos.
4 Muchos jóvenes argentinos son muy patriotas.
5 El nacionalismo argentino es más evidente con la gente más pobre.
6 Los jóvenes no sienten que la economía haya mejorado recientemente.
7 El multiculturalismo se considera algo positivo en Argentina.
8 Los jóvenes argentinos piensan que acaban de alcanzar una sociedad ideal.

4 b Escucha otra vez y haz un resumen en español de los siguientes puntos en un párrafo de 80-90 palabras. Tienes que usar tus propias palabras para expresar claramente lo que escuchas. Escribe en frases completas y verifica el trabajo con cuidado para asegurarte de que el lenguaje es correcto.

- los resultados del estudio de CCR (2)
- por qué muchos jóvenes votaron por Argentina (6)
- lo que hay que hacer para alcanzar su sociedad ideal (3)

Estrategia

Translating from Spanish into authentic English
- Before starting to translate a text, read through it carefully and understand its meaning.
- For a translation to be convincing it has to sound natural. Stick to the Spanish meaning as much as possible, but not too rigidly or your English will sound stilted.
- Translation is not an exact science, so if you are not satisfied with a word you have used, think of a synonym.
- If you have difficulty with a certain aspect of the translation, return to it later. When you have finished, make sure you reread it carefully.
- Make sure you translate all pieces of information and don't leave anything out.
- More generally, read a lot of good quality literature in English and with practice, you will find that you will quickly become much more adept at translating Spanish authentically.

A-LEVEL STAGE

5 Translate into English this description of the commitment of young people to NGOs. Look at all the tips in the strategy box before you start.

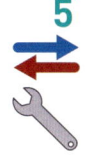

Colaboración altruista

La edad media mínima a la que los jóvenes comienzan a colaborar con una ONG es de 16 años. Lo hacen para sentirse útiles al ayudar a los demás, para cambiar a mejor el mundo o para madurar en el plano personal y profesional, según las conclusiones del Observatorio Juvenil.

Es ampliamente conocido que las ONGs promueven los beneficios de la ayuda voluntaria, sobre todo para defender los derechos de las personas más necesitadas en la sociedad. Asimismo, se sugiere que a largo plazo, una actitud solidaria de los jóvenes en el presente construirá una sociedad mejor en el futuro.

6 a Elige un país latinoamericano y busca información en Internet sobre lo que hay que hacer para mejorar la situación para sus jóvenes ciudadanos. Mira los siguientes tres puntos y úsalos para encauzar tu búsqueda en la dirección correcta:

- la economía (el trabajo, la formación, los sueldos, los derechos laborales, las oportunidades)
- la sociedad (la seguridad, el apoyo social, la desigualdad, la salud, la dieta, las drogas)
- el medio ambiente y el entorno (la infraestructura, la deforestación, la contaminación ambiental)

6 b Hablad en parejas o grupos pequeños sobre los jóvenes en países latinoamericanos. Mencionad su situación actual y sus puntos de vista en temas sociales, culturales, laborales o familiares. Haced preguntas sobre la situación en el país que cada uno eligió en actividad 6a y comparad datos e informaciones.

6 c Escribe un párrafo sobre la situación presente y las aspiraciones futuras de los jóvenes en uno o dos países latinoamericanos.

Unit 10 Jóvenes de hoy, ciudadanos de mañana

Vocabulario

10.1 Los jóvenes y la política: ¿activismo o apatía?

- el **activismo** activism
- la **alianza** alliance
- **animarse a** to be driven/encouraged to
- la **apatía** apathy
- el **cargo** post, position
- el/la **ciudadano/a** citizen
- **codicioso** greedy, materialistic
- la **conciencia** awareness
- el **congreso** congress, conference
- **conservador** conservative
- **continuista** who maintains the status quo, traditionalist
- la **deficiencia** shortcoming, failure
- **destacado** renowned, noted
- el/la **diputado/a** representative, MP
- el/la **dirigente** leader
- **encabezar** to lead
- **escalar** to climb
- **encargarse de** to be in charge of
- **encuestar** to survey
- el/la **graduado/a** graduate
- la **gubernatura** (*Méx*) governorship
- **influyente** influential
- el **levantamiento** uprising
- el/la **líder** leader
- **manifestar** (*manifiesto*) to state, express
- el **movimiento** movement
- la **muestra** sample
- **ostentar** to occupy, hold
- **percibir** to perceive, sense
- **politizar** to politicise
- el **protagonismo** prominence, importance
- la **reunión** meeting
- el/la **senador/a** senator
- **tirón** pull, appeal, persuasion
- el/la **titulado/a** graduate
- **tomar parte en** to take part in
- la **vía** way, track

10.2 El paro entre los jóvenes

- **abaratar** to cut down, reduce
- **agravar** to make worse
- **alarmante** alarming
- **anterior** previous
- el **colectivo** collective, group
- **costear** to pay for, finance
- **cualificar** to qualify
- **definitivo** final, definitive
- **dejar el nido** to fly the nest
- la **delincuencia** crime
- **devastador** devastating
- la **emancipación** emancipation, freedom
- la **estigmatización** stigmatisation
- **eventual** casual (work)
- el **indicio** sign, indication
- **industrializar** to industrialise
- la **informalidad laboral** casual labour
- el **intento** attempt
- la **legislación** legislation
- **lograr** to succeed
- el **negocio** business
- la **Organización Internacional del Trabajo** International Labour Organisation
- el **plan de choque** action plan
- **precario** precarious, uncertain, unstable
- el **razonamiento** reasoning
- **reaccionar** to react
- **recurrir** to turn to, resort to
- **retroceder** to go backwards
- el **salario** salary
- la **Seguridad Social** Social Security
- el/la **sociólogo/a** sociologist
- el **sueldo** wage
- **tardío** late
- **temporal** seasonal, casual

10.3 Su sociedad ideal: ¿una quimera?

- **altruista** altruistic, unselfish
- **ante** in front of
- **atar** to tie
- la **austeridad** austerity
- **colaborar** to get involved with, collaborate
- **consultar** to consult, ask
- **devolver** (*devuelvo*) to return, give back
- **dinámico** dynamic
- **disolver** (*disuelvo*) to break up, dissolve
- el **entorno** environment, surroundings
- la **especie** species
- la **formación** training
- el **impuesto** tax
- el/la **inquilino/a** tenant
- la **inversión** investment
- **juvenil** youth, youthful
- la **Ley Mordaza** Gag Law/Rule
- **madurar** to mature
- **malintencionado** malicious
- **nacionalista** nationalist
- la **ONG (Organización No Gubernamental)** NGO (Non-Governmental Organisation)
- **pesar** to influence, carry weight
- **poner en marcha** (*pongo*) to implement, launch
- **primordial** fundamental, essential
- **prohibitivo** prohibitive
- el **segmento** part, section
- **superar** exceed, surpass
- **tapar** to cover (up)
- la **vivienda** home, housing
- **voluntario** voluntary

UNIT 11

Monarquías y dictaduras

11.1 **El franquismo en España**
11.2 **La evolución de la monarquía en España**
11.3 **Dictadores latinoamericanos**

Theme objectives

In this unit you study monarchies, republics and dictatorships in Spain and Latin America. The following topics are covered:
- the dictatorship of Franco
- the evolution of the Spanish monarchy in the last 100 years
- two Latin American dictatorships: Pinochet in Chile and Castro in Cuba

Grammar objectives

You will study and practise the following grammar points:
- *ser* and *estar*, including the passive voice
- the subjunctive across a range of tenses and in different ways
- the subjunctive in main clauses

Strategy objectives

You will develop the following strategies:
- learning other techniques relevant to A-level listening tasks
- translating from English into accurate and authentic Spanish
- adding more variety to your language, such as idioms and synonyms

11.1 El franquismo en España

- Analizar la dictadura de Franco.
- Usar *ser* y *estar*, incluyendo la voz pasiva.
- Aprender otras estrategias de interés para las actividades de audición en A-level.

¡En marcha!

1 ¿Qué es una dictadura? Elige las seis declaraciones que mejor reflejan las características de una dictadura, luego tradúcelas al inglés. De las dos que no has elegido, ¿qué forma de gobierno representan?

1 Frecuentemente, el líder llega al poder tras un golpe de estado.
2 Las decisiones no tienen que buscar el apoyo de las masas.
3 Las decisiones son tomadas con la participación directa o indirecta del pueblo.
4 Muchas veces el poder se concentra en la figura de un solo individuo.
5 Hay culto a la personalidad del líder, por ejemplo monumentos, cuadros o aun espectáculos que ilustran su superioridad.
6 Los miembros de la sociedad se consideran libres e iguales ante la ley.
7 Hay empleo sistemático del terror, a veces por medio de una policía secreta.
8 Conlleva la supresión de las libertades individuales.

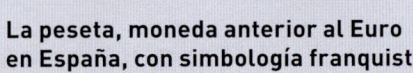

La peseta, moneda anterior al Euro en España, con simbología franquista

2 a Lee la descripción del franquismo luego selecciona la alternativa que mejor convenga para completar cada frase.

1 La dictadura de Franco…
 A costó la vida de millones de personas.
 B se estableció al derrocar al gobierno de la II República.
 C provocó una guerra civil.

2 Al terminar la guerra civil…
 A las autoridades franquistas ejercieron mucha influencia en América Latina.
 B disminuyó el poder de las tropas franquistas.
 C muchos ciudadanos españoles tuvieron que huir del país.

3 Muchos habitantes de pueblos pequeños…
 A consiguieron empleo rápidamente durante la posguerra.
 B fueron oprimidos brutalmente por el régimen.
 C produjeron demasiadas primeras materias.

4 Bajo la dictadura, la economía española…
 A floreció continuamente.
 B a veces se caracterizó por una falta de comodidades básicas.
 C mantuvo muchos acuerdos comerciales en América Latina.

5 El franquismo…
 A duró más de treinta años en total.
 B terminó en 1959.
 C desapareció después de dos décadas.

6 Los que se aliaron con el gobierno franquista…
 A se preocuparon mucho por la libertad de expresión.
 B fueron encarcelados.
 C prosperaron económicamente.

Theme 4 Aspects of political life in the Hispanic world

¿Qué fue el franquismo?

El franquismo fue una larga dictadura personalizada en la figura del general Francisco Franco, quien acaparó todos los poderes del Estado hasta su defunción, en 1975. Un golpe de estado militar contra el gobierno legítimo de la II República provocó una trágica guerra civil (1936-1939). El Ejército Franquista ganó y la dictadura fue impuesta por la fuerza. Una de sus consecuencias más devastadoras fue la muerte de centenares de miles de personas que eran inocentes, mientras el dictador Francisco Franco estaba satisfecho con la incorporación de España a una ideología cercana al fascismo.

Una de las características de estos casi cuarenta años de dictadura fue la sistemática represión que las autoridades franquistas ejercieron ya desde un primer momento, y que continuó una vez terminó la guerra. Esto explica la fuga hacia el exilio de centenares de miles de personas ante el avance de las tropas, en concreto a Francia y otros países de América Latina como México, Colombia y Venezuela.

Así, por ejemplo, muchos habitantes de pueblos pequeños poco involucrados políticamente fueron fusilados en mitad del campo por mostrar poca afiliación al régimen y muchos otros fueron encarcelados, o bien despedidos de sus empleos durante la

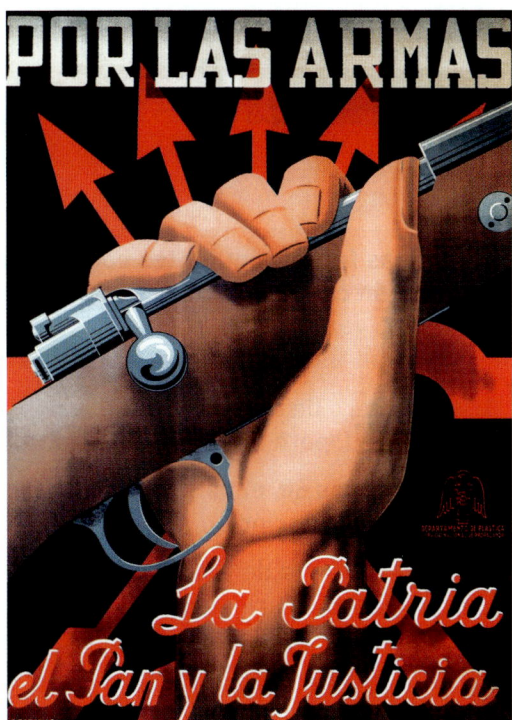

Publicidad franquista de la época

inmediata posguerra, caracterizada también por la miseria que afectó a la población civil ante la carencia de víveres y suministros, entre los cuales se encontraban las primeras materias más básicas como pan, arroz y leche.

En definitiva, el franquismo, sobre todo a lo largo del periodo 1939-1959, se caracterizó por el miedo, la represión política y social, el control ideológico y moral de la población, la pobreza y la carencia de las libertades y derechos humanos más elementales, tanto individuales como colectivos. Esto permitía al gobierno, entre otras cosas, perseguir las lenguas y culturas catalana, vasca y gallega y aniquilar los derechos sindicales y laborales de la clase trabajadora.

Se trata, pues, de un período oscuro para una mayoría de ciudadanos y ciudadanas que no se podían expresar libremente, y al mismo tiempo, permitía el enriquecimiento de algunos de los que estaban colaborando activamente con el régimen.

2 b Vuelve a leer el texto y haz un resumen en español de los siguientes puntos en un párrafo de 80–90 palabras. Tienes que usar tus propias palabras para expresar claramente lo que has leído. Escribe en frases completas y verifica el trabajo con cuidado para asegurarte de que el lenguaje es correcto.
- las consecuencias del golpe de estado militar (2)
- los destinos de muchos españoles al ser desplazados a causa de la dictadura
- los ataques despiadados sobre los habitantes de pueblos (2)
- los tipos de persecución regional que ocurrieron bajo la dictadura (2)

Gramática

Usos de ser y estar (Uses of *ser* and *estar*)

Study section G22 of the grammar section, then analyse the reading text again.
a Find three examples of the passive use of *ser*.
b Find examples of any other uses of *ser* and *estar* and explain why *ser* or *estar* was used in each case.

Write down and translate into English the examples you find.

3 Completa las frases siguientes con la forma apropiada de *ser* o *estar*. Señala por qué elegiste *ser* o *estar* en cada caso, utilizando las descripciones siguientes:
- *ser*: voz pasiva, característica esencial
- *estar*: estado que resulta de una acción, característica temporal

1 El número de ejecuciones de republicanos después de la guerra no ha .... calculado con exactitud, pero los historiadores las sitúan entre las 30.000 y las 50.000.

2 En los años 60, el país pasó de .... predominantemente rural a convertirse en urbano. Esta urbanización .... una consecuencia de unos profundos cambios económicos.

3 Durante la era de Franco la cultura .... controlada por la censura oficial, para que se ajustara a los principios ideológicos del régimen.

4 Aunque Franco llamó a su régimen 'democracia orgánica', en realidad, no .... una democracia.

5 El Caudillo nombró al almirante Carrero Blanco como presidente de gobierno, pero este .... asesinado por la organización terrorista ETA en 1973.

6 Al final del régimen la oposición de los que no .... de acuerdo con Franco .... cada vez más fuerte.

7 Antes de que cualquier publicidad .... proyectada en el país, debía pasar un control que redujera los posibles daños al Ejército o a Franco.

8 Solo los que han sobrevivido a una Guerra Civil saben qué .... en medio del conflicto y la guerra.

4 a *Los campos de concentración del franquismo.* Escucha el breve reportaje, luego elige las cinco frases correctas de la lista según lo que oyes.

1 No hay muchos indicios de campos de concentración franquistas actualmente.
2 Según el experto, es importante no suprimir los recuerdos de la vida bajo Franco.
3 Los presos ganaron un sueldo muy bajo.
4 Al llegar al campo de concentración, los presos recibían un examen médico.
5 Los presos se vestían de manera muy casual.
6 En la mayor parte, el trabajo consistía en excavación.
7 Los presos trabajaban con herramientas muy avanzadas.
8 Se espera que sea posible rectificar los abusos de esa época.

Yugo y flechas, vestigio del franquismo

4 b

Vuelve a escuchar el reportaje. Empareja las explicaciones (1–8) con los números a los que hacen referencia (A–F) ¡Cuidado! Sobran dos explicaciones.

1. número de campos de concentración en aquel entonces
2. número aproximado de presos españoles en los campos de concentración
3. año del cierre del último campo de concentración
4. porcentaje aproximado de presos que recibieron ropa militar
5. duración de la semana laboral para los presos
6. porcentaje de familias afectadas por los campos de concentración
7. hora del comienzo del día laboral
8. año de la Ley de Memoria Histórica

A 50
B 6
C 2007
D 188
E 5
F 500.000

Estrategia

Learning other techniques relevant to A-level listening tasks

You will have already acquired many important exam listening skills, such as:
- checking how many points are required for each question
- giving your answer in the same tense as the question
- returning to questions you find difficult later

At A-level, some new techniques are:
- In gapfill listening activities, make sure the option you pick fits grammatically.
- Keep an eye on the clock! Listening activities that are slightly longer can take time.
- Learn numbers and quantities. Activities requiring this sort of knowledge often appear in the exam. Practise your technique in exercise 4b.

5 Translate into English the following summary of the Historical Memory Law.

La función de la Ley de Memoria Histórica

Desde el 27 de diciembre de 2007 está en vigor la Ley de Memoria Histórica. Es una iniciativa que amplía los derechos de quienes padecieron persecución o violencia durante la Guerra Civil y la subsiguiente dictadura. Incluye la mejora de las indemnizaciones económicas y de las pensiones a las víctimas de la Guerra Civil y el franquismo. Hasta 2007 existían varias compensaciones que ya se han ampliado a familiares de fallecidos en la Guerra Civil, así como los que fueron ejecutados por sus actuaciones, opiniones políticas o afiliaciones sindicales.

6 a

Mira la siguiente lista de aspectos de la sociedad franquista. Elige uno y busca información en Internet. Toma notas con datos concretos, fechas, números y fotos si es posible.
- la pobreza en zonas rurales
- la censura en los medios de comunicación, el cine y el NO-DO
- el papel fundamental de la iglesia
- el machismo y la situación de la mujer
- la influencia de la policía franquista

6 b
Habla con un/a compañero/a de clase que haya buscado información sobre un aspecto social diferente al tuyo e intercambiad información oralmente.

6 c

Pon en orden todas las notas que tomaste para la actividad 6a y escribe un párrafo a modo de resumen sobre este periodo en España. Incluye información sobre la sociedad del momento y tu opinión personal.

Retirada de una estatua de Franco en Santander mientras un hombre muestra una bandera franquista

Unit 11 Monarquías y dictaduras

11.2 La evolución de la monarquía en España

- Aprender sobre la evolución de la monarquía española en los últimos 100 años.
- Usar el subjuntivo en tiempos y formas diferentes.
- Traducir del inglés al español de forma real y precisa.

¡En marcha!

1 ¿Para qué sirve una monarquía europea hoy en día? Mira la siguiente lista de actividades y marca las que piensas que realiza una monarquía parlamentaria. Cuando termines, compara tus respuestas con las de un/a compañero/a. Da ejemplos específicos de cómo se realizan tres de las respuestas elegidas.

- **A** Recibir a un mandatario o presidente del gobierno de otro país.
- **B** Cambiar la legislación para subir el salario mínimo en el país.
- **C** Representar al país en visitas oficiales a otros países.
- **D** Promover y difundir los valores de un país.
- **E** Bajar los impuestos de la renta y el IVA por motivos económicos y políticos.
- **F** Atraer más turismo por medio del patrimonio en palacios, castillos y edificios oficiales.
- **G** Servir como icono nacional que representa a todos y cada uno de los ciudadanos del país.

2 a Lee el extracto sobre los cambios políticos en España en los siglos XX y XXI. Contesta las siguientes preguntas en español con tus propias palabras.

1. ¿Por qué vivió Alfonso XIII en exilio?
2. Con respecto a la guerra civil, ¿qué contribuyó más a la victoria de Franco?
3. ¿Qué hizo Franco después de la guerra para consolidar el poder fascista?
4. ¿Por qué decidió Franco tutelar a Juan Carlos?
5. ¿Qué acontecimiento ilustra que la transición hacia la democracia en España no fue muy fácil?
6. ¿Qué acontecimiento hizo que se restaurara la monarquía?
7. ¿Qué nos sorprende con respecto a Letizia, la esposa del rey?
8. ¿Cómo se comportará la monarquía en el siglo XXI con Felipe VI?

2 b Lee la primera y la segunda parte otra vez y busca un sinónimo para cada una de las siguientes palabras o expresiones.

1. el sensacional triunfo
2. pasó una década desterrado
3. mayormente
4. era esencial que fomentara
5. el lado perdedor
6. ejecuciones
7. después de una interrupción
8. el ataque

Theme 4 Aspects of political life in the Hispanic world

Monarquías, dictadura y cambios políticos en España en el siglo XX y XXI

Primera parte

La extraordinaria victoria electoral de los socialistas y republicanos en las elecciones municipales del 12 de abril de 1931 hizo que el rey Alfonso XIII abandonara el país y viviera en el exilio diez años, hasta su muerte en 1941. Después de la proclamación de la II República, el 14 de abril de 1931, se temía que hubiera mucha inestabilidad política y con razón: culminó en la guerra civil de 1936 a 1939.

El primero de abril de este último año el general Francisco Franco fue nombrado jefe de Estado, dando comienzo a un periodo de dictadura, en gran parte gracias a la ayuda de Hitler desde Alemania y Mussolini desde Italia. Franco creía firmemente que era importante que promoviera el fascismo dentro de España y como consecuencia, mantuvo una fuerte represión sobre el bando vencido en la guerra, en su mayoría de ideología de izquierdas. El dictador mandó que se realizaran muchos encarcelamientos, fusilamientos y exilios hasta su muerte en 1975.

El caudillo Francisco Franco pasando revista

Segunda parte

Durante la dictadura, Juan de Borbón, hijo de Alfonso XIII, vivió en el exilio y nunca llegó a ser rey, porque Franco pensaba que sería mejor que los derechos dinásticos pasaran a su hijo Juan Carlos, quien recibió educación en España, tutelada por Franco en la distancia. Fue nombrado sucesor de Franco con el título de rey en 1968. Dos días después de la muerte del dictador en 1975, Juan Carlos I fue proclamado jefe de Estado y con ello quedaba restaurada la monarquía tras un paréntesis de 44 años.

La transición de la dictadura a la democracia fue un proceso complejo e incluso el 23 de febrero de 1981 hubo un intento de golpe de Estado con el asalto al Palacio de las Cortes de Madrid, con el coronel Antonio Tejero al mando. La negativa total del rey a apoyar el golpe permitió abortarlo durante la noche.

Los reyes Juan Carlos I y Sofía

Tercera parte

Tras 39 años de reinado, el rey Juan Carlos I firmó su renuncia al trono el 18 de junio de 2014. Al día siguiente, su hijo, Felipe de Borbón, se convirtió en el nuevo monarca con el nombre de Felipe VI y su esposa Letizia, de origen plebeyo, en reina. Con Felipe llega una nueva era en la monarquía española porque el nuevo rey desea que se convierta en una institución más moderna y cercana.

Texto adaptado de: 'La España democrática 1975-2000', Historiasiglo20.org

El rey Felipe VI y la reina Letizia en la actualidad

2 c Vuelve a estudiar el texto entero, luego traduce el siguiente párrafo al español. Debes adaptar el vocabulario cuando sea necesario. Consulta la Estrategia.

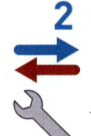

What is the purpose of the Spanish monarchy nowadays?

What would Spain have been like if the fascists had not won? Perhaps it would be best if we did not ask that question. In twentieth-century Spain, there were times of hope, struggle and tragedy, but it is true that when Franco died and Juan Carlos was proclaimed head of state, a new era had begun. After 39 years, Juan Carlos gave up the throne in 2014, and the transition of power to his son Felipe was much easier. Nevertheless, this power is largely symbolic. What is the role of the monarchy nowadays?

Estrategia

Translating from English into accurate and authentic Spanish

At A-level, you are required to translate an entire paragraph into Spanish. To do so effectively, you should:
- Read carefully through the English text to be translated, looking for any specific grammatical structures it may need in Spanish, e.g. subjunctive. At this level, you will be expected to use a range of sophisticated structures and expressions.
- Refer closely to the reading text. In your exam, the paragraph with the most relevant material will be placed directly above the English text to help you. It is particularly useful for key vocabulary.
- Avoid being too literal, e.g. translating word-for-word expressions such as 'more and more'.
- Check your writing regularly for avoidable errors.
- More broadly, learn vocabulary with commitment, use practice exam materials and develop your grammatical knowledge in the long term to bring success. Regularly reading Spanish news and literature also can help you get a 'feeling' for what sounds right.

Use these techniques in your answer to exercise 2c.

Gramática

El subjuntivo: varios tiempos (The subjunctive: different tenses)

Study section G14 of the grammar section and refer back to the reading text.
a Find six examples of subjunctive use.

Copy out the examples and translate them into English
b What tense of the subjunctive is being used in each example?

3 Elige la forma correcta del verbo.

1 Para Franco era importante que España [*tenía/tenga/tuviera*] una monarquía otra vez.

2 Si Franco no [*habría ganado/hubiera ganado/había ganado*] la Guerra Civil la sociedad española se habría desarrollado de distinta manera.

3 En febrero de 1981 fue necesario que el rey [*interviniese/intervenga/intervenía*] para impedir un golpe de estado.

4 Parece que el fascismo [*ejerció/ejerciera/ejercía*] mucha influencia en Franco durante su régimen.

5 Cuando el dictador murió, mucha gente no creía que la monarquía [*fue/fuera/iba*] a durar.

6 Nadie puede decir que la democracia en España no [*hubiera tenido/haya tenido/ha tenido*] éxito.

7 Habría sido mejor que el príncipe Felipe [*sucediera/suceda/sucedió*] a su padre antes del 2014.

8 A lo mejor la renuncia al trono del rey Juan Carlos [*será/fuera/sea*] beneficiosa para el país.

Theme 4 Aspects of political life in the Hispanic world

4 a  *Escándalos en palacio.* Escucha las noticias sobre dos escándalos en la monarquía española y elige la opción correcta. Marca las frases como verdaderas (V), falsas (F) o no mencionadas (N).

1. Juan Carlos decidió abdicar el trono antes de viajar a Botsuana.
2. Su operación en el hospital fue todo un éxito.
3. Juan Carlos estaba muy arrepentido de lo que pasó.
4. La hermana del rey Felipe se casó con un deportista.
5. Parece que el comportamiento de Iñaki Urdangarin ha sido ejemplar.
6. Se sospecha que el instituto Nóos tiene irregularidades financieras.
7. La Infanta Cristina dejará de participar en actividades oficiales de la familia real española.
8. Es cierto que Felipe y Letizia recuperarán el apoyo del pueblo español.

4 b  Vuelve a escuchar las noticias, luego lee las seis frases. Escribe JC si la frase corresponde a Juan Carlos, IU si corresponde a Iñaki Urdangarin, o JC + IU si corresponde a los dos.

1. Hizo una declaración muy conocida en una entrevista.
2. Explotó al gobierno mallorquín.
3. Sufrió una lesión grave.
4. Hizo daño a la imagen de la familia real.
5. Viajó a otro continente para cazar.
6. Se implicó en el escándalo más serio.

Un safari de caza similar al que asistió Juan Carlos I en 2012

5 a Elige una de las siguientes figuras monárquicas o autoritarias:
- Alfonso XIII
- Juan Carlos I
- Felipe VI
- Francisco Franco

Prepara y busca información clave en Internet sobre tres de los siguientes cinco puntos:

1. los eventos más importantes de su reinado
2. sus éxitos destacados
3. sus fracasos y críticas
4. su legado
5. tu opinión personal

5 b Cuando termines de buscar la información necesaria para actividad 5a, habla con un/a compañero/a sobre la figura que escogiste. Haz preguntas a tu compañero/a, ayudándote de los puntos 1–5 de la actividad anterior.

5 c  Usa las notas que tomaste de tu búsqueda en Internet y escribe un párrafo sobre la figura en cuestión. No olvides tu opinión personal sobre la figura, a modo de conclusión.

Unit 11 Monarquías y dictaduras

11.3 Dictadores latinoamericanos

- Aprender sobre dos dictaduras latinoamericanas: Pinochet en Chile y Castro en Cuba.
- Usar el subjuntivo en oraciones principales.
- Añadir más variedad a tu lenguaje con frases hechas y sinónimos.

¡En marcha!

1 Aparte de Franco, ¿conoces a otros dictadores? ¿Hay algunas dictaduras activas aún hoy en día? ¿En qué países? ¿Qué sabes de ellas? Y en el pasado, ¿recuerdas algunas dictaduras en el mundo? ¿Hay alguna dictadura presente o pasada en Latinoamérica que conozcas? ¿Para quiénes es la vida más difícil bajo una dictadura y por qué?
Responde a estas preguntas oralmente en parejas o grupos en clase y comparte los conocimientos sobre dictaduras.

2 a Lee el artículo sobre la dictadura de Pinochet en Chile, luego contesta las siguientes preguntas en español con tus propias palabras.

1. ¿Cómo cambió el sistema político en Chile en 1990?
2. ¿Qué estrategia fue empleada para derrocar el gobierno constitucional de Salvador Allende?
3. ¿Qué les pasó a los aliados de Allende que no murieron en el bombardeo?
4. ¿Por qué nadie podía escaparse del país?
5. ¿Cómo sabemos que había represión de proyectos académicos?
6. ¿Por qué la situación era mucho más precaria en el lugar de trabajo para los chilenos?
7. ¿Cuál fue el papel del gobierno estadounidense, con respecto a las medidas económicas?
8. ¿Qué intentaron esconder algunos representantes del régimen?

2 b Vuelve a estudiar el texto entero, luego traduce el siguiente párrafo al español. Adapta el vocabulario cuando sea necesario.

The importance of 11th September for Chile

For many Chileans, the 11th of September has another meaning. On this date in 1973, the Armed Forces, with the support of the United States and CIA, overthrew the socialist president and the constitutional government. In the weeks after the coup d'état, the new military regime, led by General Augusto Pinochet, converted the Chilean National Stadium into an enormous prison with more than 40,000 detainees. It seems extraordinary that in recent decades, Michael Jackson, Shakira, Lady Gaga and One Direction have performed in this very stadium. Chile has developed a lot since the dictatorship, but however easy it may be, let us not forget the tragedy which occurred in this country at that time.

Theme 4 Aspects of political life in the Hispanic world

Ficha de una dictadura latinoamericana: Pinochet en Chile

Consideremos todos los datos disponibles y analicemos los puntos álgidos de esta dictadura en Chile que se extendió durante casi diecisiete años, hasta 1990, cuando el pueblo chileno celebró un referéndum, y elecciones democráticas un año después.

El 11 de septiembre de 1973, el gobierno constitucional del Presidente Salvador Allende es derrocado por un golpe de estado, dirigido por una Junta Militar del Ejército, la Marina y la Fuerza Aérea de Chile.

El general del Ejército Augusto Pinochet asume el poder. La represión y la persecución militar de los partidarios del régimen anterior, los partidos de izquierda, y el movimiento popular comienzan de inmediato, por difícil que sea de asumir.

Después de un bombardeo y de la muerte del Presidente Allende, son detenidos los supervivientes. Algunos serán ejecutados ahí mismo, otros pasarán a engrosar las listas de 'detenidos no reconocidos' los que, con el pasar del tiempo, serán conocidos como los 'detenidos desaparecidos'.

De inmediato, las nuevas autoridades toman un gran número de medidas para consolidar el golpe de estado y legitimarse en el poder. Entre las más importantes, quizás se puedan indicar las siguientes:

Medidas represivas
- Aniquilamiento de focos de resistencia popular armada en zonas industriales, poblaciones, campamentos, universidades y sectores rurales
- Búsqueda, detención y/o muerte de funcionarios del gobierno de la Unidad Popular, de las direcciones políticas y militantes de los partidos de izquierda, de representantes de sindicatos como la Central Única de Trabajadores (CUT) y de responsables de medios de comunicación progresistas
- Negación de salvoconductos para salir del país
- Clausura de medios de comunicación no afines
- Control militar sobre universidades y otros centros de enseñanza

Medidas políticas
- Disolución del Parlamento
- Disolución de los partidos políticos de izquierda y receso de todos los demás
- Disolución de todas las organizaciones populares a nivel municipal, provincial y nacional
- Control de toda actividad nacional en los niveles administrativo, educacional, poblacional

Medidas económicas
- Anulación del derecho de huelga

El dictador chileno Augusto Pinochet

- Realización de despidos colectivos
- Imposición de disciplina militar en el trabajo
- Liberación de precios de todos los productos de consumo de acuerdo con la economía de libre mercado
- Acuerdo con los Estados Unidos para el financiamiento de la deuda externa

No olvidemos que durante este periodo se cometieron diversas violaciones a los derechos humanos que ojalá no hubieran ocurrido jamás. Por mucho que los más afines al régimen se esfuercen en maquillar estos datos, más de 28.000 personas perdieron la vida como presos políticos, hubo más de 2.200 ejecutados y 1.209 detenidos desaparecidos que se sepa, hasta ahora.

2 c Read the last paragraph and translate it into English, from 'no olvidemos que...' to 'hasta ahora'.

Gramática

El subjuntivo en oraciones principales (The subjunctive in main clauses)

Read carefully section G14.5 of the grammar section, then study the text relating to exercise 2.

a Find six examples of the subjunctive being used in main clauses. Copy out and translate into English the examples you find.

b What do you notice about the translation of the first-person plural subjunctive?

3 Elige la forma del verbo más adecuada.

1 ¿[*Vayas/Vas*] a Cuba a ver los cambios? ¡Que [*tengas/tienes*] buen viaje!

2 [*Diga/Di*] lo que diga, debo afirmar que no hay solución al conflicto entre Venezuela y Colombia.

3 Quizás [*resulte/resulta*] imposible descubrir cuánta gente inocente murió durante el régimen de Pinochet.

4 No [*olvidemos/olvidamos*] que los cubanos pasaron casi 50 años en un aislamiento mundial.

5 [*Haya/Hay*] que investigar la historia de Argentina escrupulosamente para conocer la verdad de la guerra sucia.

6 ¡[*Hablemos/hablamos*] de los dictadores! En tu opinión, ¿quién ha sido el peor de todos?

7 ¡Ojalá Pinochet nunca [*hubiera/había*] asumido el poder en Chile!

8 ¡Ha muerto el dictador! ¡[*Viva/Vive*] el nuevo Presidente!

4 a *Entrevista a dos cubanos sobre el régimen dictatorial en Cuba.*
Escucha la conversación y según las opiniones de Yotuel y Sarita, decide si las siguientes frases son verdaderas (V), falsas (F) o no se mencionan (N).

Yotuel

1 La diversidad de opinión es un punto débil en la isla.
2 Hay una falta de moralidad sexual entre algunos visitantes al país.
3 La mayoría de los exiliados cubanos viven en Estados Unidos.
4 Cuba es un país bastante avanzado.

Sarita

5 El gobierno cubano puede sentirse orgulloso de sus instituciones de salud.
6 El alfabetismo en Cuba casi no existe.
7 El bloqueo estadounidense ha paralizado la economía de la isla.
8 La política de limitar la presencia de compañías privatizadas tuvo mucho éxito.

Caricatura de Fidel Castro

4 b  Escucha la conversación por segunda vez y haz un resumen de los siguientes puntos en un párrafo de 80–90 palabras, usando tus propias palabras. Escribe en frases completas y verifica el trabajo con cuidado para asegurarte de que el lenguaje es correcto.
- la eficacia del sistema de salud y educación en Cuba (3)
- indicios de la falta de libertad de expresión en la isla (3)
- por qué ha habido sufrimiento económico allí (2)
- las razones por las que los cubanos pueden ser optimistas con respecto al futuro (3)

5 a ¿Qué opinas del régimen dictatorial en Cuba? Busca más información en Internet y toma notas. Usa los siguientes puntos para ordenar tus notas fácilmente:
- las razones por las que hubo una revolución popular en 1959
- el embargo (el bloqueo) de Estados Unidos en contra de Cuba
- el nivel de vida, la educación y la salud
- la libertad de expresión, los encarcelamientos
- los cambios recientes: la renuncia de Fidel Castro, las reformas de Raúl Castro, las relaciones con EE.UU.

5 b  Habla con tu compañero/a sobre lo bueno y lo malo del sistema político en Cuba. Antes de hablar, vuelve a escuchar la conversación entre Yotuel y Sarita. Con un/a compañero/a, al igual que los protagonistas de la audición, adoptad el papel de alguien que está contento con el régimen y otro que lo critica.

5 c  Usa la información que encontraste para actividad 5a y escribe un párrafo sobre Cuba con una perspectiva de un/a ciudadano/a residente en la isla hoy en día. ¿Cómo se siente? ¿De qué se queja? ¿Vive bien? ¿Es optimista sobre el futuro?

> **Estrategia**
>
> **Adding more variety to your language, such as idioms and synonyms**
>
> As you progress through the A-level course, it is a good idea to increase your use of idioms and synonyms to make you sound more authentic and ambitious. When writing and speaking:
> - Add some idiomatic expressions and re-use those you like, particularly in conversation.
> - Avoid using the same basic adjectives and verbs too often.
> - Search for higher-level synonyms and again, re-use those that work well.
>
> When answering 5b, aim to use at least three idiomatic expressions and three adjectives you have never encountered before.

6 Busca el significado de los siguientes modismos y haz una definición en español.
- ser como el día y la noche
- cada dos por tres
- tomar el pelo
- meter la pata
- no dar pie con bola
- estar pez
- pasarse de la raya

Vocabulario

11.1 El franquismo en España

- **acaparar** to monopolise
- la **afiliación** affiliation
- **aniquilar** to annihilate, wipe out
- **colaborar** to collaborate
- la **defunción** death, passing
- **derrocar** to overthrow
- **despiadado** ruthless, merciless
- la **dictadura** dictatorship
- **ejercer** (*ejerzo*) to exert
- el **enriquecimiento** enrichment, prosperity
- el/la **esclavo/a** slave
- el **Estado** the state
- **excavar** to dig up
- la **figura** figure
- el **franquismo** Francoism
- la **fuga** escape, flight
- la **función** purpose
- **fusilar** to execute, shoot
- la **ideología** ideology
- **imponer** (*impongo*) to impose
- la **indemnización** compensation
- **involucrar** to involve
- **perseguir** (*persigo*) to persecute
- la **posguerra** the post-war era
- el/la **preso/a** prisoner
- **prosperar** to prosper
- **recluir** (*recluyo*) to imprison
- el/la **recluso/a** prisoner
- el **régimen** regime
- la **represión** repression
- **subsiguiente** subsequent
- el **suministro** supply, provision
- el **vestigio** trace, remain
- los **víveres** supplies, provisions

11.2 La evolución de la monarquía en España

- **abdicar** to abdicate
- el **asalto** assault
- **autoritario** authoritarian
- el **blanqueo** (money) laundering
- la **caza** hunt
- **culminar** to end, culminate
- **desterrar** to exile
- el **destierro** exile
- el **detonante** trigger
- **dinástico** dynastic
- el **encarcelamiento** imprisonment
- **equivocarse** to make an error
- el **escándalo** scandal
- el **fraude** fraud
- el **fusilamiento** execution
- el **golpe de Estado** coup d'état
- el/la **jefe/a de Estado** head of state
- la **malversación** embezzlement
- el/la **mandatario/a** president, head of state
- **mediante** by, by means of
- el/la **monarca** monarch
- la **paréntesis** pause, hiatus
- la **plantilla** staff, workforce
- **plebeyo** commoner
- la **proclamación** proclamation
- **recuperar** to win back
- el **reinado** reign
- **renunciar** to renounce, give up
- **restaurar** to restore
- el **revuelo** commotion
- **simbólico** symbolic
- el **trono** throne
- **tutelar** to mentor, be guardian of

11.3 Dictadores latinoamericanos

- **afín** close to, related to
- el **aislamiento** isolation
- **álgido** decisive
- **analfabeto** illiterate
- el **aniquilamiento** annihilation
- la **anulación** cancellation
- la **ascensión** rise
- **asumir** to take on, accept
- el **bombardeo** bombing, bombardment
- la **clausura** closure
- **conllevar** to entail, imply
- **consolidar** to consolidate
- **convocar** to convene, bring together
- **derrocar** to oust, overthrow
- los **desaparecidos** the disappeared, missing
- la **disolución** dissolution
- **ejecutar** to execute
- la **ficha** details
- el **financiamiento** financing
- el **foco** centre, pocket (of resistance)
- la **Fuerza Aérea** Air Force
- la **junta militar** military junta
- el **libre mercado** the free market
- **maquillar** to massage (e.g. the figures)
- la **Marina** Navy
- el/la **partidario/a** supporter
- el/la **preso/a** prisoner
- el **receso** break, pause
- la **renuncia** resignation
- la **represión** repression
- el **salvoconducto** letter of safe passage
- la **supresión** suppression
- la **violación** violation

UNIT 12

Movimientos sociales

12.1 **El poder de los sindicatos**
12.2 **Las protestas sociales en profundidad**
12.3 **La efectividad de las manifestaciones**

Theme objectives

In this unit you study social movements. The following topics are covered:
- trade unions in Spain and direct action in the Hispanic world
- social protests in Argentina and Chile respectively
- the 15-M protests in Spain and similar ones in Argentina

Grammar objectives

You will study and practise the following grammar points:
- word order in Spanish
- comparative and superlative constructions
- subordinating conjunctions

Strategy objectives

You will develop the following strategies:
- inferring information from listening material such as interviews or reports
- using new techniques in A-level reading tasks
- using a variety of techniques to hold the interest of your audience when speaking

12.1 El poder de los sindicatos

- Descubrir más sobre los sindicatos en España y la acción directa en el mundo hispano.
- Aprender sobre el orden de palabras en español.
- Inferir información de material auditivo como entrevistas o informes.

¡En marcha!

1 El primero de mayo es el Día Internacional de los Trabajadores, una conmemoración del origen del movimiento obrero celebrada en la mayor parte de los países del mundo. Los derechos de todos los trabajadores son algo por lo que la humanidad ha luchado mucho a lo largo de la historia, pero ¿cuáles son esos derechos en tu opinión? Haz una lista de seis derechos importantes que, desde tu punto de vista, todo trabajador merece ver cumplidos en su puesto de trabajo. Cuando termines, compáralos con los de tu compañero/a, debatidlos y haced una lista en clase con lo que la mayoría piensa.

2 a Lee el artículo sobre la historia de los sindicatos en España, luego selecciona la alternativa que mejor convenga para completar cada frase.

1. Los gremios…
   - A fueron un precursor de los sindicatos.
   - B defendían las relaciones laborales.
   - C desaparecieron antes de la industrialización.
2. La Constitución de 1978…
   - A empeoró los derechos de los trabajadores en España.
   - B dio a los sindicatos la oportunidad de ser ratificados ante la ley.
   - C fue reconocida por pocos sindicatos.
3. La UGT…
   - A es el único sindicato en Barcelona.
   - B se ha incorporado a otras sociedades obreras.
   - C solo permite hombres.
4. CCOO…
   - A fue creada por el régimen de Franco.
   - B continuó en secreto después de la Guerra Civil.
   - C se considera rival amable de la UGT.
5. La USO…
   - A atrae a trabajadores de cuello blanco.
   - B es el sindicato mas pequeño de España.
   - C tiene una falta de libertades.
6. En España…
   - A hay tres sindicatos en total.
   - B los sindicatos se remontan al siglo XIX.
   - C la influencia de los sindicatos es insignificante.

¿Conoces los sindicatos españoles?

Ya desde antes de la industrialización en la edad moderna existían organizaciones conocidas como 'gremios' que defendían a los artesanos y todo tipo de trabajadores, con el fin de asegurar unos mínimos derechos y unas condiciones laborales dignas. Hoy en día conocemos a estas organizaciones con el nombre de sindicatos.

En España, están todos reconocidos en la Constitución de 1978, donde se define al sindicato como 'la organización que defiende los derechos de los trabajadores'. En España, existe un pacto de no agresión entre los diferentes sindicatos. Analicemos los más populares:

- UGT (Unión General de Trabajadores) es el más antiguo y fue el único en España durante mucho tiempo. En el año 1888, a las 10:30 horas del 12 de agosto, veintiséis hombres tomaban asiento en el salón del Círculo Socialista de Barcelona, para iniciar el Primer Congreso Nacional Obrero. Hasta cierto punto, este sindicato se reconoce continuador de la antigua CNT (Confederación Nacional del Trabajo, que aún existe de manera minoritaria), mediante la agrupación de sociedades obreras inspiradas en las ideas de emancipación.
- La Confederación de CCOO (Comisiones Obreras), sindicato moderno fundado en Madrid en 1988, nace clandestinamente y durante años está vinculado al Partido Comunista Español. El 11 de julio de 1976, la Asamblea General de Comisiones Obreras decide transformar el movimiento de las Comisiones en un sindicato. UGT se equivocó al terminar la guerra en 1936 porque permaneció en la clandestinidad de forma pasiva, y esto motivó la creación de un sindicato mucho más activo como CCOO, que se iba a introducir en la organización sindical española creada por el régimen de Franco. Desde entonces estas dos grandes centrales sindicales se han disputado dentro del mundo del trabajo, los afiliados y los simpatizantes.
- La USO (Unión Sindical Obrera) sigue por detrás de estos sindicatos mayoritarios. De tendencia cristiana, ha tenido más arraigo en el mundo laboral de servicios y de personal más cualificado. La USO nace a final de los años 50. Pese a la falta de libertades y la persecución bajo Franco, la USO nace de las nuevas generaciones de jóvenes trabajadores.

Una manifestación sindicalista

2 b Vuelve a leer el artículo, luego intenta emparejar cada una de las siguientes frases con su terminación correcta.

1 Hace siglos, un artesano…
2 La defensa de los derechos de los trabajadores…
3 La agresión entre los sindicatos…
4 La CNT…
5 Las grandes centrales sindicales…
6 La religión…
7 La falta de libertad…
8 Muchas nuevas generaciones de empleados…

A son la UGT y CCOO.
B estaba relacionada con la dictadura.
C tiene menos miembros que en el pasado.
D podía luchar por sus derechos laborales.
E trabajan en servicios.
F contribuye a los ideales de la USO.
G es el objetivo principal del sindicato.
H no es posible debido a un acuerdo mutuo.

Unit 12 Movimientos sociales

Gramática

El orden de palabras (Word order)
Refer to section L of the grammar section. Study the article again to help you complete the following tasks.

a Find two examples of a verb placed before the subject.

b Find three examples of adjectives placed after the noun.

Write down the examples and translate them into English.

3 Aquí hay una lista de respuestas. Escribe preguntas adecuadas prestando atención al orden de las palabras.

1. UGT tiene una organización centralizada.
2. No, no me interesa nada el sindicalismo.
3. Me acuerdo de esa huelga porque participó en ella mi padre.
4. Vicente es miembro de CC.OO.
5. Creo que la reunión tendrá lugar el 25 de mayo.
6. Sí, se llama la Unión Sindical Obrera.
7. Desde la Constitución de 1978.
8. No, este sindicato ex-comunista fue creado en 1976.

4 a *¿Para qué sirve una huelga general?* Los académicos responden. Haz un resumen de los siguientes puntos en un párrafo de 80–90 palabras e intenta usar tus propias palabras. Escribe en frases completas y verifica el trabajo con cuidado para asegurarte de que el lenguaje es correcto.
- una descripción de la huelga general en España en 1988, según Bibiana Medialdea (3)
- las características de una huelga exitosa, según Joaquín Arriola (3)
- el comportamiento de un buen sindicato, según Álvaro de la Cruz
- las consecuencias negativas de la huelga en Argentina en marzo del 2015

Un trabajador hace de piquete en una huelga

4 b Vuelve a escuchar a las tres personas. Para cada frase, elige: B si la frase corresponde a Bibiana Medialdea; J si la frase corresponde a Joaquín Arriola; A si la frase corresponde a Álvaro de la Cruz.

1. Tiene responsabilidades por encima de las de un profesor.
2. Una huelga es una medida efectiva en contra de la política de austeridad del gobierno.
3. Intentar evitar la acción directa debería ser el objetivo de cualquier sindicato.
4. Trabaja en el norte de España.
5. Lo bueno de convocar a huelga es que aumenta la percepción de solidaridad entre los trabajadores.
6. Se acuerda muy bien del triunfo de una huelga general que tuvo lugar antes de la Navidad.
7. Algunos de los participantes en la huelga parecen muy egoístas.
8. Hay que hablar con la gerencia en vez de protestar.

Theme 4 Aspects of political life in the Hispanic world

Estrategia

Inferring information from listening material such as interviews or reports

Inference, or 'listening between the lines' is an important skill. It involves hearing meaning, or listening for information that is not directly stated. To do this more effectively:
- Listen carefully and find connections in the details as you listen. You can even make predictions as to what the person may say next.
- As you listen, think about the inferences you have made. Confirm, change or disregard inferences as you get more information.
- Use other clues such as the speaker's tone or word choice to identify the implicit message.
- Develop your knowledge of the themes at A-level and undertake wider research.

Follow the above guidance when answering exercise 4b.

5 **Translate the following passage into English.**

Los sindicatos argentinos no bajan los brazos hasta que se cumplan sus demandas

En los últimos años ha vuelto a robustecerse el movimiento obrero argentino. Solo Cuba tiene mayor tasa de afiliación sindical y Argentina es también el segundo país del mundo donde se hacen más huelgas al año, con una media de 1.206 paros. España queda en tercer lugar y Chile el séptimo, según una lista elaborada en el 2013. No todas las huelgas tienen el mismo impacto, pero está claro que se busca siempre un mismo objetivo: protestar sobre alguna injusticia laboral y hacer una mejora de esta. Cuanto más visibles sean los efectos de un paro, más atención de medios traerá y posiblemente hará recapacitar al gobierno o patronal sobre las condiciones que requieren cambio.

6 a El nueve de junio de 2015 tuvo lugar en Argentina la quinta huelga general en casi ocho años de gobierno. Busca en Internet información sobre esta huelga, siguiendo los siguientes puntos.
- por qué fue convocada esta huelga general, las demandas de los sindicatos
- algunas de las perturbaciones el día de la huelga
- la respuesta del gobierno argentino a esta huelga
- si en tu opinión tuvo éxito la huelga o no

6 b Prepara una presentación oral sobre la huelga en Argentina. Después de escuchar a compañeros/as en clase, céntrate en el último punto anterior, si la huelga tuvo éxito o no, y debátelo. ¿Habrías participado tú en una huelga así? ¿Por qué (no)?

6 c Basándote en la información que buscaste para la actividad 6a, escribe un párrafo sobre lo bueno y lo malo de las huelgas en general. Usa la huelga argentina como ejemplo, o cualquier otra de la que tengas información. Da tu opinión personal.

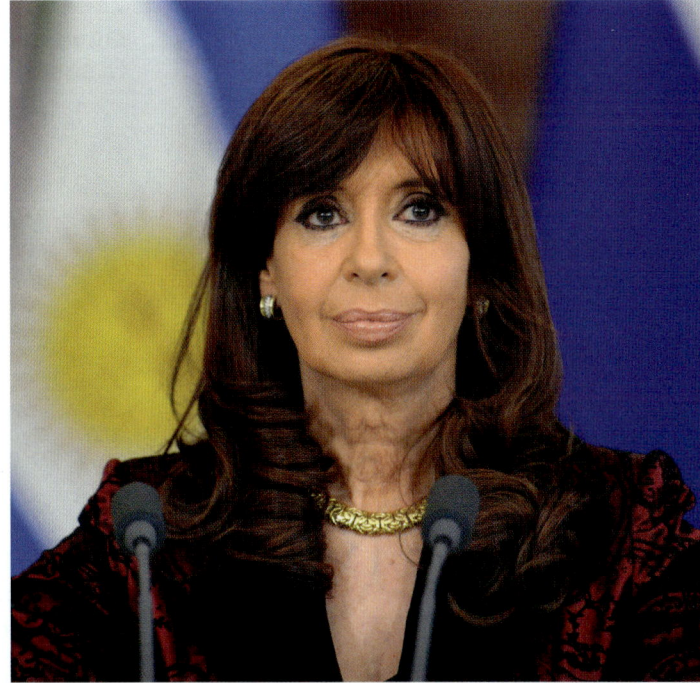

Cristina Kirchner, la presidenta de Argentina 2007–15

12.2 Las protestas sociales en profundidad

- Analizar dos ejemplos de protestas sociales en Argentina y Chile respectivamente.
- Usar construcciones comparativas y superlativas.
- Usar nuevas técnicas en actividades de lectura a nivel de A-level.

¡En marcha!

1 Muchas de las grandes protestas en diferentes países han hecho a los gobiernos o a las instituciones cambiar sus decisiones o tomar otras diferentes. Históricamente ha habido protestas de todo tipo: a favor o en contra de una ideología política, religiosas, sobre la inmigración, injusticias sociales y económicas o libertad de expresión.

Piensa en dos motivos diferentes para organizar una protesta y escribe un eslogan en español para la foto. Un buen eslogan no debe ser demasiado largo, y algunos van acompañados de fotos, dibujos o referencias humorísticas. Mira la foto para inspirarte. Cuando tengas tu eslogan terminado, muéstralo en clase y compáralo con el de tus compañeros/as. Elige los dos o tres mejores de la clase.

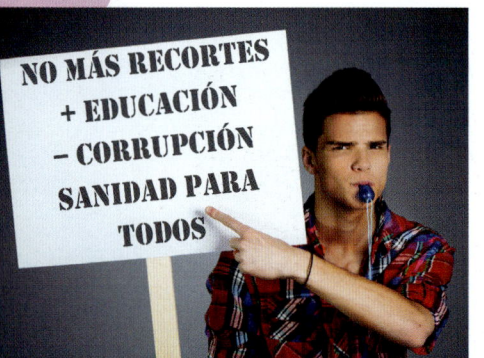

2 a Lee el artículo sobre las Abuelas de Plaza de Mayo. Contesta las siguientes preguntas en español con tus propia palabras. Consulta la sección Estrategia.

1 ¿Por qué querían las fuerzas de represión anular la identidad de niños robados?
2 ¿Cuáles son los tres objetivos de La Asociación Civil Abuelas de Plaza de Mayo?
3 ¿Cómo se sentían las madres tras quejarse en sitios oficiales?
4 ¿Qué hicieron las madres de detenidos y desaparecidos como símbolo de luto y protesta?
5 ¿Cuál fue la buena noticia que recibió Estela de Carlotto?
6 ¿Por qué fue asesinada Laura?
7 ¿Por qué se sentía Estela cada vez más aislada?
8 ¿A qué se dedica el nieto de Estela?

2 b Vuelve a leer el artículo y traduce el siguiente texto al español. ¡Atención! Tienes que adaptar las frases del texto.

The Mothers of the Plaza de Mayo

How many children stolen from their parents have been able to discover their true identity? During the 1978 football World Cup in Argentina, demonstrations at the Plaza de Mayo were transmitted across the world.

Many people continued looking for their relatives, but without any success. In fact, some of the mothers who protested were kidnapped and tortured. The actions of these women remind us of the need for social protest. The guerrilla organisations resisted the military dictatorship, but it is estimated that more than 10,000 members of Montoneros were murdered, often on 'death flights'. For so many Argentinians, it would have been advisable for them to flee the country.

Señoras incansables

Durante la dictadura militar de 1976–83 en Argentina, los niños robados de sus padres disidentes como 'botín de guerra' fueron inscritos como hijos propios por los miembros de las fuerzas de represión, vendidos o abandonados en instituciones como personas sin nombre. De esa manera los hicieron desaparecer al anular su identidad, escondiendo su existencia de sus familias y privándoles de vivir con ellas.

La Asociación Civil Abuelas de Plaza de Mayo es una organización no gubernamental que tiene como finalidad localizar y restituir a todos los niños secuestrados desaparecidos por la represión política, y quizás aun más importante, crear las condiciones para que nunca más se repita tan terrible violación de los derechos de los niños, exigiendo castigo a los más responsables.

Desde 1977, las madres de detenidos y desaparecidos, cansadísimas de reclamar en oficinas y cuarteles, decidieron protestar todos los jueves alrededor de la pirámide de la Plaza de Mayo. Desfilan dando vueltas en silencio, con la cabeza cubierta por un pañuelo blanco. No piden ni más ni menos de lo que merecen, solo reivindican la desaparición de 30.000 personas.

La presidenta de las Abuelas de la Plaza de Mayo recupera a su nieto

Esta es una de las grandísimas noticias del año 2014 en Argentina, una de esas que a todo el mundo le gusta anunciar: Estela de Carlotto, presidenta de las Abuelas de Plaza de Mayo, ha encontrado a su nieto Guido, después de buscarlo durante casi cuatro décadas. Estela tiene 83 años y el nieto 36. Laura, la hija de Estela y madre de Guido, habría cumplido ya 60 si no la hubiesen asesinado a los 24.

Laura y su compañero pertenecían a la organización guerrillera Montoneros. Estela no sabía que Laura estaba embarazada cuando la secuestraron.

Estela comenzó a buscar a su nieto por todas partes. Se convirtió en un referente mundial en la defensa de los derechos humanos. Fueron muriendo muchas de sus

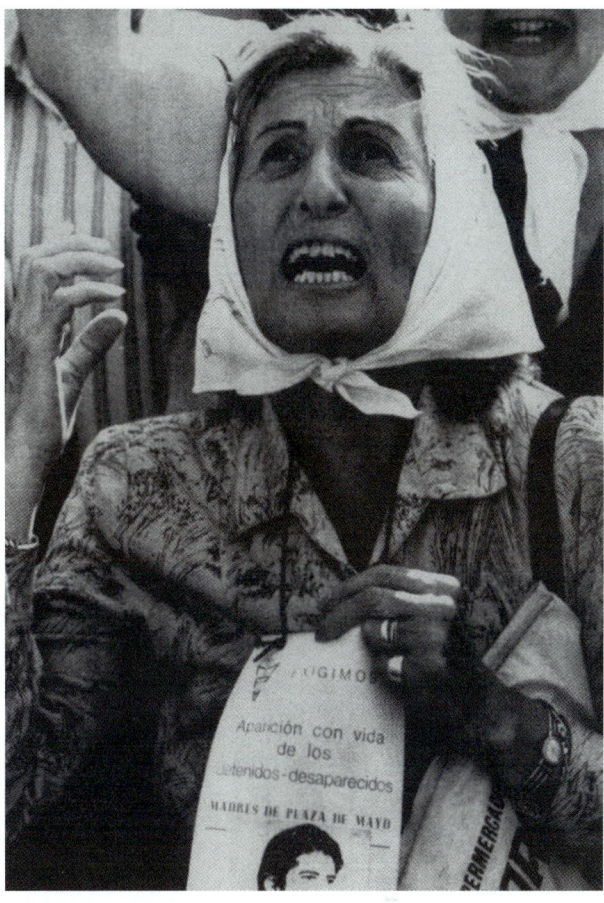

compañeras de lucha. Y ella siguió buscando. Hasta que apareció el nieto número 114 y resultó que era el suyo. Es músico profesional con su propia familia y vive en la localidad de Olavarría. Era más de lo que esperaba.

Texto adaptado de: 'Origen madres Plaza de Mayo, historia de su creación', historiaybiografias.com, 2003 y 'Uno de los símbolos de las Abuelas de Plaza de Mayo recupera a su nieto', elpais.com, 6 de agosto de 2014, © Francisco Peregil/Ediciones El País SL

Estrategia

Using new techniques A-level reading tasks

The reading techniques you have already acquired remain vital at A-level. These include the skills required to analyse the text carefully, to work out the gist of a passage and to avoid irrelevance. When answering at this level:

- Look out for 'implicit' questions which require you to deduce the answer from information in the passage.
- Use synonyms in your answers to replace words and expressions in the passage.
- Manipulate language structures in your answers so as to avoid 'lifting' chunks of the passage.
- Where you are required to respond to bullet points, as in summaries, find a different way of expressing the passage.

Follow the above advice when answering exercise 2a.

Gramática

Construcciones comparativas y superlativas (Comparative and superlative constructions)

Refer to section C9 of the grammar section. Study the article again and complete the following tasks:

a Find three examples of a comparative construction.
b Find two examples of a superlative construction.
c Describe two different ways of forming the superlative.

Write down any examples you find and translate them.

3 Rellena los espacios con una palabra adecuada del recuadro. Cada palabra se utiliza solo una vez.

| menos | mayor | peores | más | las que | de | que | menor |

1 En Argentina, la dictadura militar dejó un saldo de más .... 30.000 desaparecidos y asesinados.

2 Según pasan las semanas, el movimiento va disminuyendo, agrupando a cada vez .... estudiantes.

3 En Bogotá doscientos mil estudiantes se manifestaron en la .... de las movilizaciones contra los planes del gobierno.

4 Fernández se convirtió en el presidente con .... apoyo popular (15%) desde la restauración de la democracia.

5 Chile, tras 30 años de austeridad, es uno de los países del mundo donde .... se deterioró la educación pública.

6 Los estudiantes tenían más posibilidades de cambiar la sociedad de .... imaginaban.

7 Desde el punto de vista de los derechos humanos, el régimen de Pinochet fue uno de los .... del siglo XX.

8 Las acciones de las madres de la Plaza de Mayo han tenido más impacto mundial de lo .... creía el gobierno argentino.

4 a *Los estudiantes se levantan en Chile.* Escucha el reportaje sobre los levantamientos estudiantiles en Chile. Empareja las cifras (1–8) que se mencionan con su significado (A–J). ¡Cuidado! Sobran dos explicaciones.

1 2011
2 270
3 2006
4 25
5 0
6 200
7 100
8 1981

A El año en el que Michelle Bachelet sufrió protestas de los protectores de animales antárticos
B El porcentaje del sistema educativo chileno que paga el gobierno
C El año en el que pasaron las revueltas más recientes
D El coste de la educación básica en Chile
E El número de civiles mantenidos a salvo por la policía
F El año en el que el dictador chileno hizo cambios en los estudios superiores
G Cantidad de dinero en millones de euros que las universidades se embolsan por el pago de los estudiantes
H El porcentaje de las cuotas que cubre los gastos de las universidades privadas
I El número aproximado de personas llevadas a comisaria a consecuencia de las protestas
J El año en el que Michelle Bachelet tuvo que enfrentarse a revueltas en la secundaria

Theme 4 Aspects of political life in the Hispanic world

4 b  Vuelve a escuchar el reportaje y elige las cinco frases correctas de la lista según lo que oyes.

1. Los alumnos de las revueltas del 2011 pertenecían a dos ciclos educativos diferentes.
2. Las movilizaciones fueron muy apoyadas por los profesores.
3. Los chilenos en general no quisieron hacer nada significativo para mostrar apoyo.
4. La democracia en Chile lleva en pie más de treinta años.
5. El uniforme de los jóvenes fue el origen de una gran manifestación contra la gestión de Bachelet.
6. Un cuarto de la educación chilena es costeado por el dinero de la población.
7. La financiación total de las universidades privadas depende de las cuotas.
8. Pinochet quitó la gratuidad de la educación universitaria.

Unos estudiantes protestan en Chile

5 a En años recientes, ha habido muchos ejemplos de protestas sociales en Latinoamérica. Mira los siguientes cuatro ejemplos. Elige uno, luego busca más información en Internet y toma notas sobre la razón de la protesta, la acción tomada, los enfrentamientos e incidentes que ocurrieron, las consecuencias y si tuvo éxito.

- Bolivia: las protestas de la guerra del agua de 2000
- Perú: las protestas del 17J
- Venezuela: manifestaciones contra el gobierno en 2014
- México: manifestaciones y protestas en contra de la inseguridad ciudadana en Michoacán

5 b Entrevístate con un/a compañero/a que te haga preguntas sobre las protestas del país que has elegido de la lista en 5a, desde la razón de las protestas, quiénes las hicieron, cuánto duraron, la acción policial, la violencia, etc. hasta las consecuencias que tuvieron.

5 c  Escribe un párrafo sobre lo que piensas de las protestas sociales. ¿Son eficientes? ¿El fin siempre justifica los medios? Como ejemplo, menciona la protesta de la que buscaste información y hablaste en las actividades anteriores, pero céntrate en escribir un artículo de opinión.

12.3 La efectividad de las manifestaciones

- Analizar y entender las protestas del 15-M en España y similares en Argentina.
- Usar conjunciones subordinadas.
- Usar una variedad de técnicas para mantener la atención de quién escucha cuando hablamos.

¡En marcha!

1 La efectividad de las manifestaciones recientes en España ha sido, en gran parte, debida a las redes sociales o de mensajería. Ha habido muchas etiquetas que se han retuiteado miles de veces y han servido para promocionar mensajes o planear asambleas. Mira la siguiente lista de las etiquetas mas populares que se han usado en España en los últimos años:

- #notenemosmiedo
- #tomalacalle
- #acampadaMadrid
- #sisepuede
- #claroquepodemos
- #nonosvamos
- #democraciarealya
- #nolesvotes

¿Puedes traducir al inglés lo que significan? En parejas o grupos diseña dos o tres etiquetas más en español para crear tendencia en las redes sociales. ¿Contra qué protestarías? ¿Qué motivos te llevarían a crear una etiqueta?

Uno de los muchos símbolos del movimiento de los indignados

2 a Lee el artículo sobre el movimiento 15-M y los indignados. Haz un resumen de los siguientes puntos, intentando usar tus propias palabras. Escribe en frases completas y verifica el trabajo con cuidado para asegurarte de que el lenguaje es correcto.
- cómo se extendió el movimiento de los indignados justo después del 15 de mayo (2)
- cómo se internacionalizó este movimiento (2)
- cómo sabemos hoy en día que el 15-M fue un movimiento muy significativo (2)

2 b Vuelve a leer el artículo y busca un sinónimo para cada una de las siguientes expresiones.

1. nació de la indignación
2. inesperadamente
3. desalojos
4. se coordinaban asambleas
5. auténtica alternativa
6. asociaciones afines
7. han colaborado
8. presentándose

Theme 4 Aspects of political life in the Hispanic world

El 15-M y los indignados

Historia de un movimiento crucial

El 15-M, un movimiento popular que nació el 15 de mayo de 2011, también conocido como el movimiento de 'los indignados', surgió del enfado popular ante la política de austeridad que el gobierno de España mantenía ante la crisis económica que empezó en 2008. Hubo una manifestación el 15 de mayo de 2011 (de ahí toma su nombre principal) que recorrió todas las ciudades españolas. Ese mismo día, varios jóvenes decidieron acampar en la céntrica Puerta de Sol, en la capital española. Para sorpresa de muchos, el número de acampados creció cada día hasta que llegaron a tomar la plaza por completo. El fenómeno se extendió a varias ciudades y pueblos, siendo la de Sol la mayor y más simbólica de todas las acampadas. La plaza se llenó de pancartas en contra del bipartidismo en España y la monopolización del poder por parte de los dos grandes partidos españoles, PP y PSOE, así como de repulsa ante la corrupción, los desahucios y los recortes.

Manifestación en la Puerta del Sol, Madrid

El carácter joven de esta movilización masiva se llevó a las redes sociales donde se organizaban reuniones, asambleas y puntos de encuentro. La noticia dio la vuelta al mundo rápidamente mientras que muchos grupos de indignados similares se manifestaban también en los cinco continentes.

La acampada de la plaza madrileña se disolvió el 12 de junio del 2011 con el lema de 'No nos vamos, nos expandimos'. Este germen, con ánimo de protesta pacífica y muchas ideas nuevas para contraatacar a los grandes partidos políticos, sirvió de inspiración para que fuera posible, en cierta medida, la creación de un nuevo partido político: Podemos.

Nace Podemos

Esta formación joven se fundó en enero de 2014 con el carismático Pablo Iglesias como secretario general. Sigue haciendo campaña electoral a condición de que no se le señale demasiado ideológicamente. Busca ser una opción real a los partidos tradicionales puesto que estos parecen ser cada vez más similares. Ha sido acusado en muchos medios de ser populista y nada realista. Llegó a ser el número uno en diversas encuestas de intención de voto, y aunque su popularidad ha bajado en los últimos tiempos, varias ciudades españolas han sido conquistadas por equipos directivos de Podemos o de agrupaciones cercanas al partido como Ahora Madrid o Barcelona en Comú.

Pablo Iglesias, secretario general de Podemos

Según algunos estudios recientes, entre 6,5 y 8 millones de españoles han participado de alguna forma en el movimiento 15-M, visitando las acampadas y asistiendo a las asambleas o a las protestas activamente.

2 c Translate the fourth paragraph of the article (from 'Esta formación...' to '... en Comú') into English.

Gramática

Las conjunciones subordinadas (Subordinating conjunctions)

Refer to section I2 of the grammar section. Study the article again and complete the following tasks:
a Find six examples of subordinating conjunctions. Write down and translate into English any examples you find. Do they take the indicative or the subjunctive?
b Why do some subordinating conjunctions take the indicative and others the subjunctive?

3 Elige la forma correcta del verbo.

1 Al principio mucha gente se opuso al Movimiento 15-M, ya que no [*entendía/entendiera*] de qué se trataba.

2 El 15 de mayo la población supo de la manifestación antes de que [*tuvo/tuviera*] lugar.

3 Te acompañaré a la manifestación esta tarde con tal que mi padre se [*pone/ponga*] de acuerdo.

4 Actualmente el movimiento de los indignados no tiene ningún líder; no parece que hombre alguno [*puede/pueda*] tener en sus manos la solución a una situación tan desesperada.

5 Las acampadas que se produjeron en varias ciudades de España fueron posibles porque los manifestantes [*podían/pudieran*] contar con el apoyo del pueblo español.

6 Podemos ha conseguido que no [*es/sea*] tan importante lo que se dice, sino señalar la agenda política.

7 Podemos desea que [*sale/salga*] de España una comunidad mucho más viva y activa.

8 No van a parar la maquinaria porque los retos [*son/sean*] difíciles, según dice el portavoz de Podemos.

Una protesta vecinal insta a desobedecer las normas

4 a *Una comparativa Argentina-España sobre dos protestas similares. Escucha lo que nos dicen dos argentinos, Norma y Amable, sobre las protestas en Argentina y España. Para cada frase, escribe: A si la frase corresponde a Argentina; E si la frase corresponde a España; N si la frase no corresponde a ninguno de los dos países.*

1 Un presidente ultraizquierdista fue electo.
2 Cambiamos nuestro líder muchas veces.
3 Los participantes respetaron su entorno.
4 No podíamos ni siquiera retirar fondos.
5 La corrupción de la clase media fue muy grave.
6 Un familiar mío fue golpeado por la pobreza.
7 La vigilancia policial tenía a veces mano dura.
8 Los organizadores de las asambleas son trabajadores y sus acciones son laudables.

4 b Vuelve a escuchar a los argentinos y contesta las preguntas en español.

1 ¿Por qué hubo manifestaciones en Argentina hace diez años?
2 ¿Por qué es muy útil hablar con estos dos argentinos específicamente?

3 ¿En qué se diferencia el comportamiento de los manifestantes madrileños en comparación con los de Buenos Aires?
4 ¿Por qué fue más urgente y desesperada la situación en Argentina?
5 ¿Por qué habría sido mejor si las familias argentinas no hubieran asistido a las protestas?
6 ¿Cómo sabemos que el movimiento español va a seguir a largo plazo?

5 Lee las siguientes opiniones opuestas sobre la efectividad de las manifestaciones. Elige una y defiéndela. Tu compañero/a de clase puede defender la otra opinión.

'Las protestas públicas no sirven para nada. Provocan comportamiento incívico y no convencen a las autoridades'

'Si la política del día a día nos enfada, debemos hacer algo, incluso actos ilegales. ¡El gobierno no nos escucha!'

6 a Es evidente que el movimiento 15-M ha tenido mucho apoyo público. Pero, ¿cómo ha evolucionado el movimiento en años recientes? ¿Qué consecuencias ha desencadenado el movimiento? Elige uno de los siguientes partidos y busca más información en Internet. Toma notas de lo que encuentres.

- Podemos
- Vigo en Común
- Compromís
- Ahora Madrid
- Barcelona en Comú
- Marea Atlántica

6 b  Una vez completada tu tarea de búsqueda en línea, prepara una breve presentación oral para tu clase. Hazla lo más interesante posible, para lo que debes mirar los consejos de la seccion Estrategia. Después de escuchar a otros/as compañeros/as, debate con ellos/as: ¿En qué se parecen los partidos? ¿Qué cambios han hecho desde su llegada al poder? Debate en clase sobre la efectividad de estos grupos y si los votarías personalmente o prefieres a los partidos tradicionales.

6 c Escribe un perfil del nuevo grupo político que escogiste para la actividad 6a. Incluye información sobre su programa electoral, las iniciativas y propuestas que tienen y su efectividad en sus primeros años de funcionamiento.

Estrategia

Using a variety of techniques to hold the interest of your audience when speaking

An effective presentation should contain the following elements:
- A confident start: make eye contact, and a bold and interesting introduction.
- A close interest in what you are talking about. Enthusiasm is infectious.
- Making points concisely and in a logical order, as you would when writing an essay.
- Variety of tone. Use rhetorical questions, pauses and make a clear conclusion.
- Remember that to perform well in your speaking exam presentation, you also need to communicate a very wide range of ideas and opinions, delivered with accurate and ambitious language.

Try out these techniques in activity 6b.

Vocabulario

12.1 El poder de los sindicatos

- la **acción directa** direct action
- la **afiliación** membership
- el/la **afiliado/a** member
- la **agrupación** association, group
- el **arraigo** support, popularity
- el/la **artesano/a** artisan, craftsperson
- la **clandestinidad** hiding, secrecy
- la **conciencia** awareness
- el/la **continuador/a** successor
- **contundente** forceful, convincing
- **convocar a huelga** to call a strike
- **dar marcha atrás** (*doy*) to take a step back
- **de cuello azul/blanco** blue/white-collar
- **dialogar** to negotiate
- **digno** decent, dignified, worthy
- la **emancipación** emancipation
- **equivocarse** to make a mistake
- la **gerencia** management, leadership
- el **gremio** guild
- **hacer frente a** (*hago*) to face up to
- la **industrialización** industrialisation
- el/la **obrero/a** worker, labourer
- el **pacto** pact
- **paralizarse** to paralyse, come to a halt
- el **paro** stoppage, unemployment
- **pasivo** passive
- la **patronal** management
- la **perturbación** disturbance
- **recapacitar** to reconsider
- el **recorte** cut
- el/la **rector/a** vice-chancellor, rector
- **requerir** (*requiero*) to require
- **robustecerse** (*me robustezco*) to strengthen
- el/la **simpatizante** sympathiser, supporter
- el **sindicato** trade union
- **tomar asiento** to sit down
- **vincular** to link

12.2 Las protestas sociales en profundidad

- **anular** to cancel
- **borrar** to erase, delete
- el **botín** pay-off, booty
- la **búsqueda** search
- **callejero** from the street
- el **cuartel** (head)quarters, station
- la **desaparición** disappearance
- **desfilar** to parade, march
- **disfrazarse** to dress up
- el/la **disidente** dissident
- **esconder** to find
- el **eslogan** slogan
- **exigir** (*exijo*) to demand
- **incansable** tireless
- la **injusticia** injustice
- **inscrito** enrolled, registered
- **insostenible** unsustainable
- **localizar** to locate
- el **luto** mourning
- **militarizado** militarised
- la **pancarta** placard
- el **pañuelo** handkerchief
- el **piquete** picket
- **privar** to deprive
- **reclamar** to demand, claim
- el **referente** example, model
- el **reinicio** new beginning
- la **reivindicación** recognition, acceptance
- **respaldar** to support, endorse
- el **respaldo** support, backing
- **restituir** (*restituyo*) to return, give back
- **saldarse** to result in, settle
- **secuestrar** to kidnap
- **transmitir** to transmit
- el **vuelo de la muerte** death flight

12.3 La efectividad de las manifestaciones

- la **acampada** camp, camping
- la **agrupación** association, group
- **asemejarse** to resemble
- la **austeridad** austerity
- el **bipartidismo** bipartisanship, two-party dominance
- el **bolsillo** pocket
- **con mano dura** heavy-handed
- **contraatacar** to counter-attack
- el **corralito** (Argentina) frozen bank deposit
- el **desahucio** eviction
- el **desalojamiento** eviction
- **desencadenar** to unleash
- el **destrozo** heavy damage
- **disolverse** (*me disuelvo*) to come to an end
- el **escaparate** shop window
- **estar rodeado de** (*estoy*) to be surrounded by
- la **etiqueta** hashtag
- el/la **infiltrado/a** infiltrator
- los **gases lacrimógenos** tear gas
- **incívico** antisocial
- **indignar** to anger, outrage
- **laudable** laudable, praiseworthy
- el **lema** motto
- la **monopolización** monopolisation
- el **movimiento** movement
- la **repulsa** rejection
- **retirar** to withdraw
- la **pancarta** placard
- **retuitear** to retweet
- el **saqueo** looting

UNIT 13

Profundicemos en los temas 1 y 2

13.1 **Las corrientes pictóricas del último siglo en España y su legado**
13.2 **La seguridad y los hackers**
13.3 **La influencia de la iglesia católica en Latinoamérica**

Theme objectives

In this unit you revisit some different areas of the course. The following topics are covered:
- the social impact of the most representative artistic movements and styles of the last 100 years
- the risks and dangers of the internet and ways of protecting ourselves
- the Catholic Church in Hispanic America and Pope Francis

Grammar objectives

You will study and practise the following grammar points:
- cleft sentences
- indirect speech
- the subjunctive, including the indefinite antecedent

Strategy objectives

You will develop the following strategies:
- planning and carrying out effective A-level revision
- appreciating different registers and when to use them
- knowing how to manage time when completing exam tasks

13.1 Las corrientes pictóricas del último siglo en España y su legado

- Analizar el impacto social de las corrientes y estilos artísticos más representativos de los últimos cien años.
- Usar oraciones escindidas.
- Planear y realizar una revisión eficaz para el curso de A-level.

¡En marcha!

1 Observa el siguiente cuadro de Picasso y contesta las preguntas con tu compañero/a. Finalmente, debate en clase tus impresiones del cuadro.

- ¿Cuántas personas hay?
- ¿Qué hacen?
- ¿Qué llevan?
- ¿Qué formas y objetos ves?
- ¿Qué colores y patrones están presentes en el cuadro?
- ¿Cuál es tu opinión sobre el cuadro?

2 a Lee la historia del pintor Antonio Saura y completa el artículo, eligiendo ocho palabras de la lista A–N. ¡Cuidado! Sobran letras.

A sino
B contundente
C a
D varias
E de
F introdujera
G corriente
H algunos
I que
J cuya
K en
L quien
M sobresalen
N usó

OBRA Y BIOGRAFÍA DE ANTONIO SAURA

Sonja de Antonio Saura, 1959

Cuando hablamos de arte pictórico en España en el último siglo, lo normal es pensar (**1** ....) Pablo Picasso, Salvador Dalí o Joan Miró, pero no podemos olvidar (**2** ....) un auténtico genio del estilo expresionista abstracto como es Antonio Saura.

Nació en Huesca en 1930, y nunca recibió una educación académica (**3** ....) que se formó de forma autodidacta. Al principio se dejó influenciar por la (**4** ....) surrealista y colaboró, además, con los grupos españoles de vanguardia Tendencias 2 y Arte Fantástico.

¿Cómo evolucionó su obra?

En 1952 se trasladó a París. Allí, su obra evolucionó desde un inicial surrealismo hacia una pintura de trazos enérgicos, lo abstracto y el arte de los gestos.

La obra de Antonio Saura usa el estilo surrealista como algo monstruoso, natural y violento.

De su extensa producción (**5** ....) las series Crucifixiones, Historia de España, Multitudes y Retratos imaginarios.

Su obra de más relevancia

En una de sus obras más importantes, *El Grito*, podemos observar una figura humana con piernas abiertas y brazos levantados, (**6** ....) cabeza se ha convertido en una gran boca que emite un grito. Además, es su trazo lo que evoluciona a ser más grueso y (**7** ....). El fondo, blanco y gris, enfatiza el aspecto oscuro y el tema de dolor.

¿Cómo se conoce que terminó su obra?

En su última etapa, rechazó el formato pequeño para crear composiciones de grandes dimensiones. Decidió que sería mejor si (**8** ....) también el color. Algunos ejemplos son sus obras de las series Transformaciones o Superposiciones. Lo que adquirió también una relevante importancia en su obra tardía fue la figura femenina.

Saura fue también un estudioso de la historia del arte, y fue a Goya a quien analizó obsesivamente. Falleció en 1998 en Cuenca y hoy en día es considerado uno de los mejores pintores de estilo abstracto del mundo.

Texto adaptado de: 'Obra y biografía de Antonio Saura', arteespaña.com

2 b Vuelve a leer el artículo, luego resume los siguientes puntos en un párrafo de 80–90 palabras, usando tus propias palabras. Escribe en frases completas y verifica el trabajo con cuidado para asegurarte de que el lenguaje es correcto.

- cómo se desarrolló el estilo de Saura al mudarse a París (2)
- el estilo de su obra *El Grito* (3)
- sus preferencias artísticas en la última etapa de su vida (2)

Unit 13 Profundicemos en los temas 1 y 2

Gramática

Oraciones escindidas (Cleft sentences)
Refer to section M of the grammar section and read the text again.
a Identify three examples of cleft sentence structure. Write down and translate into English the examples you have found.
b What do you notice about the structure of cleft sentences in Spanish and English?

3 Convierte las oraciones escindidas siguientes en oraciones simples.

1 Fue en París donde la obra de Saura evolucionó hacia un arte más abstracto.
2 Es ella quien copia obras de arte famosas.
3 Es a Velázquez a quien la crítica sigue analizando con ahínco.
4 Lo que cambió el arte moderno del siglo XX fue la obra de Pablo Picasso.
5 En esta galería es donde quiero buscar una pintura de Saura.
6 Las pinturas de Dalí son lo que me interesa.
7 Pilar Juncosa fue la mujer con la que estaba casada Joan Miró.
8 Nosotros fuimos quienes investigaron el movimiento francés llamado fovismo.

4 a *Un recorrido por una galería famosa.* **Escucha la entrevista luego empareja los siguientes movimientos artísticos con las características que los definen.**

1 el fovismo
2 el expresionismo
3 el cubismo
4 el futurismo
5 el surrealismo
6 el abstracto

A Celebra la identidad nacional y la guerra.
B Usa el color de manera exagerada.
C Es difícil de entender, con un estilo complejo y desordenado.
D Empezó en 1924, obsesionado con los sueños.
E Muestra la ansiedad y el tormento de las personas.
F Quiere destrozar la realidad usando formas simétricas.

4 b Vuelve a escuchar la entrevista. Decide si las siguientes frases son verdaderas (V), falsas (F) o no mencionadas (N).

1 El arte del siglo pasado está influyendo en el arte actual.
2 Un guía especializado es imprescindible si quieres correr en la galería.
3 El fovismo surgió antes del expresionismo.
4 El expresionismo se concentra en una interpretación personal.
5 El Museo de Arte Moderno Reina Sofía está en la capital.
6 El futurismo y el surrealismo son dos movimientos casi opuestos.
7 Muchos críticos creen que los surrealistas son ignorantes.
8 El estilo abstracto es muy popular en conciertos.

5 Translate into English the following passage.

El arte y la posteridad

Es posible que el arte de un país sea uno de los indicadores sociales más importantes que hay. Es ese que no solo describe a la gente, sus sentimientos y actitudes, sino que también se considera una postal inmortal con duración eterna. A pesar del hecho de que puede ser agotador visitar la galería de arte o el museo para analizar las obras, es útil intentar explicar el arte desde una perspectiva más social y urbana, porque en el mundo de las artes visuales, los cuadros son los que hablan de nosotros, de dónde vivimos, de nuestras costumbres. ¡No tengas miedo y pásate por el museo!

6 a Los siguientes artistas del siglo XX son muy famosos en España:
- Antonio López García
- Antoni Tàpies
- Gloria Muñoz
- Joan Miró
- Joaquín Sorolla
- Pablo Picasso
- Salvador Dalí

Elige uno, busca suficiente información en Internet para contestar las preguntas y toma notas. Es aconsejable analizar algunas de sus obras también.
- ¿De dónde era y dónde estudió?
- ¿Cuál es su estilo? ¿Se relaciona con algún movimiento artístico en particular?
- ¿Podrías mencionar algunos de sus cuadros más famosos?
- ¿Cuál fue el impacto social de sus obras?
- ¿Cuál es tu opinión del trabajo de este artista?

6 b
Con las notas que has tomado de tu búsqueda para la actividad anterior, haz una presentación a tu grupo sobre el artista que escogiste. Luego debate las cinco preguntas de 6a con el grupo.

6 c
Una vez termines la actividad 6b, escribe un párrafo sobre cómo ha influido a la sociedad el artista del que hablaste anteriormente.

Estrategia

Planning and carrying out effective A-level revision

All of the revision requirements for the first year of study also also apply to the second year, but it is important to give extra attention to the following (or you could devise your own revision list):
- Make a revision timetable, covering all areas of the course, and tailor it to your needs.
- Remember to revise the themes that you covered in the first year of study.
- Avoid distractions when revising and build a routine.
- Discuss exam strategies with your classmates and teacher.
- Prepare meticulously all materials for your speaking exam presentation and discussion.
- Listen daily to authentic Spanish from a range of sources.
- Revise thoroughly any areas of grammatical weakness, paying particular attention to the subjunctive.
- Prepare a list of high-frequency words and sentences that you can use for essays.
- Time yourself when answering exam-type questions, including essays on literature and film.

13.2 La seguridad y los hackers

- Explorar los riesgos y peligros de la red y las formas de protegernos.
- Usar el estilo indirecto.
- Contemplar diferentes registros y cuándo usarlos.

¡En marcha!

1 La siguiente lista contiene ocho peligros de la red. ¿Qué significan exactamente en inglés? Comparte tus respuestas con las de un/a compañero/a, escoge tres de ellos y dialoga sobre tus experiencias personales de cada uno. ¿Has tenido alguno de estos problemas o conoces a alguien que los tenga?

> correo basura   contenido inapropiado   acoso escolar
> acoso sexual   provocadores y uso abusivo   falta de privacidad
> delitos económicos y fraude   riesgos técnicos

2 a Lee las siguientes frases y decide si pertenecen a la opinión de Petra (P), Brígida (B), Juanjo (J), Selena (S) o Néstor (N).

1. Los peques están indefensos ante este contenido.
2. Hay mensajes de texto con invitaciones falsas para ir al extranjero.
3. Las transacciones en la red son sospechosas.
4. Encuentro difícil dormirme.
5. En ciertas páginas web hay publicidad engañosa.
6. El material obsceno es gratuito.
7. La extorsión es una amenaza constante.
8. Estoy experimentando un estado de ansiedad alta.

2 b Vuelve a leer las cinco opiniones sobre las amenazas en la red, luego busca un sinónimo para cada una de las siguientes palabras o expresiones.

1. la contraseña
2. fisgar
3. escalofriante
4. asequible
5. pinchar con el ratón
6. tensión
7. poderosos
8. mecanismos

Gramática

El estilo indirecto (Indirect speech)
Revise section 0 of the grammar section and then re-examine the opinions in exercise 2.

a Find five examples of indirect speech.
b Write down and translate these examples into English.

Las amenazas en la red y nuestras reacciones

La amenaza de los virus a través de Internet no me deja dormir. Cuando abres una página web entras en un mundo lleno de peligros y amenazas constantes, como por ejemplo los virus troyanos que entran en el sistema de tu ordenador y destruyen toda la información. ¿Cuál es la solución? Ha habido programas anti-virus muy potentes pero hoy en día hay hackers ingeniosos que trabajan constantemente para crear nuevos virus.

Selena

Mi primo proclama que no puede creer que haya mensajes de texto que sean capaces de estropear su teléfono móvil. Añade que no sabe quién nos protege de ellos. Anteayer él recibió un mensaje desconocido con una invitación a comprar unas vacaciones en el Caribe. Al acceder al mensaje dijo que había visto que abría una aplicación sin su permiso que podía borrar sus contactos. Mi primo dice que es de la opinión de que actualmente los móviles no tienen suficientes herramientas para solucionar este tipo de problemas.

Néstor

Mi mayor preocupación en Internet es insertar mis datos personales y bancarios. Me da miedo escribir mi dirección, mi número de cuenta y el código secreto cada vez que compro un vuelo o ropa en línea. En cualquier momento, alguien podría espiar mi ordenador, robar mi identidad, clonar mis tarjetas de crédito o aun chantajearme. La mera existencia de estas posibilidades es espeluznante.

Petra

Mi hermana es madre y siempre dice que lo más preocupante en Internet es el acceso libre de los menores a contenidos explícitos, violentos o pornográficos. Cuenta que hoy en día están tan a su alcance que pueden causar un trauma a su hijo pequeño. En casa de mi hermana usan filtros y bloqueos, pero recientemente ella afirmó que había temido que no fueran adecuados.

Brígida

Estoy harto de recibir correos basura en mi cuenta. Es peligroso abrirlos y hacer clic en las páginas que contienen anuncios fraudulentos para ganar premios o dinero. Suelen ser falsos y usan tus datos para mandar cada vez más correos o falsificar tu identidad. También hay compañías que no dejan de mandar información a tu cuenta y la colapsan. Actualmente, me da mucho estrés psicológico.

Juanjo

3 **Convierte las frases siguientes en estilo indirecto. Comienza cada frase con un verbo en el pretérito indefinido, por ejemplo 'Dijo/Dijeron que...'.**

1. Mi mayor preocupación en Internet es insertar mis datos personales y bancarios.
2. Ayer alguien intentó clonar mis tarjetas de crédito.
3. Esta tarde iré a tu casa para ver si puedo arreglar tu ordenador.
4. Estoy harta de recibir tantos anuncios fraudulentos para ganar premios.
5. Mándame un mensaje para decirme cómo solucionar el problema.
6. Mañana veremos si va a responder a nuestra invitación por correo electrónico.
7. Cuando vuelvas en junio habré terminado mi curso de informática básica.
8. Quiero que venga el técnico para revisar los ajustes de privacidad de mi acceso a Internet.

4 **¿Te sientes seguro/a en la red? Lee las siguientes opiniones de otros jóvenes y decide si estás de acuerdo o no. Explica tu punto de vista a tus compañeros.**

- Siempre uso la misma contraseña para mis redes sociales. ¡Es más conveniente!
- Mi perfil en Instagram/Facebook/Twitter está abierto para que todo el mundo vea mis fotos y para tener muchas 'me gusta'.
- Me da miedo comprar en Internet porque creo que es peligroso proporcionar datos bancarios en la red.

5 a *Unos consejos indispensables.*  **Escucha el programa de radio, luego elige las opciones correctas.**

1 *La cuarta dimensión* es un programa…
   A dedicado a enseñar a conectarse a Internet.
   B didáctico sobre Internet en general.
   C nocturno que puede escucharse en la radio.

2 La primera persona que llama…
   A no entiende por qué su foto ha recibido comentarios de gente que no conoce.
   B subió una foto a Facebook que nadie ha visto.
   C pregunta sobre cómo comentar una foto.

3 El programa sugiere que el problema con la foto es debido a…
   A que la persona no revisó los ajustes de privacidad.
   B que otros usuarios localizaron su cuenta.
   C la posición geográfica de la persona.

4 ¿Qué se menciona sobre las *cookies*?
   A Pueden borrar el historial.
   B Son necesarias para reiniciar el ordenador.
   C Es recomendable librarse de ellas.

5 ¿Qué le pasó a la segunda persona en Colombia?
   A Pagó 650 pesos en Internet en una transacción bancaria.
   B Perdió cientos de pesos debido a un engaño bancario.
   C Esperaba una comunicación de su banco.

6 A pesar del buen consejo del programa, la segunda persona…
   A no cancelará su tarjeta.
   B recuperará su dinero perdido al reportar el fraude.
   C es responsable por aceptar las instrucciones.

5 b  **Vuelve a escuchar el programa y resume la información que oyes sobre los siguientes puntos, utilizando tus propias palabras. Escribe en frases completas y verifica el trabajo con cuidado para asegurarte de que el lenguaje es correcto.**

- el problema de la primera persona que llama
- la solución a este problema (3)
- el problema de la segunda persona que llama (4)
- la solución a este problema (3)
- una descripción de la Ley Orgánica de Protección de Datos española (2)

> **Estrategia**
>
> **Appreciating different registers and when to use them**
>
> A-level listening and reading tasks will use a range of different registers depending on the source and content of the stimulus material. For example, when listening to exercise 5, did you notice that the presenter was using the *usted* form? To improve your awareness of register:
> - Vary the sources of authentic material you read and listen to in Spanish.
> - Make notes of any changes in register you encounter. How are they conveyed through language?
>
> You will need to vary the register of the language you use in the writing and speaking components of the exam. Before embarking on a written task, and before you engage in a conversation with your teacher:
> - Think about the language that is most appropriate to use. What impression will it give?
> - Build a bank of expressions that you can draw upon to make sure a suitable register is being used. Note that although there will be some overlap, many of your spoken expressions will differ from your written ones.

6 Translate into English this passage about piracy.

En España, cerca del 90% del consumo cultural en línea es ilegal

Según los datos de la industria, el 87,94% de los contenidos culturales consumidos en línea en España en 2014 fueron ilegales. Con estos números, la industria cultural española, que batalla también contra el 21% de IVA cultural y la crisis económica, vino a repetir una vez más que la piratería es su enemigo público número uno. De entre la marea de números del estudio para 2014, elaborado por la consultora GfK, destacan en especial dos: a lo largo del año se accedió ilegalmente a 4.455 millones de contenidos digitales y, sobre todo, hubo un lucro cesante de 1.700 millones de euros para la industria, dinero que hubiese ayudado a crear más de 29.000 empleos.

Texto adaptado de: 'Cerca del 90% del consumo cultural 'online' es ilegal, según un informe', elpaís.com, 10 de marzo de 2015, © T. Koch y Fernando Navarro/Ediciones El País SL

7 a Lee las siguientes opiniones sobre el futuro de la seguridad en la red y las amenazas que están por venir próximamente. Después, elige una y busca más información sobre el tipo de tecnología que menciona y los posibles peligros que conllevaría.

A Las etiquetas de papel electrónico son el futuro. En ellas se puede mostrar el precio, la fecha de caducidad y mucha información de un producto, pero sería fácil que un hacker cambiara los datos y causara un caos.

B Me encanta usar las aplicaciones para pagar directamente con mi móvil como si fuera una tarjeta de crédito pero si alguien roba mi teléfono, ¿podría gastar todo mi dinero y vaciar mi cuenta bancaria?

C En los aeropuertos hay un sistema para acceder a la puerta de embarque que escanea tus ojos y reconoce tu vuelo. Me pregunto si los hackers del futuro podrán tener acceso a vuelos de otras personas si usan nuestra foto de perfil de las redes sociales.

D Con las tarjetas de identidad modernas que tienen un microchip y una huella digital, no tenemos privacidad y el gobierno sabe todo sobre nosotros. ¡No me siento seguro!

7 b Ahora usa la información de la actividad anterior para tener una conversación en clase con tus compañeros/as. Debate sobre las ventajas e inconvenientes de ese tipo de tecnología.

7 c Una vez terminada la conversación, escribe un párrafo sobre uno de los tipos de nueva tecnología y sus amenazas, posibles problemas y soluciones.

13.3 La influencia de la iglesia católica en Latinoamérica

- Aprender sobre la iglesia católica en Hispanoamérica y el Papa Francisco.
- Usar el subjuntivo, especialmente con un antecedente indefinido.
- Saber organizar bien el tiempo durante los exámenes.

¡En marcha!

1 La religión católica ha sido tradicionalmente la mayoritaria en todos los países de Latinoamérica. Mira la siguiente lista de los 'diez mandamientos' de la fe católica. ¿Puedes traducirlos al inglés? Con tu compañero/a, compáralos con otras religiones que conozcáis. ¿Qué tienen en común y cuáles son sus principales diferencias? Da ejemplos para ilustrar tus puntos de vista.

1. Amarás a Dios sobre todas las cosas
2. No tomarás el Nombre de Dios en vano
3. Santificarás las fiestas
4. Honrarás a tu padre y a tu madre
5. No matarás
6. No cometerás actos impuros
7. No robarás
8. No dirás falso testimonio ni mentirás
9. No consentirás pensamientos ni deseos impuros
10. No desearás los bienes ajenos

Biblia, Rosario e imagen de la Virgen María

2 a Lee el artículo sobre el Papa Francisco y luego contesta las siguientes preguntas en español con tus propias palabras.

1. ¿Cómo se sabe que el Papa Francisco parece un hombre diplomático?
2. ¿Por qué es importante dar más atención a América Latina en el mundo católico?
3. ¿Qué estrategia emplea el Papa para que haya cada vez menos divisiones en Latinoamérica?
4. Teóricamente, ¿por qué todos los Papas en la historia debían haber sido anticapitalistas?
5. ¿Cuál es la posición del Papa sobre el asunto del divorcio?
6. ¿A qué culpa de la destrucción del medio ambiente?

2 b Vuelve a leer el artículo y traduce el siguiente texto al español.

The importance of Pope Francis' opinions

When Pope Francis was Archbishop of Buenos Aires, he would occasionally express radical opinions. He rejected the extreme inequality of his native country and fought against suffering. Will he be able to continue to express himself in this way? Does he want the Catholic Church to be more progressive? There is no one who can answer these questions but him. Nevertheless, whereas in Europe, Catholicism is more conservative, in Latin America it is true that it has developed a social role. Perhaps Pope Francis has realised that unless we act now, the damaging divisions in the world, both political and economic, will increase.

El Papa latinoamericano… en América latina y el mundo

Evo Morales y el Papa Francisco en La Paz (Bolivia)

Una imagen vale más que mil palabras. Nunca más cierto que en la foto de Francisco con Evo Morales. Allí el presidente de Bolivia le entrega un crucifijo con forma de hoz y martillo, que representa la unión de trabajadores y el comunismo. El Papa lo acepta con resignación.

Probablemente Francisco no esperaba ningún regalo que pudiese sorprenderle, ni en ese momento ni de esa forma. La escena fue una buena metáfora de la relación entre religión, política y sociedad, una relación que él mismo siempre ha cultivado, incluso antes de que llegara a Roma.

Muchos latinoamericanos buscaban un Papa que les representara. Parece que Francisco reclama el protagonismo de América en el mundo católico. El hecho de que la mitad de los católicos del mundo se encuentren en el hemisferio occidental cuenta mucho, y que en Estados Unidos el catolicismo sea cada vez menos irlandés, menos polaco, y cada vez más latino, cuenta aun más.

Se ignora, tal vez, que Francisco es un jesuita y que solo pretende promediar en el centro político para superar la perpetua división latinoamericana, aquella tan nociva y que ha ocurrido en la política y la sociedad tanto como en la teología. Podrán regalarle mil crucifijos con la hoz y el martillo; mientras, él seguirá dedicándole tiempo a la transición cubana, precisamente para terminar con la dictadura comunista allí.

La derecha de Estados Unidos y otras latitudes, a su vez, podrán acusarle de marxista y de ser anticapitalista. Desconocen, quizás, que fue el Papa Francisco cuando era arzobispo de Buenos Aires quien denunció la 'idolatría del dinero' algún tiempo atrás y que su anticapitalismo no se diferencia en nada de la Doctrina Social de la Iglesia.

El Papa y la sociedad moderna

En tan solo dos años, este Papa innovador ha conectado a la Iglesia con los temas de la posmodernidad y casi no hay nada que no haya mencionado — el divorcio, la homosexualidad y el medioambiente. En 2013 exclamó '¿quién soy yo para juzgar a un gay?' y afirmó que los homosexuales no deben ser ni juzgados ni marginados. Con respecto al divorcio, él mismo también dijo en agosto de 2015 que no quiere que las personas divorciadas que forman nuevas parejas y familias estén fuera de la iglesia. Además, en una de sus últimas encíclicas habló firmemente sobre la degradación ambiental del planeta y cargó contra el actual modelo socioeconómico que explota los recursos naturales vilmente.

Texto adaptado de: 'El Papa latinoamericano en América Latina, elpais.com, 12 de julio de 2015, ©Héctor Schamis/Ediciones El País SL

Gramática

El subjuntivo y el antecedente indefinido (The subjunctive and the indefinite antecedent)

Refer to section G14.5 of the grammar section, then study the article once more.

a Note down six examples of subjunctive use you find in the text. Write down the phrases containing the examples and translate them into English

b Which of these examples involve indefinite antecedents?

3 Elige la forma correcta del verbo.

1. El Papa quiere que los católicos [*dejan/dejen*] de obsesionarse con la doctrina y [*van/vayan*] a la calle.
2. Según el Papa, el perdón de Dios no se le puede negar a quien [*está/esté*] arrepentido.
3. Francisco es el primer pontífice originario de Latinoamérica, un continente que [*tiene/tenga*] un 20% de los católicos en el mundo.
4. El Papa instó a los indígenas latinoamericanos a que [*perdonaban/perdonasen*] las injusticias cometidas por los conquistadores contra sus antepasados.
5. Pidió perdón por el papel que [*desempeñó/desempeñara*] la Iglesia Católica durante la colonización de América Latina.
6. El Papa Francisco decidió vivir en una residencia humilde en Roma. Es como si un rey [*dejaba/dejase*] su palacio para irse a vivir en un barrio pobre.
7. El pontífice es un líder que [*está/esté*] transformando la Iglesia Católica desde dentro para que [*es/sea*] más justa y equitativa.
8. El Papa ruega a todas las parroquias europeas que [*reciben/reciban*] cada una a una familia de refugiados que [*huye/huya*] del horror de la guerra.

4 a *La fuerte competencia de la Iglesia Católica en América Latina.* Escucha la entrevista y elige las cinco frases correctas según lo que oyes.

1. La mitad de los católicos en el mundo viven en América Latina.
2. Conservar el dominio del catolicismo en América Latina es una prioridad para el Vaticano.
3. Los aztecas y mayas tienen ritos que influencian el catolicismo a escala global.
4. La creciente secularidad perjudica la hegemonía de la Iglesia Católica.
5. El porcentaje de gente católica en América Latina ha aumentado a causa de los evangélicos.
6. Hay cada vez más iglesias evangélicas en áreas con problemas sociales.
7. Las iglesias católicas y evangélicas comparten altos valores morales.
8. La cuestión del divorcio no es tan compleja para la iglesia evangélica.

4 b Escucha otra vez, luego selecciona la alternativa que mejor convenga para completar la frase.

1. Jorge Bergoglio…
   - A hará una entrevista con el Papa.
   - B es el nombre secular del Papa Francisco.
   - C mostró la importancia de América Latina al Papa.
2. El Vaticano…
   - A tiene problemas a escala global.
   - B es un terreno clave.
   - C tiene competencia en América Latina.

3 Los indígenas y africanos…
   A son más religiosos que otras razas.
   B son una amenaza inédita.
   C asimilaron muchas creencias católicas.

4 63…
   A es el porcentaje de latinoamericanos católicos en 2011.
   B es la bajada en el porcentaje de latinoamericanos católicos en 2011.
   C es la subida máxima en el continente en 2011.

5 Los grupos pentecostales…
   A trabajan mayormente en las zonas desfavorecidas.
   B no ofrecen apoyo moral.
   C quieren que la Iglesia Católica sea más conservadora.

6 Los líderes de las iglesias evangélicas…
   A tienen mucha flexibilidad.
   B toman muchas decisiones por su propia cuenta.
   C dan un poder fuerte a los clérigos.

5 a La Teología de la Liberación es una corriente cristiana, muy popular en Latinoamérica y formada por numerosas ideas cristianas. Busca más información en Internet sobre esta corriente y uno de sus máximos representantes, Gustavo Gutiérrez Merino, y toma notas. Incluye estos puntos en tu búsqueda:
- las principales ideas que forman esta teoría
- qué piensa la Iglesia Católica al respecto
- el papel fundamental de Gustavo Gutiérrez Merino
- las corrientes guerrilleras y su influencia

La iglesia católica más antigua de Lima, Perú

5 b Debate en clase con tus compañeros/as sobre la Teología de la Liberación. ¿Qué piensas de sus ideas? ¿Cómo ves a Gustavo Gutiérrez Merino y su importante papel? ¿Serías fiel a esta doctrina? ¿Por qué (no)?

5 c Escribe un párrafo debatiendo los pros y contras de la Teología de la Liberación y tu opinión personal.

Estrategia

Knowing how to manage time when completing exam tasks

You should complete a lot of exam-style tasks and past papers during the A-level course, so you know what to expect on the day of your exam. When doing so:
- Keep a consistent pace and make sure you are free from any distractions.
- Read each question carefully, particularly essay questions. Changing your mind halfway through an essay will cause you to lose a lot of time.
- Always allocate enough time to write a clear plan for your answer to an essay question.
- Don't spend too much time listening over and over for a specific detail – you can always return to a particular question later.
- When translating, use a separate piece of paper to make notes.
- Practise writing quickly (while keeping it legible!).
- Ask for spare paper before you need it.
- Don't finish too early. Checking your work is vital in language exams.

Unit 13 Profundicemos en los temas 1 y 2

Vocabulario

13.1 Las corrientes pictóricas del último siglo en España y su legado

- la **angustia** distress
- la **armonía** harmony
- **autodidacta** self-taught
- **caótico** chaotic
- el **cuadro** picture
- **colaborar** to collaborate
- **contundente** forceful
- la **corriente** trend, movement
- la **costumbre** habit
- el **cuadro** painting
- la **deformación** loss of shape
- la **dimensión** dimension
- **enfatizar** to emphasise
- **extenso** extensive
- **fallecer** to pass away
- el **fondo** background
- la **forma** shape
- el **genio** genius
- el **gesto** gesture
- el **grito** scream
- **grueso** thick
- **guerrero** warlike
- **monstruoso** hideous
- el **movimiento** movement
- la **obra** work
- la **perspectiva** perspective
- la **posteridad** posterity
- **rechazar** to refuse
- **sobresalir** (*sobresalgo*) to stand out
- **surgir** (*surjo*) to arise, to appear
- **tedioso** tedious
- el **trazo** stroke

13.2 La seguridad y los hackers

- el **acoso** harassment
- el **ajuste** setting
- **asequible** accessible
- **borrar** to delete
- **chantajear** to blackmail
- el **cibernauta** internet user
- el **código** code
- **colapsar** to crash
- el **contenido** content
- la **contraseña** password
- **deshabilitar** to disable
- el **delito** crime
- **espiar** (*espió*) to spy
- **estropear** to ruin
- **etiquetar** to tag
- **fisgar** to pry on
- el **formulario** form
- **fraudulento** fraudulent, illegal
- **gratuitamente** free of charge
- el **historial** history
- la **identidad** identity
- **identificar** to identify
- **inapropiado** inappropriate
- la **indemnización** compensation
- **ingenioso** clever, ingenious
- **insertar** to insert
- la **herramienta** tool
- el **lucro cesante** loss of earnings
- **menor** underaged
- la **privacidad** privacy
- **proporcionar** to provide
- la **seguridad** security
- **sospechoso** suspicious
- el **virus troyano** Trojan virus

13.3 La influencia de la iglesia católica en Latinoamérica

- **anticapitalista** anticapitalist
- los **bienes ajenos** other people's property
- **cargar contra** to attack
- el **centro** (political) centre ground
- la **competencia** competition, rivalry
- **consentir** (*consiento*) to consent, allow
- el **crucifijo** crucifix
- la **degradación** deterioration
- **desear** to desire, covet
- la **doctrina** doctrine
- el **dominio** control, power
- **en vano** in vain
- **evangélico** evangelical
- el **grupo pentecostal** pentecostal group
- la **hegemonía** hegemony, supremacy
- la **hoz** sickle
- la **idolatría** idolatry
- **innovador** innovative
- el **jesuita** Jesuit
- **juzgar** to judge
- **marginar** to marginalise
- el **martillo** hammer
- **mayoritario** majority
- **nocivo** damaging
- el/la **pastora** pastor
- la **posmodernidad** postmodernity
- **promediar** to mediate
- la **promiscuidad** promiscuity
- **reclamar** to demand, complain about
- el **reto** challenge
- el **rito** rite
- **santificar** to keep (the Sabbath) holy
- **teóricamente** theoretically
- el **terreno** field, sphere

Grammar

The following summary is not a complete grammar. Students should also consult an up-to-date grammar, such as:
- Butt, J. and Benjamin, C. (2011) *A New Reference Grammar of Modern Spanish* (5th edition), Hodder Education
- Muñoz, P. and Thacker, M. (2012) *A Spanish Learning Grammar* (3rd edition), Routledge
- Turk, P. and Zollo M. (2006) *Acción Gramática* (3rd edition), Hodder Education

Index of grammar points

A Nouns
- A1 Gender of nouns
- A2 Gender of professions
- A3 Male/female groups
- A4 Singular and plural forms
- A5 Plurals of compound nouns
- A6 Affective suffixes

B Articles
- B1 The definite article
- B2 The indefinite article
- B3 The article with feminine nouns beginning with a stressed *a*
- B4 The neuter article *lo*

C Adjectives
- C1 Formation of adjectives
- C2 Agreement
- C3 Adjectives that go before nouns
- C4 Apocopation
- C5 Adjectives which change their meaning according to their position
- C6 Plural noun/singular adjectives
- C7 *Otro*
- C8 Adjectives denoting geographical origin
- C9 Comparative and superlative adjectives
- C10 Use of adjectives as nouns
- C11 Demonstrative adjectives
- C12 Indefinite adjectives
- C13 Possessive adjectives
- C14 Interrogative and exclamatory adjectives
- C15 Relative adjective, *cuyo*

D Numerals
- D1 Cardinal numbers
- D2 Ordinal numbers
- D3 Expression of time, date, percentages and fractions

E Adverbs
- E1 Adverbs of time (When?)
- E2 Adverbs of manner (How?)
- E3 Adverbs of place (Where?)
- E4 Adverbs of degree (How much?)
- E5 Position of adverbs
- E6 Comparative and superlative adverbs
- E7 Adverbs that look like adjectives
- E8 Adjectives as equivalents of English adverbs
- E9 Interrogative adverbs
- E10 Quantifiers/intensifiers

F Pronouns
- F1 Subject pronouns
- F2 Object pronouns
- F3 Reflexive pronouns
- F4 Pronouns used after prepositions
- F5 Relative pronouns
- F6 Demonstrative pronouns
- F7 Indefinite pronouns
- F8 Possessive pronouns
- F9 Interrogative pronouns

G Verbs
- G1 Present tense
- G2 Preterite tense
- G3 Imperfect tense
- G4 Future tense
- G5 Conditional tense
- G6 Perfect tense
- G7 Future perfect tense
- G8 Conditional perfect tense
- G9 Pluperfect tense
- G10 The infinitive
- G11 The gerund
- G12 The past participle
- G13 Continuous forms of the verb
- G14 The subjunctive
- G15 The imperative
- G16 Conditional sentences
- G17 The passive voice
- G18 Reflexive verbs
- G19 Spelling changes in verbs
- G20 Modes of address
- G21 Constructions with verbs
- G22 *Ser* and *estar*
- G23 *Gustar* and similar verbs
- G24 Impersonal verbs

H Prepositions
- H1 Specific prepositions

I Conjunctions
- I1 Coordinating conjunctions
- I2 Subordinating conjunctions

J Negation

K Questions
- K1 Direct questions
- K2 Indirect questions

L Word order
- L1 Subject-verb word order
- L2 Adjectives and word order
- L3 Prepositions and word order
- L4 Adverbs and word order

M Cleft sentences

N Time expressions
- N1 'Ago'
- N2 'For' with a period of time
- N3 'For' referring to duration

O Indirect speech

P Discourse markers

Q Fillers

A Nouns

Nouns are words used for naming people, animals, things or ideas. All nouns in Spanish, without exception, are of either masculine or feminine gender, and almost all nouns have a singular and a plural form.

A1 Gender of nouns

The gender of some nouns is 'biological', e.g.:

el hijo	son	la hija	daughter
el gallo	cockerel	la gallina	hen

Nouns ending in -o are normally masculine and nouns ending in -a are normally feminine, but there are important exceptions, including some common words:

el día	day	la foto	photo
la mano	hand	el mapa	map
la modelo	(fashion) model	la moto	motorbike
el planeta	planet	la radio	radio

The gender of a large group of nouns ending in -e cannot be predicted:

la carne	meat	el informe	report
la noche	night	el tomate	tomato

Nouns ending in -ista are invariable. They are differentiated only by the masculine or feminine article:

el/la artista	artist	el/la deportista	sportsman/sportswoman
el/la consumista	consumer	el/la egoísta	egoist

The endings of words provide useful rules for determining gender.

Many common nouns ending in -ma are masculine:

el clima	climate	el diploma	diploma
el fantasma	ghost	el pijama	pyjamas
el poema	poem	el problema	problem
el programa	program(me)	el sistema	system
el tema	theme, topic		

Exceptions:

la cama	bed	la forma	form
la goma	rubber	la rama	branch

The following groups of nouns are normally masculine:
- nouns ending in -aje, -or and a stressed vowel

el garaje	garage	el paisaje	landscape
el calor	heat	el olor	smell
el menú	menu		

Exceptions:

la flor	flower	la coliflor	cauliflower

- rivers, seas, lakes, mountains, fruit trees

el Manzanares, el Mediterráneo, el (lago)Titicaca, los Pirineos

el naranjo	orange tree	el ciruelo	plum tree

- cars, colours, days of the week and points of the compass

un Peugeot nuevo	a new Peugeot
el lunes, el martes etc.	on Monday, on Tuesday etc.
El rojo me gusta más que el azul.	I like red better than blue.
el norte, el sur, el este, el oeste	north, south, east, west

The following groups of nouns are normally feminine:
- nouns ending in -ión, -dad, -tad, -triz, -(t)ud, -umbre, -nza, -cia, -ie

la solución	solution	la universidad	university
la dificultad	difficulty	la actriz	actress
la salud	health	la legumbre	pulse
la mudanza	change	la diferencia	difference
la serie	series		

- letters of the alphabet, islands and roads

la ene	the letter n	las Islas Baleares	the Balearic Islands
la M40	the M40		

A2 Gender of professions

Most professions have masculine and feminine forms, e.g. *el profesor/la profesora* (teacher). In the past most professions were of masculine gender, whether the person was a man or woman. Thus *el médico* was used for either a male or a female doctor. This situation is changing, largely as a result of the improved status of women, and feminine versions of words for which there was once only a masculine form are increasingly acceptable. The following are examples of words that have been subject to change in recent times:

el abogado	la abogada	lawyer
el médico	la médica	doctor
el ingeniero	la ingeniera	engineer
el jefe	la jefa	boss
el ministro	la ministra	minister

A3 Male/female groups

A number of nouns are used in the masculine plural but can refer to both genders:

los españoles	the Spanish
los hermanos	brother(s) and sister(s)
los hijos	son(s) and daughter(s)

los niños	the children	
los reyes	the king and queen	

A4 Singular and plural forms

Most nouns in Spanish form their plurals by adding:
- *-s* if they end in a vowel or stressed *-é* or *-á*

la manzana	las manzanas	apple(s)
el estudiante	los estudiantes	student(s)
el té	los tés	tea(s)
el papá	los papás	father(s)
el sofá	los sofás	sofa(s)

- *-es* if they end in a consonant:

la flor	las flores	flower(s)
la red	las redes	net(s), networks(s)

- nouns ending in *-z* change the ending to *-ces* in the plural

la voz	las voces	voice(s)

- nouns ending in an accented vowel followed by a consonant lose the accent in the plural

el inglés	los ingleses	English person, people
la opinión	las opiniones	opinion(s)

Exceptions:

el país	los países	country, countries
la raíz	las raíces	root(s)

- nouns ending in stressed *-í* and *-ú* add *-es*

el marroquí	los marroquíes	Moroccan(s)
el tabú	los tabúes	taboo(s)

Exceptions:

el menú	los menús	menu(s)
el champú	los champús	shampoo(s)

- nouns ending in *-en* which are stressed on the penultimate syllable add an accent in the plural in order to keep the stress

el examen	los exámenes	examination(s)
la imagen	las imágenes	image(s)

Note

Proper names do not have a separate plural form:

los Gómez	the Gómez family

las ONG (*Organizaciones no gubernamentales*) NGOs

Nouns ending in an unstressed vowel and *-s* do not change in the plural. These words include those days of the week which end in *s*:

la crisis	las crisis	crisis, crises
el lunes	los lunes	Monday(s)

A5 Plurals of compound nouns

Compound nouns which are made up of a verb plus a plural noun have the same form in the singular and the plural:

el/los friegaplatos	dishwasher(s)
el/los limpiaparabrisas	windscreen wiper(s)
el/los portadiscos	record rack(s)

Where a compound noun is made up of two nouns only, the first one is made plural:

la hora punta	las horas punta	rush hour(s)
el hombre rana	los hombres rana	frogman, -men

A6 Affective suffixes

(Receptive use at AS, productive use at A-level)

The most common diminutive suffixes are: *-ito/a*, *-illo/a*, *-uelo/a*:

la casa	house	la cas**ita**	little house
el coche	car	el coche**cito**	small car
el pan	bread	el pane**cillo**	roll
la mujer	woman	la mujer**zuela**	prostitute

The most common augmentative suffixes are: *-ón/ona*, *-azo/a*, *-ote/a*:

la calle (f)	street	el callej**ón** (m)	alley
el éxito	success	el exit**azo**	big success
el golpe	blow	el golpe**tazo**	hard blow
la oferta (f)	offer	el ofert**ón** (m)	a big offer
el libro	book	el lib**rote**	great big book

Note that it is often necessary to insert a consonant before the suffix, and that *-c* before *-e* and *-i* becomes *-qu*:

el/la chico/a	boy/girl	el/la chi**quillo**/a	little boy/girl

Diminutive and augmentative suffixes are used widely in Spanish. While they often indicate size, they are also used 'affectively', that is, with emotional associations; in the case of diminutives they often convey the warmth that is felt towards a person:

la abuelita	grandma
'Algo pequeñito' [song title]	'Something tiny'
un momentito	just a moment

Augmentatives carry the idea of unpleasantness, clumsiness or heaviness:

el codo	elbow	el codazo	jab with an elbow
la palabra	word	la palabrota	swearword
rico	rich	ricachón	filthy rich

Nouns carrying a suffix frequently evolve in their meaning from the root word and become words in their own right:

la bolsa	bag	el bolsillo	pocket
la sombra	shade, shadow	la sombrilla	umbrella
la tela	fabric	el telón	theatre curtain
la ventana	window	la ventanilla	ticket or vehicle window

B Articles

B1 The definite article

B1.1 The definite article 'the'
The definite article 'the' is translated by four words:

	Singular	Plural
Masculine	el	los
Feminine	la	las

When *el* is preceded by the preposition *a* or *de*, a single word is formed, i.e. *a + el = al* and *de + el = del*:

Las ondas **del** mar.   The waves of the sea.

Vayamos **al** cine.   Let's go to the cinema.

B1.2 Uses
The definite article is used:
- before nouns used in a general sense, abstract nouns and nouns indicating a unique person or thing

No me gustan **las** tortillas.   I don't like omelettes.

La democracia es una forma de gobernar **la** sociedad.

Democracy is a way of governing society.

Los buenos van **al** cielo.   Good people go to heaven.
- with the names of languages, except when they follow *hablar*, *saber* and *aprender* directly

El inglés es una lengua mundial.   English is a world language.

María habla japonés y ahora está aprendiendo chino.

Maria speaks Japanese, and now she's learning Chinese.
- before titles except when you are addressing the person directly

Conocí **al** doctor López en Oviedo.   I met Dr Lopez in Oviedo.

Buenos días, señora Sánchez.   Good morning, Mrs Sanchez.
- to translate 'on' with days of the week

La galería cierra **los** domingos pero está abierta **los** lunes.

The gallery closes on Sundays but is open on Mondays.
- before the names of a few countries, cities and regions

La India, El Reino Unido, El Salvador, La Coruña, La Mancha, La Pampa

Note that the names of most countries, *España*, *Inglaterra* etc. are not preceded by the definite article unless the country is qualified by a phrase or an adjective:

España tiene un sector agrícola muy fuerte.

Spain has a very strong agricultural sector.

But

la España del siglo XX   twentieth-century Spain
- with parts of the body

Tiene **los** ojos azules.   She has blue eyes./Her eyes are blue.

Me duele **la** cabeza.   I've got a headache./My head aches.

The definite article is **not** used:
- with roman numbers after the names of monarchs and popes, when spoken

Felipe IV (cuarto) de España   Philip IV (the fourth) of Spain
- when in apposition (i.e. giving more information about a person or thing)

Rodríguez Zapatero, antiguo presidente de España,…

Rodríguez Zapatero, the former prime minister of Spain,…

B2 The indefinite article

B2.1 The indefinite article 'a/an'
The indefinite article meaning, in the singular 'a/an', and in the plural 'some', has masculine and feminine forms:

	Singular	Plural
Masculine	un	unos
Feminine	una	unas

B2.2 Uses
When the indefinite article is used in its plural form, *unos/unas*, it is often either not translated at all, or translated more satisfactorily by 'a few' or 'approximately':

unas vacaciones especiales   special holidays

Entregó unos 3.000 euros.   He handed over about 3,000 euros.

El pueblo está a unos kilómetros de distancia.

The village is a few kilometres away.

The indefinite article is **not** used:
- with professions or occupations after the verb *ser*, unless the noun is qualified

Mi padre fue ingeniero.   My father was an engineer.

But

Laura es una profesora excelente.   Laura is an excellent teacher.

- with *otro*, *tal*, *medio*, *qué* and *mil*

No tiene otro remedio.   There isn't another solution.

No habría hecho tal cosa.   He wouldn't have done such a thing.

media hora   half an hour

¡Qué chica tan rara!   What an odd girl!

mil euros   a thousand euros

B3 The article with feminine nouns beginning with a stressed *a*

The masculine definite article *el* and the indefinite article *un* are used before feminine nouns in the singular which begin with stressed *a* or *ha*. These nouns remain feminine in gender:

Singular	Plural
el ave (the bird)	las aves (the birds)
el águila (the eagle)	las águilas (the eagles)
el hacha (the axe)	las hachas (the axes)
un arma (a weapon)	unas armas (weapons)

*En nuestra región **el** agua es bland**a**.*   The water is soft in our region.

B4 The neuter article *lo*

The neuter article *lo* may be followed by an adjective in the masculine singular form in order to make an abstract noun. In English this idea may be translated by 'the (adjective) thing':

La imagen es lo fundamental.

Image is the fundamental thing.

Lo bueno es que no se opone a nuestro plan.

The good thing is that she isn't opposed to our plan.

Has dicho la verdad y eso es lo principal.

You've told the truth and that's the main thing.

Lo may also be followed by an adverb:

Termina el trabajo lo antes posible.   Finish the job as quickly as possible.

C Adjectives

Adjectives are words used to describe nouns.

C1 Formation of adjectives

Many adjectives in Spanish end in *-o* (masculine) or *-a* (feminine); the plural forms end in *-os* and *-as*:

Masc. sing.	Fem. sing.	Masc. pl.	Fem. pl.	
barato	barata	baratos	baratas	cheap

Most adjectives which do not end in *-o* or *-a* have the same form for masculine and feminine in the singular and plural:

Masc. sing.	Fem. sing.	Masc. pl.	Fem. pl.	
dulce	dulce	dulces	dulces	sweet
real	real	reales	reales	real, royal

- adjectives ending in *-z*, change *-z* to *-c* in the plural

Masc. sing.	Fem. sing.	Masc. pl.	Fem. pl.	
capaz	capaz	capaces	capaces	capable
feliz	feliz	felices	felices	happy

- adjectives ending in *-or* add *-a* and *-as* to make the feminine

Masc. sing.	Fem. sing.	Masc. pl.	Fem. pl.	
trabajador	trabajadora	trabajadores	trabajadoras	hard-working

> **Note**
>
> Comparative adjectives do not have a separate feminine form:
>
> *mayor* (masc/fem sing.)   *mayores* (masc/fem pl.) bigger

- adjectives ending in *-án*, *-ón*, *-ín* add *-a* and *-as* to make the feminine, and lose the accent on the last syllable of the feminine singular and plural forms

Masc. sing.	Fem. sing.	Masc. pl.	Fem. pl.	
bonachón	bonachona	bonachones	bonachonas	good-natured

- adjectives denoting region or country which end in *-és* add *-a* and *-as* to make the feminine, and lose the accent on the last syllable of the feminine singular and plural forms

Masc. sing.	Fem. sing.	Masc. pl.	Fem. pl.	
escocés	escocesa	escoceses	escocesas	Scottish

C2 Agreement

Adjectives agree in gender and number with the nouns they describe, and are usually placed after the noun:

una mano amiga	a helping hand
unos días hermosos	beautiful days
unas mujeres felices	happy women

C3 Adjectives that go before nouns

Adjectives are normally placed after nouns:

unas estrellas lejanas y centelleantes   distant, twinkling stars

But adjectives are sometimes placed before nouns to indicate a special emphasis on the adjective, such as an emotional reaction:

Al evocar aquel fugaz verano…   When remembering that fleeting summer…

The following adjectives are usually placed *before* the noun:
- cardinal and ordinal numbers, and *último* (last/latest)

mi segundo viaje a Sudamérica	my second journey to South America
los últimos días	the last few days

- a few other common adjectives, such as *ambos* (both), *llamado* (so-called), *otro* ((an)other), *mucho(s)* (much/many), *poco(s)* (little/few), *tanto(s)* (so much/many)

Vinieron ambos padres.	Both parents came.
Estos llamados expertos no saben nada.	Those so-called experts don't know anything.
mucho ruido y pocas nueces	much ado about nothing

C4 Apocopation

A number of common adjectives which are usually placed before the noun lose the final *-o* when the following noun is masculine singular; this is called **apocopation**:

algún/alguno/a	some, any	un(o)/una	a, one
mal(o)/mala	bad	primer(o)/primera	first
ningún/ninguno/a	no	tercer(o)/tercera	third
buen(o)/buena	good		

el primer hijo de la familia	the first son of the family
Volverá algún día.	He'll come back some day.
una mala experiencia	a bad experience

grande (great, big), loses the final *-de* before a singular noun:

un gran número	a great number
una gran familia	a big family

C5 Adjectives which change their meaning according to their position

	Before the noun	After the noun
antiguo	former	old
gran(de)	great, big	big
mismo	same	-self, very
nuevo	new (another, more)	brand-new
pobre	poor (unfortunate)	poor (not rich)
viejo	old (long-standing)	old (not young)

mi antigua novia   my former girlfriend

En ese pueblo el centro es muy antiguo.

In this town the centre is very old.

Siempre cuenta la misma historia.

He always tells the same story.

El Rey mismo le dio la medalla.

The King himself gave him the medal.

Nuevos avances en la ciencia.

New (i.e. more) scientific progress.

Compró un coche nuevo para ir de vacaciones.

He bought a new car to go on holiday

Somos viejos amigos.

We are old friends.

Una mujer vieja, pero todavía hermosa.

An old, but still beautiful, woman.

C6 Plural noun/singular adjectives

When a plural noun is qualified by two or more adjectives, each one referring to a single person or thing, both adjectives are singular:

las reinas española y británica   the Spanish and British queens

C7 *Otro*

Otro, meaning 'another' is **not** preceded by the indefinite article:

otro día   another day

Por favor, tráigame otra cerveza.	Bring me another beer, please.

> **Note**
>
> Adjectives frequently follow *otro(s)*. *Mucho* can appear either before or after *otro*:
>
> otros muchos/muchos otros números   many other numbers

C8 Adjectives denoting geographical origin

Adjectives formed from countries, regions, towns and cities and which denote geographical origin, known as *gentilicios*, have to be learned, since there are no general rules for their formation. Note that the adjective is always written in lower case.

The following adjectives refer to:
- Hispanic countries and regions

Argentina	*argentino/a*	*Galicia*	*gallego/a*
Andalucía	*andaluz/a*	*la Mancha*	*manchego/a*
Canarias	*canario/a*	*Nicaragua*	*nicaragüense*
Cataluña	*catalán/ana*	*el País Vasco*	*vasco/a*
Chile	*chileno/a*	*(el) Perú*	*peruano/a*
Costa Rica	*costarriqueño/a*	*Puerto Rico*	*puertorriqueño/a*
Ecuador	*ecuatoriano/a*	*Uruguay*	*uruguayo/a*

- towns and cities

Barcelona	*barcelonés/esa*	*Santiago de Compostela*	*compostelano/a*
Buenos Aires	*porteño/a*		
Madrid	*madrileño/a*	*Tenerife*	*tinerfeño/a*
		Valencia	*valenciano/a*

C9 Comparative and superlative adjectives

(See also Comparative and superlative adverbs, section E6)

C9.1 Comparative adjectives

Adjectives are often employed to compare one person or thing with another:
- *más* + adjective + *que* (more... than) and *menos* + adjective + *que* (less... than) are used for comparisons of superiority and inferiority respectively

*Javier es **más/menos** trabajador **que** Jaime.*

Javier is more/less hard-working than Jaime.
- *tan* + adjective + *como* (as ... as) is used when comparing people or things of equal or similar value

*En las Palmas la temperatura es **tan** alta en invierno **como** en verano.*

In Las Palmas the temperature is as high in winter as in summer.

Some very common adjectives have irregular comparative forms:

Adjective	Comparative form
bueno (good)	mejor (better)
malo (bad)	peor (worse)
mucho (much)	más (more)
poco (little)	menos (less)
grande (big)	mayor (bigger)
pequeño (small)	menor (smaller)

Ana ha sacado mejores notas que Nacho.

Ana has got better marks than Nacho.

Sí, pero las mías son aún peores que las de Nacho.

Yes, but mine are even worse than Nacho's.

más/menos de

When *más* or *menos* is followed by a number the preposition *de* is used:

*un cuestionario con **más de** 100 preguntas*

a questionnaire with more than 100 questions

When comparing quantities, if *más* or *menos* is followed by a clause containing a verb, *más/menos del que/ de la que/ de lo que*, etc. must be used. (Receptive use at AS, productive use at A-level)

*Tiene **menos** dinero **del que** pensábamos.*

He has less money than we thought.

*Se oye mucho **más de lo que** uno se cree.*

One hears much more than one thinks.

C9.2 Superlative adjectives

The superlative adjective conveys the idea of 'most' or 'least'. It is formed:
- by placing *más* or *menos* plus the adjective after the noun

*la torre **más** alta de España* — the highest tower in Spain

*el chico **menos** inteligente de la clase* — the least intelligent boy in the class

> **Notes**
>
> Unlike in French, the definite article is not repeated after the noun.
>
> After a superlative, 'in' is expressed by *de* in Spanish:

- by placing the definite article before *más* or *menos*, plus the adjective, when the noun follows the adjective:

Sevilla es la más vieja de las grandes ciudades de España.

Seville is the oldest of the great cities of Spain.
- by adding *-ísimo/a* to the adjective

When *-ísimo/a* is added, the final vowel is removed:

contento	happy	*contentísimo*	extremely happy
interesante	interesting	*interesantísimo*	very interesting

> **Note**
>
> With certain endings spelling changes occur. Adjectives ending in -*co/-ca* become -*quísimo/a*, -*go/-ga* become -*guísimo/a* and -*z* become -*císimo/a*:
>
> | | | | |
> |---|---|---|---|
> | *rico* | rich, tasty | *riquísimo* | very rich, tasty |
> | *largo* | long | *larguísimo* | very long |
> | *feliz* | happy | *felicísimo* | very happy |

C10 Use of adjectives as nouns

Adjectives can be nouns in their own right:

un anciano	an old person
un joven	a young person
un pequeño (or *peque* [coll.])	a kid
un pobre	a poor person
un enfermo	a sick person
un ciego	a blind person
un rojo	a 'red' (left-winger)
los Verdes	the Greens (political party)

> **Note**
>
> In the question and answer *¿Qué casa prefieres?* '*La blanca*', *blanca* remains an adjective, the noun being understood, i.e. *Prefiero la casa blanca*. (See also The neuter article *lo*, section B4.)

C11 Demonstrative adjectives

Demonstrative adjectives indicate where something or somebody is. They agree in number and gender with the noun they refer to:

Singular	Plural
este/esta (this)	estos/estas (these)
ese/esa (that)	esos/esas (those)
aquel/aquella (that)	aquellos/aquellas (those)

Este is normally the equivalent of 'this' in English.

Ese and *aquel* both mean 'that'.

But

Ese refers to something which is near to the listener.

Aquel refers to something which is distant from the speaker and the listener:

Este bolígrafo está roto; pásame ese lápiz.

This biro doesn't work; pass me that pencil (i.e. the one nearer the person being addressed).

Mira aquellas nubes. Va a llover dentro de poco.

Look at those clouds. It's going to rain soon.

C12 Indefinite adjectives

(See also Quantifiers/intensifiers, section E10)

Indefinite adjectives refer to people, places or things that are not specific. In this respect they are unlike numbers. The following adjectives are indefinite:

• *uno/una/unos/unas*	a/some
• *alguno (algún)/a/os/as*	some, any
• *cada*	each, every
• *cualquiera/cualesquiera*	any
• *demás*	other(s)
• *otro/a/os/as*	other
• *varios/as*	several
• *mucho/a/os/as*	much, many
• *ninguno (ningún)/a/os/as*	no, not any (See also Negation, section J)
• *poco/a/os/as*	small, few, little
• *bastante(s)*	enough
• *demasiado/a/os/as*	too much, too many
• *todo/a/os/as*	all, any, every

Algún día iré a Buenos Aires.

Some day I'll go to Buenos Aires.

Vamos a ver a la abuelita cada semana.

We go to see Granny every week.

Les quedan pocas entradas.

They've few tickets left.

Volveré otro día a buscar mi bici.

I'll come back another day to get my bike.

C13 Possessive adjectives

C13.1 Possessive adjectives

Possessive adjectives are used to indicate 'belonging' and relationships between people and things:

Singular	Plural
mi (my)	mis (my)
tu (your)	tus (your)
su (his, her, its, your (formal))	sus (his, her, its, your (formal))
nuestro/a (our)	nuestros/as (our)
vuestro/a (your (Spain*))	vuestros/as (your (Spain*))
su (their, your (formal))	sus (their, your (formal))

* In Latin-American Spanish *vuestros* is not used; *su(s)* is used for the second person plural form of the possessive. (See also Modes of address, section G20)

Possessive adjectives agree in number and gender with the person or thing possessed:

*A los alumnos no les gustaba **su** profesor.*

The pupils did not like their teacher.

*Los fines de semana voy con **mis** dos hermanas a ver a **nuestros** abuelos.*

At weekends I go with my two sisters to see our grandparents.

Tu(s), vuestro/a/os/as and su(s)

'Your' can be conveyed by *tu(s)*, *vuestro/a/os/as* (Spain) or *su(s)* depending on whether you are referring to the other person(s) using the familiar or the formal mode of address. Thus the question 'Have you got your ticket(s)?' could be any of the following:

Familiar: *¿Tienes tu entrada?* (to a single friend)

¿Tenéis vuestras entradas? (to two or more friends)

Formal: *¿Tiene su entrada?* (to a stranger)

¿Tienen sus entradas? (addressing two or more strangers)

Spanish often expresses possession by the use of the definite article rather than the possessive adjective. This happens when referring to personal possessions, e.g. clothes and parts of the body and is often accompanied by an indirect object pronoun. (See also Indirect object pronouns, section F2.2)

Tengo las manos heladas.	My hands are frozen.
Le dio la mano.	He gave him his hand.
Me duelen los dientes.	My teeth ache.

C13.2 Second, 'strong' form of the possessive adjective

There is a second, 'strong' form of the possessive adjective. This form translates 'of mine', 'of yours' etc.:

Singular	Plural
mío/a (mine)	míos/as (mine)
tuyo/a (yours)	tuyos/as (yours)
suyo/a (his, hers, its, yours (formal))	suyos/as (his, hers, its, yours (formal))
nuestro/a (ours)	nuestros/as (ours)
vuestro/a (yours (Spain))	vuestros/as ((yours (Spain))
suyo (theirs, yours (formal))	suyos (theirs, yours (formal))

| *un amigo nuestro* | a friend of ours |
| *¡ese maldito perro mío!* | that blessed dog of mine! |

> **Note**
>
> The strong form of the possessive adjective has the same form as the possessive pronoun. (See Possessive pronouns, section F8)

C14 Interrogative and exclamatory adjectives

(See also Interrogative adverbs, section E9, Interrogative pronouns, section F9 and Questions, section K)

Two words (*Qué* and *Cuánto*) used to introduce questions and exclamations can function as adjectives:

| ¿Qué? | What? | ¡Qué! | What (a)! |
| ¿Cuánto/a/os/as? | How much/many? | ¡Cuánto/a/os/as! | How much/many! |

¿Qué hora es? What time is it?

¿Cuántas películas de Almodóvar has visto?

How many Almodóvar films have you seen?

¡Qué pena! What a shame!

¡Cuántas veces me has dicho eso!

How many times have you told me that!

> **Note**
>
> An adjective which follows *qué* + noun is preceded by *tan* or *más*:
>
> *¡Qué muchacho más listo!* What a bright boy!
>
> *¡Qué fiesta tan aburrida!* What a boring party!
>
> (See also Questions, section K)

C15 Relative adjective, *cuyo*

(Receptive use at AS, productive use at A-level)

Relatives are words used to connect two clauses in a sentence. *Cuyo* (whose/of which) functions as an adjective, agreeing in number and gender with the noun that follows. (See also Relative pronouns, section F5)

Su abuela, cuyo marido había sido capitán de barco, murió a los 98 años.

Her grandmother, whose husband had been a ship's captain, died when she was 98.

Nos acercamos al edificio, cuya fachada no podía ser más sombría.

We went up to the building, whose facade/the facade of which could not have been gloomier.

D Numerals

The main types of number are cardinal, for counting, and ordinal, for ordering.

D1 Cardinal numbers

0	cero	17	diecisiete	101	ciento uno/una
1	uno/una	18	dieciocho	102	ciento dos
2	dos	19	diecinueve	120	ciento veinte
3	tres	20	veinte	200	doscientos/as
4	cuatro	21	veintiuno/una	300	trescientos/as
5	cinco	22	veintidós	400	cuatrocientos/as
6	seis	23	veintitrés		
7	siete	24	veinticuatro	500	quinientos/as
8	ocho	30	treinta	600	seiscientos/as
9	nueve	31	treinta y uno	700	setecientos/as
10	diez	40	cuarenta	800	ochocientos/as
11	once	50	cincuenta	900	novecientos/as
12	doce	60	sesenta	1000	mil
13	trece	70	setenta	1001	mil uno/una
14	catorce	80	ochenta	100,000	cien mil
15	quince	90	noventa	1,000,000	un millón
16	dieciséis	100	cien(to)	3,000,000	tres millones

Notes

- Be careful with the spelling of 5, 15, 50 and 500, 6 and 60, 7 and 70, 9 and 90.
- Numbers up to 30 are written as one word.
- *y* is placed between tens and units: 41 = *cuarenta y uno*, but not between hundreds or thousands and units or tens: 104 = *ciento cuatro*; 110 = *ciento diez*; 1006 = *mil seis*; 1152 = *mil ciento cincuenta y dos*.

D1.1 Uses

Agreement of numbers

Uno/una: *uno* and all numbers ending in *uno* become *un* before a masculine noun. *Una* does not change before a feminine noun:

una clase de veintiuna chicas	a class of twenty-one girls
una clase de treinta y un chicos	a class of thirty-one boys

Numbers from *doscientos* to *novecientos* agree in gender with a following noun:

quinientas libras esterlinas	five hundred pounds sterling
trescientos mil turistas	three hundred thousand tourists
doscientas mil personas	two hundred thousand people

Ciento, mil, un millón

Ciento has two forms. It is shortened to *cien* before a noun or an adjective but not before another number, with the exception of *mil*:

cien kilómetros	a hundred kilometres
las cien mayores empresas del mundo	the hundred biggest companies in the world
ciento veinte	a hundred and twenty
cien mil habitantes	a hundred thousand inhabitants

Cien and *mil* are not preceded by the indefinite article. Note that the plural noun *miles* meaning 'thousands' is followed by *de* plus a noun:

mil pesos	a thousand pesos
miles de argentinos	thousands of Argentinians

Un millón (plural *millones*) must be followed by *de*. In the singular it is preceded by the indefinite article:

5 millones de participantes	5 million participants
un millón de dólares	a million dollars

Numbers over 1,000

For figures of 1,000 or more, the English comma after the thousand is a full stop in Spanish: *300.000* (Spanish) = 300,000 (English).

D2 Ordinal numbers

1st	1.º/ª	primero/a
2nd	2.º/ª	segundo/a
3rd	3.º/ª	tercero/a
4th	4.º/ª	cuarto/a
5th	5.º/ª	quinto/a
6th	6.º/ª	sexto/a
7th	7.º/ª	séptimo/a
8th	8.º/ª	octavo/a
9th	9.º/ª	noveno/a
10th	10.º/ª	décimo/a
20th	20.º/ª	vigésimo/a
100th	100.º/ª	centésimo/a
1,000th	1.000.º/ª	milésimo/a

Ordinal numbers are adjectives and so they agree with the noun in number and gender.

Note that *primero* and *tercero* drop the final *o* before a masculine singular noun:

el primer paso   the first step

el tercer día   the third day

las primeras experiencias de la infancia

the first experiences of childhood

D2.1 Uses

Ordinal numbers are used up to ten; subsequently cardinal numbers normally replace them:

el siglo sexto   the sixth century

el siglo diecinueve   the nineteenth century

Ordinal numbers are used for kings and queens up to the tenth, when spoken, but they are written using a roman numeral:

Carlos I (Carlos primero)   Charles I

Isabel II (Isabel segunda)   Isabel/Elizabeth II

Alfonso XIII (Alfonso trece)   Alfonso XIII

D3 Expression of time, date, percentages and fractions

D3.1 Time

In travel timetables the 24-hour clock is used, but when speaking it is normal to use the 12-hour clock and refer to the part of the day:

El tren sale a las 22:45.   The train departs at 22.45.

Llegaron a las 10:45 de la noche.   They arrived at 10.45 p.m.

D3.2 Dates

Cardinal numbers are used for dates except for the first of the month, where the ordinal number is normally used:

el 9 de junio   9th June

el primero (or el (día) 1) de diciembre   1st December

> **Notes**
> - When writing the date, *de* must be inserted between the day and the month and the month and the year:
>
> *el 24 de diciembre de 2018*   24th December 2018
> - Decades are normally written as follows:
>
> *los años noventa*   the 1990s

D3.3 Percentages

'Per cent' is either *por cien* or *por ciento*, and is preceded by either *el* or *un*. Normally a singular verb is used with a percentage, but occasionally the plural is found:

El 32% (treinta y dos por ciento) de la basura es vertido cerca de los ríos.

32% of rubbish is dumped near rivers.

Un 40% (cuarenta por ciento) de la población se negó a votar.

40% of the population declined to vote.

In Spanish a comma is used for the decimal point: *44,5 por ciento* = 44.5 per cent.

D3.4 Fractions

'Half' is normally *la mitad*:

La mitad de la manzana está podrida.

Half of the apple is rotten.

The adjective *medio* is used for specific phrases and for expressing time:

medio millón   half a million

las tres y media   half past three

Fractions are expressed either by the use of the ordinal number by itself or by the addition of *parte* to the ordinal, preceded by the definite article:

tres cuartos de hora   three-quarters of an hour

la quinta parte de la población   a fifth of the population

E Adverbs

Adverbs and adverbial expressions are words or phrases used to modify a verb. An adverb can give more information about when, how, where or to what degree the action of the verb takes place. An adverb can also modify the meaning of another adverb or an adjective.

E1 Adverbs of time (When?)

This group includes many of the most common adverbs and adverbial expressions, such as *ahora, a menudo, antes, a veces, ayer, cada día, con frecuencia, después, de vez en cuando, entonces, hoy, luego, mañana, siempre, tarde, temprano, todavía, ya*:

Volvió tarde.   He came back late.

Hablaremos después.   We'll speak afterwards.

E2 Adverbs of manner (How?)

Many adverbs in this group are formed from the feminine of the adjective plus the suffix *-mente*, e.g. *súbita +mente = súbitamente* (suddenly):

Hablaba demasiado rápidamente.

He spoke too quickly.

Vivían felizmente en aquel pueblo antiguo.

They lived happily in that ancient town.

If two adverbs ending in *-mente* are joined by a conjunction, the first adverb loses the suffix:

Las nuevas medidas van a mejorar la situación del país social y económicamente.

The new measures are going to improve the situation of the country socially and economically.

The following common adverbs are adverbs of manner: *así, bien, de repente, despacio, mal*:

| *Volvió de repente.* | He came back suddenly. |
| *Lo has escrito bien/mal.* | You've written it well/badly. |

E3 Adverbs of place (Where?)

This group includes *abajo, adelante, allí, aquí, arriba, atrás, cerca, debajo, delante, dentro, detrás, encima, fuera, lejos*:

| *Volvió aquí, ¿no?* | He came back here, didn't he? |
| *La iglesia está cerca.* | The church is nearby. |

E4 Adverbs of degree (How much?)

This group includes: *bastante, casi, demasiado, más, menos, mucho, muy, tanto, (un) poco*:

Las manzanas son bastante baratas.

Apples are quite cheap.

Habla mucho y no hay manera de pararle.

He speaks a lot and there's no way of stopping him.

E5 Position of adverbs

In general adverbs are placed just after the verb that they modify:

Jorge está arriba, en su dormitorio.	Jorge is upstairs in his bedroom.
Salió mal.	It turned out badly.
Me acosté temprano.	I went to bed early.

E6 Comparative and superlative adverbs

E6.1 Comparative adverbs

Adverbs of comparison are made by placing *más* or *menos* before the adverb:

| *más eficazmente* | more effectively |
| *menos despacio* | less slowly |

Some very common adverbs have special comparative forms:

Adverb	Comparative
bien (well)	mejor (better)
mal (badly)	peor (worse)
mucho (a lot)	más (more)
poco (little)	menos (less)

Mi hermano conduce peor desde el accidente.

My brother drives worse since the accident.

No sé quién cocina mejor, mi madre o mi padre.

I don't know who cooks better, my mother or my father.

Cuanto más... más

The ideas of 'the more... the more' and 'the less... the less' are expressed by *cuanto más/menos... más/menos*:

Cuanto más pienso en el universo, más maravilloso parece.

The more I think about the universe, the more marvellous is seems.

Cuanto menos gastas en alimentos menos comes.

The less you spend on food, the less you eat.

Cada vez más/menos

The ideas of 'more and more' and 'less and less' are expressed by *cada vez más/menos*:

Paula está cada vez más triste estos días.

Paula is sadder and sadder these days.

Es cada vez menos probable que llegue a tiempo.

It's less and less likely that he'll get here on time.

E6.2 Superlative adverbs

The superlative of adverbs is formed by using *más* or *menos*. Note that there is no difference in form between the comparative and the superlative adverb:

Carlos es el que trabaja más duro.

Carlos is the one who works harder/hardest.

Eva era la que más insistió en que nos mudáramos de casa.

Eva was the one who insisted more/most that we moved house.

E7 Adverbs that look like adjectives

Some adverbs have the same form as masculine singular adjectives:

Por favor, ¡habla más alto!

Speak up (i.e. more loudly), please!

| *Lo pasamos fatal.* | We had a terrible time. |
| *Ana estudió duro.* | Ana studied hard. |

E8 Adjectives as equivalents of English adverbs

Adjectives can be the equivalent of adverbs or adverbial expressions. In this case the adjective agrees with the subject:

Salió contenta.   She went out happily.

La miró espantado.   He looked at her in terror.

E9 Interrogative adverbs

(*See also Interrogative adjectives, section C14, Interrogative pronouns, section F9 and Questions, section K*)

The following interrogatives function as adverbs:
- *¿cómo?* (how?/what?/why?)

¿Cómo sabías que venía yo?   How did you know I was coming?

¿Cómo fue la fiesta?   What was the party like?
- *¿cuándo?* (when?)

¿Cuando vas a volver? Te echo de menos.

When are you coming back? I miss you.
- *¿(a)dónde?/¿(de) dónde?* (where to/from)?

'¿Dónde vives?' 'En el barrio de Salamanca.'

'Where do you live?' 'In the Salamanca district.'

¿Adónde vamos esta noche? Where shall we go tonight?

'¿De dónde eres?' 'De Guadalajara, en México. ¿Y tú?

'Where are you from?' 'Guadalajara, in Mexico. And you?'
- *¿por qué?* (why?)

¿Por qué no nos acompañas al cine?

Why don't you come with us to the cinema?

E10 Quantifiers/intensifiers

(*See also Indefinite adjectives, section C12*)

Intensifiers are words which give an additional intensity to verbs, adjectives and other parts of speech. Quantifiers are intensifiers that refer to an imprecise number or quantity of something (whereas numbers refer to a precise quantity).

Common intensifiers and quantifiers are: *bastante, demasiado, más, menos, mucho, muy, poco* and *sí (que)*.

A large number of adverbs and adverbial expressions also act as intensifiers, such as: *la mayoría de, sumamente, increíblemente*; colloquially, the prefix *super* acts as an intensifier:

Hablamos francés bastante bien.

We speak French quite well.

Paula es una chica muy simpática.

Paula is a very nice girl.

Eso sí que es difícil.

That's really difficult.

No voy a quedarme aquí. Hace demasiado frío.

I'm not going to stay here. It's too cold.

Es un chico sumamente inteligente.

He's a highly intelligent boy.

Lo pasamos superbién.

We had a really good time.

F Pronouns

There are four groups of personal pronouns: subject pronouns, object (direct and indirect) pronouns, reflexive pronouns and pronouns used after prepositions (or 'stressed' pronouns).

F1 Subject pronouns

yo	I
tú	you (familiar, sing.)
usted	you (formal, sing.)
él	he/it
ella	she/it
nosotros/as	we
vosotros/as (Spain)	you (familiar, plural)
ustedes	you (formal, plural)
ellos (m), *ellas* (f)	they

It is not normal to use subject pronouns in Spanish other than for clarity, emphasis or contrast:

*Soy **yo**.*   It's me (e.g. on the telephone).

*Cuando comemos fuera, **ella** escoge siempre helado y **yo** fruta.*

When we eat out, she always chooses ice-cream and I have fruit.

In the second person, the two different forms of address used to express 'you', familiar and formal, require different subject pronouns:
- *tú* and *vosotros* (Spain) for the familiar, which uses the second-person form of the verb
- *usted* and *ustedes* for the formal, which uses the third-person form of the verb

familiar singular: *¿Vienes [tú] conmigo al concierto esta noche?*

familiar plural: *¿Venís [vosotros] conmigo al concierto esta noche?*

Are you coming with me to the concert tonight?

formal singular: *¿Sabe usted dónde está la Oficina de Turismo?*

formal plural: *¿Saben ustedes dónde está la Oficina de Turismo?*

Do you know where the Tourist Office is?

> **Note**
>
> In Spanish America *vosotros* is replaced by *ustedes* for the familiar second-person plural. Thus the second example above (*vosotros*), in a Spanish-American context, would be: *¿Vienen [ustedes] conmigo al concierto esta noche?* (See also Modes of address, section G20)

F2 Object pronouns

Object pronouns stand in the place of a noun as the object of the verb and they can be direct or indirect, depending on how they are affected by the action of the verb. The noun that is replaced can be a person, thing or idea. Spanish personal pronouns agree in gender and number with the nouns that they replace.

F2.1 Direct object pronouns

me	me
te	you (familiar, sing.)
le/lo	him/it; you (formal, sing. masc.)
la	her/it; you (formal, sing. fem.)
nos	us
os (Spain)	you (familiar, plural)
les/los	them (m); you (formal, plural, masc.)
las	them (f); you (formal, plural, fem.)

'*¿**Te** ayuda contar esa triste historia?*' '*No, no **me** ayuda nada contar**la**.*'

'Does it help you to tell that sad story?' 'No, telling it doesn't help me at all.'

F2.2 Indirect object pronouns

me	(to) me
te	(to) you (familiar, sing.)
le	(to) him/her; (to) you (formal, sing.)
nos	(to) us
os (Spain)	(to) you (familiar, plural)
le	(to) them (masc./fem.); (to) you (formal, plural)

*Su padre **le** enseñaba los nombres de las flores silvestres.*

Her father taught her the names of the wild flowers (lit. 'taught to her').

*Dedicaba dos horas al día a enseñar**les** el ruso.*

He devoted two hours a day to teaching them Russian (lit. 'to teach Russian to them').

F2.3 Position

Object pronouns are normally placed before a finite verb:

***La** vi ayer pero no **me** dio la noticia.*

I saw her yesterday but she didn't give me the news.

Object pronouns are normally added to the end of:
- the affirmative imperative

*Déja**me**. Estoy bien.*

Leave me alone. I'm all right.

*Da**le** los libros en seguida.*

Give him/her the books at once.
- an infinitive

*Solo quiero decir**te** una cosa…*

I only want to tell you one thing…

*Voy a llevar**los/les** al colegio.*

I'm going to take them to school.

Alternatively, in the above sentences the pronoun may be placed before the auxiliary verb:

*Solo **te** quiero decir una cosa…*

***Los/Les** voy a llevar al colegio.*
- a gerund

*Estamos esperándo**lo/le** desde las 5.*

We've been waiting for him since 5 o'clock.

Alternatively, in the above sentence the pronoun may be placed before the auxiliary verb:

***Le/Lo** estamos esperando desde las 5.*

F2.4 The order of object pronouns

Where a direct and an indirect object pronoun depend on the same verb, the indirect one is always placed first:

***Me los** entregó ayer.*

He handed them over to me yesterday.

(*Me* is the indirect object and *los* the direct object.)
- third-person direct object pronouns

Lo/los, *la/las* and *le/les* ('him', 'her', 'it', 'them') are also used for second-person formal address ('you').

Lo/Los and *le/les* are interchangeable in the masculine for people.

La/Las must be used for the feminine direct object.

*¿**Lo/Le** conoció en Vigo?*

Did she meet him/you in Vigo?

***Los/Les/Las** dejamos en el pueblo.*

We left them/you in the village.

***La** vi en la calle.*

I saw her/you in the street.

- indirect object pronoun replaced by *se*

Where a direct and indirect object depend on the same verb and are both in the third person, the indirect object pronoun becomes *se* in the singular and the plural. This is done in order to avoid two 'l' sounds coming together (e.g. **le lo, les lo** etc.):

¿**Se lo** preguntaste?

Did you ask her/him/them [it]?

No voy a dár**selas**.

I'm not going to give them to her/him/them/you.

F2.5 Duplication of the direct object

The direct object may be placed before the verb in order to give it special emphasis. In this case it is usually duplicated as a 'redundant' pronoun before the verb. The verb is best translated by the English passive. (See also *The passive voice*, section G17)

Esas novelas las escribió Isabel Allende.

Those novels were written by Isabel Allende.

…**un idioma** que solo **lo** hablan las tribus indígenas.

… a language that is spoken only by the native tribes.

(For use of the indirect object pronoun to express possession see *Possessive adjectives*, section C13.1)

F3 Reflexive pronouns

Reflexive pronouns are part of reflexive (or pronominal) verbs and refer back to the subject of the sentence (the equivalent of 'myself', 'yourself' etc. in English). (See *Reflexive verbs*, section G18)

The reflexive pronouns are the same as the object pronouns, with the exception of the third person, where the pronoun used is *se* (himself, herself, itself, yourself, yourselves, themselves), or *sí* after a preposition:

Se levanta todos los días a la misma hora.

He gets up at the same time every day.

Ella quiere todo el dinero para **sí** misma.

She wants all the money for herself.

The stressed pronoun *sí* combines with *con* to make *consigo* (with himself/herself/yourself/oneself (singular) and with themselves/yourselves (plural)):

A menudo habla **consigo** mismo.

He often talks to himself.

Like other object pronouns, the reflexive pronoun is added to the end of gerunds, infinitives and imperatives:

¿Por qué están riéndo**se** de mi hermano?

Why are they laughing at my brother?

No puedo despertar**me** antes de las 8.

I can't wake up before 8 o'clock.

¡Márcha**te** enseguida!

Go away at once!

F4 Pronouns used after prepositions

Stressed (or disjunctive) pronouns are those used after prepositions:

mí	me
ti	you (familiar, sing.)
usted	you (formal, sing.)
él	him
ella	her
sí	himself/herself/yourself (formal) /oneself
nosotros/as	us
vosotros/as (Spain)	you (familiar plural)
ustedes	you (formal, plural)
ellos/as	them
sí	themselves/yourselves (formal)

These pronouns are, with the exception of *mí*, *ti* and *sí* (reflexive), the same as the subject pronouns.

Mí, *ti* and *sí* combine with *con* to make *conmigo* (with me), *contigo* (with you) and *consigo* (with himself/herself/ yourself (and themselves/yourselves)):

A **mí** no me gusta que me mires así.

I don't like you looking at me like that.

Entré después de **ella**.

I went in after her.

Quedamos con **ellos** a las 9:00.

We arranged to meet them at 9.00.

¿Va tu amiga **contigo** a Valencia?

Is your friend going to Valencia with you?

After certain prepositions, notably *entre* and *según*, the normal subject pronoun is used rather than the stressed pronoun:

Entre **tú** y **yo**… Between you and me…

Según **tú**, el Real Madrid va a ganar, pero yo no estoy seguro.

According to you, Real Madrid is going to win, but I'm not sure.

F5 Relative pronouns

Relatives are words used to connect two clauses in a sentence. They correspond to English 'which', 'who', 'that', etc.

The relative pronouns are as follows:
- *que* — who, whom, which, that
- *el/la/los/las que* — whom, which, that
- *quien(es)* — who, whom
- *el/la cual; los/las cuales* — whom, which, that
- *lo que; lo cual* — what, which

cuyo/a/os/as (whose, of which) is a relative adjective (See *Relative adjective*, cuyo, section C15)

> **Note**
>
> The relative pronoun is regularly omitted in English but not in Spanish:
>
> *La fiesta **que** celebramos ayer terminó tarde.*
>
> The party (that) we held yesterday finished late.
>
> A preposition used with a relative pronoun cannot be separated from it, as happens in English:
>
> *Las montañas por encima de **las cuales** volamos son los Pirineos.*
>
> The mountains (that) we are flying over are the Pyrenees.

Que
Que is the most common of the relatives. It is used:
- as subject pronoun

*Ese señor **que** dejó su cartera en el mostrador…*

That man who left his wallet on the counter…
- as an object pronoun

*El avión **que** cogió ayer llegó con dos horas de retraso.*

The plane (that) he caught yesterday arrived two hours late.

*La chica **que** conociste en Roma va a casarse con Pablo.*

The girl you met in Rome is going to marry Pablo.

El que, la que, los que, las que
The forms of this pronoun are used most frequently after prepositions:

*La chica de **la que** se enamoró…*

The girl he fell in love with…

*El día en **el que** ocurrió el terremoto mis padres estaban en el extranjero.*

The day (on which) the earthquake happened my parents were abroad.

Quien(es)
Quien has a plural form *quienes*. It is used for human antecedents only, usually after prepositions:

*El chico a **quien** viste en el mercado es mi hermano.*

The boy [whom] you saw in the market is my brother.

*A **quien** corresponda…*

To whom it may concern…

*Las personas con **quienes** hablé ayer no sabían nada del atraco.*

The people I spoke to [with whom I spoke] yesterday knew nothing about the robbery.

El cual, la cual, los cuales, las cuales
The forms of this pronoun are used mostly after prepositions. It is more formal than *el que* etc.:

*La iglesia delante de **la cual** hay una plaza…*

The church in front of which there is a square…

Lo que, lo cual
Lo que/Lo cual, meaning 'what' or 'which' is a neuter relative pronoun which refers back to a whole idea rather than to a specific noun:

*Estamos defendiendo **lo que** nos dejaron nuestros antepasados.*

We are defending what our ancestors left us.

*Se negó a ayudarme, **lo cual** no me gustó nada.*

He refused to help me, which I didn't like at all.

Cuyo
(See *Relative adjective*, cuyo, section C15)

F6 Demonstrative pronouns
Demonstratives pronouns are the equivalent of 'this one' and 'that one'. They agree in gender and number with the noun they stand for:

Singular	Plural
este/esta (this (one))	estos/estas (these (ones))
ese/esa (that (one))	esos/esas (those (ones))
aquel/aquella (that (one))	aquellos/aquellas (those (ones))

Both *ese* and *aquel* mean 'that (one)'.

> **Note**
>
> The demonstrative pronouns have the same form as the demonstrative adjectives. In order to avoid ambiguity, the demonstrative pronoun and the demonstrative adjective are sometimes differentiated by placing an accent on the first *e* of the pronoun: *éste, ése, aquél*, etc.

Ese refers to something which is near to the listener; *aquel* refers to something which is distant from both the speaker and the listener:

'Por favor, quisiera probarme un vestido.'

'I'd like to try on a dress, please.'

'¿Te gusta este?'

'Do you like this one?'

'No, prefiero ese.'

'No, I prefer that one.'

'¿Por qué no te pruebas aquel al mismo tiempo?'

'Why don't you try that one (i.e. over there) at the same time?'

The neuter form of the demonstrative pronoun is as follows:

esto this   *eso* that   *aquello* that

This form is not a masculine form. It does not refer to a specific noun but to an idea.

Esto me gusta mucho.   I like this a lot.

When followed by the preposition *de*, the neuter demonstrative is translated by 'that matter/question/business of':

Esto de la crisis económica me preocupa.

This business of the economic recession has got me worried.

F7 Indefinite pronouns

(See also Indefinite adjectives, section C12)

Indefinite pronouns are words that refer to non-specific persons or things. In 'You can ask anyone you like; they are all helpful here', 'anyone' and 'all' are indefinite pronouns.

The main indefinite pronouns in Spanish are:
- *algo* — something
- *alguien* — someone
- *alguno(algún)/a/os/as* — some
- *cada uno* — each one
- *cualquiera* — anyone
- *mucho/a/os/as* — much, many, a lot
- *nada** — nothing
- *nadie** — no one
- *ninguno(ningún)/a** — none, nobody
- *otro/a/os/as* — (an)other (one)
- *poco/a/os/as* — few, little
- *un poco* — a little
- *todo, todos/as* — all, everyone
- *uno/a/os/as* — one
- *varios/as* — several

(*See also Negation, section J)

'¿Compraste algo en las rebajas?' 'No no compré nada.'

'Did you buy anything in the sales?' 'No, I didn't buy anything.'

Alguien llamó a la puerta.

Someone knocked at the door.

Conocer bien nuestra cultura es importante para cada uno de nosotros.

Knowing our culture well is important for each one of us.

Mi coche es viejo. Tengo que buscar otro.

My car is old. I must look for another (one).

Muchos dicen que la selección española ganará la Copa Mundial.

Many people say that the Spanish team will win the World Cup.

Se lo bebió todo.

He drank it all down.

Uno de los estudiantes suspendió el examen.

One of the students failed the exam.

F8 Possessive pronouns

Possessive pronouns are used to indicate 'belonging' and relationships between people and things. They agree in number and gender with the noun they stand for:

Singular	Plural
(el/la) mío/a (mine)	(los/las) míos/as (mine)
(el/la) tuyo/a (yours)	(los/las) tuyos/as (yours)
(el/la) suyo/a (his, hers, its, yours (formal))	(los/las) suyos/as (his, hers, its, yours (formal))
(el/la) nuestro/a (ours)	(los/las) nuestros/as (ours)
(el/la) vuestro/a (yours (Spain))	(los/las) vuestros/as (yours (Spain))
(el/la) suyo/a (theirs, yours (formal))	(los/las) suyos/as (theirs, yours (formal))

Possessive pronouns are normally preceded by the definite article, but this is usually omitted after the verb *ser*:

*Este vídeo es **tuyo/mío**.*

This video is yours/mine.

*Sus abuelos viven en Guadalajara; **los míos** viven en Alcalá de Henares.*

Her grandparents live in Guadalajara; mine live in Alcalá de Henares.

(El) suyo can mean 'his', 'hers', 'yours' or 'theirs'. In order to be explicit about who the possessor is, the possessive pronoun, *(el) suyo* etc. is frequently replaced by *de él/ella/usted* etc. or the name of the person. Thus the ambiguity in *Aquella carpeta es suya* ('That folder is his, hers, yours or theirs') is avoided by changing the construction:

Esa carpeta es de usted/de Miguel.

That folder is yours/Miguel's.

Ese perro es de ella.

That dog is hers.

F9 Interrogative pronouns

(See also Interrogative adjectives, section C14, Interrogative adverbs, section E9 and Questions, section K)

The following interrogatives are pronouns:
- ¿Qué? (What?)

¿Qué dijeron? What did they say?
- ¿Cuál(es)? (What? Which?)

¿Cuál? is the usual way of translating 'What..?' with the verb 'to be'

¿Cuál es tu opinión sobre la eutanasia?

What is your view on euthanasia?

¿Cuál? also means 'Which...?', in the sense of a choice between alternatives.

¿Cuál prefieres, la pizza de carne o la de pescado?

Which do you prefer, the meat or the fish pizza?
- ¿Quién(es)? (Who) and ¿(De) quién(es) (Whose?)

¿Quién sabe? Who knows?

G Verbs

The verb is the key part of a sentence. Verbal actions take place, typically, in present, past or future time, and are indicated by the **tense**.

Verbs also vary according to their **mood.** For direct, factual statements, the mood which is used is the **indicative**, e.g. **Hablamos** *español* (We speak Spanish). In order to express more nuanced language relating to, for example, wishes, future ideas or possibility, the **subjunctive** mood is used, e.g. *Quiero que* **hables** *español* (I want you to speak Spanish). For commands and requests, the **imperative** mood is used, e.g. *Por favor,* **habla** *más despacio.* (Speak more slowly, please.).

A set of inflected forms (i.e. forms of the verb in a number of tenses and moods, with different endings) is called a **conjugation.** In Spanish there are three conjugations:
- *First conjugation*: verbs whose infinitive ends in -ar.
- *Second conjugation*: verbs whose infinitive ends in -er.
- *Third conjugation*: verbs whose infinitive ends in -ir.

Verbs are either **regular**, when they follow a predictable pattern, or **irregular**, when they deviate from the pattern. A thorough knowledge of irregular verbs is essential at A-level. (Tables of irregular verbs may be found on pages 298–305.)

G1 Present tense

G1.1 Regular verbs

The present tense of regular verbs in the indicative is formed by adding the endings highlighted below to the stem of the verb:

	hablar	comer	vivir
	(to speak)	(to eat)	(to live)
yo	habl**o**	com**o**	viv**o**
tú	habl**as**	com**es**	viv**es**
él/ella/usted	habl**a**	com**e**	viv**e**
nosotros/as	habl**amos**	com**emos**	viv**imos**
vosotros/as	habl**áis**	com**éis**	viv**ís**
ellos/ellas/ustedes	habl**an**	com**en**	viv**en**

G1.2 Irregular verbs

(For radical-changing and orthographic-changing verbs see Spelling changes in verbs, section G19)

There are many irregular verbs which, in the present tense, are irregular only in the first person singular: e.g.:

estar (to be): esto**y**, estás, está, estamos, estáis, están

poner (to put): pon**go**, pones, pone, ponemos, ponéis, ponen

G1.3 Uses

The present tense is used:
- to state what is happening at the time of speaking

Estamos listos. We are ready.
- to describe a habitual action or state of affairs

Hace mucho frío en Soria en invierno.

In winter it's very cold in Soria.
- to refer to inherent characteristics

Mario es listo. Mario is clever.
- to make statements generally held to be true

El tabaco daña la salud.

Tobacco damages your health.
- to give information

Los supermercados abren a las 9:00.

The supermarkets open at 9.00.
- to express the future (See also Future tense, section G4)

Mis primos llegan a las 3:00 de la tarde.

My cousins are arriving at 3 p.m.

G2 Preterite tense

G2.1 Regular verbs

The preterite tense of regular verbs is formed by adding the endings highlighted below to the stem of the verb:

	-ar verbs	-er verbs	-ir verbs
yo	habl**é**	com**í**	viv**í**
tú	habl**aste**	com**iste**	viv**iste**
él/ella/usted	habl**ó**	com**ió**	viv**ió**
nosotros/as	habl**amos**	com**imos**	viv**imos**
vosotros/as	habl**asteis**	com**isteis**	viv**isteis**
ellos/ellas/ustedes	habl**aron**	com**ieron**	viv**ieron**

G2.2 Irregular verbs

Irregular preterite forms should be learned. Twelve of the most common irregular preterites are as follows:

	dar	estar	decir
	(to give)	(to be)	(to say)
yo	di	estuve	dije
tú	diste	estuviste	dijiste
él/ella/usted	dio	estuvo	dijo
nosotros/as	dimos	estuvimos	dijimos
vosotros/as	disteis	estuvisteis	dijisteis
ellos/ellas/ustedes	dieron	estuvieron	dijeron

	hacer	ir	poder
	(to do/make)	(to go)	(to be able)
yo	hice	fui	pude
tú	hiciste	fuiste	pudiste
él/ella/usted	hizo	fue	pudo
nosotros/as	hicimos	fuimos	pudimos
vosotros/as	hicisteis	fuisteis	pudisteis
ellos/ellas/ustedes	hicieron	fueron	pudieron

	poner	querer	saber
	(to put)	(to wish/want)	(to know)
yo	puse	quise	supe
tú	pusiste	quisiste	supiste
él/ella/usted	puso	quiso	supo
nosotros/as	pusimos	quisimos	supimos
vosotros/as	pusisteis	quisisteis	supisteis
ellos/ellas/ustedes	pusieron	quisieron	supieron

	ser	venir	ver
	(to be)	(to come)	(to see)
yo	fui	vine	vi
tú	fuiste	viniste	viste
él/ella/usted	fue	vino	vio
nosotros/as	fuimos	vinimos	vimos
vosotros/as	fuisteis	vinisteis	visteis
ellos/ellas/ustedes	fueron	vinieron	vieron

> **Notes**
> - *ir* and *ser* have the same form in the preterite.
> - The first- and third-person singular forms of these irregular verbs do not carry an accent.

G2.3 Uses

The preterite is used:
- to relate an action in the past which is completely finished

El año pasado fui de vacaciones a Cuba.

Last year I went to Cuba on holiday.
- to narrate a sequence of events which happened in the past

Llegué al cine a las 10 de la noche. Luego vino Olga con su prima. Antes de ver la película fuimos al bar de enfrente para tomar una copa.

I arrived at the cinema at 10 p.m. Then Olga came with her cousin. Before watching the film we went to have a drink in the bar opposite.
- for actions which happened over a long period of time in the past, provided that the period is clearly defined

Fidel Castro fue mandatario de Cuba entre 1959 y 2008.

Fidel Castro was the leader of Cuba from 1959 to 2008.

G3 Imperfect tense

G3.1 Regular verbs

For regular verbs the imperfect tense is formed as follows:

	-ar verbs	-er verbs	-ir verbs
yo	habl**aba**	com**ía**	viv**ía**
tú	habl**abas**	com**ías**	viv**ías**
él/ella/usted	habl**aba**	com**ía**	viv**ía**
nosotros/as	habl**ábamos**	com**íamos**	viv**íamos**
vosotros/as	habl**abais**	com**íais**	viv**íais**
ellos/ellas/ustedes	habl**aban**	com**ían**	viv**ían**

G3.2 Irregular verbs

Only three verbs have irregular forms:

	ir (to go)	ser (to be)	ver (to see)
yo	iba	era	veía
tú	ibas	eras	veías
él/ella/usted	iba	era	veía
nosotros/as	íbamos	éramos	veíamos
vosotros/as	ibais	erais	veíais
ellos/ellas/ustedes	iban	eran	veían

G3.3 Uses

The imperfect tense is used:
- for habitual or repeated actions in the past

Los fines de semana íbamos a la discoteca.

At weekends we used to go to the disco.

Salíamos sobre las tres de la mañana.

We usually left around 3 a.m.
- for setting the scene and descriptions in the past

Era un día muy lluvioso y desafortunadamente, llevaba mis nuevos zapatos.

It was a very rainy day and unfortunately I was wearing my new shoes.

Mi abuela era una persona muy despabilada.

My grandmother was a very alert person.

Su amigo llevaba una chaqueta azul y zapatos blancos.

Her friend wore a blue jacket and white shoes.
- for past actions which refer to a period which is not clearly specified

Estaban en el bar, charlando con el vecino de enfrente.

They were in the bar, talking to their neighbour who lived opposite.
- for polite requests, especially with *querer*

Por favor, quería una mesa para dos.

I'd like a table for two, please.
- in time expressions, when the pluperfect tense would be used in English

Esperaba la carta desde hacía una semana.

He'd been waiting for the letter for a week.

G3.4 Contrastive use of the preterite and imperfect tenses

In Spanish you often come across two past tenses, the preterite (*el pretérito indefinido*) and the imperfect (*el pretérito imperfecto*), used in the same context: in these cases the preterite is used to state that something happened in the past at a specific time, which is considered to be completed, while the imperfect tense describes what was going on when the thing happened, a habitual action or a description. You often have to choose which of these two tenses to use when referring to the past:

Estaba esperando a mi hermano cuando sonó el teléfono.

I was waiting for my brother when the telephone rang.

Entonces me di cuenta de que tenía los ojos muy azules.

Then I realised that his eyes were very blue.

El presidente dimitió mientras estábamos de vacaciones.

The president resigned while we were on holiday.

G4 Future tense

G4.1 Regular verbs

The future tense of regular verbs is formed by adding the endings highlighted below to the infinitive:

	-ar verbs	-er verbs	-ir verbs
yo	hablar**é**	comer**é**	vivir**é**
tú	hablar**ás**	comer**ás**	vivir**ás**
él/ella/usted	hablar**á**	comer**á**	vivir**á**
nosotros/as	hablar**emos**	comer**emos**	vivir**emos**
vosotros/as	hablar**éis**	comer**éis**	vivir**éis**
ellos/ellas/ustedes	hablar**án**	comer**án**	vivir**án**

G4.2 Irregular verbs

Twelve verbs have an irregular future stem; they have the same endings as the regular verbs:

caber (to fit)	cabré etc.	poder (to be able)	podré
decir (to say)	diré	poner (to put)	pondré
haber (to have/there is)	habré	querer (to wish/want)	querré
hacer (to do/make)	haré	saber (to know)	sabré
salir (to go out)	saldré	tener (to have)	tendré
valer (to be worth)	valdré	venir (to come)	vendré

Verbs that derive from the above verbs also have an irregular stem, for example:

deshacer (to undo)	desharé
intervenir (to intervene)	intervendré
maldecir (to curse)	maldiré
mantener (to maintain)	mantendré

G4.3 Uses

The future tense is used:
- to state probability, future plans and intentions

El concierto tendrá lugar el 5 de noviembre.

The concert will take place on 5th November.

En invierno iré a los Pirineos para esquiar.

I'll go skiing in the Pyrenees in the winter.

Seremos los responsables de hacer las fotografías y filmar los videos que se pondrán en línea.

We'll be responsible for taking the photos and for filming the videos that will be put online.
- to express a supposition

Serán las siete.

It must be/I guess it's around 7 o'clock.

G4.4 Future intention

Future intention is often expressed:
- by using *ir + a* followed by the infinitive, especially in speech

En verano vamos a ver a nuestros amigos en Lorca.

In the summer we'll go to see our friends in Lorca.

El jefe va a volver mañana.

The boss is coming back tomorrow.
- by using the present tense

En verano vamos a Venezuela.

We are going to Venezuela in the summer.

Nos vemos mañana.

We'll meet (see each other) tomorrow.

G5 Conditional tense

The conditional tense ('should', 'would' in English) is mainly used to describe events which would happen if certain conditions were met.

G5.1 Regular verbs

The conditional tense of regular verbs is formed by adding the endings highlighted below to the infinitive:

	-ar verbs	-er verbs	-ir verbs
yo	hablar*ía*	comer*ía*	vivir*ía*
tú	hablar*ías*	comer*ías*	vivir*ías*
él/ella/usted	hablar*ía*	comer*ía*	vivir*ía*
nosotros/as	hablar*íamos*	comer*íamos*	vivir*íamos*
vosotros/as	hablar*íais*	comer*íais*	vivir*íais*
ellos/ellas/ustedes	hablar*ían*	comer*ían*	vivir*ían*

G5.2 Irregular verbs

The same 12 verbs have an irregular stem as in the future tense (*see Future tense, section G4*). They have the same endings as the regular verbs, e.g.:

decir: *diría* etc.

hacer: *haría* etc.

poder: *podría* etc.

G5.3 Uses

The conditional tense is used:
- to describe events which could happen, often in 'if' clauses

Me encantaría volver a Madrid para ver a mi familia.

I would love to return to Madrid to see my family.

¿Qué deberíamos hacer para resolver el problema del cambio climático?

What should we do to solve the problem of climate change?

Sería un escándalo si se destrozaran pueblos para construir un nuevo aeropuerto.

It would be a scandal if towns were destroyed to build a new airport.
- when expressing oneself politely

¿A ti te gustaría acompañarnos al parque?

Would you like to go with us to the park?

¿Qué preferirías, ver la televisión o ir de paseo?

Which would you rather do, watch television or go for a walk?
- to express supposition in the past

Sería mediodía cuando vinieron.

It must have been mid-day when they came.

G6 Perfect tense

G6.1 Forming the perfect tense

The perfect tense is a compound tense which is formed from the auxiliary verb *haber* plus the past participle:

	-ar verbs	-er verbs	-ir verbs
yo	he hablado	he comido	he vivido
tú	has hablado	has comido	has vivido
él/ella/usted	ha hablado	ha comido	ha vivido
nosotros/as	hemos hablado	hemos comido	hemos vivido
vosotros/as	habéis hablado	habéis comido	habéis vivido
ellos/ellas/ustedes	han hablado	han comido	han vivido

> **Note**
> The following verbs have irregular past participles:

abrir (to open)	abierto (opened)
cubrir (to cover)	cubierto (covered)
decir (to say)	dicho (said)
escribir (to write)	escrito (written)
freír (to fry)	frito (fried)
hacer (to do/make)	hecho (done/made)
imprimir (to print)	impreso (printed)
morir (to die)	muerto (dead)
poner (to put)	puesto (put)
prender (to catch)	prendido/preso (caught)
resolver (to resolve)	resuelto resolved)
romper (to break)	roto (broken)
satisfacer (to satisfy)	satisfecho (satisfied)
ver (to see)	visto (seen)
volver (to return)	vuelto (returned)

When used as part of the perfect tense, the participle is invariable in number and gender:

*Los niños se han **marchado** ya porque estaban cansados.*

The children have already left, because they were tired.

*La abuela se ha **quedado** porque estaba muy a gusto.*

Grandma stayed, because she felt very comfortable.

G6.2 Uses

In general, the perfect tense in Spanish is used in a similar way to its counterpart in English. It describes an action that began in the past and is continuing now:

Juan no ha venido todavía.

Juan hasn't come yet (i.e. he is not here now).

He tenido una buena idea.

I've had a good idea.

The perfect tense is normally used for events that took place on the same day:

Esta mañana he ido al trabajo temprano.

This morning I went to work early.

¡Ha sido Alex!

It was Alex (who did it)! (e.g. child blaming brother for being naughty)

In much of Latin America the preterite tense is used instead of the perfect tense, especially in informal language.

G6.3 Comparing the perfect and the preterite

The use of the perfect is different from that of the preterite, which describes actions that have been completed in the past. Compare:

He visto esa película tres veces.

I've seen that film three times (calling attention to the fact that this is the situation now).

Vi esa película anoche.

I saw that film last night (the event is over and done with).

The perfect tense differs in its use from the perfect tense in French. The French perfect is used like the preterite in Spanish, for actions that were completed in the past. Students of both languages, influenced by French usage, often use the perfect tense wrongly for a completed past action: in general, *vi* should be used for 'I saw' and not *he visto*; *vine* should be used for 'I came', and not *he venido*.

G7 Future perfect tense

The future perfect tense is formed from the future tense of the auxiliary verb *haber* plus the past participle:

	-ar verbs	-er verbs	-ir verbs
yo	habré hablado	habré comido	habré vivido
tú	habrás hablado	habrás comido	habrás vivido
él/ella/usted	habrá hablado	habrá comido	habrá vivido
nosotros/as	habremos hablado	habremos comido	habremos vivido
vosotros/as	habréis hablado	habréis comido	habréis vivido
ellos/ellas/ustedes	habrán hablado	habrán comido	habrán vivido

The future perfect indicates a future action which will have happened:

*Cuando llegues al aeropuerto el avión ya **habrá despegado**.*

When you get to the airport the plane will have taken off already.

G8 Conditional perfect tense

The conditional perfect tense is formed from the conditional tense of *haber* plus the past participle:

	-ar verbs	-er verbs	-ir verbs
yo	habría hablado	habría comido	habría vivido
tú	habrías hablado	habrías comido	habrías vivido
él/ella/usted	habría hablado	habría comido	habría vivido
nosotros/as	habríamos hablado	habríamos comido	habríamos viv
vosotros/as	habríais hablado	habríais comido	habríais vivid
ellos/ellas/ustedes	habrían hablado	habrían comido	habrían vivido

The conditional perfect indicates a past action which would have happened:

*Si no me hubieras dado las entradas no **habría ido** al concierto.*

If you hadn't given me the tickets I wouldn't have gone to the concert.

G9 Pluperfect tense

The pluperfect tense is formed from the imperfect tense of *haber* plus the past participle:

	-ar verbs	-er verbs	-ir verbs
yo	había hablado	había comido	había vivido
tú	habías hablado	habías comido	habías vivido
él/ella/usted	había hablado	había comido	había vivido
nosotros/as	habíamos hablado	habíamos comido	habíamos vivido
vosotros/as	habíais hablado	habíais comido	habíais vivido
ellos/ellas/ustedes	habían hablado	habían comido	habían vivido

The pluperfect is used, as in English, for an action which occurred before another action in the past:

*Cuando llegamos al cine los otros ya **habían entrado**.*

When we got to the cinema the others had already gone in.

G10 The infinitive

G10.1 The infinitive and the perfect infinitive

The infinitive is the form of the verb that you find when you look up a verb in a dictionary. The infinitives of the conjugations of the verb end in either *-ar*, *-er* or *-ir*, e.g. *hablar*, *comer*, *vivir*.

The perfect infinitive is formed from the infinitive of *haber* plus the past participle: *haber hablado* (to have spoken), *haber comido* (to have eaten) etc.

G10.2 Uses

The infinitive can stand on its own, having the value of a noun. In this case it may be preceded by the masculine definite article:

El vivir en Cantabria es muy agradable.

Living in Cantabria is very pleasant.

The infinitive frequently follows:
- modal verbs, denoting obligation, permission and possibility, e.g. *tener que*, *hay que*, *deber*, *poder* (See also Constructions with verbs, section G21)

Tienes que mandarle un mensaje.

You have to send her a message.

¿Puedo ayudarle?

Can I help you?
- *acabar de*, meaning 'to have just'

Acaba de llegar.

She has just arrived.
- *volver a*, meaning 'to do something again'

He vuelto a copiar el vídeo.

I've copied the video again.
- verbs of perception, e.g. *ver*, *oír* and *mirar*

La vi entrar en la discoteca.

I saw her go(ing) into the disco.

Les oyó cantar en la calle.

She heard them singing in the street.

The infinitive is sometimes used for the imperative, e.g. in notices:

No pisar el césped.

Don't walk on the grass.

No fumar.

No smoking.

Al followed by the infinitive means 'when...', referring to an action that happens at the same time as that of the main verb:

Al entrar en la habitación saludó a su hermano.

When he went into the room he greeted his brother.

G11 The gerund

G11.1 Formation

The gerund is formed by adding *-ando* to the stem of *-ar* verbs and *-iendo* (or in some cases *-yendo*) to the stem of *-er* and *-ir* verbs. The gerund is invariable in form:

hablar   hablando; *comer   comiendo*; *vivir   viviendo*

G11.2 Uses

The gerund is used for actions that occur at the same time as the main verb. The gerund normally acts as an adverb, giving more information about the action of the verb.

*Estaba sentada en la plaza, **mirando** los pájaros.*

She was sitting in the square, looking at the birds.

*Nos fuimos **andando**.*

We walked away (lit. We went away walking).

The gerund often indicates the way in which an action is performed (by + *-ing* in English):

*Se ganaba la vida **vendiendo** ordenadores a países del tercer mundo.*

He earned his living by selling computers to third-world countries.

The gerund, preceded by the verb *estar*, is used to make the continuous form of the verb (see *Continuous forms of the verb*, section G13) This form indicates that an action is in progress:

Me estoy preguntando por qué no fuiste con él a la fiesta.

I'm wondering why you didn't go to the fiesta with him.

No sabía que Alberto estaba hablando con ella.

He didn't know that Alberto was talking to her.

A number of common verbs, especially *ir*, *venir*, *continuar*, *seguir* and *andar* are followed by the gerund to emphasise the duration of an action:
- *seguir* and *continuar* must be followed by the gerund in the sense of 'to continue to do':

Las condiciones de vida siguen siendo difíciles para los inmigrantes.

Living conditions continue to be difficult for immigrants.

Todos mis amigos continuaban viviendo en la ciudad donde nací.

All my friends were still living in the town where I was born.

Siguieron comiendo hasta medianoche.

They continued to eat/eating until midnight.
- *ir* and *venir* with the gerund stress the gradualness of the verbal action (*Receptive use at AS, productive use at A-level*)

El número de inmigrantes va aumentando cada año.

The number of immigrants is growing yearly.

Poco a poco me fui tranquilizando.

I was gradually getting calmer.

Que no nos vengan imponiendo sus costumbres.

They mustn't come over here forcing their customs on us [literally: Let them not come…].
- *llevar* with the gerund emphasises the continuity of the verbal action up to now

Mis abuelos llevan 55 años viviendo en el mismo barrio.

My grandparents have lived in the same district for 55 years.

It is very important not to confuse the Spanish gerund with the English present participle, ending in *-ing*. The gerund is **never** used after prepositions in Spanish; the *-ing* form is used after prepositions in English. The following examples show this difference:

Antes de subir al coche se despidió de su familia.

Before getting into the car he said goodbye to his family.

Sin saber qué hacía…

Without knowing what he was doing…

The *-ing* form in English is often adjectival and cannot be translated by a gerund in Spanish:

a hard-working boy   *un chico trabajador*

running water   *agua corriente*

G12 The past participle

G12.1 Forming the past participle

The past participle is formed by substituting:
- the ending of *-ar* infinitives by *-ado*: *hablar → hablado*
- the ending of *-er* and *-ir* infinitives by *-ido*: *comer → comido*; *vivir → vivido*

(*For a full list of irregular past participles, e.g. ver → visto, see Perfect tense, section G6.*)

G12.2 Uses

The past participle is used:
- after the verb *haber* as part of compound tenses, e.g. the perfect tense, the pluperfect tense. In this case the past participle is invariable

Todavía no hemos visto El Escorial.

We haven't yet seen the Escorial.
- as an adjective, where it agrees with the noun

*unos pantalones **rotos***   a torn pair of trousers

after the verbs *ser* and *estar*. In these cases the past participle agrees in number and gender with the noun, or the subject of the verb. (See also *The passive voice*, section G17)

*Ayer en Madrid 10 personas fueron **arrestadas** por un fraude.*

Ten people were arrested in Madrid yesterday for fraud.

*Esa chica está mal **educada**.*

That girl is badly behaved.
- preceded by *lo*, meaning 'the thing which' or 'what'

Lo divertido es jugar con los videojuegos.

Playing with video games is the enjoyable thing.

G13 Continuous forms of the verb

Continuous tenses are formed from the verb *estar* followed by the gerund:

estoy etc. *hablando*; *estoy* etc. *comiendo*; *estoy* etc. *escribiendo*

The continuous forms of the verb are used to indicate actions that are in progress at the time of speaking. They may be used with all tenses but are most commonly found in the present and imperfect:

En este momento está hablando con su vecino.

At the moment he's talking to his neighbour.

Las muchachas estaban jugando en la calle.

The girls were playing in the street.

ir, venir, seguir, continuar, andar and *llevar* may also be followed by the gerund to indicate the idea of duration. (See also The gerund, section G11)

G14 The subjunctive

The subjunctive mood, which expresses uncertainty and unreality (see beginning of verb section for 'mood'), is used in four tenses: present, perfect, imperfect and pluperfect.

G14.1 Present subjunctive

The present tense of regular verbs in the subjunctive is formed by adding the endings highlighted below to the stem of the verb:

	-ar verbs	-er verbs	-ir verbs
yo	habl**e**	com**a**	viv**a**
tú	habl**es**	com**as**	viv**as**
él/ella/usted	habl**e**	com**a**	viv**a**
nosotros/as	habl**emos**	com**amos**	viv**amos**
vosotros/as	habl**éis**	com**áis**	viv**áis**
ellos/ellas/ustedes	habl**en**	com**an**	viv**an**

> **Note**
>
> For most irregular verbs, the present subjunctive is formed by removing **o** from the end of the first person singular of the present indicative and adding the endings for regular verbs. For example:
> - *hacer*: *haga, hagas, haga, hagamos, hagáis, hagan*
> - *poner*: *ponga, pongas, ponga* etc.
>
> The following verbs are exceptions to the above rule *dar* (*dé, des* etc.), *estar* (*esté, estés* etc.), *haber* (*haya, hayas* etc.), *ir* (*vaya, vayas* etc.), *saber* (*sepa, sepas* etc.) and *ser* (*sea, seas* etc.).
>
> A number of otherwise regular verbs change their spelling in the present subjunctive, e.g.:
> - *llegar*: *llegue, llegues* etc.
> - *coger*: *coja, cojas* etc.
> - *pedir*: *pida, pidas, pida* etc.
>
> (See also Spelling changes in verbs, section G19)

G14.2 Perfect subjunctive

The perfect subjunctive is formed from the present subjunctive of *haber* plus the past participle:

	-ar verbs	-er verbs	-ir verbs
yo	haya hablado	haya comido	haya vivido
tú	hayas hablado	hayas comido	hayas vivido
él/ella/usted	haya hablado	haya comido	haya vivido
nosotros/as	hayamos hablado	hayamos comido	hayamos vivido
vosotros/as	hayáis hablado	hayáis comido	hayáis vivido
ellos/ellas/ustedes	hayan hablado	hayan comido	hayan vivido

G14.3 Imperfect subjunctive

The imperfect subjunctive is formed by adding the endings below after removing the ending of the third person plural of the preterite tense:

	-ar verbs	-er verbs	-ir verbs
yo	habl**ara/ase**	com**iera/ese**	viv**iera/ese**
tú	habl**aras/ases**	com**ieras/eses**	viv**ieras/eses**
él/ella/usted	habl**ara/ase**	com**iera/ese**	viv**iera/ese**
nosotros/as	habl**áramos/ásemos**	com**iéramos/ésemos**	viv**iéramos/ésemos**
vosotros/as	habl**arais/aseis**	com**ierais/eseis**	viv**ierais/eseis**
ellos/ellas/ustedes	habl**aran/asen**	com**ieran/esen**	viv**ieran/esen**

> **Note**
>
> There are alternative endings for the imperfect subjunctive, *-ara/-ase* and *-era/-ese* etc., which are interchangeable.
>
> Irregular verbs also follow the above rule:
> - *tener*: *tuviera/ese, tuvieras/eses, tuviera/ese, tuviéramos/ésemos, tuvierais/eseis, tuvieran/esen*.
> - *hacer*: *hiciera/ese* etc.
> - *poner*: *pusiera/ese* etc.

The verbs *ser, decir, traer*, and verbs ending in *-ucir* (*traducir, producir* etc.) add *-era/ese* etc. to, the stem of the preterite tense for these verbs: *fuera/ese, dijera/ese, tradujera/ese* etc.

The imperfect subjunctive is frequently used for two types of conditions: those that are **unlikely to be fulfilled** and those that are **contrary to fact**. (See Conditional sentences, section G16)

G14.4 Pluperfect subjunctive

The pluperfect subjunctive is formed from the imperfect subjunctive of *haber* plus the past participle:

	-ar verbs	-er verbs	-ir verbs
yo	hubiera hablado	hubiera comido	hubiera vivido
tú	hubieras hablado	hubieras comido	hubieras vivido
él/ella/usted	hubiera hablado	hubiera comido	hubiera vivido
nosotros/as	hubiéramos hablado	hubiéramos comido	hubiéramos vivido
vosotros/as	hubierais hablado	hubierais comido	hubierais vivido
ellos/ellas/ustedes	hubieran hablado	hubieran comido	hubieran vivido

As well as *hubiera* etc. the form *hubiese* etc. can be used to form this tense.

Note that the pluperfect subjunctive is frequently used in conditional sentences that are contrary to fact. (See *Conditional sentences, section G16*)

G14.5 Uses of the subjunctive

The subjunctive is used in three main ways: in subordinate clauses, in main clauses and in conditional sentences. (*See Conditional sentences, section G16*)

The subjunctive in subordinate clauses

These clauses frequently begin with *que* and communicate meanings that are often subtly differentiated from those of the indicative mood.

The subjunctive must be used after verbs and expressions indicating:
- possibility, probability and doubt: *es posible/probable que*, *puede que*, *dudar que* etc.

(*Receptive use at AS, productive use at A-level*)

Puede (ser) que no lleguen hasta la noche.

Maybe they won't get here until tonight.

Es probable que algunos alumnos reaccionen mal a ciertos profesores.

It's likely that some pupils react badly to certain teachers.
- 'emotion': *querer que* (to wish, want that), *esperar que* (to hope that), *[me] gusta que* (to like), *alegrarse de que* (to be pleased that), *temer que* (to fear that) etc. (*Receptive use at AS, productive use at A-level*)

Espero que te recuperes pronto.

I hope that you get better soon.

Paco quiere que sus padres lo dejen ir a la festividad.

Paco wants his parents to let him go to the festival.
- influence, commanding: *hacer que* (to make someone do something), *obligar que* (to make, force), *conseguir que* (to succeed in doing), *evitar que* (to avoid), *impedir que* (to prevent), *decir que* (to tell someone to do something) and *insistir que* (to insist) etc. (*Receptive use at AS, productive use at A-level*)

Consiguió que le dejaran entrar.

He got them to let him in.

Los agentes protegían la fuente para evitar que alguien se subiese a ella.

The police protected the fountain to prevent anyone climbing up it.
- judgement: *es importante que* (it is important that), *sería mejor que* (it would be better to) etc.

Sería mejor que vinieras conmigo.

It would be better for you to come with me.

No me parece correcto que los jóvenes se emborrachen los fines de semana.

It doesn't seem right to me that young people get drunk at the weekend.
- necessity: *es necesario que* (it is necessary to), *hace falta que* (it is necessary to) etc.

Hace falta que devuelvan los DVDs en seguida.

They have to return the DVDs straight away.

No es necesario que nadie sepa lo que pasó.

It's not necessary for anyone to know what happened.
- permission and prohibition: *dejar que* (to let), *permitir* (to allow), *prohibir* (to forbid) etc.

Le prohibieron que saliera después de las 10 de la noche.

They forbade him to go out after 10.00 p.m.
- concession: *sin que* (without), *aunque* (although) (*Productive use at AS*); *a menos que* (unless), *a no ser que* (unless), *a pesar de que* (despite) etc. (*Receptive use at AS, productive use at A-level*)

No podremos abrir la puerta a menos que encontremos la llave.

We won't be able to open the door unless we find the key.

Entró en la casa por la ventana sin que nadie lo supiera.

He got into the house through the window without anyone knowing.
- condition: *con tal que* (provided that), *a condición de que* (on condition that) etc.

Puedes coger el diccionario con tal que me lo devuelvas mañana.

You can take the dictionary provided you give it back to me tomorrow.
- requesting: *pedir* (to ask for, to beg), *rogar* (to beg, plead) etc.

Le pedí que me diera la dirección de su amiga.

I asked her to give me her friend's address.

The subjunctive must also be used in the following circumstances:

- after verbs of thinking such as *creer* (to think, believe), *pensar* (to think), *considerar* (to consider), *parecer* (to seem) when used in the negative. (Receptive use at AS, productive use at A-level.)

No pienso que la función del móvil cambie mucho en el futuro.

I don't think that that the role of mobiles will change much in future.

No cree que merezca la pena gastar energía en los alumnos problemáticos.

He doesn't think it is worth wasting energy on problem pupils.

- *el (hecho) de que* (the fact that) is normally followed by the subjunctive in statements of emotion or judgement

Me molesta mucho el que me interrumpan cuando estoy trabajando.

It really annoys me to be interrupted when I'm working (literally: the fact that people interrupt me).

- after *no es que, no (es) porque*

Le di dinero, pero no porque me lo pidiera.

I gave him money, but not because he asked for it.

No es que fuera mala; se separó porque no la quería.

It's not that she was a bad person; he separated because he didn't love her.

- after conjunctions of time, e.g. *cuando* (when), *en cuanto* (as soon as), *mientras* (while), *hasta que* (until), *antes de que* (before), used with a future meaning

No podré descansar hasta que sepa adónde se ha ido.

I won't be able to rest until I know where she has gone.

Al empezar la clase tengo que hacer de portera, hasta que estén todos.

At the beginning of the class I have to be a doorkeeper until they are all in.

- after conjunctions of purpose, e.g. *para que* (so/in order that), *a fin de que* (so/in order that), *de modo/manera que* (so/in such a way that)

Te escribo a fin de que/para que te des cuenta de mi dilema.

I am writing to you so that you are aware of my dilemma.

Debemos hacer una revisión de la caldera para que funcione bien.

We must service the boiler so that it works properly.

- after *como si*:

Me miró como si estuviera loco.

He looked at me as if I were mad.

- after an "indefinite antecedent"

The subjunctive is used in subordinate clauses when the identity of the "antecedent", i.e. a person or thing mentioned previously, is unknown. When the identity of the "antecedent" is known, the indicative is used. (Receptive use at AS, productive use at A-level)

Buscamos un colegio que tenga buenas instalaciones deportivas.

We're looking for a school that has good sports facilities.

No conozco a nadie que vaya a la fiesta.

I don't know anyone who is going to the party.

Llévanos a un sitio donde estemos a gusto.

Take us to a place where we can be comfortable. [We do not know the precise place we'll end up in.]

But

Los seis individuos que resultaron detenidos en la manifestación…

The six individuals who were arrested in the demonstration… [The indicative is used here because the identity of the individuals is known.]

This construction is often found in set expressions like *pase lo que pase* (whatever happens).

- in the expressions of concession, *por muy + adjective que, por mucho + noun que* (however (much)) (A-level only):

Por muy listo que sea Fernando, no va a encontrar la solución.

However clever Fernando may be, he won't find the solution.

Por mucho frío que haga, voy a salir esta noche.

However cold it is, I'm going out tonight.

Some expressions which are used to make *value judgements* may be followed by either the infinitive or the subjunctive. These expressions are usually impersonal:

a mí me parece bien/mal	it seems good/bad to me
es importante	it is important
es imprescindible	it is essential
es necesario	it is necessary
es normal	it is normal
hace falta	it is necessary
más vale	it is better
sería mejor	it would be better
vale la pena	it is worthwhile

Es imprescindible saber quién controla los medios de comunicación.

It's essential to know who controls the media.

No me parece bien que revistas como Hola tengan tanta influencia.

It doesn't seem right to me that magazines like *Hola* have so much influence.

Es importante no olvidarte/que no te olvides de la cita mañana.

It's important that you don't forget the appointment tomorrow.

The subjunctive in main clauses

The subjunctive is found in main clauses after words and expressions which denote uncertainty or strong wishes:
- *que...* used for a command or strong wish

¡Que lo pases bien! Have a good time!
- words meaning 'perhaps', e.g. *quizá(s)*, *tal vez*

Quizás eche de menos a sus padres.

Perhaps he's missing his parents.

Tal vez vuelva mañana.

Perhaps he'll come back tomorrow.
- *ojalá* (if only, I wish) used to express a strong wish or hope

¡Ojalá hubiera aprobado el examen!

I wish I'd passed the exam!

Dicen que mi hermana Laura ha dejado las drogas de diseño. ¡Ojalá fuera cierto!

They say that my sister Laura has given up designer drugs. I wish it was true!

Se ha enamorado otra vez… ¡Ojalá le dure!

He's fallen in love again… I hope it lasts!

G15 The imperative

The imperative mood is used for giving commands and making requests. These can be either affirmative: *¡Mira!* (Look!) or negative: *¡No mires!* (Don't look!). In Spanish you have to choose between familiar and formal modes of address, (*tú/vosotros* and *usted/ustedes*).

Although the use of the informal imperative, *tú* and *vosotros*, is becoming increasingly common in semi-formal situations in Spain, in certain contexts the formal *usted/ustedes* imperative should be used: when addressing people in authority, those who are older than yourself or those who you do not know (as when writing a job application or being interviewed). It is also used in shops when addressing staff, shop owners, and in restaurants.

G15.1 *Tú* commands

To form the affirmative familiar imperative in the singular remove the last letter from the second person singular of the present indicative:

¡Cállate!   Be quiet!

¡Come las verduras sin quejarte!

Eat your greens without complaining!

Si no te quedas dormida en 15 minutos, levántate y haz algo.

If you aren't asleep in 15 minutes, get up and do something.

Sube rápidamente. Go up quickly.

Note that nine verbs have irregular *tú* forms in the imperative, as follows:
- decir   to say   di
- hacer   to do, make   haz
- ir   to go   ve
- oír   to hear   oye
- poner   to put   pon
- salir   to go out   sal
- ser   to be   sé
- tener   to have   ten
- venir   to come   ven

To form the negative *tú* imperative, *no* is placed before the second person singular of the present subjunctive:

¡No hables tan bajo!   Don't speak so quietly!

¡No me digas!   Don't tell me!/You don't say!

No rompas la rutina ni en los fines de semana ni en vacaciones.

Don't change your routine at weekends or when on holiday.

G15.2 *Vosotros* commands (Spain)

To form the affirmative familiar imperative in the plural replace the final *-r* of the infinitive with *-d*:

¡Comed!   Eat (up)!

Chicos, ¡venid mañana a las 8!   Come tomorrow at 8, boys!

To form the negative *vosotros* imperative, *no* is placed before the second person plural of the present subjunctive:

No habléis con ella.   Don't speak to her.

No os levantéis temprano.   Don't get up early.

G15.3 *Usted(es)* commands

To form *usted(es)* commands, affirmative and negative, singular and plural, use the third person form of the present subjunctive:

Póngame tres kilos de naranjas.

I'd like three kilos of oranges.

Tomen la primera a la derecha para el restaurante Andaluz.

Take the first on the right for the Andaluz restaurant.

No se preocupe.   Don't worry.

No le(s) importe que digan que no.

Don't let it bother you if they say no.

G15.4 The position of object pronouns

Object pronouns are added to the end of affirmative commands:

¡Cómetelo!   Eat it (up)!

Dígame lo que quiera.   Tell me what you want.

In negative commands pronouns precede the verb:

¡No me hables así!   Don't speak to me like that!

¡No os acostéis!   Don't go to bed!

G15.5 First person plural commands

First person plural commands ('Let's go' etc.) are formed from the first person plural (*nosotros*) of the present subjunctive, for both the affirmative and the negative:

Salgamos ahora mismo.   Let's go out straight away.

The final *-s* of the *nosotros* form is omitted in reflexive verbs:

Vámonos.   Let's go.

Acostémonos.   Let's go to bed.

G15.6 The use of *que* to express commands

Que plus the subjunctive form may be used with any person of the verb to express a wish or command:

¡Que aproveche!   Enjoy your meal!

¡Que tengas un buen día!   Have a good day

G15.7 The second person plural in Latin American Spanish

In Latin-American Spanish the familiar plural imperative (*hablad*, *comed*, etc.) is replaced by the *ustedes* form (which is also used for the formal imperative). (*See Modes of address, section G20*)

G16 Conditional sentences

There are three main types of conditional sentences:
- open conditions, for statements which might or might not happen

For this type, the *si* clause is in the present indicative. For the main clause either the present indicative, the future indicative or the imperative, is used:

Si vamos a Segovia, volveremos tarde.

If we go to Segovia we'll get back late.

Si no quieres comer la tortilla, déjala.

If you don't want to eat the omelette, leave it.
- unlikely or impossible conditions, which express a wish rather than a real possibility

The same structure is used for these conditions: the imperfect subjunctive in the *si* clause and the conditional in the main clause:

Si limpiáramos mejor las playas, atraeríamos a más turistas.

If we cleaned the beaches better, we'd attract more tourists.

Si fueras ecologista, te interesarías más en los temas globales.

If you were an ecologist, you'd be more interested in global issues.
- conditions regarding an unfulfilled wish, which are contrary to fact

For this type of sentence, the pluperfect subjunctive is in the *si* clause and the conditional perfect in the main clause:

Si hubiera conseguido el empleo habría organizado una fiesta.

If I'd got the job I'd have thrown a party.

> **Note**
>
> *Si* with a past tense in the indicative, followed by a present or future tense in the main clause, is used in order to indicate doubt:
>
> *Si han llegado, podremos comenzar la reunión.*
>
> If they've arrived, we can start the meeting.
>
> The indicative is also used after statements of fact in the past:
>
> *Si llovía, no salíamos.*   If it rained, we didn't go out.

G17 The passive voice

In an active sentence the subject of the sentence performs the action:

Irlanda ganó el Festival de la Canción de Eurovisión.

Ireland won the Eurovision Song Contest.

This is called the **active voice**.

In a passive sentence the subject of the sentence has an action done to it by someone/something else:

El Festival de la Canción de Eurovisión fue ganado por Irlanda.

The Eurovision Song Contest was won by Ireland.

This is called the **passive voice**.
- Verbs which take a direct object (transitive verbs) can be used either actively or passively.
- The verb *ser*, followed by the past participle of the verb, is used to form passive sentences.
- The past participle after *ser* agrees in number and gender with the subject of the sentence.
- Where there is an agent it is preceded by the preposition *por*; the agent in a passive sentence may, however, be 'understood'.

La oficina fue cerrada con llave por el jefe a las 7:00 de la tarde.

The office was locked up by the boss at 7.00 p.m.

Las armas han sido destruidas.

The arms have been destroyed [i.e. understood to be destroyed by an agent, like the government, the army etc.].

The passive can be used in all tenses:

Sus novelas son publicadas por Plaza & Janés.

Her novels are published by Plaza & Janés.

El concierto será celebrado el sábado.

The concert will be held on Saturday.

Esa pintura ha sido dada al Museo de Arte Contemporáneo.

That painting has been given to the Museum of Contemporary Art.

The passive in Spanish is used more in written than spoken language and is found less than in English. A number of alternative constructions exist:

- the third person plural with an active verb

Le entregaron las llaves de la casa.

He was given the keys of the house.
- duplication of the direct object

The direct object can be placed first in the sentence and repeated as a pronoun before the verb:

Aquel castillo lo destruyó el rey Carlos V.

That castle was destroyed by King Charles V.
- the use of the reflexive pronoun *se*

se can be used to express the passive without an agent. The verb will always be in the third person, either singular or the plural. (See also Reflexive verbs, section G18)

Se alquilan pisos aquí.

Flats (are) rented here.

Se construyó la catedral en 1250.

The castle was destroyed in 1250.

G18 Reflexive verbs

G18.1 In sentences containing reflexive verbs

In sentences containing reflexive (or pronominal) verbs the subject and the object of the verb are the same person.

A reflexive verb has two components: the verb plus a reflexive pronoun. The pronoun changes according to the person, as in the verb *levantarse* (to get up):

yo	me levanto	I get up
tú	te levantas	you get up
él/ella/usted	se levanta	he/she/it/you get(s) up
nosotros/as	nos levantamos	we get up
vosotros/as	os levantáis	you get up
ellos/ellas/ustedes	se levantan	they/you get up

In Spanish reflexive verbs are always accompanied by a reflexive pronoun, *me*, *te*, *se*, etc. as in *acostarse* (to go to bed), *casarse* (to marry/get married), *aburrirse* (to get bored), *interesarse* (to be interested):

Los niños se acostaron tarde.

The children went to bed late.

Es mejor esperar a los cuarenta que casarse mal.

It's better to wait until you are 40 than to marry badly.

Nunca se interesó mayormente por alguna de ellas.

He was never specially interested by any of them.

A non-reflexive verb can become reflexive by adding the reflexive pronoun:

Non-reflexive		Reflexive	
divertir	to amuse	divertirse	to amuse oneself
entregar	to hand over	entregarse	to give oneself up
arreglar	to arrange	arreglarse	to get oneself ready

Note

When you translate a reflexive verb into English it frequently does not have a reflexive pronoun, or the reflexive pronoun is 'understood', e.g. *lavarse* (to wash, i.e. to wash oneself).

G18.2 Reflexive pronouns and plural commands

(See also Reflexive pronouns, section F3 and section G15.5)

In the first person plural of the affirmative imperative the final *-s* is dropped:

Levantémonos.   Let's get up.

In the second person plural of the affirmative imperative the final *-d* is dropped:

Sentaos.   Sit down.

G18.3 Uses

The addition of a reflexive pronoun turns a transitive verb into a reflexive one. Reflexive verbs translate the idea of 'self':

Cortó el pan.   He cut the bread. (transitive)

Se cortó.   He cut himself. (reflexive)

A number of verbs have a subtle change of meaning when used in the reflexive form (sometimes known as **nuanced reflexives**):
- *caer* to fall   *caerse* to fall accidentally
- *dormir* to sleep   *dormirse* to go to sleep
- *ir* to go   *irse* to go away
- *volver* to return   *volverse* to turn round, to become

Reflexive pronouns are often used to express an impersonal subject:

¿Cómo se llega a la Oficina de Turismo?

How do I/does one get to the Tourist Office?

G19 Spelling changes in verbs

Spanish verbs often undergo changes in the spelling of the different tenses and persons. These changes are of two types:
- 'radical' changes in the stem of the verb, that is the first part without the ending *-ar*, *-er*, or *-ir*, e.g. *pens-* in the verb *pensar*. The last vowel in the stem is always the part affected
- 'orthographic' changes, in other parts of the verb

G19.1 Radical changes

-ar and -er verbs
In the present indicative the stem vowel *o* becomes *ue*, and *e* becomes *ie*, in the first, second and third persons singular and the third person plural:
- *contar* (to count, tell): *cuento, cuentas, cuenta, contamos, contáis, cuentan*
- *entender* (to understand): *entiendo, entiendes, entiende, entendemos, entendéis, entienden*

In the present subjunctive of these verbs, changes occur in the same persons:
- *cuente, cuentes, cuente, contemos, contéis, cuenten*
- *entienda, entiendas, entienda, entendamos, entendáis, entiendan*

The stem also changes in the *tú* (familiar) form of the imperative:
- *cuenta*   *entiende*

-ir verbs
There are three types of radical-changing *-ir* verbs, each of which follows a different pattern in the present tense: those which change the stem vowel from *e* to *i*, e.g. *pedir* (to ask for); from *e* to *ie*, or *i* in some forms, e.g. *mentir* (to lie); and from *o* to *ue*, or *u* in some forms, e.g. *dormir* (to sleep):

In the present indicative the changes occur in the first, second and third persons singular and the third person plural:
- *e > i*: *pedir*: *pido, pides, pide, pedimos, pedís, piden*
- *e > ie*: *mentir*: *miento, mientes, miente, mentimos, mentís, mienten*
- *o > ue*: *dormir*: *duermo, duermes, duerme, dormimos, dormís, duermen*

In the present subjunctive the change occurs in all persons of the verb:
- *pida, pidas, pida, pidamos, pidáis, pidan*
- *mienta, mientas, mienta, mintamos, mintáis, mientan*
- *duerma, duermas, duerma, durmamos, durmáis, duerman*

Changes also occur in the stem of the preterite of these verbs: *e* changes to *i* and *o* changes to *u* in the third persons singular and plural:
- *pedí, pediste, pidió, pedimos, pedisteis, pidieron*
- *mentí, mentiste, mintió, mentimos, mentisteis, mintieron*
- *dormí, dormiste, durmió, dormimos, dormisteis, durmieron*

In the imperfect subjunctive the *i* or *u* of the stem is present in every person of the verb:
- *pidiera/pidiese, pidieras/pidieses* etc.
- *mintiera/mintiese, mintieras/mintieses* etc.
- *durmiera/durmiese, durmieras/durmieses* etc.

The stem change also occurs in the familiar form of the imperative and in the gerund:
- the imperative: *pide*   *miente*   *duerme*
- the gerund: *pidiendo*   *mintiendo*   *durmiendo*

> **Note**
> It is not possible to predict whether a verb is radical-changing or not; if you are unsure, consult your dictionary or grammar.

G19.2 Orthographic changes
Spelling changes in certain verbs are necessary in order to maintain the correct sound of the verb.

The following verbs make changes before the vowel *e* in the whole of the present subjunctive and the first person singular of the preterite:
- verbs with stems ending in *-car* change *c* to *qu*, e.g. *sacar* (to take out)

Present subjunctive: *saque, saques, saque* etc.

Preterite: *saqué, sacaste* etc.
- verbs with stems ending in *-gar* change *g* to *gu*, e.g. *llegar* (to arrive)

Present subjunctive: *llegue, llegues, llegue* etc.

Preterite: *llegué, llegaste* etc.
- verbs with stems ending in *-zar* change *z* to *c*, e.g. *empezar* (to begin)

Present subjunctive: *empiece, empieces, empiece* etc.

Preterite: *empecé, empezaste* etc.
- verbs with stems ending in *-guar* change *u* to *ü*, e.g. *averiguar* (to find out)

Present subjunctive: *averigüe, averigües, averigüe* etc.

Preterite: *averigüé, averiguaste* etc.

The following verbs make changes before the vowel *o*, in the first person singular of the present indicative, and before *a* in the present subjunctive:
- verbs with stems ending in *-cer* or *-cir* change *c* to *z*, e.g. *vencer* (to conquer)

Present indicative: *venzo, vences*, etc.

Present subjunctive: *venza, venzas* etc.
- verbs with stems ending in *-ger* or *-gir* change *g* to *j*, e.g. *coger* (to catch)

Present indicative: *cojo, coges* etc.

Present subjunctive: *coja, cojas* etc.
- verbs with stems ending in *-guir* change *gu* to *g*, e.g. *seguir* (to follow)

Present indicative: *sigo, sigues*, etc.

Present subjunctive: *siga, sigas, siga* etc.
- some verbs ending in *-uar* and *-iar* add an accent in the three persons singular and the third-person plural of the present indicative and the present subjunctive, and in the *tú* form of the imperative, e.g. *continuar* (to continue); *enviar* (to send).

Present indicative: *continúo, continúas, continúa, continuamos, continuáis, continúan*

Present indicative: *envío, envías, envía, enviamos, enviáis, envían*

Present subjunctive: *continúe, continúes* etc.

Present subjunctive: *envíe, envíes* etc.

Imperative (second person singular): *continúa*

Imperative (second person singular): *envía*

G20 Modes of address

tú and *usted*
Tú is the mode of address to use for informal situations. It is always used with family, friends, fellow students and pets, and when talking to children. In Spain people are less formal than they used to be; nowadays complete strangers may address you as *tú*!

Usted is normally used to address strangers, older people, people in authority and those you want to show respect to.

Voseo (*Receptive use at AS, productive use at A-level*):

In popular speech in the greater part of the southern cone in South America and much of Central America, the second person singular *vos* takes the place of *tú* when addressing close friends. This is known as *voseo*. The plural of *vos* in Spanish America is *ustedes*.

'I want to speak to you' (familiar) in Spain is: *Quiero hablar contigo*. The same sentence in parts of Spanish America is: *Quiero hablar con vos*.

vosotros and *ustedes*
In Spanish America *vosotros* is replaced by *ustedes* for the familiar second-person plural.

In Spain 'Will you come to the concert tonight?' is: *¿Venís [vosotros] conmigo al concierto esta noche?* The same sentence in Spanish America is: *¿Vienen [ustedes] conmigo al concierto esta noche?*

G21 Constructions with verbs

G21.1 Verbs followed directly by an infinitive
Several key verbs, called modal verbs, act as a kind of auxiliary verb and are followed directly by the infinitive. These verbs, which are mainly related to obligation, possibility, permission and wishing, affect the meaning of the verb which follows.
- obligation ('must') is expressed by a variety of verbs, notably *deber*, *tener que* and *hay que*

No debes fumar en el cine.

You mustn't smoke in the cinema.

Tienes que descargar el artículo del ordenador.

You have to download the article from your computer.
- *hay que* is used in the third person singular only, for obligations expressed impersonally

Hay que tener en cuenta que si vas a la universidad tendrás que estudiar mucho.

You must/It is necessary to take into account that if you're going to university you'll have to study a lot.

(See also Impersonal verbs, section G24)

> **Notes**
>
> - *deber* (*de*) expresses supposition
>
> *Debían de ser las siete o las siete y media de la tarde.*
>
> It must have been 7 or 7.30 in the evening.
> - 'should' and 'ought to', in the sense of a strong obligation, are usually rendered by *debería* etc. (or, less frequently, the imperfect subjunctive *debiera*)
>
> *Siempre deberías llevar tu cinturón de seguridad en el coche.*
>
> You should always wear your seat belt in the car.
> - possibility and permission are expressed by *poder* (*to be able*)
>
> *Puedes aprovechar los ratos de ocio para aprender más sobre ese tema.*
>
> You can take advantage of moments of leisure to find out more about that topic.
>
> *No puedes salir esta noche porque debes estudiar.*
>
> You can't go out tonight because you have to study.
>
> Note the difference in meaning between *podía*, *pude* etc. and *podría* etc., all of which may be translated by 'could' in English:
>
> *No **podía** leer mi correo porque había dejado mi portátil en casa de mis amigos.*
>
> I couldn't (i.e. wasn't able to) read my emails because I had left my laptop at my friends' house.
>
> *Si me trajeras mi portátil, **podría** leer mi correo.*
>
> If you brought me my laptop, I could (i.e. would be able to) read my e-mails.

- *querer*, *desear* (to wish/want)

Quería hablar con ella pero no estaba en casa.

I wanted to talk to her but she wasn't at home.

Many other common verbs are followed directly by the infinitive:

•	*conseguir*	to succeed (in)	• *necesitar*	to need (to)
			• *olvidar*	to forget (to)
•	*esperar*	to hope (to)	• *parecer*	to seem (to)
•	*decidir*	to decide (to)	• *saber*	to know (how to)
•	*intentar*	to try (to)		
•	*mandar*	to order (to)	• *soler*	to be used to

G21.2 Verbs followed by a preposition plus an infinitive or noun phrase

Some verbs are followed directly by the infinitive, others conform to the pattern verb + preposition + infinitive. In some cases there is a choice between the two types of construction, depending on which verb is used. Thus 'I tried to help him' could be either: *Intenté ayudarle* or *Traté de ayudarle*.

The following common verb + preposition constructions should be learned:

Verb + *a*

ayudar a	to help to
comenzar/empezar a	to begin
negarse a	to refuse to
volver a	to (do) again

Verb + *de*

acabar de	to have just (done)
acordarse de	to remember
dejar de	to stop (doing)
olvidarse de	to forget to
terminar de	to stop (doing)
tratar de	to try to

Verb + *en*

dudar en	to hesitate to
insistir en	to insist on
interesarse en	to be interested in (doing)
pensar en	to think about (doing)
tardar en	to take time in (doing)

Verb + *con*

amenazar con	to threaten to
soñar con	to dream about

Verb + *para*

estar para to	be about to
prepararse para	to get ready to

Verb + *por*

acabar por	to finish by (doing)
empezar por	to begin by (doing)
luchar por	to fight for

G22 *Ser* and *estar*

G22.1 *Ser*

Ser is used:
- for characteristics that are considered to be part of the identity of a person or thing, such as religion, nationality and permanent features

Soy británica. I'm British.

Las montañas son altas. Mountains are high.

Fue una pesadilla. It was a nightmare.
- for occupations

Joan Miró era pintor. Joan Miró was a painter.

Su tío era ingeniero. His uncle was an engineer.
- to indicate the ownership or origin of something

Esta propiedad es de mi madre.

This property belongs to my mother.

La estatua es de madera.

The statue is made of wood.
- for time expressions

Son las nueve y cuarto. It's nine fifteen.
- before infinitives, nouns or pronouns

Lo esencial es vivir una vida sana.

The essential thing is to live a healthy life.
- as the auxiliary verb for the passive (*See The passive voice, section G17*)

La casa fue destruida por el terremoto.

The house was destroyed by the earthquake.
- for information about where or when an event is happening

¿Sabes dónde es la fiesta?

Do you know where the party is?

G22.2 *Estar*

Estar is used:
- for location (temporary or permanent)

Estábamos en México cuando empezó el huracán.

We were in Mexico when the hurricane began.

El Museo del Prado está en Madrid.

The Prado Museum is in Madrid.
- for a state considered to be temporary

Está contenta. She's happy [but this is momentary].

Las playas están limpias. The beaches are clean.
- to express a change noted in someone's appearance

¡Qué joven estás, Marisa! How young you look, Marisa!
- to form the continuous tenses (*See Continuous forms of the verb, section G13*)

¿Con quién estás hablando? Who are you speaking to?
- with the past participle to express a resultant state

La puerta estaba cerrada.

The door was shut [i.e. in the state that resulted from someone having shut it].

G22.3 *Ser* and *estar* with adjectives

Some adjectives differ in meaning according to whether they are used with *ser* or *estar*:

	ser	estar
aburrido	boring	bored
bueno	good (character)	delicious/tasty (food)
cansado	tiring	tired
listo	clever	ready
malo	bad, evil	ill
triste	sad (disposition)	sad (temporarily)

G23 *Gustar* and similar verbs

A number of common verbs have a similar construction to *gustar*. In this construction the object in the English sentence becomes the subject in the Spanish one:

Le gustan los trenes.

He likes trains [literally: trains are pleasing to him].

¿Te gusta el tenis?

Do you like tennis?

Me gusta hacerlo por todo lo alto.

I like doing it in style.

Nos gusta ir de vacaciones a Cantabria.

We like going on holiday to Cantabria.

Frequently the indirect object is reinforced by adding *a* + the personal pronoun at the beginning of the sentence:

A mí me encantan las tapas.   I love tapas.

A él le interesa mucho el cine.   He very interested in cinema.

Other verbs which are frequently used in the same way as *gustar* are:
- *costar* — to be an effort
- *encantar* — to be delighted, to love
- *doler* — to ache, hurt
- *faltar* — to be lacking, missing
- *importar* — to matter
- *interesar* — to interest
- *molestar* — to bother
- *tocar* — to concern, to be one's turn

Me duele la cabeza.   I have a headache.

Le encanta caminar.   She loves walking.

A mí me da muchísimo miedo volar en avión.

I am very frightened of flying.

Nos faltan dos sillas más.   We need two more chairs.

G24 Impersonal verbs

In the sentences 'It is raining', 'It's your turn' the subject 'it' has no identity. The verb that follows is called 'impersonal'. In Spanish the use of impersonal constructions is widespread. They occur:

- in sentences where the verb is normally in the third person (translated into English by 'it'). Many of these verbs are associated with the weather. They are used only in the third person singular. The most common ones are:
  - *llover* — to rain
  - *nevar* — to snow
  - *hacer buen/mal tiempo* — to be good/bad weather
  - *hacer sol* — to be sunny
  - *hacer calor/frío* — to be hot/cold

En Torremolinos hace buen tiempo todo el año.

In Torremolinos the weather is good all year round.

Estaba lloviendo a cántaros.   It was raining cats and dogs.

Nevó durante dos días.   It snowed for two days.

- with **hay** (there is/there are) and **hay que** (it is necessary to/one/we must). *Hay (que)* may also be used with other tenses. (See also Constructions with verbs, section G21)

¿Hay queso?   Is there any cheese?

No había nadie en el bar.

There was nobody in the bar.

¿Habrá algo para beber?

Will there be something to drink?

No creo que haya nadie en casa.

I don't think there is anyone at home.

Hay que cerrar la puerta a las 9:00 en punto.

We must shut the door at 9 o'clock sharp.

- where the reflexive pronoun *se* is used, translated as 'one', 'you' 'we' or 'they' in English (See Reflexive verbs, section G18)

No se puede entender esto.

You can't understand that.

Siempre se debe empezar por el principio.

One/You should always begin at the beginning.

H Prepositions

Prepositions are words that link a noun, noun phrase or pronoun to the rest of the sentence. Although prepositions work in a similar way in Spanish and English, it is important to note that Spanish uses:
- Single-word prepositions: *con, durante, según* etc.
- Prepositional phrases, which consist of two or more words: *a pesar de, al lado de, con relación a, después de, encima de* etc.

When a preposition or prepositional phrase is followed by a verb in Spanish, the verb must be in the infinitive:

Antes de salir *me voy a despedir de la abuela.*

Before going out I'm going to say goodbye to grandma.

When combined with particular prepositions, verbs have a specific meaning, e.g. *comenzar a* (to begin to), *tratarse de* (to be a question of), *pensar en* (to think about something), *soñar con* (to dream of). (See Constructions with verbs, section G21)

H1 Specific prepositions

a

'personal' *a* precedes the direct object of the verb when the object is human, or an animal referred to affectionately:

*Conocí **a** tu padre en Sevilla.*

I met your father in Seville.

*Voy a dar de comer **al** perro.*

I'm going to feed the dog.

If a human object is not personalised *a* is unlikely to be used:

Se busca dependiente.

We require a shop-assistant.

a expresses movement towards:

*Va **al** centro comercial a buscar unas gafas del sol.*

She's going to the shopping centre to look for some sunglasses.

a is used to express a precise time and to convey the idea of rate:

***a** la una y cuarto*   at a quarter past one

*El tren sale dos veces **al** día para Aranjuez.*

The train departs for Aranjuez twice a/per day.

> **Note**
>
> *a* does not normally translate the idea of 'at', of location, which is usually *en*, e.g. *en casa* (at home).

antes de/ante/delante de

All three mean 'before'. *Antes de* refers to time, whereas *delante de* and *ante* both refer to place:

*Ven **antes de** las seis.*   Come before six o'clock.

*Tuvo que comparecer **ante** el juez.*   He had to appear before the judge.

*Nunca habla de eso **delante de** los niños.*

She never speaks about that in front of the children.

con

Con is used before *céntimos*:

*Son dos euros **con** cincuenta (céntimos).*

That's 2 euros (and) 50 cents.

Con combines with *mí*, *ti* and *sí* to make *conmigo* (with me), *contigo* (with you) and *consigo* (with himself/herself/yourself/oneself (singular) and with themselves/yourselves (plural)). (*See Pronouns used after prepostions, section F4*)

de

De means 'of' (of possession), 'from' (of origin) and 'made of':

*Este coche es **de** Rafael.*   This car is Rafael's.

*Soy **de** Alicante.*   I'm from Alicante.

*La puerta es **de** madera.*   The door is made of wood.

desde

desde means 'from', usually indicating a strong sense of origin, and 'since':

***Desde** aquí se ve el castillo.*

The castle can be seen from here.

***Desde** 1977 los españoles tienen un gobierno democrático.*

Since 1977 the Spaniards have had a democratic government.

en

As well as meaning 'in' and 'on', *en* has the sense of 'at', of location:

*Estaban esperando **en** el aeropuerto.*

They were waiting at the airport.

*Antes estudiaba **en** la Universidad de Salamanca.*

Previously I studied at Salamanca University.

dentro de

Dentro de, meaning 'inside', is frequently used in time expressions such as *dentro de poco*, ((with)in a short while), *dentro de media hora* (in half an hour).

para

Para means 'for', 'in order to', in the sense of destination or purpose. It must be distinguished from *por*, which may also be translated by 'for'. *Para* translates 'by', of the time by which something must be done:

*El CD es un regalo **para** mi hermano.*

The CD is a present for my brother.

*¿**Para** qué sirven las vacaciones? **Para** relajarse.*

What are holidays for? To relax.

***Para** mí, la tecnología tiene una función social clara: cambiar la sociedad.*

For me, technology has a clear social function: to change society.

*Por favor, haz el trabajo **para** el lunes.*

Please get the work done by Monday.

por

Por, meaning 'by', 'through', 'by means of', 'on behalf of', 'because of', 'for', is used for cause, origin, and provenance. *Por* is used to introduce the agent in passive sentences. (*See The passive voice, section G17*) It must be distinguished from *para*, which may also be translated by 'for':

*Entra **por** la puerta principal.*

Go in by/through the main door.

***Por** mí no te preocupes.*

Don't worry about [i.e. on account of] me.

***Por** este camino se va a la estación.*

You go to the station along this road.

*navegar **por** Internet*

surfing [i.e. by means of] the internet

*No fui de vacaciones **por** un problema de salud.*

I didn't go on holiday for health reasons.

*Este castillo fue construido **por** los moros.*

This castle was built by the Moors.

sin

Sin followed by the infinitive frequently conveys a negative idea in Spanish, the equivalent of the English prefix 'un-', as in *especies sin identificar* (unidentified species).

Other examples of this structure are: *una carta sin abrir* (an unopened letter); *un problema sin resolver* (an unresolved problem); *lo hizo sin querer* (he did it unwillingly); *recursos sin explotar* (untapped resources); *una mesa sin barnizar* (an unvarnished table). Note that the English word containing the 'un-' prefix is almost always an adjective.

sobre

Sobre means 'on', 'on top of', 'above', 'about'. It also means 'around' with reference to time:

*Las revistas estaban **sobre** la mesa.*

The newspapers were on the table.

*Quisiera saber más **sobre** el Museo del Prado.*

I'd like to know more about the Prado Museum.

*Llegaré **sobre** las diez.*

I'll arrive around 10 o'clock.

I Conjunctions

Conjunctions are words used to connect other words, phrases and clauses. There are two types of conjunctions: coordinating and subordinating.

I1 Coordinating conjunctions

Coordinating conjunctions like *y*, *o*, *ni*, *pero* and *sino* link words or sentences of equal weight:

El niño se cayó y se echó a llorar.

The little boy fell over and began to cry.

No sé quién es ni de dónde viene.

I don't know who you are or where you've come from.

- *y* becomes *e* when the word that follows begins with *i* or *hi*:

España e Inglaterra	Spain and England
limpieza e higiene	cleanliness and hygiene

- *o* becomes *u* when the word that follows begins with *o* or *ho*:

setenta u ochenta	seventy or eighty
¿Prefieres limón u horchata?	Do you prefer lemon or horchata?

Both words *pero* and *sino* mean 'but'. *Pero* has the sense of a limitation of meaning. *Sino* must, however, be used when 'but' contradicts a previous statement in the negative. If the clause introduced by *sino* has a verb in it, *que* must follow *sino*:

Tiene mucho talento pero no sabe aprobar los exámenes.

He has a lot of talent but he can't pass exams.

Mi novia no es alta y morena sino baja y rubia.

My girlfriend is not tall and dark but small and blonde.

El dueño no sólo no le pidió perdón sino que además le insultó.

Not only did the boss not apologise but he also insulted him.

I2 Subordinating conjunctions

Subordinating conjunctions introduce a clause that is dependent on the main clause. (*See also Uses of the subjunctive, section G14.5*) The most common subordinating conjunction is *que* (that), which is often not translated into English.

I2.1 Meanings

Subordinating conjunctions have a wide range of meanings:

Cause

porque, ya que, puesto que, pues	because

Purpose

para que, de modo/manera que, a fin de que, de forma que	so that

Proviso

con tal de que, siempre que, a condición de que	provided that

Concession

aunque, si bien, bien que	although
a pesar de que	despite

Time

antes de que	before
cuando	when
en cuanto	as soon as
hasta que	until
mientras	while

Condition

a menos que, a no ser que	unless

Dicen que no saben dónde están las llaves.

They say (that) they don't know where the keys are.

Hay que tomar un taxi porque es más rápido.

You must take a taxi because it's quicker.

Aunque la selección española parece más fuerte, no creo que gane la copa.

Although the Spanish team seems stronger, I don't think it will win the cup.

Cuando llegues a Correos, verás la librería enfrente.

When you get to the post office, you'll see the bookshop opposite.

12.2 *Que* used colloquially as a subordinating conjunction

Que is also used colloquially as a subordinating conjunction of cause. *(Receptive use at AS, productive use at A-level)*

Cuidado, que se va a quemar la tortilla.

(Be) careful, the omelette is going to burn.

J Negation

The most common negative words in Spanish are:
- *no* — not, no
- *nunca* — never, not ever
- *jamás* — never, not ever [more emphatic than *nunca*]
- *nada* — nothing, not anything
- *nadie* — nobody, not anybody
- *ninguno* — no, not any, none, no one
- *ni (siquiera)* — nor, not even
- *ni....ni* — neither... nor
- *tampoco* — neither, nor, not either
- *apenas* — scarcely

In order to make a negative statement, a negative word must be placed before the verb:

No *sabe.*   He doesn't know.

Aquí **nunca** *llueve en agosto.*   It never rains here in August.

A double negative is formed in Spanish when there are two or more negative words in a sentence, one of which must go before the verb:

Aquí **no** *llueve* **nunca** *en agosto.*

It never rains here in August.

No *sabe* **nada** *de sus derechos.*

He knows nothing/doesn't know anything about his rights.

Two or more negatives may be used together in the same sentence:

No *entiende* **nunca nada**.

He never understands anything.

Nunca *sale con* **nadie** *el fin de semana.*

She never goes out with anyone at the weekend.

After the preposition *sin*, negative words like *nadie*, *nada*, *ninguno* have to be translated by an affirmative word in English. If a verb follows *sin*, *no* is not used:

Encontraron la casa sin ninguna dificultad.

They found the house without any difficulty.

Estaba en la Ciudad de México sin conocer a nadie.

She was in Mexico City without knowing anyone.

K Questions

(*See also Interrogative adjectives, section C14, Interrogative adverbs, section E9 and Interrogative pronouns, section F9*)

K1 Direct questions

There are two main ways of forming direct questions:
- yes/no questions, which usually start with a verb

¿Vuelves hoy o mañana?

Are you coming back today or tomorrow?
- questions which request information, beginning with an interrogative word

¿Qué quieres?

What do you want?

¿Por qué no te gusta viajar?

Why don't you like travelling?

¿Cuántos habitantes tiene España?

How many inhabitants does Spain have?

> **Notes**
> - Interrogative words bear an accent.
> - An inverted question mark always precedes a question.

K2 Indirect questions

Indirect questions are clauses within a sentence that are introduced by an interrogative word. Interrogative words used in indirect questions bear an accent:

*No sé a **qué** hora comienza la corrida.*

I don't know what time the bullfight starts.

*Le pregunté **cuándo** iba a mandarme las fotos.*

I asked him when he was going to send me the photos.

*Quiero aprender **cómo** responder a esa pregunta.*

I want to learn how to answer that question.

> **Note**
> The meaning of a sentence changes if the word that introduces the clause does not bear an accent. Compare
>
> *Sabe **que** va a comer.*
>
> She knows **that** she is going to eat.
>
> with
>
> *Sabe **qué** va a comer.*
>
> She knows **what** she is going to eat.

L Word order

In general, Spanish is more flexible than English in the order of words within a sentence. This is particularly evident in the position of the subject and the verb.

L1 Subject-verb word order

It is usual for verbs to be placed after the subject of a sentence, but in short sentences there is a tendency to place the subject after the verb, for emphasis:

Han llegado tus amigos.

Your friends have arrived.

Iba yo andando por la calle, serenamente.

I was walking calmly along the street.

The verb is rarely placed at the end of a clause or sentence. It is normally the *first* or *second* element, unless the subject consists of very short components such as pronouns:

La semana pasada fui a Toledo con mi abuelo.

Last week I went to Toledo with my grandfather.

But

No me lo dio.

He didn't give it to me.

In direct yes/no questions it is usual to place the verb first:

¿Está trabajando José?   Is José working?

In questions, when a speaker wishes to focus on a word or phrase, it is often placed before the question and followed by a comma. This use is known as **focalisation**. (*Receptive use at AS, productive use at A-level*)

Y tu hermano, ¿cómo está?   How is your brother?

La dieta mediterránea, ¿te alarga la vida?

Does the Mediterranean diet prolong your life?

In indirect questions the subject-verb order is normally inverted:

Me pregunto cuándo volverá Enrique.

I wonder when Enrique will come back.

In verbs like *gustar* and *doler* the subject is placed after the verb. (*See Gustar and similar verbs, section G23*) The indirect object is often repeated before the verb, for emphasis:

A mí me duele mucho la pierna.

My leg really hurts.

A mis hijas les gustan las vacaciones en el extranjero.

My daughters love holidays abroad.

In relative clauses the verb in the main clause often precedes the subject, so that the relative pronoun can follow directly the noun it refers to:

Son muchas las historias que mi padre cuenta de su juventud.

The stories my father tells of his youth are legion.

L2 Adjectives and word order

Adjectives are usually placed before the noun they accompany but a speaker may choose to say, for example, *una feliz historia* rather then *una historia feliz*, in order to emphasise the adjective. (*See also Adjectives that go before nouns, section C3*)

Some adjectives change their meaning according to their position. (*See Adjectives which change their meaning according to their position, section C5*)

the ordinal numbers *primero* and *último* are placed immediately before the noun when accompanied by a cardinal number:

los tres primeros meses   the first three months

las cinco últimas semanas   the last five days

otro normally goes before *mucho*, *poco* or a number:

Llegaron otras tres personas.

Three other people arrived.

¿Me pones otras dos naranjas?

Will you give me two more oranges?

Otros* muchos ciudadanos firmaron la petición.

Many other citizens signed the petition.

*otro may also be placed after *mucho* in this construction.

L3 Prepositions and word order

Prepositions are never placed at the end of a clause or sentence. (*See Prepositions, section H and Relative pronouns, section F5*)

Es la chica de quien hablé.

She's the girl I spoke about.

La casa con la que soñaba se vendió ayer.

The house I dreamed of was sold yesterday.

L4 Adverbs and word order

(*See also Adverbs, section E*)

Adverbs and adverbial phrases are usually placed directly before or directly after the verb:

Hablo bien el francés.   I speak French well.

A los españoles nos gusta cenar en una terraza en el verano.

We Spaniards like dining out on a terrace in summer.

Adverbs must not be placed between an auxiliary verb and a participle:

Siempre he trabajado bien con ella.

I've always worked well with her.

No me ha dado nunca la oportunidad de quejarme.

He's never given me the opportunity to complain.

In certain common adverbial expressions the word order is the opposite of English:

ahora mismo	right now	*todavía no*	not yet
ya no	no longer	*aquí dentro*	in here

M Cleft sentences

A cleft sentence consists of two clauses, a main clause and a subordinate clause, which could be expressed as a simple sentence. Thus *Fue en Madrid donde nos conocimos* (It was in Madrid that we met) could be expressed more simply and directly: *Nos conocimos en Madrid* (We met in Madrid). The more complex construction is used in order to put a special focus on one of the constituents of the sentence. Cleft sentences are quite common in Spanish:

Fue Laura quien llamó.

It was Laura who called.

Lo que no quiere hacer es marcharse.

What she doesn't want to do is go away.

Con quien no fui a volver a encontrarme fue con Manolo.

The person I didn't want to meet again was Manolo.

Fue entonces cuando supimos que nos habían robado.

It was then that we learned that we had been robbed.

Lo de que me han llamado tonto me lo ha dicho mi hermano.

The fact that they called me stupid was told to me by my brother.

N Time expressions

N1 'Ago'

The idea of 'ago' in English is conveyed by using *hace/hacía* followed by the period of time:

Hace 30 años los jóvenes tenían actitudes diferentes.

Thirty years ago young people had different attitudes.

Lo habíamos encontrado hacía muchos años.

We had met him many years ago.

N2 'For' with a period of time

'For' referring to an action which began in the past and is/was still going on may be expressed in three ways:
- *llevar* + gerund

Llevan 5 años viviendo en Oviedo.

They've been living in Oviedo for 5 years [i.e. they are still living there now].
- *hace/hacía que* + present/ imperfect tense

Hace 6 meses que Asunción estudia informática.

Asunción has been studying ICT for 6 months [i.e. she's still studying now].

Hacía varios años que vivían separados.

For several years they had lived apart.
- *desde hace/hacía* + present/imperfect tense

Lo conozco desde hace 2 años.

I've known him for 2 years.

María llevaba escribiendo el programa desde hacía mucho tiempo.

María had been writing the programme for a long time.

N3 'For' referring to duration

'For' referring to the duration of a period of time can be conveyed by *por* in Latin America. In Spain usually no preposition is used.
- *por*

Van a ir a Caracas por quince días.

They are going to Caracas for a fortnight.

Elisa se va a quedar una semana con su amiga.

Elisa is going to stay with her friend for a week.
- *durante* refers particularly to the time during which something happened

Busqué el libro durante largos años y al final lo encontré en una librería de anticuarios.

I looked for the book for many years and in the end I found it in an antiquarian bookshop.

> **Note**
>
> *Desde* means 'since', and refers back to the particular time when the action began in the past:
>
> *Hemos estado viendo la tele desde las 4:00 de la tarde.*
>
> We've been watching TV since 4 p.m.

O Indirect speech

When we want to report something that another person has said we can either use **direct** speech or **indirect** speech. In direct speech we might say:

Paco dijo: 'No tenemos leche.'

Paco said: 'We haven't any milk.'

If we want to report what he said using indirect speech we would say:

Paco dijo que no tenían leche.

Paco said that they hadn't any milk.

Notice that the **tense of the verb** changes from **present** to **past** in the version in indirect speech. Indirect speech frequently requires a logical change of tense in this way; it might also require a change in the **subject pronoun**.

Direct speech:

*Jorge dijo: '**Yo** no quiero leche.'*

Jorge said: 'I don't want any milk.'

Indirect speech:

*Jorge dijo que **él** no quería leche.*

Jorge said that he didn't want any milk.

Possessives may also change in indirect speech:

*Ana dijo: 'He perdido **mi** tarjeta de memoria.'*

Ana said: 'I've lost my memory stick.'

*Ana dijo que había perdido **su** tarjeta de memoria.*

Ana said that she had lost her memory stick.

Certain expressions indicating time or space also have to change in indirect speech:

*Laura dijo: 'Voy a Lima **mañana**.'*

Laura said: 'I'm going to Lima tomorrow.'

*Laura dijo que iba a Lima **al día siguiente**.*

Laura said that she was going to Lima the next day.

*Claudia dijo: 'Llegó **aquí** en un Mercedes rojo.'*

Claudia said: 'He arrived here in a red Mercedes.'

*Claudia dijo que había llegado **allí** en un Mercedes rojo.*

Claudia said that he had arrived there in a red Mercedes.

The following changes in the tense of the verb take place when changing from direct to indirect speech:
- the present becomes the imperfect

'**Trabajo** duro.'	'I work hard.'
*Dijo que **trabajaba** duro.*	He said that he worked hard.

- the preterite and the perfect become the pluperfect

'**Llegamos** finalmente.'	'We arrived at last.'
'**Hemos llegado** finalmente.'	'We've arrived at last.'
*Dijo que **habían llegado** finalmente.*	

He said that they had arrived at last.
- the future becomes the conditional

'**Volveré** hoy.'   'I'll come back today.'

*Dijo que **volvería** aquel día.*

He said he would come back that day.

- the future perfect becomes the conditional perfect:

'**Habré terminado** el trabajo.'

'I'll have finished the job.'

*Dijo que **habría terminado** el trabajo.*

He said he would have finished the job.
- the imperative becomes the present or imperfect subjunctive

'**Trae** tus discos.'	'Bring your discs.'
*Le pide que **traiga** sus discos.*	He asks him to bring his discs.
*Le pidió que **trajera** sus discos.*	He asked him to bring his discs.

- the present subjunctive becomes the imperfect subjunctive

'Quiero que me **mandes** un e-mail.'

'I want you to send me an e-mail.'

*La chica quería que le **mandara** un correo.*

The girl wanted him to send her an e-mail.
- the perfect subjunctive becomes the pluperfect subjunctive

'Deseo que **hayan vuelto** sin problemas.'

'I want them to have returned safely.'

*Dijo que deseaba que **hubieran vuelto** sin problemas.*

She said that she wanted them to have returned safely [literally '… that they had returned'].

P Discourse markers

Discourse markers are words or phrases that we use to connect and organise what we write and say. Some discourse markers tend to be used more in writing, such as *en términos generales* (in general terms) or in speech, such as *ahora bien* (well, now, however).

Discourse markers have different functions in relation to:
- ordering ideas: *en primer lugar* (firstly), *en resumen* (to sum up), *luego* (next), *por último* (finally)
- adding ideas: *de igual modo* (in the same way), *es más* (moreover), *por ejemplo* (for example), *también* (also)
- cause or consequence; *así pues* (so), *por consiguiente* (so), *por lo tanto* (therefore), *resulta que* (it so happens that)
- opinion: *desde mi punto de vista* (from my point of view), *en mi opinión* (in my opinion), *para mí* ((as) for me), *personalmente* (personally)
- reformulation: *en otras palabras* (in other words), *es decir* (that is (to say)), *mejor dicho* (to put it another way), *o sea* (in other words/I mean)
- opposition: *a pesar de todo* (despite this), *en cambio* (however), *por el contrario* (on the contrary), *por otra parte* (on the other hand), *sin embargo* (however)

Q Fillers

Fillers are small words that we use in order to fill a pause for a moment before continuing to speak. They give us time to think of what we are going to say next.

Some of the more common Spanish filler words (*muletillas*) are:

a ver	let's see	*de hecho*	in fact	
bueno	well	*de verdad*	really	
entonces	so, then	*vale*	OK	
está bien	it's OK	*venga*	come on	
este	um	*viste* [Argentina]	you know	
mira	look			
o sea	I mean, or rather			
pues	well			

Verb tables

Regular verbs

hablar		Gerund: *hablando*	Past participle: *hablado*
Imperative familiar	**Present indicative**	**Imperfect indicative**	**Preterite**
habla	hablo	hablaba	hablé
hablad	hablas	hablabas	hablaste
	habla	hablaba	habló
	hablamos	hablábamos	hablamos
	habláis	hablabais	hablasteis
	hablan	hablaban	hablaron
Future	**Conditional**	**Present subjunctive**	**Imperfect subjunctive**
hablaré	hablaría	hable	hablara/ase
hablarás	hablarías	hables	hablaras/ases
hablará	hablaría	hable	hablara/ase
hablaremos	hablaríamos	hablemos	habláramos/ásemos
hablaréis	hablaríais	habléis	hablarais/aseis
hablarán	hablarían	hablen	hablaran/asen

comer		Gerund: *comiendo*	Past participle: *comido*
Imperative familiar	**Present indicative**	**Imperfect indicative**	**Preterite**
come	como	comía	comí
comed	comes	comías	comiste
	come	comía	comió
	comemos	comíamos	comimos
	coméis	comíais	comisteis
	comen	comían	comieron
Future	**Conditional**	**Present subjunctive**	**Imperfect subjunctive**
comeré	comería	coma	comiera/ese
comerás	comerías	comas	comieras/eses
comerá	comería	coma	comiera/ese
comeremos	comeríamos	comamos	comiéramos/ésemos
comeréis	comeríais	comáis	comierais/eseis
comerán	comerían	coman	comieran/esen

escribir		Gerund: *escribiendo*	Past participle: *escrito*
Imperative familiar	**Present indicative**	**Imperfect indicative**	**Preterite**
escribe	escribo	escribía	escribí
escribid	escribes	escribías	escribiste
	escribe	escribía	escribió
	escribimos	escribíamos	escribimos
	escribís	escribíais	escribisteis
	escriben	escribían	escribieron
Future	**Conditional**	**Present subjunctive**	**Imperfect subjunctive**
escribiré	escribiría	escriba	escribiera/ese
escribirás	escribirías	escribas	escribieras/eses
escribirá	escribiría	escriba	escribiera/ese
escribiremos	escribiríamos	escribamos	escribiéramos/ésemos
escribiréis	escribiríais	escribáis	escribierais/eseis
escribirán	escribirían	escriban	escribieran/esen

Common irregular verbs

conocer		**Gerund:** conociendo	**Past participle:** conocido
Imperative familiar	**Present indicative**	**Imperfect indicative**	**Preterite**
conoce	conozco	conocía	conocí
conoced	conoces	conocías	conociste
	conoce	conocía	conoció
	conocemos	conocíamos	conocimos
	conocéis	conociáis	conocisteis
	conocen	conocían	conocieron
Future	**Conditional**	**Present subjunctive**	**Imperfect subjunctive**
conoceré	conocería	conozca	conociera/ese
conocerás	conocerías	conozcas	conocieras/eses
conocerá	conocería	conozca	conociera/ese
conoceremos	conoceríamos	conozcamos	conociéramos/ésemos
conoceréis	conoceríais	conozcáis	conocierais/eseis
conocerán	conocerían	conozcan	conocieran/esen

dar		**Gerund:** dando	**Past participle:** dado
Imperative familiar	**Present indicative**	**Imperfect indicative**	**Preterite**
da	doy	daba	di
dad	das	dabas	diste
	da	daba	dio
	damos	dábamos	dimos
	dais	dabais	disteis
	dan	daban	dieron
Future	**Conditional**	**Present subjunctive**	**Imperfect subjunctive**
daré	daría	dé	diera/ese
darás	darías	des	dieras/eses
dará	daría	dé	diera/ese
daremos	daríamos	demos	diéramos/ésemos
daréis	daríais	deis	dierais/eseis
darán	darían	den	dieran/esen

decir		**Gerund:** diciendo	**Past participle:** dicho
Imperative familiar	**Present indicative**	**Imperfect indicative**	**Preterite**
di	digo	decía	dije
decid	dices	decías	dijiste
	dice	decía	dijo
	decimos	decíamos	dijimos
	decís	decíais	dijisteis
	dicen	decían	dijeron
Future	**Conditional**	**Present subjunctive**	**Imperfect subjunctive**
diré	diría	diga	dijera/ese
dirás	dirías	digas	dijeras/eses
dirá	diría	diga	dijera/ese
diremos	diríamos	digamos	dijéramos/ésemos
diréis	diríais	digáis	dijerais/eseis
dirán	dirían	digan	dijeran/esen

estar		**Gerund:** estando	**Past participle:** estado
Imperative familiar	**Present indicative**	**Imperfect indicative**	**Preterite**
está	estoy	estaba	estuve
estad	estás	estabas	estuviste
	está	estaba	estuvo
	estamos	estábamos	estuvimos
	estáis	estabais	estuvisteis
	están	estaban	estuvieron

Future	Conditional	Present subjunctive	Imperfect subjunctive
estaré	estaría	esté	estuviera/ese
estarás	estarías	estés	estuvieras/eses
estará	estaría	esté	estuviera/ese
estaremos	estaríamos	estemos	estuviéramos/ésemos
estaréis	estaríais	estéis	estuvierais/eseis
estarán	estarían	estén	estuvieran/esen

haber (auxiliary verb) — Gerund: habiendo — Past participle: habido

Imperative familiar	Present indicative	Imperfect indicative	Preterite
Imperative not used	he	había	hube
	has	habías	hubiste
	ha	había	hubo
	hemos	habíamos	hubimos
	habéis	habíais	hubisteis
	han	habían	hubieron

Future	Conditional	Present subjunctive	Imperfect subjunctive
habré	habría	haya	hubiera/ese
habrás	habrías	hayas	hubieras/eses
habrá	habría	haya	hubiera/ese
habremos	habríamos	hayamos	hubiéramos/ésemos
habréis	habríais	hayáis	hubierais/eseis
habrán	habrían	hayan	hubieran/esen

hacer — Gerund: haciendo — Past participle: hecho

Imperative familiar	Present indicative	Imperfect indicative	Preterite
haz	hago	hacía	hice
haced	haces	hacías	hiciste
	hace	hacía	hizo
	hacemos	hacíamos	hicimos
	hacéis	hacíais	hicisteis
	hacen	hacían	hicieron

Future	Conditional	Present subjunctive	Imperfect subjunctive
haré	haría	haga	hiciera/ese
harás	harías	hagas	hicieras/eses
hará	haría	haga	hiciera/ese
haremos	haríamos	hagamos	hiciéramos/ésemos
haréis	haríais	hagáis	hicierais/eseis
harán	harían	hagan	hicieran/esen

ir — Gerund: yendo — Past participle: ido

Imperative familiar	Present indicative	Imperfect indicative	Preterite
ve	voy	iba	fui
id	vas	ibas	fuiste
	va	iba	fue
	vamos	íbamos	fuimos
	vais	ibais	fuisteis
	van	iban	fueron

Future	Conditional	Present subjunctive	Imperfect subjunctive
iré	iría	vaya	fuera/ese
irás	irías	vayas	fueras/eses
irá	iría	vaya	fuera/ese
iremos	iríamos	vayamos	fuéramos/ésemos
iréis	iríais	vayáis	fuerais/eseis
irán	irían	vayan	fueran/esen

leer		**Gerund:** leyendo	**Past participle:** leído
Imperative familiar	Present indicative	Imperfect indicative	Preterite
lee	leo	leía	leí
leed	lees	leías	leíste
	lee	leía	leyó
	leemos	leíamos	leímos
	leéis	leíais	leísteis
	leen	leían	leyeron
Future	Conditional	Present subjunctive	Imperfect subjunctive
leeré	leería	lea	leyera/ese
leerás	leerías	leas	leyeras/eses
leerá	leería	lea	leyera/ese
leeremos	leeríamos	leamos	leyéramos/ésemos
leeréis	leeríais	leáis	leyerais/eseis
leerán	leerían	lean	leyeran/esen
oír		**Gerund:** oyendo	**Past participle:** oído
Imperative familiar	Present indicative	Imperfect indicative	Preterite
oye	oigo	oía	oí
oíd	oyes	oías	oíste
	oye	oía	oyó
	oímos	oíamos	oímos
	oís	oíais	oísteis
	oyen	oían	oyeron
Future	Conditional	Present subjunctive	Imperfect subjunctive
oiré	oiría	oiga	oyera/ese
oirás	oirías	oigas	oyeras/eses
oirá	oiría	oiga	oyera/ese
oiremos	oiríamos	oigamos	oyéramos/ésemos
oiréis	oiríais	oigáis	oyerais/eseis
oirán	oirían	oigan	oyeran/esen
pedir		**Gerund:** pidiendo	**Past participle:** pedido
Imperative familiar	Present indicative	Imperfect indicative	Preterite
pide	pido	pedía	pedí
pedid	pides	pedías	pediste
	pide	pedía	pidió
	pedimos	pedíamos	pedimos
	pedís	pedíais	pedisteis
	piden	pedían	pidieron
Future	Conditional	Present subjunctive	Imperfect subjunctive
pediré	pediría	pida	pidiera/ese
pedirás	pedirías	pidas	pidieras/eses
pedirá	pediría	pida	pidiera/ese
pediremos	pediríamos	pidamos	pidiéramos/ésemos
pediréis	pediríais	pidáis	pidierais/eseis
pedirán	pedirían	pidan	pidieran/esen
poder		**Gerund:** pudiendo	**Past participle:** podido
Imperative familiar	Present indicative	Imperfect indicative	Preterite
Imperative not used	puedo	podía	pude
	puedes	podías	pudiste
	puede	podía	pudo
	podemos	podíamos	pudimos
	podéis	podíais	pudisteis
	pueden	podían	pudieron

Future	Conditional	Present subjunctive	Imperfect subjunctive
podré	podría	pueda	pudiera/ese
podrás	podrías	puedas	pudieras/eses
podrá	podría	pueda	pudiera/ese
podremos	podríamos	podamos	pudiéramos/ésemos
podréis	podríais	podáis	pudierais/eseis
podrán	podrían	puedan	pudieran/esen

poner

Gerund: poniendo **Past participle:** puesto

Imperative familiar	Present indicative	Imperfect indicative	Preterite
pon	pongo	ponía	puse
poned	pones	ponías	pusiste
	pone	ponía	puso
	ponemos	poníamos	pusimos
	ponéis	poníais	pusisteis
	ponen	ponían	pusieron

Future	Conditional	Present subjunctive	Imperfect subjunctive
pondré	pondría	ponga	pusiera/ese
pondrás	pondrías	pongas	pusieras/eses
pondrá	pondría	ponga	pusiera/ese
pondremos	pondríamos	pongamos	pusiéramos/ésemos
pondréis	pondríais	pongáis	pusierais/eseis
pondrán	pondrían	pongan	pusieran/esen

querer

Gerund: queriendo **Past participle:** querido

Imperative familiar	Present indicative	Imperfect indicative	Preterite
quiere	quiero	quería	quise
quered	quieres	querías	quisiste
	quiere	quería	quiso
	queremos	queríamos	quisimos
	queréis	queríais	quisisteis
	quieren	querían	quisieron

Future	Conditional	Present subjunctive	Imperfect subjunctive
querré	querría	quiera	quisiera/ese
querrás	querrías	quieras	quisieras/eses
querrá	querría	quiera	quisiera/ese
querremos	querríamos	queramos	quisiéramos/ésemos
querréis	querríais	queráis	quisierais/eseis
querrán	querrían	quieran	quisieran/esen

saber

Gerund: sabiendo **Past participle:** sabido

Imperative familiar	Present indicative	Imperfect indicative	Preterite
sabe	sé	sabía	supe
sabed	sabes	sabías	supiste
	sabe	sabía	supo
	sabemos	sabíamos	supimos
	sabéis	sabíais	supisteis
	saben	sabían	supieron

Future	Conditional	Present subjunctive	Imperfect subjunctive
sabré	sabría	sepa	supiera/ese
sabrás	sabrías	sepas	supieras/eses
sabrá	sabría	sepa	supiera/ese
sabremos	sabríamos	sepamos	supiéramos/ésemos
sabréis	sabríais	sepáis	supierais/eseis
sabrán	sabrían	sepan	supieran/esen

salir — Gerund: saliendo — Past participle: salido

Imperative familiar	Present indicative	Imperfect indicative	Preterite
sal	salgo	salía	salí
salid	sales	salías	saliste
	sale	salía	salió
	salimos	salíamos	salimos
	salís	salíais	salisteis
	salen	salían	salieron

Future	Conditional	Present subjunctive	Imperfect subjunctive
saldré	saldría	salga	saliera/ese
saldrás	saldrías	salgas	salieras/eses
saldrá	saldría	salga	saliera/ese
saldremos	saldríamos	salgamos	saliéramos/ésemos
saldréis	saldríais	salgáis	salierais/eseis
saldrán	saldrían	salgan	salieran/esen

seguir — Gerund: siguiendo — Past participle: seguido

Imperative familiar	Present indicative	Imperfect indicative	Preterite
sigue	sigo	seguía	seguí
seguid	sigues	seguías	seguiste
	sigue	seguía	siguió
	seguimos	seguíamos	seguimos
	seguís	seguíais	seguisteis
	siguen	seguían	siguieron

Future	Conditional	Present subjunctive	Imperfect subjunctive
seguiré	seguiría	siga	siguiera/ese
seguirás	seguirías	sigas	siguieras/eses
seguirá	seguiría	siga	siguiera/ese
seguiremos	seguiríamos	sigamos	siguiéramos/ésemos
seguiréis	seguiríais	sigáis	siguierais/eseis
seguirán	seguirían	sigan	siguieran/esen

sentir — Gerund: sintiendo — Past participle: sentido

Imperative familiar	Present indicative	Imperfect indicative	Preterite
siente	siento	sentía	sentí
sentid	sientes	sentías	sentiste
	siente	sentía	sintió
	sentimos	sentíamos	sentimos
	sentís	sentíais	sentisteis
	sienten	sentían	sintieron

Future	Conditional	Present subjunctive	Imperfect subjunctive
sentiré	sentiría	sienta	sintiera/ese
sentirás	sentirías	sientas	sintieras/eses
sentirá	sentiría	sienta	sintiera/ese
sentiremos	sentiríamos	sintamos	sintiéramos/ésemos
sentiréis	sentiríais	sintáis	sintierais/eseis
sentirán	sentirían	sientan	sintieran/esen

ser — Gerund: siendo — Past participle: sido

Imperative familiar	Present indicative	Imperfect indicative	Preterite
sé	soy	era	fui
sed	eres	eras	fuiste
	es	era	fue
	somos	éramos	fuimos
	sois	erais	fuisteis
	son	eran	fueron

Future	Conditional	Present subjunctive	Imperfect subjunctive
seré	sería	sea	fuera/ese
serás	serías	seas	fueras/eses
será	sería	sea	fuera/ese
seremos	seríamos	seamos	fuéramos/ésemos
seréis	seríais	seáis	fuerais/eseis
serán	serían	sean	fueran/esen

tener		**Gerund:** teniendo	**Past participle:** tenido
Imperative familiar	Present indicative	Imperfect indicative	Preterite
ten	tengo	tenía	tuve
tened	tienes	tenías	tuviste
	tiene	tenía	tuvo
	tenemos	teníamos	tuvimos
	tenéis	teníais	tuvisteis
	tienen	tenían	tuvieron

Future	Conditional	Present subjunctive	Imperfect subjunctive
tendré	tendría	tenga	tuviera/ese
tendrás	tendrías	tengas	tuvieras/eses
tendrá	tendría	tenga	tuviera/ese
tendremos	tendríamos	tengamos	tuviéramos/ésemos
tendréis	tendríais	tengáis	tuvierais/eseis
tendrán	tendrían	tengan	tuvieran/esen

traer		**Gerund:** trayendo	**Past participle:** traído
Imperative familiar	Present indicative	Imperfect indicative	Preterite
trae	traigo	traía	traje
traed	traes	traías	trajiste
	trae	traía	trajo
	traemos	traíamos	trajimos
	traéis	traíais	trajisteis
	traen	traían	trajeron

Future	Conditional	Present subjunctive	Imperfect subjunctive
traeré	traería	traiga	trajera/ese
traerás	traerías	traigas	trajeras/eses
traerá	traería	traiga	trajera/ese
traeremos	traeríamos	traigamos	trajéramos/ésemos
traeréis	traeríais	traigáis	trajerais/eseis
traerán	traerían	traigan	trajeran/esen

venir		**Gerund:** viniendo	**Past participle:** venido
Imperative familiar	Present indicative	Imperfect indicative	Preterite
ven	vengo	venía	vine
venid	vienes	venías	viniste
	viene	venía	vino
	venimos	veníamos	vinimos
	venís	veníais	vinisteis
	vienen	venían	vinieron

Future	Conditional	Present subjunctive	Imperfect subjunctive
vendré	vendría	venga	viniera/ese
vendrás	vendrías	vengas	vinieras/eses
vendrá	vendría	venga	viniera/ese
vendremos	vendríamos	vengamos	viniéramos/ésemos
vendréis	vendríais	vengáis	vinierais/eseis
vendrán	vendrían	vengan	vinieran/esen

ver		**Gerund:** viendo	**Past participle:** visto
Imperative familiar	Present indicative	Imperfect indicative	Preterite
ve	veo	veía	vi
ved	ves	veías	viste
	ve	veía	vio
	vemos	veíamos	vimos
	veis	veíais	visteis
	ven	veían	vieron
Future	Conditional	Present subjunctive	Imperfect subjunctive
veré	vería	vea	viera/ese
verás	verías	veas	vieras/eses
verá	vería	vea	viera/ese
veremos	veríamos	veamos	viéramos/ésemos
veréis	veríais	veáis	vierais/eseis
verán	verían	vean	vieran/esen

volver		**Gerund:** volviendo	**Past participle:** vuelto
Imperative familiar	Present indicative	Imperfect indicative	Preterite
vuelve	vuelvo	volvía	volví
volved	vuelves	volvías	volviste
	vuelve	volvía	volvió
	volvemos	volvíamos	volvimos
	volvéis	volvíais	volvisteis
	vuelven	volvían	volvieron
Future	Conditional	Present subjunctive	Imperfect subjunctive
volveré	volvería	vuelva	volviera/ese
volverás	volverías	vuelvas	volvieras/eses
volverá	volvería	vuelva	volviera/ese
volveremos	volveríamos	volvamos	volviéramos/ésemos
volveréis	volveríais	volváis	volvierais/eseis
volverán	volverían	vuelvan	volvieran/esen

Index of strategies

A
adapting a text to your own needs 155
argument development 209

B
books/plays
    comparing two views of 145
    era and setting, importance to plot 127
    genre comparisons 129
    historical authenticity 141, 143
    popularity when first written 123
    sense of place 121
    structure effectiveness 139
    two main characters 125

C
circumlocution 29
conversations
    participating fluently 29
    taking the initiative 57
    unpredictability of 205

D
dictionary use 15, 73, 173

E
essay writing
    A-level essay 148–49
    AS essay 147
exam techniques
    for listening tasks 93, 219
    for reading tasks 88, 235
extracting information 49, 186

F
films
    character portrayal/development 115, 131
    cinematographic techniques 133
    commenting on structure 135
    importance of setting for plot 117
    writing a synopsis 119

G
grammatical structures, using sophisticated 177

I
idioms 227
inference of meaning 84, 233
information extraction 49, 186

L
language development, tasks for 159
listening skills 67
    'listening between the lines' 233
    listening to native speakers 111
    tasks in exams 93, 219

N
native speakers, listening to 111
note-taking 196

O
online material 15, 53
opinions
    expressing personal 103
    weighing up different 169
organisational skills
    notes for the course 21
    notes for revision 61

P
plays *see* books/plays
poetry techniques 137
presentations 196
    anticipating questions and preparing answers to 199
    polishing 198
    techniques to hold audience interest 241

Q
questions, answering effectively 84

R
reading strategies 34
    answering questions 84
    exam tasks 88, 235
    'reading between the lines' 84
registers 251
repair strategies 29
researching
    event or series of events 183
    figure from Spanish-speaking world 163
    online material 53
revision techniques 61, 107, 247

S
speaking skills 29
    holding audience's interest 241
    opinions and conclusions 169
    producing interesting sentences 81
summarising skills 49, 186
synonyms 73, 88, 227

T

time management 147, 149, 255
translating
    from English into Spanish 42, 222
    from Spanish into English 39, 213

V

viewpoints, comparing contrasting 103
vocabulary
    extending 71, 173
    memorising 25

W

written work
    checking and editing 98
    drafting and redrafting 191
    essays 147, 148–49
    producing interesting sentences 81

Acknowledgements

The publishers would like to thank the following for permission to reproduce photographs:

p. 13 Jasmin Merdan/Fotolia; **p. 14** akiradesigns/Fotolia; **p. 16** Mikhail Pogosov/Fotolia; **p. 18** *1* Jose Hernaiz/Fotolia; *2* Alcerreca/Fotolia; *3* korgan75/Fotolia; *4* cirodelia/Fotolia; *5* Mik Man/Fotolia; *6* andreslebedev/Fotolia; *7* Moremi/Fotolia; *8* ArTo/Fotolia; *9* cribe/Fotolia; **p. 19** cvalle/Fotolia; **p. 21** TopFoto; **p. 22** Sergio Martínez/Fotolia; **p. 24** Paco Ayala/Fotolia; **p. 26** *A* Fotoluminate LLC/Fotolia; *B* nyul/Fotolia; *C* dubova/Fotolia; *D* Monkey Business/Fotolia; **p. 28** DNF-Style/Fotolia; **p. 31** Sakkmesterke/Fotolia; **p. 32** goodluz/Fotolia; **p. 33** Denys Rudyl/Fotolia; **p. 35** Barabas Attila/Fotolia; **p. 36** Rawpixel.com/Fotolia; **p. 38** drik/Fotolia; **p. 40** *t* St22/Fotolia; *b* Minerva Studio/Fotolia; **p. 43** Monkey Business/Fotolia; **p. 45** McCarony/Fotolia; **p. 47** akg-images/Album/Oronoz; **p. 48** Antonio Gravante/Fotolia; **p. 50** Coloures-pic/Fotolia; **p. 52** KOTE RODRIGO/epa/Corbis; **p. 53** Voyagerix/Fotolia; **p. 55** Rawpixel.com/Fotolia; **p. 57** AFP/Getty; **p. 58** Christos Georghiou/Fotolia; **p. 60** aleutie/Fotolia; **p. 61** *t* atthameeni/Fotolia; *b* Zuma Press Inc/Alamy; **p. 63** cecile02/Fotolia; **p. 64** *t* Pictorial Press Ltd/Alamy; *b* TopFoto; **p.65** *t* epa european pressphoto agency b.v./Alamy; *b* TopFoto; **p. 68** TopFoto; **p. 70** TopFoto; **p. 71** TopFoto; **p. 72** *t* Wenn Limited/Alamy; *b* Kelly Rann/Alamy; **p. 73** epa european pressphoto agency b.v./Alamy; **p. 75** epa european pressphoto agency b.v./Alamy **p. 77** Kotoyamagami/Fotolia; **p. 78** full image/Fotolia; **p. 79** Jultud/Fotolia; **p. 80** joserpizarro/Fotolia; **p. 81** Lucas Vallecillos/VWPics/Alamy; **p. 82** camophotographie/Fotolia; **p. 83** nacroba/Fotolia; **p. 85** *m* Wenn UK/Alamy; *b* RAFA RIVAS/Getty; **p. 86** alain wacquier/Fotolia; **p. 87** funkyfrogstock/Fotolia; **p. 89** Photos 12/Alamy; **p. 90** iff/Fotolia; **p. 91** Bibanesi/Fotolia; **p. 93** Laiotz/Fotolia; **p. 95** Cienpiesnf/Fotolia; **p. 96** *A* rigamondis/Fotolia; *B* vainillaychile/Fotolia; *C* Ildi/Fotolia; *D* belizar/Fotolia; *E* Jiri Hera/Fotolia; *F* JeremyRichards/Fotolia; **p. 98** mateustosatti/Fotolia; **p. 99** Tersina Shieh/Fotolia; **p. 100** TopFoto; **p. 101** Archivart / Alamy; **p. 103** Philadelphia Museum of Art/CORBIS; **p. 104** David Acosta Allely/Fotolia; **p. 105** Scirocco340/Fotolia; **p. 106** dietwalther/Fotolia; **p. 107** neirfy/Fotolia; **p. 109** david sanger photography/Alamy; **p. 110** TopFoto; **p. 111** Universal Images Group Limited/Alamy; **p. 114** Everett Collection/REX; **p. 116** c.PicHouse/Everett/Shutterstock/REX; **p. 118** Snap Stills/REX; **p. 130** Moviestore/Shutterstock/REX; **p. 132** Universal/Courtesy Everett Collection/REX; **p. 134** MUDDY IGNACE/DYDPPA/REX; **p. 136** TopFoto; **p. 140** akg-images/Album; **p. 151** Graphies.thèque/Fotolia; **p. 152** gustavofrazao/Fotolia; **p. 153** zimmytws/Fotolia; **p. 155** Gelpi/Fotolia; **p. 157** PACO GUERRERO/epa/Corbis; **p. 158** ISMAIL ZITOUNY/Reuters; **p. 160** Vasily Smirnov/Fotolia; **p. 162** philly.com; **p. 165** alswart/Fotolia; **p. 166** Yuri Turkov/Alamy; **p. 168** ramzi hachicho/Fotolia; **p. 170** *l* mardzpe/Fotolia; *r* Neale Cousland/Fotolia; **p. 172** Johan Ordonez/Getty; **p. 173** t epa european pressphoto agency b.v./Alamy; *b* GUILLERMO GRANJA/Reuters/Corbis; **p. 174** TopFoto; **p. 175** JESUS DIGES/epa/Corbis; **p. 177** TopFoto; **p. 179** Hortigüela/Fotolia; **p. 181** tan4ikk/Fotolia; **p. 182** florin1961/Fotolia; **p. 183** joserpizarro/Fotolia; **p. 184** zokov_111/Fotolia; **p. 185** Riccardo Piccinini/Fotolia; **p. 186** jovannig/Fotolia; **p. 188** Carlos Santa Maria/Fotolia; **p. 189** Jorge Sanz/Demotix/Corbis; **p. 190** michaeljung/Fotolia; **p. 191** pablofdezr/fotolia; **p. 194** *l* jool-yan/Fotolia; *r* Mike Thacker; **p. 195** pelillos/Fotolia; **p. 196** morganimation/Fotolia; **p. 201** Karrr/Fotolia; **p. 202** Alex_Mac/Fotolia; **p. 203** Nacho Goytre/Demotix/Corbis; **p. 205** *t* Fernando Lavoz/Demotix/Corbis; *b* Africa Studio/Fotolia; **p. 206** queidea/Fotolia; **p. 208** JORGE DAN LOPEZ/Reuters; **p. 210** Sergey Nivens/Fotolia; **p. 211** *t* UAN MEDINA/Reuters; *m* ALBERTO MARTIN/epa/Corbis; *b* Javier Cuadrado/Fotolia; **p. 212** Zerophoto/Fotolia; **p. 215** Graphicheat/Fotolia; **p. 216** golandr/Fotolia; **p. 217** IAM/akg-images/World History Archive/ARPL; **p. 218** luisfpizarro/Fotolia; **p. 219** RAFA RIVAS/AFP/Getty Images; **p. 221** *t* Bettmann/CORBIS; *m* Sygma/Corbis; *b* Shutterstock/Rex; **p. 223** dpa picture alliance archive/Alamy; **p. 224** laufer/Fotolia; **p. 225** TopFoto; **p. 226** INTERFOTO/Alamy; **p. 229** MIMOHE/Fotolia; **p. 230** scusi/Fotolia; **p. 231** jhinojosacobacho/Demotix/Corbis; **p. 232** lulu/Fotolia; **p. 233** TopFoto; **p. 234** Tijana/Fotolia; **p. 235** TopFoto; **p. 237** Luis Sandoval Mandujano/Alamy; **p. 238** morganimation/Fotolia; **p. 239** *t* Nathalie Paco/Demotix/Corbis; *b* Jose_Hinojosa/Demotix/Corbis; **p. 240** Guillem Lopez/Alamy; **p. 243** Nadil/Fotolia; **p. 244** TopFoto; **p. 245** Peter Horree/Alamy; **p. 246** Kaspars Grinvalds/Fotolia; **p. 248** JENS/Fotolia; **p. 250** UMB-O/Fotolia; **p. 252** kbuntu/Fotolia; **p. 253** epa european pressphoto agency b.v./Alamy; **p. 255** jacek_kadaj/Fotolia

The publishers would also like to thank the following for permission to reproduce artwork and illustrations:

p. 17 Parametría; **p. 23** Instituto Nacional de Estadística; **p. 39** TecnologiaHechaPalabra.com, DigiWorld América Latina y fundacion.telefonica.com; **p. 43** Prisa/Ediciones El País SL; **p. 59** campeonas.com; **p. 146** *A, B* and *C* Barking Dog; **p. 156** Prisa, Ediciones El País SL; **p. 187** Universidad Internacional de la Rioja; **p. 198** Barking Dog; **p. 199** Barking Dog; **p. 209** teinteresa.es; **p. 233** infobae.com